Maggie McCune

Nefertiti – Tochter der Sonne

Maggie McCune

Nefertiti
Tochter der Sonne

Aus dem Englischen
von Günter Seib

Blanvalet

Die Originalausgabe erschien 1999 unter dem Titel
»Till the Sun Grows Cold«
bei Headline Book Publishing, London.

Umwelthinweis:
Dieses Buch und der Schutzumschlag wurden auf
chlorfrei gebleichtem Papier gedruckt.
Die Einschrumpffolie (zum Schutz vor Verschmutzung) ist aus
umweltschonender und recyclingfähiger PE-Folie.

Der Blanvalet Verlag
ist ein Unternehmen der Verlagsgruppe Bertelsmann

1. Auflage

Übersetzung der Gedichte: Giovanni und Ditte Bandini
Redaktion: Gisela Fichtl
Satz: Buch-Werkstatt GmbH, Bad Aibling
Druck und Bindung: GGP Media GmbH
Printed in Germany
ISBN 3-7645-0120-0
www.blanvalet-verlag.de

Für Erica, Jennie und Johnny

Schau aus dem Fenster und sieh
Meine Leidenschaft und meinen Schmerz;
Ich liege hier unten im Sand, mein Kind,
Deine Kälte betäubt mir das Herz.
Streif ihr die Stirn, o nächtlicher Wind,
Meiner glühenden Seufzer voll,
Und rühre sie, dass sie hört diesen Schwur
Einer Liebe, die nicht sterben soll,
Bis dass die Sonne kalt wird
Und die Sterne alt
Und die Posaune des Jüngsten Gerichts erschallt.

Vorwort

Ich wusste, dass meine Tochter Emma McCune-Machar daran arbeitete, ihre Lebensgeschichte niederzuschreiben, als sie am 24. November 1993 in Nairobi mit neunundzwanzig Jahren auf tragische Weise ums Leben kam. Sie starb als Ehefrau eines Kriegsherrn des Sudan.

Im Laufe der Monate und Jahre habe ich lange darüber nachgedacht, wie ich ihre Geschichte erzählen könnte, gestützt auf ihr fragmentarisches und unvollendetes Buch mit dem Titel *Wedded to the Cause, Living with the War in the Sudan*. Für das Nachwort hatte sie in ihrem Exposé notiert:

> Nach einem Jahr Ehe mit Riek Machar spüre ich, dass unsere Liebe die Bewährungsprobe bestanden hat. Statt uns zu trennen, haben uns die Schwierigkeiten, die wir zu bewältigen hatten, einander näher gebracht. Die Umstände sind nicht günstig, und unsere Zukunft ist ungewiss. Wie dieses Buch enden wird, muss das Geschehen erst noch erweisen. Der Möglichkeiten sind viele: Es kann sein, dass wir endlos weiter unter der Qual dieses Bürgerkriegs leben müssen, dass wir umgebracht, eingekerkert oder ins Exil getrieben werden oder dass wir obsiegen und in Frieden und Wohlstand leben.

Emma hat Tagebuch geführt und Briefe geschrieben. Sie vermittelten mir Einblicke in ihr Leben in Afrika und quälten mich zugleich: waren sie doch nur Silhouetten eines für immer dem Zugriff entzogenen Lebens. Wir hatten nie die Muße gefunden, über ihr Leben dort zu sprechen. Und so nahm ich mir am Ende vor, all dem selbst nachzugehen und anderen Menschen zu zeigen, welch freier Geist und was für eine ganz besondere junge Frau Emma gewesen ist.

Während ich noch Mut fasste, dies aufzuschreiben, wurde ich schon tätig, griff zum Telefon, sprach mit wildfremden Leuten und fragte sie aus, wann und wo sie Emmas Lebensweg gekreuzt und welchen Eindruck sie von ihr gewonnen hätten.

In dem Maße, wie sich Emmas Lebensgeschichte vor mir entfaltete, wurde es immer nötiger, auch meine eigene zu rekonstruieren. Die Suche nach meiner Tochter wurde zugleich zur Entdeckungsreise in mein eigenes Inneres.

Das Unterfangen war spannend und hat sich gelohnt. Mit jeder kleinen Erkenntnis und jeder zufälligen Bemerkung verstand ich meine Tochter besser und erkannte ich mich schließlich auch selbst. Ich bin überzeugt, jede und jeder von uns hat etwas zu erzählen. Und sei ein Leben noch so kurz, es mündet in die Unsterblichkeit.

Zu schreiben begann ich mit einem Wort aus Goethes *Faust* im Ohr:

> *Das Mögliche soll der Entschluss*
> *Beherzt sogleich am Schopfe fassen …*

An diesen Grundsatz will ich mich halten – *bis dass die Sonne kalt wird*.

Maggie McCune
1999

1

Herauszufinden, an welchen Ort und zu welchen Menschen wir in Wahrheit gehören, ist schwer genug. Manchmal haben wir vor unserem Tod noch die Zeit, selbst zu bestimmen, auf welchem Fleckchen Erde wir zur ewigen Ruhe gebettet werden wollen. Wenn uns dies trotz Todesahnungen nicht mehr gelingt, weil der Tod uns überrascht, müssen unsere Lieben, die uns am besten kennen, diese Entscheidung für uns treffen ...

Lange Zeit lebe ich nun schon allein. In der Nähe meines Hauses steht eine Kirche, umgeben von einem uralten Friedhof. Das Gotteshaus steht schon wenigstens tausend Jahre an diesem Ort: Die Wände des Kirchenschiffs sind bemalt mit verblassten Fresken aus dem zwölften Jahrhundert, Szenen aus dem Leben Christi und Darstellungen von den Qualen der Hölle. Der heutige Tag ist der erste eines neuen Jahres zum Ende des zwanzigsten Jahrhunderts.

Das Umfeld könnte englischer nicht sein. Die Wintersonne geht gerade unter, der Friedhof ist menschenleer. Die Nacht bricht herein und scheidet alles nach schwarz und weiß. Eine dicke Schneedecke liegt auf Rasen und Grabstätten; eisig bläst ein böiger Wind. Die Gräberreihen unter den schwarzen Zypressen umgeben die Kirche im Kreis. Lotrecht oder schief ragen mit blassen Flechten bewachsene Grabsteine aus dem Schnee.

Vor einem Stein bleibe ich stehen: Namen, Lebensdaten, Grabsprüche, das Fazit eines Menschenlebens, verwittert bis zur Unlesbarkeit. Auf das Grab daneben hat jemand ein Weihnachtsbäumchen in den Schnee gesteckt, gekrönt von einem Engelchen aus rosa Watte. Verstört wende ich mich ab. Was bleibt uns denn, außer solchen vergeblichen und dennoch rührenden Gesten, wenn unser Kind für immer in schneebedeckter dunkler Erde ruht?

Von Zeit zu Zeit komme ich an diesen Ort, um dem dröhnenden Schweigen der Toten zu lauschen, Dahingegangene zu betrauern, die nie mehr von dieser Welt sein werden. Dann geht mir das eigene Leben durch den Sinn, erinnere ich mich gelassen an immerfort sich überstürzende Ereignisse, versuche zu begreifen, wie wir dahin gelangen konnten, wo wir heute sind. In einer anderen Welt, in einem anderen Leben, könnte auch meine Tochter Emma in dieser Erde ruhen und ich selbst eines Tages neben ihr. Doch solches Verlangen ist müßig. Das dazu passende Leben wurde einfach nicht gelebt.

Ich schlage den Kragen hoch gegen den Wind und stapfe in meinen Fußspuren durch den Schnee zurück. Es wird immer dunkler. Zu Hause will ich mich am Feuer wärmen, mir eine Tasse Tee machen, aus der Stille des Hauses auf den Garten hinausblicken, den ich mit Hingabe pflege, und mir gute Vorsätze überlegen, wie ich sie eigentlich für das eben begonnene neue Jahr fassen müsste. Doch ein solcher Spaziergang allein in der Frostnacht verleitet leicht zu dem Gedanken, das eigene Leben sei nicht greifbarer als ein Schatten und an dieser Totenstätte, dem Ort der Geister, liege die höhere Wahrheit verborgen.

Im Morgengrauen eines Novembertages 1993 fuhr ich in einem Kleinbus mit einigen von Emmas engsten Freunden zum Wilson Airport vor der kenianischen Hauptstadt Nairobi. Wir waren müde aus dem Bus gestiegen und standen im Morgennebel, als uns ein junger Sudanese begrüßte. Ein schöner Mann, mittelgroß, von angenehmer Ausstrahlung. Er hieß Kwong und war Adjutant bei dem Mann neben mir, meinem

Schwiegersohn Riek Machar Teny-Dhurgon, dem Kriegsherrn aus dem südlichen Sudan.

Kwong bat uns respektvoll in ein einstöckiges Gebäude, kaum mehr als ein einfacher Schuppen. Ein Drittel der Fläche drinnen war Aufenthaltsraum, mit einfachen blauen Polsterstühlen möbliert. Ich ließ mich zum Warten nieder, das schon jetzt endlos zu werden drohte. Ich machte mich daran, zielstrebig und gründlich nachzudenken. Im Großraumbüro auf der anderen Seite unseres stillen Wartebereichs herrschte hektische Betriebsamkeit: Ein Faxgerät spuckte Papier, es wurde eifrig telefoniert. Unmittelbar am Ausgang warteten froh gestimmte Passagiere, um sich herum Gepäckstücke von jeder Form und Größe: überall auf dem Boden Koffer, Schachteln, Kisten und Rucksäcke. An den Wänden Karten jenes Erdteils, auf den es mich unerwartet verschlagen hatte.

Der Wilson Airport von Nairobi ist klein, hat aber viele Starts und Landungen. Das Rote Kreuz und andere Hilfsorganisationen befördern von dort Nahrungsmittel und lebenswichtige Hilfsgüter bis in die fernsten Winkel Ostafrikas. Doch auch Reiseveranstalter fliegen von hier zu exklusiven Safaris ab. Die Fluggäste in der spartanischen Abfertigungshalle hätten denn auch gegensätzlicher nicht sein können: leger gekleidete Funktionäre von Hilfsorganisationen mit sonnengegerbten Gesichtern und Tropenanzügen und blassgesichtige Touristen aus Europa im schicken Designer-Safarilook, denen man die Vorfreude auf ihre Touren ansah – schaukelnde Giraffenhälse über der Savanne und ziehende Gnuherden in der Serengeti.

Wie betäubt betrachtete ich das Treiben um mich herum. Dann sah ich weg, zum verstaubten Fenster hinaus. Fast war es wie ein Aprilmorgen in England, doch wurde es schon jetzt verdächtig warm. Ich trug ein blaues Sommerkleid aus Baumwolle und hatte nur einen kleinen Rucksack bei mir, mit Papieren, Kamera, Moskitonetz und Necessaire. Mein wichtigstes Gepäck aber war *Poetry Please*, ein Gedichtband, den mir meine Schwester Sue vor wenigen Tagen in die Hand gedrückt hatte und dessen oft so passende Verse mir seither im Kopfe spukten und immer wieder Licht auf dunkle Kapitel meines Lebens warfen.

Jetzt merk ich erst, wie köstlich Sterben ist,
Wenn mitternachts sich aller Schmerz verlor …
Du stirbst nicht, Vogel, du lebst ewiglich!
Nein, dich zertritt kein hungriges Geschlecht.

Ich blickte wieder ins Gewimmel des Flughafenschuppens und sah unserer Pilotin Heather Stewart dabei zu, wie sie sich durch nervöse Fluggäste und hinderliches Gepäck zum Faxgerät durchschlängelte. Ich beneidete sie nicht um ihre Aufgabe. Sie musste jetzt gegen alle Widerstände dieses Erdteils dafür sorgen, dass wir noch heute die amtliche Erlaubnis erhielten, mit zwei kleinen Maschinen vom relativ sicheren Kenia in das Kriegs- und Krisengebiet des Südsudan zu starten. Genehmigungen zum Überfliegen der Grenze und Sichtvermerke für unsere kleine Reisegruppe zu beschaffen kostete Zeit und erforderte eine Engelsgeduld.

Ich sah Heather zu, wie sie sich im Büro zu schaffen machte. Sie war blond, schlank, trug meist ausgebleichte Jeans und eine weiße Baumwollbluse, trat charmant und einfühlsam auf, und ihre Begeisterung für die Fliegerei war mitreißend. Doch ich hatte bereits mitbekommen, dass sie wenn nötig auch forsch und herrisch auftreten konnte, und war dankbar, dass sie hinter unserem Vorhaben stand.

Als Eignerin und Chefpilotin ihrer Chartergesellschaft Trackmark genoss Heather wegen ihrer fliegerischen Fähigkeiten in dieser krisengeschüttelten Region Afrikas einen hervorragenden Ruf. Noch wichtiger für uns, sie gehörte zu den wenigen, die sich in oder über Territorien wagten, in denen seit Menschengedenken Krieg tobte, und sogar Hilfsgüter und Passagiere dorthin einflogen. Heather hatte sich auf einen äußerst kurzfristigen Charterauftrag hin bereit erklärt, mich, Riek und unsere sehr schweigsame vierzehnköpfige Reisegruppe an unseren Bestimmungsort zu transportieren, in ihrer eigenen und einer hinzugecharterten Maschine.

Ich saß und wartete in der drückenden Schwüle dieser Baracke, die als Abfertigungsgebäude diente und zugleich als Heathers Büro herhalten musste. Sie betrieb unentwegt die Flugvorbereitungen und holte gelassen und höflich die regierungsamtlichen Genehmigungen für unsere beiden Flüge in das Kriegsgebiet ein, und das innerhalb dreier Stunden. Außer mir und meinem Schwiegersohn flogen noch meine Schwester Sue und meine Kinder Erica, Johnny und Jennie mit, alle Anfang zwanzig; Emmas engste Freundinnen Sally Dudmesh und Annabel Ledgard, außerdem Patta Scott-Villiers, Emma Marrian, Peter Moszynski und Catherine Bond sowie Pfarrer Matthews Mathiang, ein presbyterianischer Geistlicher aus Nairobi von gewaltiger Körperfülle, der kopfschüttelnd das Treiben verfolgte, während wir anderen uns in Geduld übten.

Als meine Reisegefährten merkten, dass endlich etwas voranging, sichteten sie nochmals ihre Vorräte, den Hauptbestandteil unseres Gepäcks, um sich zu vergewissern, dass Wasser und Verpflegung für vierundzwanzig Stunden auch tatsächlich ausreichten. An einem so entlegenen Ort würde gewiss nicht einmal die Grundversorgung aufzutreiben sein. Während ich ihnen zusah, wie sie die Bestandslisten ihrer Notrationen abhakten, ging mir Wichtigeres als Essen und Wasser durch den Kopf.

Obwohl der Morgennebel sich noch nicht völlig gelichtet hatte, brachte die erste unserer beiden Maschinen, eine zweimotorige Otter vom Aussehen einer Hercules im Kleinformat, ihre Triebwerke auf Touren. Ich ging nach draußen und sah dabei zu. Acht Passagiere unserer Reisegruppe waren zur Vorhut erkoren, darunter auch Pfarrer Matthews, der sich kaum in den schmalen Flugzeugsitz zwängen konnte. Ich dagegen sollte mit Riek und meiner Familie mit dem zweiten Flugzeug hinterherfliegen, sobald die anderen sicher jenseits der Grenze waren.

Viel später erfuhr ich, dieses erste Flugzeug war als eine Art Köder gedacht gewesen für feindliche Kräfte, die es auf Riek abgesehen hatten. Es sollte Richtung Sudan fliegen, aber zum Auftanken in der Kleinstadt Lokichoggio an der kenianischen Grenze zwischenlanden. Bei diesem Anlass würden mit Sicherheit sämtliche Reisedokumente der Passagiere unter die Lupe genommen und peinlich genau gestempelt. Sollte der Verdacht aufgekommen sein, Riek befinde sich an Bord, würde er jedenfalls enttäuscht. Mit uns wollte Heather zwei Stunden später starten und eine andere, ziemlich umständliche Route über Lodwar an der Grenze von Uganda nehmen.

Als die Maschine abhob und außer Sicht kam, legte man uns nahe, den Warteraum vorübergehend zu verlassen und etwas trinken zu gehen. Es war erst neun Uhr morgens, aber schon brütend heiß, und mein Hals war plötzlich trocken. In einer der kleinen Wellblechhütten am Rande des Flugfelds, in sicherer Entfernung von neugierigen Augen im Warte- und Abfertigungsraum, fanden wir einen Ausschank und bestellten Erfrischungsgetränke. Während der Vollblutpolitiker Riek ein paar Meter weiter die Wartezeit für leise Gespräche mit sudanesischen Exilanten nutzte, die sich um ihn zu scharen schienen, wo immer er sich gerade befand, schlürften wir heißen, süßen Kaffee aus Plastikbechern. Catherine, eine Reporterin des BBC-Auslandsdiensts und Freundin Emmas, erläuterte uns die Geschichte des Sudan. Wir hörten sehr aufmerksam und interessiert zu.

Der Sudan, größter Flächenstaat Afrikas, ist für die meisten Europäer eine ferne Wüstenei, allenfalls mit vagen Erinnerungen an einen Film über General Gordon, Lord Kitchener und die Niederlage des Derwischheers unter dem Mahdi verknüpft. Als die Briten 1956 aus dem Sudan abzogen, teilten sie dessen Süden in drei Konfessionsgebiete auf. Der Obere Nil wurde presbyterianischen Missionaren zugeschlagen,

Äquatoria anglikanischen und das Gebiet um Bahr el Ghazal den Katholiken. Doch seit dem Ende der anglo-ägyptischen Herrschaft 1956 tobt im Sudan ein mörderischer Bruderkrieg zwischen der arabisch-moslemischen Regierung in der Hauptstadt Khartum im Norden und den christlichen Rebellen im Süden, die teilweise von meinem Schwiegersohn geführt werden. In den letzten Jahren haben sich diese Rebellen – Nachfahren von Viehzüchtern, die vor vielen Jahrhunderten von Kreuzrittern und Wandermönchen zum Christentum bekehrt wurden – mehrfach gespalten, mit dem Ergebnis erbitterter Fraktionskämpfe zwischen den beiden bedeutendsten Stämmen, den Dinka und den Nuer.

Mein Schwiegersohn Riek ist ein Nuer, Oberbefehlshaber einer Abspaltung der Sudanesischen Volksbefreiungsarmee (SPLA). Er stammt von einem alten Propheten des Volkes der Nuer ab. Als Häuptling im Leopardenfell halten ihm Hunderttausende Nuer aus den riesigen Sumpfgebieten und aus dem Buschwald Äquatorias am Oberen Nil die Treue. Obgleich zunächst vereint im gemeinsamen Hass auf den Erzfeind – die moslemisch-arabische Zentralregierung –, sind die Nuer und die Dinka seit Menschengedenken Gegner und brauchen kaum einen Vorwand, um aufeinander loszugehen. Die beiden Volksstämme haben ein langes kollektives Gedächtnis und sind zutiefst verfeindet. Im Unterschied zu früher bekämpfen sie einander allerdings nicht mehr mit Speeren, sondern mit Kalaschnikows.

Rieks heftigster Gegner in den letzten Jahren ist der Dinka John Garang, in den USA zum Heeresoffizier geschult, Führer der Mehrheitsfraktion der Sudanesischen Volksbefreiungsarmee. Garang war 1983 Mitgründer, brachte den Aufstand gegen die Zentralregierung in Gang und machte Riek ein Jahr darauf zu seinem ersten Unterführer. Auf Grund unüberbrückbarer Meinungsverschiedenheiten sind die beiden Männer inzwischen bis auf den Tod verfeindet, und Riek muss Garang mehr fürchten als die Streitkräfte der Zentralregierung.

Während ich versuchte, all das aufzunehmen, was Catherine schilderte, überfiel mich eine große Trauer. Wie konnte ein so sanftmütiges Volk, ein so wohlgestalteter Menschenschlag, dem sich Emma aus freien Stücken angeschlossen hatte, sich dazu hergeben, sich einander im Namen des Christentums oder des Islam so zu bekämpfen, einander zu verstümmeln und zu töten? Ein derart blutrünstiger Krieg wirkt so fehl am Platz in einer Region, die noch immer zu den entlegensten der Erde zählt und die für die übrige Welt fast unzugänglich ist. Die Wüsten, Gebirge und Dschungel ringsum wirken wie eine natürliche Schranke gegen Einflüsse von außen. Wie in einer Zeitkapsel haben sich Verhältnisse gehalten, wo die Jahreszeiten weitgehend über Tod oder Leben entscheiden: ob sie Regen bringen oder eben nicht. Fast wie vor Jahrhunderten müssen die Menschen sich als einfache Ackerbauern, Viehzüchter und Sammler wilder Feldfrüchte durchbringen.

In diesem mit Rohstoffen wie Erdöl, Erzen, Nutzholz und fruchtbaren Böden gesegneten Land fließen der Weiße Nil und der Blaue Nil zu einem mächtigen Strom zusammen, der durch vielfältige Landschaften, Kulturen und Siedlungsgebiete bis in sein ägyptisches Delta fließt und sich ins Mittelmeer ergießt. Der Zusammenfluß des Nils im Sudan könnte Sinnbild dafür sein, wie sich die Stammesfehden befrieden ließen, und dennoch besteht nach vier Generationen Krieg wenig Aussicht auf einen dauerhaften Frieden.

Ich erinnerte mich an einen Brief von Emma anlässlich ihrer ersten Sudanreise. Sie beschrieb darin die Wunder und die Traurigkeit der Tropen, die sie später zum Bleiben verlocken sollten.

Kinder, die vom Hochufer in den Nil springen,
hölzerne Einbäume, die man flussaufwärts paddelt
und zum Fischen flussabwärts treiben lässt. Inseln
von Wasserhyazinthen, darauf Blaue Fischreiher,

reglos mit der Strömung treibend. Wellenringe von springenden Fischen ... Eine gigantische umgestürzte Satellitenschüssel – ein von der kuwaitischen Regierung gespendetes Vorzeigeprojekt, das den Südsudan ins zwanzigste Jahrhundert katapultieren sollte –, aber durch das stählerne Gitterwerk wuchern inzwischen Elefantengras und Schösslinge von Bäumen. Der leere Kopf eines Riesen, traurig gesenkt – ein Mahnmal des Krieges.

Nach einer kleinen Ewigkeit wurde uns mitgeteilt, unser Flugzeug sei startbereit. Wir bezahlten die Getränke mit Keniashilling und traten in die gleißende Sonne hinaus zu der kleinen achtsitzigen Cessna. Inzwischen waren im hinteren Teil der Maschine ein paar Sitze ausgebaut worden, und Emmas versiegelter Holzsarg mit den sechs Messinggriffen, vom Bestattungsunternehmer aus dem Dom von Nairobi vorab hergebracht, wurde sorgfältig verzurrt und mit den Blumen bestreut, die wir aus der Unzahl von Sträußen nach dem Trauergottesdienst am Nachmittag zuvor herausgesucht hatten. Als ich den Sarg wieder sah, saß mir ein Kloß im Hals. Doch dann, plötzlich, wurde mir seltsam leicht und wohl. Ich empfand es als Trost, sie so dabeizuhaben, mit ihr ihre letzte Reise in ein Land zu tun, das ihr zur Heimat geworden war.

Die bunt gewandeten sudanesischen Trauergäste warteten stumm auf den Moment des Abschieds von ihrem Führer Riek und von Emma und ihrer Familie. Frauen mit verweinten Augen in bunten Umhängen und Männer in dunklen Anzügen winkten in der Flimmerhitze. Heather drehte die Triebwerke nacheinander hoch, und wir rasten die Startbahn entlang. Binnen Minuten waren wir in der Luft, auf dem Wege nach Norden in Richtung sudanesische Grenze.

Das Flugzeug war bequem, doch keineswegs luxuriös, mit Mittelgang und Einzelsitzen an den Fenstern. Den größten Teil des Flugs saß ich vorn neben Heather. Hinter uns war Riek bemüht, Schlaf nachzuholen. Für den mehr als zwei Meter großen Mann waren die Sitze eng und unbequem. Erica hatte Ohrenschmerzen und hockte stumm und leidend hinter mir. Jennie und Johnny schlummerten, und Catherine saß schweigsam hinten bei Emma. Ich blieb hellwach und aufmerksam, stellte Heather Fragen zur Landschaft unter uns und hing ansonsten stumm meinen Gedanken nach. Unter anderen Bedingungen wäre es ein großartiges Abenteuer für mich gewesen, der erste Besuch in dem Land, das Emma so liebte, und dazu noch mein erster Flug in einer kleinen zweimotorigen Propellermaschine. Ich musste unwillkürlich lächeln und wandte mich um zum Sarg meiner Tochter. Zu guter Letzt hatte sie es doch geschafft und mich in ein kleines Flugzeug auf dem Weg in den Sudan bekommen, ganz wie sie einst gewettet hatte, »auf Biegen oder Brechen«.

Eine knappe Stunde später landeten wir in Lodwar, einem von Menschen wimmelnden Marktflecken nahe der sudanesischen Grenze. Aus den Flugzeugfenstern konnten wir im Landeanflug Menschen von dem kleinen Marktplatz auf uns zulaufen sehen, an dessen zahllosen Ständen Esswaren, Kleider, Betten, Eimer und dergleichen verkauft wurden. Die Menschen waren offenbar mit jedem verfügbaren Transportmittel auf den Markt geströmt – auf Eseln, Kamelen, Lastwagen, mit dem Flugzeug oder zu Fuß. Wie auf allen afrikanischen Märkten mussten leere Hilfsgüterkartons mit aufgedrucktem Spenderlogo als provisorische Verkaufstische herhalten. Die Händler hatten säuberlich alle möglichen Waren ausgelegt: Seifenstücke, Tee, Salzbrocken und Gemüse.

Heather meinte, wir sollten aussteigen und uns die Beine vertreten, während sie sich um die nötigen Genehmigungen kümmerte und unsere Reisedokumente stempeln ließ. Wir traten in die mittägliche Gluthitze hinaus. Der glühende Wind trieb uns Staub in die Augen. Die Äquatorsonne brannte auf den Scheitel und briet uns fast das Hirn. Ein halb nackter kleiner Junge – einer von den vielen, die um uns herumwimmelten – drängte sich vor und streckte die Hände nach Riek aus. Ich bat meinen Schwiegersohn, ihn nach ein paar Strohhüten für uns zum Markt zu schicken, zum Schutz vor der gleißenden Sonne.

Wir nahmen einen staubigen und holprigen Weg zu einem Missionshaus, das von irischen Nonnen geführt wurde, von denen manche schon seit fünfundzwanzig Jahren hier lebten. Ein Backsteingebäude, innen und außen weiß gekalkt, darauf ein Wellblechdach. Endlich vor der erbarmungslosen Sonne sicher, wurden wir mit eiskaltem Wasser erfrischt. Eine von den Nonnen war Krankenschwester und kümmerte sich mit Watte und Tropfen um Ericas immer schmerzhaftere Mittelohrentzündung.

Zwanzig Minuten später kam Heather uns holen. Rasch löschte sie noch ihren Durst und scheuchte uns dann zurück in die Hitze, wo Riek schon auf uns wartete. Er hatte die ganze Zeit beim Flugzeug Wache gehalten. Weil er jetzt in den Luftraum des Landes kam, das er zum Teil beherrschte, hatte er den dunkelblauen Zweireiher mit Krawatte gegen einen Tarnanzug ausgetauscht, in dem er sich sichtlich wohler fühlte. Im Durcheinander der letzten sechs Tage waren seine Springerstiefel vergessen worden, und die schwarzen Lackschuhe, die er nun anbehalten musste und die beim Gehen leise quiekten, stachen eigenartig gegen den gefleckten Kampfanzug ab.

Eigenartig aber war vieles an diesem ruhigen Mann mit der samtenen Stimme, den meine Tochter sich zum Gatten erkoren hatte, dachte ich bei mir. Kurz bevor wir zur letzten Etappe unseres Fluges an Bord gingen, erschien der kleine Junge von vorhin wie durch Zauber und streckte uns grinsend vier Strohhüte hin. Wenn Riek etwas wollte, bekam er es offenbar auch.

Wir schnallten uns an, das Flugzeug hob ab und ließ eine von Astpalmen und Bananenstauden gesäumte Staubfahne auf der Startbahn zurück. Wir hatten noch mehrere Flugstunden über abwechslungsreiche Landschaften der Regionen

Äquatoria und Jonglei vor uns, bevor wir unser Ziel erreichen würden, Rieks Geburtsort Leer.

Plötzlich und ohne Vorwarnung zog Heather unser kleines Flugzeug steil nach oben. Mir wäre es kaum aufgefallen, wenn sich mein Sohn Johnny nicht zu Catherine umgedreht und gefragt hätte: »Warum steigen wir denn so?«

»Wegen der Boden-Luft-Raketen«, antwortete Catherine trocken. Sie setzte zu einer ausführlichen Erläuterung an, doch Heather schnitt ihr mit einem besorgten Blick auf mich das Wort ab und wechselte das Thema, indem sie auf die Dongotona-Berge zu unserer Rechten zeigte. Als wir die Grenze ein Stück hinter uns und weniger gefährlichen Luftraum erreicht hatten, von Rieks statt von Garangs Leuten überwacht, gingen wir wieder auf Reiseflughöhe hinunter. Wir überflogen den kleinen Gebirgszug bei Torit und ausgedehnte Sumpfgebiete, unter uns immer wieder Spielzeugdörfer aus runden Lehmhütten. Während wir weiter- und weiterflogen, bekam ich ein Gefühl für die Endlosigkeit der Landschaft, die sich weithin in alle Richtungen erstreckte. Das erinnerte mich an einen Tagebucheintrag Emmas von 1989.

> Es war ein kleines zweimotoriges Flugzeug. Beim Aufstieg über die Wüste konnte ich unten ein rotes Schlängelband erkennen. Es war die Straße, die mir inzwischen so vertraut war. Allenthalben nichts als Sand, Dornenbüsche, Krüppelakazien. Ab und zu ein Erdhügel dazwischen – sonst aber nichts als endlose Ödnis.

Die Sümpfe unter uns sahen seltsam aus, so als würden sie saugen. Wasser spiegelte sich unter einer grün schillernden Decke aus Schilf und Algen. Ich war wie hypnotisiert. Gedanken, Stimmen und Erinnerungen schossen mir so unaufhaltsam durch den Kopf, wie der winzige Schatten unseres Flugzeugs tief unten über die Landschaft glitt.

Drei Stunden später erreichten wir Leer, eine kleine Stadtgemeinde am westlichen Oberen Nil im Südsudan. Leer liegt im Herzen des Landes der Nuer. Riek ist hier geboren, und es ist und bleibt seine Heimatstadt. An diesen fernen verlorenen Ort brachten wir jetzt meine geliebte Emma, meine Älteste, zusammen mit ihrem ungeborenen Kind. Hier in der sonnendurchglühten afrikanischen Erde, für die Emma gelebt hatte und für die sie gestorben war, sollten beide ihre Ruhe finden.

Eine Bewegung dicht neben mir riss mich aus meinen Gedanken. Heather rutschte auf ihrem Pilotensitz nach vorn, beugte sich über das Steuerhorn und hielt Ausschau nach der winzigen Landepiste, die irgendwo unter uns inmitten der Sümpfe liegen musste und für ihre schlechte Erkennbarkeit berüchtigt ist. Panik durchzuckte mich: »Was, wenn wir die Landebahn nicht finden?«

Man braucht scharfe Augen, ruhige Hände und Nerven wie Drahtseile, um ein Kleinflugzeug auf dem Flugplatz Leer im Südsudan zu landen. Der Landeanflug geht über gleichförmiges Sumpfland, das fast keinen Orientierungspunkt bietet außer kleinen Hüttenansammlungen hier und dort oder einem einzeln stehenden Baum. Die Landschaft unter dem Flugzeug verschwimmt im Hitzeflimmern, und man sieht sich die Augen aus nach dem kurzen, schmalen Strich nackter Erde. Weil es im Umkreis von ein paar hundert Kilometern keine andere Landebahn gibt, kann man nur beten, dass man sie ausfindig macht. Doch noch bevor sich die Panik in mir ausbreiten und mir das Herz abdrücken konnte, erblickten wir plötzlich weit vor uns den schnurgeraden Streifen fahler Erde.

Mit der Kenntnis und dem Selbstvertrauen einer altgedienten Fliegerin drückte Heather das Steuerhorn nach vorn, und das Flugzeug senkte sich mit heulenden Motoren in Richtung auf sein Ziel. Minuten später wuchsen uns Bäume und Lehmhütten entgegen. Nachdem sie die Nase des Flugzeugs auf die winzige Landebahn ausgerichtet hatte, nahm sie das Gas weg. Mit einem Ruck setzten wir wieder auf festem Boden auf.

Die Szene, die sich nun vor uns entfaltete, während das Flugzeug inmitten von Staubwolken langsam ausrollte, war das Ungewöhnlichste, was ich je zu Gesicht bekommen habe. Ich kann mir nicht vorstellen, es könnte von etwas anderem in meinem ferneren Leben übertroffen werden. Als sich der Staub langsam gelegt hatte, erkannte ich durch das kleine Seitenfenster Tausende, buchstäblich Tausende von Sudanesen, Männer, Frauen und Kinder, die um diese kleine, unbefestigte Landepiste mitten im afrikanischen Busch in gedrängter Menge standen. Später erfuhr ich, dass viele tagelange Fußmärsche auf sich genommen hatten, um herzukommen, die meisten hatten bei Temperaturen über 45° im Schatten bis zu zwei Tagen geduldig ausgeharrt.

Da es nur wenige oder gar keine Nachrichtenverbindungen zur Außenwelt gab, war durch Boten von Dorf zu Dorf weitergetragen worden, ihr Führer Riek sei in Nairobi zusammen mit seiner Frau getötet worden. Heulen und Geschrei war ausgebrochen; Riek hatte bei seinen ergebensten Anhängern einen fast gottähnlichen Status. Von ihm verlassen, ängstigten sie sich noch mehr vor der Zukunft als ohnehin schon. Scharenweise kamen sie aus dem Busch, wandelten wie eine alttestamentarische Fata Morgana über den Hitzespiegelungen daher, um sich zu vergewissern und dem Manne ihre Verehrung zu erweisen, der schon viele Jahre ihr Führer war, und ebenso der Frau, die er sich zur Gemahlin genommen hatte.

Was ihnen nach der Landung des vorausgeschickten Flugzeugs mitgeteilt worden war, hatte ihre Trauer nicht stillen können. Riek lebe, hieß es, doch wurde bestätigt, dass seine Frau, die Weiße, die sich so aufopfernd um sie gekümmert hatte und von ihnen »Emm-Maa« gerufen wurde, wirklich gestorben war. Sie empfanden es als eine weitere Heimsuchung von einem Gott, dessen harte Hand sie über ihrem Land schon so lange spürten.

Viele von den hoch gewachsenen dunklen Gestalten, die sich immer enger um uns drängten, hoben dünne Holzstangen empor, an denen im heißen Wind Fahnen mit rot aufgekleckster Georgskreuzen wehten. Es war eine Szene wie aus dem Mittelalter. Mit ihren um den Leib geschlungenen Tüchern wirkten sie fast wie Statisten aus einem Film über die Zeit der Kreuzzüge. Manche reckten grob gezimmerte Kruzifixe und taten damit stolz ihren presbyterianischen Christenglauben kund – im vorigen Jahrhundert von weißen Missionaren zu ihnen gebracht und nun im Krieg verteidigt. Ringsum ertönte beklemmender Lärm, schrilles Frauengeheul und Trillern, im Gleichklang mit dem Wummern ziegenfellbespannter Trommeln und dem Rasseln von Kalebassen. Mein Herz nahm den Rhythmus auf und klopfte wild, meine Hände flogen, ich sah mich mit aufgerissenen Augen um. Ich war überflutet und überfordert von dem, was ich sah, von den lauten Klängen und von der Hitze.

Sobald die Propeller sich nicht mehr drehten, wurde die Kabinentür aufgerissen. Drückend feucht legte sich die Schwüle auf Kleidung und Haar. Die kleine Vorhut aus dem ersten Flugzeug, die eine missliche Stunde im spärlichen Schatten des Elefantengrases und ein paar ferner Bäume unserer Ankunft geharrt hatte, trat nun zögernd zu unserer Begrüßung ins grelle Sonnenlicht. Als sie stumm und sichtlich erschöpft über die glühende Landebahn auf unser Flugzeug zugingen, nahmen dies die hinter ihnen versammelten Sudanesen zum Zeichen vorwärtszudrängen, vom verzweifelten Wunsch beseelt, einen Blick auf Riek zu erhaschen und sich zu versichern, dass er wirklich lebte. Kaum trat Riek mit seiner hohen Gestalt in die Ausstiegsluke und sah ihnen entgegen, verlor die Menge jede Beherrschung und stürzte herbei.

In Sekundenschnelle hatten sie die anderen überholt, unser winziges Flugzeug mit einer Mauer aus Leibern und Staub umstellt und waren drauf und dran, uns zu erdrücken. Die Lage wurde gefährlich unübersichtlich, als Rieks Leibwächter auch noch mit Hysterie und Panik reagierten. Wir wichen zurück in die Kabine, atmeten tief durch und suchten unsere panische Angst zu bezwingen. Staub drang ins Innere und wölkte uns ein. Riek versuchte zweimal vergeblich, die Lage zu beruhigen, indem er ausstieg, wurde aber von der Menschenmenge jedes Mal wieder zu uns hereingestoßen. Männer und Frauen in wilder Trauer bestürmten das Flugzeug, um uns anzufassen, Riek zu sehen und durch die Bullaugen einen Blick auf Emmas Sarg zu erhaschen. Sie kletterten auf die empfindlichen Tragflächen, brachten das Flugzeug zum Schaukeln und klammerten sich an der Verspannung fest. Rieks Soldaten und Leibwächter schlugen verzweifelt mit Peitschen, Stöcken und Knüppeln um sich, um sie zurückzudrängen und uns Luft zu schaffen.

Verstört von den fremdartig anmutenden Gesichtern an den Bullaugen, in der Kabinentür und ringsum, kauerten wir Briten uns drinnen als Grüppchen zusammen, voller Furcht davor, was jetzt wohl als nächstes kam. Heather stand der Schrecken im Gesicht geschrieben – wir waren wochenweit entfernt von jeder Reparaturmöglichkeit und jedem Ersatzteil, sollte die Maschine ernsthaft beschädigt werden. Nur Riek schien ungerührt und beschwor seine Leute, vom Flugzeug zurückzubleiben.

Wie bei meiner Bitte um Strohhüte in Lodwar wurde Rieks Bitte um Hilfe, die er seinen Gefolgsleuten zugezischt hatte, plötzlich entsprochen. Ohne Erklärung und wie durch Zauberhand erschien ein in dieser Weltgegend fremdartig wirkender fabrikneuer schneeweißer Land Rover vor unseren Augen, schob sich durch die heulende Menge und blieb dicht neben dem Flugzeug stehen. Riek wartete ab, bis er nahe genug war, und sprang dann aufs Dach, im gescheckten Kampfanzug, die rote Fallschirmjägermütze schräg auf dem Kopf. Über ein Megaphon, das ihm jemand in die Hand gedrückt hatte, sprach er zu den Massen.

Seine klangvolle Stimme dröhnte über die unruhigen schwarzen Köpfe hinweg, als er um Ruhe bat. Die Panik legte sich und allmählich auch der Lärm. Die Menschen lauschten ihrem Führer, der ihnen in ihrer Muttersprache zuredete. Auf ein Handzeichen Rieks und noch während er sprach fuhr der Land Rover langsam vom Flugzeug zu dem kleinen umfriedeten Kampong, wo er mit Emma während der kurzen ungewöhnlichen Ehe aneinander stoßende Tukuls oder Lehmhütten bewohnt hatte. Uns fiel ein Stein vom Herzen, als der größere Teil der Menge hinter dem Land Rover herzog, das Fahrzeug mit flatternden Fahnen und mit Holzkreuzen umringend.

Jetzt konnten wir die Geborgenheit des Flugzeugs verlassen. Wir kletterten zitternd hinaus, gestützt von den Freunden und Verwandten, die den Auftritt mit Schrecken beobachtet hatten. Nachdem wir uns etwas beruhigt und für das Bevorstehende gefasst hatten, wurde Emmas Sarg von sechs waffenstarrenden Soldaten Rieks behutsam herausgehoben und, umdrängt von anhänglichen Dorfbewohnern, auf den Schultern zu Rieks Kampong getragen.

Ein Riese von Soldat, die Kalaschnikow über die Schulter gehängt, nahm sachte einen Plastikeimer mit den Blumen auf, die wir aus Nairobi mitgebracht hatten, und hob ihn sich auf die andere Schulter. Mit dem inzwischen welken Rest der Blumen in den Händen schlossen wir uns stumm, aber in Reih und Glied diesem Trauerzug an und zwangen unsere bleiernen Beine, uns durch die sengende Hitze zur Grabstätte zu tragen. Die verbliebenen Stammesangehörigen folgten uns.

Im Gleichschritt mit den Afrikanern in einem sich scheinbar endlos dehnenden Trauerzug sah ich mich kurz vor dem Kampong um. Ich war überrascht, wie fremd mir das war – der eigentümliche Wechsel zwischen weißen und schwarzen Gesichtern, zivilen Stoffschärpen und Uniformen, Kindern mit Blumen und Männern mit Maschinenpistolen. Alle waren sie so schlank und schmal und schritten so federnd dahin wie Emma. Sie hatte immer gescherzt, hier habe sie die einzigen Menschen getroffen, unter denen sie sich mit ihren ein Meter achtzig wie eine Zwergin vorkomme. Nun konnte ich mir vorstellen, wie sie sich in den von ihr so geliebten bunten Kleidern zwischen diesen Menschen bewegte, das glänzend schwarze Haar mit einem hellen Schal hochgebunden, die Armreife klirrend und lächelnd im Vorbeigehen krause Kinderköpfe kraulend.

Er nahm sich ein Weib, das ihm Reichtum bracht':
Sie lebte der Mode wie er nur der Macht.
Sie nahm einen Mann, ungebildet und arm,
Jetzt umtollen sie Kinder in munterem Schwarm.

Die Luft war heiß und stand, Fliegen umschwirrten uns Mund und Augen, der rote Lehmboden krümelte unter den Füßen. Süßlicher Geruch stieg mir zu dem Schweißgestank und den penetranten Schwaden von brennenden Kuhfladen in die Nase.

Durch die Hitze gingen wir zu dem ovalen Kampong, der von mit Elefantengras zusammengebundenen, zweieinhalb Meter hohen Stangen eingefriedet war. Kaum hatte ich das Haupttor durchschritten, sah ich schon die Grabstätte, neben Emmas Tukul ausgehoben, eine tiefe Grube mit Betonwänden, die jede Entweihung durch Mensch oder Tier verhindern sollten. Das Herz schlug mir im Halse, Schritt um Schritt trat ich auf das Grab zu. Ich fühlte mich eins werden mit dem Schauspiel ringsum – mit den Farben, Bildern und Gerüchen, mit der Hitze, mit den Tausenden von Menschen, die alle an Emma hingen und das Recht hatten, dabei zu sein und mit mir an ihrem Grab zu weinen. Ich war Teil von etwas weitaus Größerem, das wurde mir plötzlich bewusst; keine Einzelperson mehr, sondern Beteiligte an einem Ereignis, bei dem sich Menschen aus extrem verschiedenen Kulturen in gemeinsamer Trauer zusammenfanden. Außenstehende waren allenfalls meine Familie und ich, die bleichgesichtigen Fremden aus fernem Land, freundlicherweise geladen, an einem uralten Übergangsritus teilzuhaben, der seine Wurzeln in grauer Vorzeit hatte. Zum ersten Mal seit Emmas Tod begriff ich, das hier war nicht mein privater Trauerfall, sondern hier an diesem Ort gehörte sie allen.

In der schweißnassen Hand hielt ich ein Blatt Papier mit einem Gedicht von Leo Marks für die französische Résistance, das ich an Emmas Grab hatte vorlesen wollen.

Das Leben, das ich habe,
Ist alles, was ich habe,
Und das Leben, das ich habe,
Es ist dein.

Die Liebe, die ich habe,
Zum Leben, das ich habe,
Sie ist dein,
Und dein,
Und dein.

Und schlafe ich auch bald,
Und ruhe ich auch bald,
Eine Rast wird der Tod nur sein,
Denn der Friede meiner Jahre
Im hohen grünen Gras,
Er wird dein sein,
Dein sein,
Dein.

Auch wenn mir die Worte noch immer sehr passend vorkamen, jetzt vielleicht noch passender, wo ich tatsächlich dort war, wo das hohe grüne Gras sprießt, ging mir plötzlich auf, dieser Moment ließ sich nicht mit Worten fassen, und ich stopfte das zerknüllte Papier wieder in meinen Rucksack, verzichtete auf die überflüssige Geste. Die Sonne brannte noch immer auf uns nieder, hypnotisierte uns und ließ alles traumhaft und unwirklich erscheinen.

Wir kamen zur Begräbnisstätte und schoben uns durch die

schwitzende Menge, die vor uns stehen geblieben war und schweigend verharrte. Langsam traten wir näher ans offene Grab. Wieder überfiel mich dieser süßliche Geruch von vorhin. Die Ursache lag vor meinen Füßen. Eine Kuh war meiner Tochter zu Ehren geschlachtet worden, roter Lebenssaft sickerte stockend in die staubige Erde neben Emmas künftiger Ruhestätte, gebrochene Augen glotzten mich an, Blut trocknete blasig an den Nüstern. Jemand stieß mich von hinten, mir damit bedeutend, ich solle darüber steigen und so einer ehrwürdigen Überlieferung gehorchen, von der mir nichts bekannt war.

Tausend dunkle Augen bohrten sich in meine und forschten in meinem Gesicht nach meiner Reaktion. Den Menschen von Leer bot ich sicher einen seltsamen Anblick. Eine schmale grauhaarige Engländerin, die Augen hinter der Sonnenbrille verborgen, mit aschfahlem Gesicht, ich wirkte auf sie gewiss kaum wie die Frau, die imstande gewesen ist, die hoch gewachsene schöne Emma geboren zu haben, mit ihrem klingenden Lachen und unstillbaren Tatendrang. Mir unbekannte Frauen weinten lauthals, wimmerten leise oder klagten stumm um mein dahingegangenes Kind. Ich aber fühlte mich tränenleer, wie in einer Art Trance. Mit Mühe hielt ich dem Sturm von Gefühlen stand, die an meinem Herzen zerrten. Sally gab mir eine Kanga, ein Stück Baumwollstoff, damit ich es mir um den Kopf band, doch mein Schmerz und meine Trauer ließen sich nicht gegen die Sonne verhüllen.

Ein alter, knochiger Afrikaner mit wallendem weißem Umhang und einem Kopfputz aus geflochtenem Gras jagte mir Schrecken ein, indem er sich mir unvermutet laut heulend und schreiend zu Füßen warf. Verwirrt wandte ich mich an einen von Rieks Helfern, der sich mir als Dolmetscher angeboten hatte. »Was sagt er?«, fragte ich, tief verstört von dem Auftritt. Der Greis warf sich erneut vor mir nieder und sah aus trauerumflorten Augen zu mir auf, ein Blick, der mir bereits vertraut war. Altes Leid und noch kommendes lagen darin, der Hingang geliebter Menschen und körperliche Qual. Aus diesen Augen sprachen Vertreibung, Hunger und Furcht.

»Er sagt, er kann es nicht ertragen, dass Emma nicht mehr ist«, erklärte die Stimme hinter mir mit hartem Akzent. »Er will nicht mehr weiterleben. Er bittet Sie, ihm zu gestatten, sich gemeinsam mit ihr begraben zu lassen.« Zum ersten Mal seit der Landung in Leer war ich völlig fassungslos, bestürzt von diesem Voodoo des Alten. Kurz vor einem Zusammenbruch und verzweifelt die Fassung wahrend, bat ich mit stummer Handbewegung um Schonung, und sogleich wurde er weggezerrt.

Wir standen um Emmas letzte Ruhestätte im schütteren Schatten eines Feigenbaums. Ihre Freunde und Angehörigen drängten sich trotz der Hitze aneinander, nach dem langen Flug wieder miteinander vereint. Jeder hatte zu kämpfen mit seinem eigenen Leid. Neben der tiefen Betongrube war lockere, trockene Erde aufgehäuft. Nun warteten wir auf den Beginn des Gottesdienstes, der hoffentlich so kurz und schlicht ausfallen würde wie erbeten. Pfarrer Matthews, rundlich, glänzend und trotz der Hitze makellos in Talar, Priesterkragen und schwarzer Hose, die Bibel in der Hand, erschien plötzlich auf dem Dach des weißen Land Rovers, der an die Kante des Grabes gefahren worden war. Von dieser Kanzel begann der riesige, füllige Mann, in dieser Hungerprovinz so seltsam fehl am Platz, Gebete und Grabsprüche zu lesen. Auf den Moment konzentriert, mit jeder vertickenden Sekunde in neuerlichem Kampf, waren wir so dicht umdrängt von der Masse menschlicher Leiber, dass ich jeden Augenblick fürchtete, mit ins Grab geschubst zu werden. Ich spürte Atem im Nacken, roch den Schweiß Hunderter Menschen, glaubte sogar das Salz ihrer Tränen zu schmecken. Unter dem Schluchzen und Weinen der anderen sah ich trockenen Auges zu, wie der lange schmale Sarg meiner Tochter von den Soldaten langsam in das verschattete Rechteck des Grabs hinabgelassen wurde.

Riek, der nach der Sitte und seiner Stellung entsprechend

seit ihrem Tod wenig Gefühle gezeigt hatte, stand wie ein dunkler Wächter beobachtend in Wartestellung am Kopfende des Grabes. Dann sprang er ohne vorbereitende Geste mit einer fließenden Bewegung in die tiefe Grube und stellte sich breitbeinig über den Sarg, um uns die Blumensträuße abzunehmen. Die Szene hatte etwas Mythologisches an sich: der trauernde Gatte in tiefer Grube, mit ausgestreckten Armen nach Blumen greifend, um sie auf den Sarg seiner toten Frau und seines ungeborenen Kindes zu legen.

Schluchzend ließ Annabel ein Foto ihres wenige Monate alten Sohnes Jessie hinunterflattern, den Emma nicht mehr gesehen hatte. Emmas Bruder Johnny und ihre Tante Sue warfen welkende Bündel blauen Agapanthus und weiße Lilien hinterher. Nachdem der Schauer von Blumensträußen und persönlichen Beigaben vorbei war, verharrte Riek einen Moment lang völlig still, mit gesenktem Kopf und geschlossenen Augen die letzten Sekunden auskostend. Seiner geliebten Emma, seiner »Königin Nefertiti«, würde er nie wieder so nahe sein können.

Die Tränen unterdrückend, die auch uns überwältigen wollten, kletterte Riek aus dem Grab. Er stieg auf das Dach des Land Rovers und hielt über Megaphon eine Ansprache an die Menge, ganz wie auf einer politischen Versammlung. Er stellte uns, die nach Leer gekommenen Fremden, nacheinander vor und erklärte seinem Volk, wer wir seien und auf welche Weise mit Emma verwandt. Das half uns, uns zusammenzunehmen und die Fassung zu wahren. Scheu nickten wir der Menge zu, wenn Riek auf uns deutete. Nur Erica mit ihren schrecklichen Ohrenschmerzen zusätzlich zu dem anderen Schmerz, für den es keine Arznei gibt, hielt es nicht länger aus. Sie gab auf und sank weinend auf der einzig vorhandenen Sitzgelegenheit zusammen, dem kleinen Betonkreuz für das Kopfende von Emmas Grab. Als ich aufblickte, merkte ich, dass auf allen Ästen der Bäume vor dem Kampong kleine Jungen hockten, wie ein Krähenschwarm stumm die Szene beobachtend.

So geheimnisvoll, wie sie an diesem entlegenen und kargen Ort erschienen war, verschwand die Menschenmenge nach der Beerdigung wieder, sickerte in den Busch, verschmolz wieder mit der Landschaft, versank in den Boden.

Emotional ausgelaugt, von der Hitze ausgedörrt, wurden wir von Riek fürsorglich zu einem roten Backsteinbau geleitet, dem Rotkreuzkampong ein paar hundert Meter weiter. Von Schusslöchern zersiebt, mit offensichtlich schon vor Jahren zersplitterten Fenstern, war diese zerfallene Zuflucht auf wundersame Weise zum Schlafsaal für die ausländischen Gäste hergerichtet worden. Auf der Veranda wartete eine Reihe von Metallbetten auf uns, mit Moskitonetzen ausgestattet, zum Waschen gab es einen einzigen Wasserhahn, und ein kaltes Bier aus unserem Notvorrat musste unseren brennenden Durst stillen.

Ich stürzte die bernsteingelbe Flüssigkeit gierig hinunter. Der Alkohol ging mir ins Blut und beruhigte mich. Ich spürte ungeheure Erleichterung, dass das Geschehen, vor dem ich mich die ganze letzte Woche so gefürchtet hatte, endlich hinter mir lag. Das Durcheinander war vorbei, und seit Tagen zum ersten Mal bekam ich wieder Luft.

Bei einem Rundgang durch das Dorf, um mir den Kopf freizumachen, sah ich den Leuten zu, wie sie in ihren Kampongs zusammenkamen, Abendessen kochten, Feuerholz sammelten oder Tiere fütterten. Andere Dorfbewohner hockten schwatzend zusammen, während die Kinder im Staub spielten. Ich stieß auf einen Stapel aufgerollter Grasmatten – wie ich wusste, ein Vermächtnis von Emmas Bestreben, im Verlauf des Krieges vergessene gewerbliche Fertigkeiten wieder zu beleben. Am anderen Ende des Dorfes kam ich an einen Fluss. Ich konnte beobachten, wie die Menschen, die von so weit her gekommen waren, um meinem Kind die letzte Ehre zu erweisen, ihre Kleider auszogen, sie auf dem Kopf bündelten und davonwateten. Schon ging langsam die Sonne unter und legte über alles ein eigenartiges orangefarbenes Licht. Auf dem

Rückweg zum Kampong fiel mir wieder die Kargheit der Landschaft auf, mit ihren Dauerplagen, Hitze, Staub, Moskitos und Tsetsefliegen, und ich fragte mich, wie Emma hier je überleben konnte.

Später am Abend, nach einem Ziegenragout mit Brotfladen, die zugleich als Löffel dienten, saß ich im Schatten am Rande des Kampongs und beobachtete und lauschte, wie Riek bis spät in die Nacht unter einem riesigen strahlenden Vollmond Hof hielt und seine Leute beriet. Einer nach dem anderen traten sie mit ihren Problemen vor ihn hin und redeten verhalten in ihrer so fremd klingenden melodischen Sprache. Minutenlang hörte er aufmerksam zu, dann fällte er sein Urteil. Seine Stimme war sanft und klangvoll, sie kam irgendwo aus dem Bauch und hallte von den Wänden wider. Ich hätte die ganze Nacht dasitzen und zuhören wollen, aber die Anstrengung des Tages und die Schwere des Abends überwältigten mich schließlich. Ich kroch ins Bett und schlief ein, Rieks wohlklingende Stimme im Ohr.

In den ruhelosen Nächten der folgenden Monate und Jahre, in denen ich an Schlaflosigkeit litt, versuchte ich, mir diese Verzauberung durch seine Stimme wachzurufen, im Geiste die gelispelten samtigen Worte einer Sprache aufzuzeichnen, die ich nicht verstehe, die aber doch von grauer Vorzeit und nie gekannten Bildern zu meiner Seele spricht.

Musik bewahr ich mir im Herzen,
Die kein Geschrei der Welt bezwingt:
Triumph der Kraft über die Schmerzen,
Schönheit, die sich der Hölle entringt …

Ich ging und fand die Welt umgeben
Vom Tod in seiner grellen Pracht;
Doch in der Qual wurd ich erhoben,
Und die Musik brach aus der Nacht.

Am nächsten Morgen waren wir alle bei Tagesanbruch auf und reisefertig. Heather war dringend daran gelegen, uns sicher zurück nach Kenia zu schaffen. Wenn Garangs Leute von der Beerdigung erfahren hatten, würden sie wissen, dass Riek sich in Leer aufhielt, und es war schlicht ein zu großes Risiko, nicht sofort aufzubrechen.

Nachdem ich meine paar Sachen zusammengekramt hatte, lief ich in die Morgendämmerung hinaus, um mich für den Abschied zu wappnen. Trauben von Menschen empfingen mich, viele mit Riek verwandt. Sie standen schweigend am Eingang des Kampongs und harrten unserer Abreise.

Ich wurde zusammen mit den anderen zur Landepiste und zum Flugzeug gebracht, das uns in die Neuzeit zurücktragen würde, wo wir die Scherben unseres Lebens aufsammeln mochten. Soldaten und Verwandte boten an, mir die Tasche zu tragen, Hände schoben mich vorwärts, im Dunst des Morgens wimmelten überall Leute um mich herum. Plötzlich verlor ich die Fassung. Ich ließ meine Sachen fallen und wandte mich um in die Menge, schob sie mit ausgestreckten Händen beiseite und rannte zum Kampong zurück, so schnell ich nur konnte. Ich hatte nicht Adieu gesagt, ich war noch nicht fertig. Ich musste allein mit ihr sein.

Ich war so froh, zurückgelaufen zu sein, um einen letzten Blick zu tun. Die Stätte lag still und ruhig. Zu meiner Überraschung war das offene Grab wie durch Eingeborenenzauber über Nacht zugeschüttet worden, der Betondeckel mit Erde bedeckt, von hundert Händen glatt gestrichen und gefegt. Das kleine Betonkreuz war sorgsam gesetzt. In der Kühle des frühen Morgens war dies meine letzte Gelegenheit, Emma ruhen zu sehen.

Ich hatte nie Zweifel an meiner Entscheidung gehabt, sie hier begraben zu lassen, an diesem Ort, unter diesen Menschen. Ich wusste, sie gehörte hierher, und hier würde ihr Geist weiterleben. Aber in diesem Augenblick, an diesem öden, staubigen, gottverlassenen Ort, ohne auch nur die Aussicht auf ein paar Blumen auf dem Grab, konnte ich es fast nicht ertragen, sie so zurücklassen zu müssen, mutterseelenallein. Irgendwie konnte ich mir nicht klarmachen, dass ihre Sprüche, ihr Lachen, ihre Furchtlosigkeit, Schönheit und Lebhaftigkeit für immer erloschen waren. Sie war nur neunundzwanzig Jahre alt geworden. Sie hatte ein Kind in sich getragen, meinen ersten Enkel. Es war einfach nicht gerecht.

Ich würde noch Zeit genug haben, über die Erinnerungen aus den gemeinsamen Jahrzehnten nachzudenken und darüber, wie unvorhergesehen unser Leben doch verlaufen war. Wie das Schicksal ein normales kleines englisches Mädchen, in Indien geboren und in einem Dorf in Yorkshire aufgewachsen, das ein Eselchen geritten, Blumen gepresst und Muscheln gesammelt hatte, auf geheimnisvolle Weise zur strahlenden Braut eines sudanesischen Guerillaführers gemacht hatte, der auf einem anderen Erdteil in eine kriegerische Auseinandersetzung verwickelt war, von der die meisten Menschen auf der Welt noch nie etwas gehört haben.

Jetzt stellte sich unter der erbarmungslosen afrikanischen Sonne die Frage, die mich von nun an immer wieder beschäftigen sollte: Wie nur konnten wir dahin gelangen, wo wir heute sind?

2

Man schrieb das Jahr 1942. Die Sonne des britischen Empire in Indien war am Versinken, während in Europa der Krieg tobte. Ein Offizier in britischer Armeeuniform erreichte nach längerer Reise aus dem Kampfgebiet Burma den Bergstützpunkt Quetta in der indischen Region Belutschistan nahe der Grenze zu Afghanistan. Quetta, inzwischen zu Pakistan gehörig, ist vor allem auf Grund eines katastrophalen Erdbebens bekannt, das sieben Jahre zuvor stattgefunden hatte. Zwanzigtausend Menschen waren ums Leben gekommen, und das britische Militärhauptquartier war fast dem Erdboden gleichgemacht worden.

Auf einer belebten Straße kam dem Offizier eine junge Frau entgegen. Sie schob einen Kinderwagen. Der Mann und die Frau gingen aneinander vorbei; einen Sekundenbruchteil kreuzten sich ihre Blicke. Er ging weiter, haften blieb nur ein flüchtiger Eindruck: ausnehmend hübsches Gesicht, hohe Wangenknochen und rotblondes Haar. Da hörte er seinen Namen rufen. Er fuhr herum. Sie war stehen geblieben und lächelte ihn an. Erst jetzt erkannte er seine Ehefrau. Mit abgehackten Phrasen der Begrüßung und Überraschung schlossen sie einander linkisch in die Arme.

»Sieh mal in den Kinderwagen«, sagte sie. Er beugte sich vor, und zum ersten Mal im Leben erforschte er das Gesicht eines schlafenden Säuglings.

Sechs Monate alt. Seine Tochter.

Mein Vater Alexander George Bruce hatte meine Mutter

Patricia auf einer Seereise kennen gelernt, wo beide eine Passage auf einem Truppentransporter gebucht hatten, der von England über Fernost nach Australien unterwegs war. Er hatte seinen Vierjahresvertrag als Direktor einer Teepflanzung im Hochland von Assam erfüllt und war dann auf Sechsmonatsurlaub in das heimatliche Schottland zurückgekehrt, um herauszufinden, wie er sich in diesem Krieg nützlich machen könne.

Es ist wohl nur als Auswuchs englischer Lebensart, für die ein Verzicht auf das Teetrinken partout nicht in Frage kam, zu verstehen, dass alle Beschäftigten in der Teeproduktion für die gesamte Kriegsdauer unabkömmlich gestellt wurden. Mein Vater indes war nicht gewillt, den Krieg in einer Weltgegend auszusitzen, wo es niemanden kümmerte, dass anderenorts Tod und Zerstörung wüteten. Er zog es vor, sich freiwillig zu einem Gurkha-Regiment zu melden. Er wurde nach Burma befohlen.

Unterwegs zu diesem Kommando ist er dem Zauber meiner Mutter erlegen. In Australien geboren, kam sie aus der Halbwelt des Theaterlebens und wirkte auf den finanziell unabhängigen, ledigen und belesenen jungen Schotten mit seinem Hang zur Bodenständigkeit sehr exotisch. Sie war Lebenskünstlerin, hatte sogar Aktmodell gestanden und war die letzten zwei Jahre als Varietésängerin gereist, auch zur Truppenbetreuung in Fernost. Gesellig und lebenslustig, war sie von zu Hause durchgebrannt, weg von einer problematischen Jugend mit einem Trinker als Stiefvater. Sie hatte sich in die Glitzerwelt des Theaterlebens und der besseren Gesellschaft gestürzt und sich auch Golfspielen und Pokern beigebracht. Meinen Vater hatte sie kennen gelernt, als das Schiff Gibraltar anlief, und bevor sie Malta erreichten, waren sie bereits verlobt. Mein Vater ging in Bombay von Bord. Sie dampfte weiter nach Australien, mit dem Versprechen, ihn bald zu besuchen.

Viele Jahre später vertraute mir mein Vater an, damals habe er insgeheim gehofft, es werde bei einer bloßen Schiffsromanze bleiben. Doch kaum hatte er in Assam den Marschbefehl nach

Burma in der Tasche, hielt meine Mutter Wort und kam ihn besuchen. Als Gentleman fühlte sich mein Vater an sein Eheversprechen gebunden, und sie heirateten in dem verschlafenen Garnisonsnest Dehra Dun, fünf Stunden nördlich von Delhi im Hochtal zum Garhwal Himalaja gelegen. Nach vierzehn Tagen musste mein Vater nach Burma aufbrechen, seine frisch angetraute Gattin ließ er in einer Dienstwohnung der Offiziersschule von Quetta zurück. So war es gekommen, dass er sie bei seiner Rückkehr mehr als ein Jahr später kaum noch erkannte. Immerhin hatte sie ihm ein Kind geboren.

Von den ersten vier Jahren meines Lebens weiß ich nur noch wenig. Ich habe nur Momenterinnerungen daran, wie wir wohnten, als wir in Indien von einem Stützpunkt zum anderen zogen und ich von einer *ayah* oder Kinderfrau an die nächste weitergegeben wurde. Mein Vater ging als Hauptmann der *Gurkha Rifles* nach Burma zurück und wurde im Frühjahr 1943 nach drei Monaten Spähtrupp zur Nachrichtenbeschaffung tief im japanisch besetzten Hinterland für das *Military Cross* vorgeschlagen. In der Begründung hieß es: »Er hat während der gesamten Operation Führungseigenschaften und soldatischen Einsatz bewiesen. Seine Pflichterfüllung bei diesen zahlreichen gefährlichen Einsätzen ist auszuzeichnen.« So erhielt ein Mann, der von Berufs wegen unabkömmlich gestellt war und in diesem Krieg nicht hätte kämpfen müssen, einen der höchsten britischen Tapferkeitsorden.

Nachdem der Krieg vorbei war und Indien 1947 die Unabhängigkeit erklärt hatte, schickten wir uns an, nach Großbritannien zurückzukehren. Für meinen ersten Besuch in der Heimat meines Vaters machten wir uns von den Sassoon Docks in Bombay aus auf die lange Seereise. Bombay wirkte auf ein kleines Mädchen wie mich fremd und angsteinflößend. Der Himmel schien mir nach der klaren Bergluft Assams voller Schmutzwolken, und das Menschengewimmel verstörte mich. Während wir auf das Auslaufen warteten, schleppte mich meine Mutter in den Film *Die Roten Schuhe*, der mein Unbehagen nur noch vermehrte. Vor allem das tragische Ende, wo die Heldin, von Moira Shearer gespielt, vor einen Zug stürzt, erschütterte mich. Die Schlussszene, in der sie darum bittet, ihr die roten Ballettschuhe auszuziehen, blieb mir auf Jahre im Gedächtnis.

Die Seereise trug wenig zu meiner Erheiterung bei – ich hatte Keuchhusten und Masern und war die meiste Zeit ins Schiffslazarett verbannt. Einziger Lichtblick war der *Gully-Gully-Man*, ein Unterhaltungskünstler, der Zaubertricks mit flauschigen gelben Küken vorführte. Ich war hingerissen.

Kurz nach dem Einlaufen in England wurde ich wie ein Paket per Dampfzug aus der Londoner Euston Station zu meiner Großmutter väterlicherseits verfrachtet, die in Schottland wohnte, bei Lockerbie. Meine Eltern blieben in London, um dringende Geschäfte zu regeln. Mit fünf Jahren war ich ohne Begleitung in der Fremde – die erste von vielen Reisen allein in meinem Leben – unterwegs zu einer Frau, die ich noch nie gesehen hatte. Sogar schon in diesem zarten Alter ahnte ich, dass meiner Mutter die einfachsten mütterlichen Instinkte fehlten.

»Hallo Margaret, ich heiße Margot«, holte mich eine Frau, die sich als meine Tante vorstellte, lächelnd in Dumfries vom Bahnsteig ab.

»*Namaste*«, verbeugte ich mich, die Handflächen artig aneinander gelegt. Verblüfft ob meines traditionellen indischen Grußes, nahm sie mich an der Hand und brachte mich in die dunkelgraue Villa »Parkend« meiner Großmutter, die ich bei aller Beklemmung als freundlich und heiter empfand, ungeachtet ihres noch frischen Witwenstandes zu jedem Kinderspaß aufgelegt. Mein Großvater war Arzt gewesen und hatte sich im Ersten Weltkrieg freiwillig gemeldet, ähnlich wie später mein Vater im Zweiten, das Gemetzel an den Dardanellen überlebt und eigene Erinnerungen darüber verfasst.

Dumfries ist eine historische, wohlhabende Grenzstadt – die Heimat des Nationaldichters Robert Burns. Ich lernte erst dort durch die Großmutter, von der ich noch gar nichts gewusst hatte, normale Häuslichkeit, Sinn für Überlieferung und Familienstolz kennen. Sie brachte mir Kochen und Backen bei, las mir vor, widmete mir Zeit und spielte mit mir. Ich kann mich nicht erinnern, dass meine Mutter sich je so mit mir beschäftigt oder mir von ihrer Lebensfreude mitgegeben hätte. Meines Wissens interessierte sie sich erst für mich, als ich viel älter war – um mich in Theater, Oper und Ballett einzuführen, ihre Leidenschaft.

Meine Zeit mit meiner Großmutter und Tante Margot war etwas ganz Besonderes für mich. Margot erschien mir wie eine Art Patenfee, eine hübsche Frau, die immer Zeit für Gespräch oder Allotria mit mir fand. Sie war Daddys ältere Schwester und hatte ihn und seinen jüngeren Bruder Stuart als Heranwachsende bemuttert. Ich nahm mir vor, so brav wie möglich zu sein und bloß nichts anzustellen, was Oma oder Tante Margot veranlassen könnte, mich fortzuschicken. Doch kaum hatte ich mein erstes emotionales Band zu Menschen geknüpft, die meine Liebe zu erwidern schienen, wurde ich schon wieder als »Paket« versandt, diesmal zurück nach London, um dort für kurze Zeit mit meiner Mutter zu leben.

Da meine Mutter es allerdings nicht aushielt, mich ständig um sich zu haben, gab sie mich wieder weg – diesmal in einen Kindergarten, damit ich andere Kinder zum Spielen kennen lernte. Ich erinnere mich noch, dass wir auf der Straße paarweise hintereinander gehen und uns dazu jeweils mit der Rechten oder Linken an einem langen Lederriemen festhalten mussten. Ich wäre viel lieber daheim geblieben, aber meine Mutter wollte mich dort einfach nicht haben. An meinen Vater habe ich nur flüchtige Erinnerungen, er war offenbar ständig unterwegs. Doch nach fünf Monaten England schifften wir drei uns wieder nach Indien ein, wo mein Vater seine Arbeit als Leiter einer Teepflanzung in Dum Duma im Hochland von Assam aufnehmen wollte.

Wir ließen uns in einem der bequemen Bungalows auf der

weitläufigen Pflanzung im Nordosten Indiens nieder, und es begann für mich eine der glücklichsten Zeiten in meinem Leben, hauptsächlich verdankte ich es meiner neuen *ayah*, Ferami, die ich vergötterte und an der ich hing. Sie war eine rundliche, gedrungene Frau Mitte zwanzig, vom matriarchalischen Bergstamm der Khasi, mir treu ergeben. Mit ihr verbrachte ich mehr Zeit als je mit meiner Mutter. Meine Mutter jedenfalls verschwand eines Tages ganz einfach; ich wachte eines Morgens auf und stellte fest, sie war fort.

»Wo ist Mama?«, fragte ich meinen Vater, eher aus Neugier.

»Ach, sie musste weg«, antwortete er, ohne eine weitere Erklärung. Sie war weggefahren, ohne mir auf Wiedersehen zu sagen, ohne mir einen Brief oder ein Geschenk dazulassen. Sie hatte sich schlicht in Luft aufgelöst. Ich erinnere mich, wie überrascht, ja empört ich war, aber traurig eigentlich nicht. Kummer empfand ich keinen – da sie sich mir nicht hatte zuwenden können, hatte ich meine Gefühle ohnehin schon eher auf meinen Vater und meine *ayah* gerichtet. Außerdem hatte ich in meinem Leben als verwöhntes kleines Mädchen Ablenkung genug.

Ich weiß noch genau, wie ich mit Lokom, unserem *mali*, dem Gärtner, in den Ortsbasar ging, um farbiges Seidenpapier für einen Drachen zu erstehen. Drachen steigen zu lassen hat in Indien eine lange Tradition. In allen Klein- und Großstädten lassen ganze Familien von jedem Hausdach oder jeder Freifläche bunte Drachen steigen – in ihrer typisch sechseckigen Form tanzen sie am Himmel, so weit man schauen kann. Bei mir als einem Kind Assams galt es als wesentlicher Teil meiner Erziehung, mich in diese alte Überlieferung einzuführen. Ich sehe Lokom noch heute vor mir, wie er auf dem Rasen kauert und mit einem Haumesser Bambus für den Rahmen spaltet. Dann lehrte er mich, wie man Klebreis so zu einer Paste verkocht, dass man damit das Seidenpapier an den Rahmen kleben kann. Wir ließen unser Werk in der Sonne trocknen, und siehe da, am nächsten Morgen draußen auf einem Hügel mitten unter den Kindern der Kulis erhob sich mein bunter Drachen tatsächlich in den Himmel. Ich war hingerissen.

Am liebsten aber ging ich in den fackelerleuchteten Zirkus, der regelmäßig in die Stadt kam. Die Vorfreude machte mich dann ganz zappelig, wenn sie mich halb ängstlich, halb aufgeregt ins Manegenrund führten, wo ich geheimnisvolle dunkelhäutige Männer in glitzernden Goldlaméhosen und schreiend bunten Turbans ungerührt über glühende Kohlen laufen oder auf Nagelbrettern liegen sah. Es war alles unglaublich spannend.

Meinem Vater schien meine Mutter gar nicht zu fehlen. Er angelte gern und nahm mich und Ferami auf wochenlange Ausflüge mit in das Lohit-Tal hinauf, ins Vorgebirge zum Himalaja. Er verbrachte lange Tage auf dem mächtigen Brahmaputra nach *mahseer* angelnd, einem Fisch aus der Familie der Karpfen, der ein Lebendgewicht von hundert Pfund oder mehr erreichen kann. Er gilt unter Sportanglern als äußerst kämpferischer Fisch, und mein Vater pflegte mit Triumph in unser Zeltlager zurückzukehren, während sein Träger mit Mühe den Tagesfang hinterherschleppte. Der Brahmaputra bietet bei Hochwasser einen furchterregenden Anblick. In der Regenzeit lässt sich fast nichts gegen seine Gewalt ausrichten. Fließt die Überschwemmung ab, hinterlässt sie fruchtbaren Schlamm, der reiche Ernten von Reis, Senf und Jute bringt.

Mein Vater ritt oft auf seinem Pferd hinaus durch die Teepflanzung, um die Aberhunderte Kulis zu beaufsichtigen, die auf den ausgedehnten Flächen üppiger grüner Sträucher an den welligen Berghängen arbeiteten. In der Pflücksaison (der Erntezeit) arbeiteten sich die Kulis mit Bastkörben auf dem Rücken zwischen den schnurgeraden Reihen der Teesträucher hindurch und pflückten die obersten Blättchen. Ich ritt auf meinem kleinen Pony Peanuts hinterher.

»Komm schon, Häschen«, rief Daddy dann liebevoll, während ich hinter ihm hertrottete, einen breitrandigen weichen Strohhut auf dem Kopf. Er nannte mich von klein auf Häschen – ich hörte das viel lieber als Margaret oder Maggie oder Miss Bruce – und fand es toll, dass niemand außer ihm mich so rief. Es war unser ganz besonderes Geheimnis.

Es war eine sehr glückliche Zeit, auch wenn meine Mutter nicht da war, und ich wünschte, sie werde nie enden. Aber bald darauf und ohne jede Erklärung verfrachtete mich mein Vater achthundert Kilometer weiter in das katholische Klosterinternat Loreto der Gebirgsgarnison Shillong, der Hauptstadt von Meghalaja, wörtlich »Wolkenheim«. Es war eine lange und mühselige Zweitagereise mit dem Zug und dann per Taxi über eine Serpentinenstraße durch Kiefernwälder und Bergwiesen hinauf zu der Stadt, die in Indien als »Schottland des Ostens« bekannt ist. Mir wurde schlecht von der Holperei auf der kurvenreichen Straße.

Jahre später entdeckte ich, dass die Entscheidung, mich ins Kloster zu stecken, hauptsächlich den politischen Ereignissen der Zeit entsprungen war. Am 30. Januar 1948, im ersten Jahr nach der Unabhängigkeit, fiel Mahatma Gandhi in New Delhi einem Attentat zum Opfer. Nach dem Staatsbegräbnis brachen Unruhen zwischen den Glaubensgemeinschaften der Hindus und der Moslems aus, und viele – darunter auch mein Vater – befürchteten ein Blutbad. Mein Vater hatte gehofft, im Nonnenkloster Shillong hoch oben in den Bergen sei mein Leben sicherer als auf der Teepflanzung. Sollte sich die Lage weiter verschärfen, war mein Pass offenbar schon mit Visum gestempelt gewesen, damit ich zur Familie meiner Mutter nach Australien geschickt werden konnte.

Nachdem ich in Shillong abgesetzt worden war und mich damit abgefunden hatte, dass kein noch so beleidigtes Schmollen meinen Vater von seiner Entscheidung abbringen konnte, beschloss ich, das Beste daraus zu machen. Zu meiner großen Überraschung hatte ich sogar meinen Spaß. Als Einzelkind in Assam zuvor ziemlich allein, genoss ich jetzt die Gesellschaft anderer Kinder, für mich etwas völlig Neues. Mein Vater fehlte mir schrecklich, besonders die Gutenachtgeschichten und das Abgekitzeltwerden, und mich ekelte vor dem Haferbrei mit Rhabarberkompott, wo ich immer den Teller leer essen musste. Doch ich hatte neue Freunde und einen neuen Lebensmittelpunkt gewonnen, und bald schien mir Shillong gar nicht mehr so schlimm.

Aber wiederum, nach wenigen Monaten nur und lange bevor ich Dauerfreundschaften mit Mitschülerinnen oder Nonnen schließen konnte, wurde ich heimgeholt auf die Teepflanzung, in Assam als »Teegarten« bezeichnet. Ein wenig tat es mir leid, beim Eintritt in das Klosterinternat ein solches Theater gemacht zu haben. Ich meinte natürlich, mein Vater habe sich inzwischen meinen Wünschen gefügt, fühle sich ohne mich einsam und wolle mich wieder zu sich holen. Zu meiner maßlosen Verblüffung aber war bei meiner Rückkehr in unseren Bungalow meine Mutter zugegen. In ihrer siebenmonatigen Abwesenheit hatte ich fast vergessen, wie sie aussah. Sie hatte noch andere Überraschungen für mich auf Lager.

»Margaret, ich war in Australien«, erklärte sie, »guck mal, was ich dir alles mitgebracht habe.« Ich war beglückt über den plüschenen Koalabären, aber bestürzt über das neue Schwesterchen im Kinderbett. Jetzt war ich schon sechs, aber noch nie im Leben hatte ich mich derart hereingelegt gefühlt.

Aus den folgenden Jahren, in denen ich zwischen Shillong und dem Teegarten in Assam hin- und herverschickt wurde, gibt es wenig Denkwürdiges für mich. Meine heißgeliebte Ferami wurde mit meinem neuen Schwesterchen Suzanne betraut und hatte daher immer weniger Zeit für mich. In den nächsten beiden Jahren ging es mir gesundheitlich nicht besonders gut. Ich schoss in die Höhe und machte im Eiltempo alle möglichen Kinderkrankheiten durch. Zu guter Letzt zog ich mir auch noch Malaria zu und musste viele Tage und Nächte auf der Krankenstation des Internats zubringen. Nach einem kurzen Genesungsaufenthalt zu Hause wurde ich wieder eingewickelt und zurück nach Shillong expediert.

Ich erinnere mich noch an den Aufbruch zu dieser Reise,

wie ich mit meiner Mutter im Flugzeug saß und auf den Start wartete. Mein Vater hatte uns zum Flughafen begleitet, wollte aber nicht mitfliegen. Plötzlich aber war er wieder da, er war in letzter Minute doch noch eingestiegen. Eben habe er mit den behandelnden Ärzten gesprochen, berichtete er.

»Margaret muss nach England«, verkündete er meiner Mutter, und sie nickte zustimmend. Er verwuschelte mir zärtlich das Haar und fügte hinzu: »Kopf hoch, Häschen.«

Die Weichen in meinem Leben wurden also kurz vor dem neunten Geburtstag wieder neu gestellt, und ich wurde erneut nach England gebracht, nur um diesmal allein zurückzubleiben. Meine Mutter und Suzanne, die wir später »Sue« nannten, kehrten ohne mich nach Indien zurück. Ich war wohl zu klein, um eine Erklärung für dieses Verlassenwerden verstehen zu können, und bestimmt wurde mir auch keine gegeben, obzwar ich im Rückblick vermute, es hatte einiges mit meinem schlechten Gesundheitszustand und der Empfehlung des Arztes zu tun, mich dem englischen Reizklima auszusetzen. Ich hatte keine andere Wahl, als mich zu fügen und mir auf Bitten meines Vaters die Tränen zu verbeißen.

Oh, denk an mich, wenn ich gegangen bin,
Weit fort von dir, ins ferne stumme Land,
Wo ich nimmermehr den Halt hab' deiner Hand.

Meine neuen Pflegeeltern, Mr. und Mrs. Parker, die eine Pension mit Namen »Sea View« in der viktorianischen Sommerfrische Worthing in West Sussex betrieben, waren ein sehr biederes Kleinbürgerpaar, das meine Mutter rein zufällig am Strand aufgetrieben hatte. Die Parkers hatten ein Einzelkind, eine Tochter namens Janet, so alt wie ich. Um über die Runden zu kommen, nahmen sie Feriengäste auf. Janet war blond, trug Rattenschwänzchen und ging auf dieselbe Nonnenschule vor Ort, wo ich als Ganztagsschülerin angemeldet war. Aufgenommen hatten mich die Parkers eigentlich nur, weil ich

Janets Schulgeld bezahlen half und ihr Gesellschaft leisten würde. So kam es, dass wir als Wildfremde Schlafzimmer nebeneinander hatten und jeden Tag auf Tretrollern zwischen Haus und Schule pendelten, da wir zum Mittagessen nach Hause und nachmittags wieder zum Unterricht mussten.

Bei den Parkers lebte ich drei Jahre als Hausgast. Alle Rechnungen wurden von meinem Vater in Indien gegengezeichnet und bezahlt. Janet war anfangs richtig nett, und es gab auch allerhand Abwechslung: im Sommer Schwimmen im Meer und das traditionelle Kasperletheater auf der langen Uferpromenade mit ihren Häusern im Regency-Stil. Aber sonst fällt mir nicht viel ein, was mir an Englands kalter und regnerischer Südküste Unterhaltung geboten oder Spaß gemacht hätte. Ferami und mein Pony fehlten mir, und ich sehnte mich zurück nach den beschaulichen Tagen meiner Kindheit, in denen ich Papierdrachen geklebt und mich in der Sonne geaalt hatte.

Drei lange Jahre, zwischen dem neunten und zwölften Lebensjahr, sah ich meinen Vater, meine Mutter und meine kleine Schwester kein einziges Mal. Gelegentlich kam wohl ein Brief oder ein Foto, doch ich habe keine klare Erinnerung daran. Ich versuchte mal wieder das Beste daraus zu machen und so brav zu sein, wie es ging, tröstete mich mit meinem geliebten Koalabär und legte ein Poesiealbum mit Zeitungsausschnitten über die königliche Familie an. Meine Mutter war als Australierin von den Windsors immer ganz besessen gewesen, und ich meinte wohl, wenn ich ihrer Begeisterung nacheiferte, würde sie vielleicht ein bisschen netter zu mir sein.

Die einzigen Höhepunkte in dieser einsamen Zeit waren gelegentliche Besuche bei meiner Tante Margot und das überraschende Angebot, vermutlich auf ihr Betreiben, die Sommerferien in Blairgowrie im schottischen Perthshire mit meinem Onkel Stuart, seiner Frau Diana und ihren beiden kleinen Kindern zu verbringen, die ich noch nie im Leben gesehen hatte. Begierig ergriff ich die Gelegenheit, wieder nach

Schottland und näher zu meiner Großmutter zu kommen. Es war eine unverhoffte Erholung aus blanker Einsamkeit. Diese Ferien erwiesen sich jedes Jahr als meine einzigen frohen Monate. Wir unternahmen Picknicks auf Waldlichtungen, Wanderungen durchs Heidekraut und schwammen in Torflöchern, wo das Wasser braun, weich und oft so kalt war, dass man Gänsehaut kriegte.

Mein kleiner Vetter Robin und meine Kusine Linda, die mindestens sechs Jahre jünger waren als ich, mit denen ich aber Kinderspiele veranstalten konnte, halfen mir die Abwesenheit der eigenen Familie verkraften. Wir hatten viel Spaß mit dem einfachsten Zeitvertreib, darunter dem Spiel, mitten im Bach von Stein zu Stein zu hopsen und dabei weder nasse Füße zu bekommen noch das Ufer betreten zu müssen. Wir kletterten auf Bäume und inspizierten Vogelnester, fingen Bachforellen, sammelten Wildpilze und gingen manchmal sogar zelten. Es war alles so anders und so schön entspannt. Diese langen herrlichen Sommer vermittelten mir ein Gefühl der Zugehörigkeit und Identität und machten mich stolz, eine Bruce zu sein. Ich spürte, ich hatte doch meine Wurzeln.

Manchmal in den Sommerferien nahm mein Onkel Stuart mich auf Besuch zu meiner Oma mit in die Villa »Parkend«. Ich war immer gerne im Haus meiner Großmutter, wo ich mich zwischen Stockrosen und Rittersporn im Garten herumtrieb, mit dem Gärtner Erbsen und Himbeeren pflückte, einem hoch gewachsenen Mann, der mich an die Figur Mr. McGregor aus Beatrix Potters Geschichten *Peter Rabbit* erinnerte und nie etwas dagegen hatte, wenn ich mir eine Hand voll Beeren in den Mund stopfte. Gern lümmelte ich mich auch im Liegestuhl in dem grün gestrichenen drehbaren Gartenhaus, sah den Schmetterlingen und Vögeln im Garten zu oder wartete auf die rundliche Frohnatur der Frau, die jede Woche die Wäsche abholte und brachte. Auch höre ich noch, wie die Köchin Lizzie mit dem Gong zum Mittagessen rief. Eine heile Welt.

Im September jedoch kam immer die Zeit, nach Worthing zurückzufahren, wie stets allein reisend, heim zu den Parkers. Die Zugfahrt von Perth nach London war einsam und langweilig. Nur der Schaffner oder ein beauftragter Mitreisender kümmerte sich um mich. Vom Bahnhof Euston holte mich ein entfernter Vetter ab, der mich quer durch London zum Victoriabahnhof zu bringen hatte, wo ich den Zug zur letzten Etappe meiner Reise bestieg.

Die ersten achtzehn Monate meiner Zeit bei den Parkers waren noch halbwegs angenehm. Ich erinnere mich, wie ich im Winter zum ersten Mal Schnee fallen sah und in den Garten hinter dem Haus rannte. Ich konnte dieses Manna vom Himmel nicht begreifen; es fiel wie Watte vom Himmel und schmolz mir in der Hand. Dann aber begann Janet unerklärlicherweise, mir zuzusetzen. Geliebte Bücher und Geschenke von Onkel Stuart und Tante Margot waren plötzlich verschwunden, und die Parkers kritisierten meine Überzeugungen und zwangen mich, nach ihrem Vorbild jeden Freitag eingelegten Aal in Brühe zu essen, wo ich doch eigentlich fasten wollte.

Sie verlachten meine Begeisterung über die königliche Familie und spotteten meines Poesiealbums mit den Bildern und Zeitungsausschnitten. Und zum ersten Mal, seit ich dort wohnte, hänselte mich Mr. Parker wegen meiner Angst vor dem Dunkeln, weil ich jeden Abend unter dem Bett und im Kleiderschrank nachsah, ob keine Schlangen, Schakale oder Tiger lauerten, ein Verhalten, von dem ich inzwischen weiß, dass es den klassischen Angstsymptomen eines verlassenen Kindes entspricht. Die unvermutete Abneigung der Parkers machte mich tief traurig. Ich war doch immer äußerst brav gewesen und konnte mich nicht entsinnen, womit ich sie gegen mich aufgebracht haben könnte. Rückblickend meine ich, das scheue, »reiche« kleine Mädchen in ihrem Haushalt war ihnen schlicht langweilig geworden, und amüsanter, als mich in Ruhe zu lassen, war es für sie, mich zu quälen. Mir aber war, als würden nacheinander alle Anker meines Lebens gekappt.

Doch damit nicht genug, zwei weitere Ereignisse sollten mein Elend noch vergrößern. Als ich zehn Jahre alt wurde, schrieb Tante Margot, sie habe George kennen gelernt, einen Arzt, und werde ihn heiraten. Als führendem Dermatologen war ihm eine Dreijahresstelle in Chicago angeboten worden, und sie würden nach Amerika ziehen. Mir war, als hätte mich jemand zerrissen. Margot kam nach Worthing gereist, um mir auf Wiedersehen zu sagen, und ich durfte mir zur Erinnerung ein Geschenk aus einem Spielzeugladen in der Nähe aussuchen. Ich nahm eine Nachttischlampe mit magischen Lichteffekten, sie sollte die ganze Nacht brennen und die Dämonen fernhalten. Und dann war sie fort.

Ich hatte diesen Abschied noch nicht verkraftet, als aus Schottland die Nachricht kam, meine Großmutter sei gestorben. Der erste Todesfall eines mir nahe stehenden Menschen. Mrs. Parker verkündete mir die Nachricht zum Lunch und schickte mich anschließend wieder zur Schule. Ich litt großen Kummer, dachte im Unterricht nur noch an die glücklichen Bilder mit Oma in ihrer warmen und gemütlichen Küche und stach mir versehentlich das angespitzte Ende meines Bleistifts bis aufs Blut in den Oberschenkel. Jetzt war ich wirklich auf mich allein gestellt. Noch nie im Leben hatte ich mich so verlassen gefühlt.

Nur wenig später kam Nachricht aus Indien, meine Eltern und Sue kämen auf Stippvisite. Nach so langer Trennung war ich unsicher, wie ich sie begrüßen sollte. Wie sahen sie jetzt wohl aus? Waren sie jetzt alt? Würde ich sie überhaupt erkennen? Verwirrung packte mich, meine Gefühle überschlugen sich. Insgeheim war ich erleichtert ob der Aussicht, möglicherweise aus den Klauen der Parkers gerettet zu werden. Ich war froh, dass wir wieder als Familie zusammen sein würden. Doch wie lange? Leidvolle Erfahrung hatte mich gelehrt, mir keine allzu großen Hoffnungen zu machen, und soweit ich mitbekommen hatte, wollten sie ohnehin nicht lange bleiben. Ich zog mein schönstes Kleid an, drehte die Zöpfe auf, kämmte mein langes dunkles Haar und erwartete mit bedrückter Seele das Familientreffen.

Ich werd's überleben, und man wird mich fragen …
… was uns damals am Leben hielt,
Als es weder Briefe gab noch Nachricht …
Und schändlicher Lohn zum Verrat verlockte.

Wir trafen im düsteren Salon der Parkers zusammen, auf ihren abgewetzten Polstermöbeln mit den gehäkelten Schondeckchen. Ich saß steif auf dem Sofa vor dem Fenster mit der Raffgardine und wartete, bis sie hereingeführt wurden. Jahre später erzählte mir Sue, sie habe eigentlich auf mich zustürzen und mich umarmen wollen, die ältere Schwester, an die sie sich kaum erinnerte, aber von der sie so oft geträumt hatte. Doch sei sie gehemmt gewesen wegen der Kälte, die ihr entgegenschlug: Ich wirkte auf sie wie auch auf meine Eltern, die mich verhalten begrüßten, kühl, hochnäsig und beleidigt. Sogar das fröhliche »Hallo Häschen« von meinem Vater, das mich fast erweichte und zu ihm hinrennen ließ, war nicht genug. Ich hatte mich innerlich verhärtet und war so schnell nicht bereit, ihnen zu verzeihen, dass sie mich derart im Stich gelassen hatten. Insgeheim war ich höllisch eifersüchtig auf Sue, die zwar nichts dafür konnte, die aber das Leben mit meinen Eltern teilen durfte, was mir verweigert worden war. Noch Monate danach, als ich längst schon wieder bei meiner Familie lebte, konnte ich dieses Gefühl des Abgelehntseins nicht überwinden. Die arme Sue, ich war wirklich eklig zu ihr, und dabei betete sie mich an.

Aber jetzt war es endlich Zeit, meine paar Habseligkeiten zu packen und die Familienpension zu verlassen, wo ich so unglücklich gewesen war. An dieses Zuhause und an die Parkers wollte ich keinen Gedanken mehr verschwenden. Während der nächsten Monate wohnte ich mit meiner Familie für eine Weile in London, dann in Schottland, während mein Vater den Nachlass seiner Mutter klärte, und schließlich – als mein Vater nach Indien zurückfuhr – in einer Mietwohnung in der Sommerfrische St.-Leonards-on-Sea in East Sussex. Meine Mutter blieb gerade so lange, bis sie das Internat für Sue und mich im Mayfield-Kloster vom Heiligen Kinde in St. Leonard geregelt hatte. Dann reiste sie wieder nach Indien und ließ mich wiederum bei Fremden zurück.

Für Sue muss es doppelt schwer gewesen sein, so von ihren Eltern in einem fremden Land zurückgelassen zu werden und dann zu spüren, dass die große Schwester, nach deren Gesellschaft sie sich so lange gesehnt hatte, etwas gegen sie hatte. Wir gingen in verschiedenen Abteilungen zur Schule, sie in der Unterstufe und ich in der Mittelstufe, unsere Wege kreuzten sich also nur selten. Das muss es für sie noch schwerer gemacht haben. Immerhin war die Schule gut, manchmal war es sogar lustig; wir schwammen vor dem Frühstück im Meer; die Nonnen lasen uns an Halloween Gespenstergeschichten vor, wobei wir uns die Woll- und Daunendecken über den Kopf zogen; wir rösteten Maronen am offenen Kaminfeuer und brannten am Guy Fawkes Day Feuerwerk ab. Ich erhielt meinen ersten Tennisunterricht, ein Sport, der meine Leidenschaft werden sollte. Während der Ferien wurden Sue und ich normalerweise bei diversen Leuten in Pension gegeben, auch zu einem Tantchen Bobby in Worthing, und ich machte Sue mit den Sommerferien bei Onkel Stuart in Schottland bekannt. Ich war überglücklich, als Tante Margot schließlich 1956 aus Amerika zurückkehrte, um sich in London niederzulassen, denn danach verbrachten wir die verbleibenden Schulferien mit ihr und ihrem Mann. Sie bekamen keine Kinder und behandelten uns wie die eigenen.

Mit dreizehn war ich in meiner Selbständigkeit bereits so gefestigt und unabhängig vom Einfluss und der Kontrolle durch die Eltern, dass es mir richtig unangenehm war, als meine Mutter uns mit ihrer Rückkehr nach England überraschte. Von frühester Kindheit an hatte ich mich mit ihr nicht wohl gefühlt und war jedes Mal erleichtert gewesen, wenn ihr Besuch vorbei war. Jetzt, wo ich sie so selten sah und mit etwas Abstand beurteilen konnte, wurde ich eher noch kritischer. Sie war furchtbar theatralisch und mehr als nur ein bisschen exzentrisch, mit Augenbrauen als getuschten Bogenstrichen hoch in der Stirn und viel zu dick aufgelegter Schminke und Puderschicht. Es war mir höchst peinlich, wenn diese Schicht beim Lächeln rissig wurde und beim Begrüßungsküsschen abblätterte. Hoffentlich hatte es keine von meinen Schulfreundinnen gemerkt.

Da ich die Ferien auf keinen Fall mit meiner Mutter verbringen wollte, ergriff ich jede Gelegenheit, woanders hinzufahren, und nahm Einladungen von Freundinnen an. Mit siebzehn war ich daher schon weit herumgekommen, hatte in Oster-, Sommer- und Weihnachtsferien ganz Großbritannien bereist und war sogar Ski laufen in den französischen Alpen gewesen. Sue und ich kamen uns näher. Ich fing gerade an, mich mit Jungs zu treffen und mich für sie zu interessieren. Alles in allem war ich mit meinem Los recht zufrieden – bis meine Mutter sich auf Dauer in England niederließ.

Inzwischen lebten sie und mein Vater mehr oder minder getrennt. Sie hatte das Leben in Indien satt. Sie mietete eine Wohnung im Londoner Stadtteil Kensington, und nach meinem Schulabschluss musste ich bei ihr einziehen. Auf ihre Anregung hin und weil Krankenschwester, Köchin oder Sekretärin 1959 noch die einzigen Erwerbschancen (neben einer Heirat) für ein junges Mädchen waren, ging ich in einen Neunmonatskurs an einer Sekretärinnenschule in der South Molton Street. Mehrere meiner früheren Schulkameradinnen besuchten denselben Kurs, und meine Mutter hatte gemeint, ich stünde besser da, wenn ich eine Ausbildung vorweisen könne. Es war der beste Rat, den sie mir jemals gab, denn es wurde später mein Broterwerb.

Mit achtzehn bewarb ich mich erfolgreich um meine erste Stellung als Sekretärin in der Erwachsenenbildung eines Chemiekonzerns. Keine Arbeit, die mir besondere Freude machte, doch war sie anspruchsvoll, und ich lernte allerhand. Das Zusammenleben mit meiner Mutter während dieser Zeit war freilich alles andere als einfach, und ihre Unberechenbarkeit machte mich ziemlich fertig. Bisweilen blieb sie tage- und nächtelang weg zum Dinner und auf Partys, und ich bekam sie überhaupt nicht mehr zu Gesicht; ein andermal hing sie tagelang missgestimmt und launisch im Morgenrock in der Wohnung herum. Ich brachte keine Freundinnen mehr mit nach Hause, nachdem sie mir zwei meiner Jungmädchenpartys ruiniert hatte – das erste Mal, indem sie im Negligé aus dem Schlafzimmer gestürmt kam und uns anschrie, nicht so laut zu sein, und das zweite Mal, indem sie mich aus der Wohnung aussperrte, als ich meine Freundinnen gerade zur Haustür hinunterbrachte. Ich hatte damals ein paar flüchtige Verehrer, hätte aber nicht im Traum daran gedacht, einen davon mit nach Hause zu bringen, um ihn ihr vorzustellen.

Als meine Mutter mich mit dem Vorschlag überraschte, ich solle mir sechs Monate frei nehmen und meinen Vater in Indien besuchen, ergriff ich die Gelegenheit sofort. Es war 1961, ich hatte ihn vier Jahre lang nicht gesehen, sie übrigens auch nicht. Sue war noch im Internat. Ich vermutete, meine Mutter sei meine Gesellschaft leid und wolle allein sein. Sie fand heraus, dass ein paar alte Freunde aus Assam auf dem P&O-Luxusdampfer *Chusan* nach Bombay fahren würden, und buchte für mich. So kam es, dass ich mit neunzehn wieder nach Indien unterwegs war, auf der kurzweiligsten meiner Reisen allein.

Das Leben an Bord der *Chusan* war mein faszinierendstes Erlebnis überhaupt. Während wir durch die Biscaya, die Meerenge von Gibraltar, das Mittelmeer und den Sueskanal nach Indien liefen, waren meine Tage und Nächte ausgefüllt mit mondänen Cocktailpartys und schönen Männern, jederzeit bereit, mich auf die Tanzfläche zu bitten und mit mir zu flirten. Schließlich wurde ich zur Liebesbotin eines Pärchens und überbrachte geheime Liebesbriefe, wie eine Zofe aus einer shakespeareschen Komödie. Wir tranken Pimm's und Pfefferminzlikör, speisten Hummer und Shrimps und tanzten die Nächte durch. Ich begegnete den ersten lesbischen Frauen in meinem Leben, es gab einen Vergewaltigungsversuch und einen Diebstahl auf dem Schiff, und mir war, als befände ich mich mitten in einem Roman Agatha Christies. Ich war wie in einem Zauber gebannt.

Bei der Ausschiffung in Bombay schwebte ich noch immer auf einer rosa Wolke. Doch dann holte die Realität mich wieder ein mit dem Schmutz, Staub und Gestank eines Landes, in dem ich zwölf Jahre lang nicht mehr gewesen war. Die Großstadt vibrierte vor Geschäftigkeit; ihre vielen Millionen Einwohner schienen unaufhörlich in Bewegung. Die Gebäude waren in die Höhe geschossen, dazwischen stritten christliche Kirchen und Hindutempel um Luftraum. Überall Bettler, wir fünf mussten Spießruten laufen und uns durchs Verkehrsgewühl fädeln, um zum Bahnhof Victoria zu gelangen. Vor unseren Zug der Zentralbahn nach Kalkutta war eine uralte Dampflokomotive gespannt, und wegen eines Zugunglücks am Vortag brauchten wir fast drei Tage und Nächte. Es hatte etliche Todesopfer gegeben, und unser Zug hielt auf freier Strecke, um die Toten und Verletzten abzutransportieren.

Die Verhältnisse im Zug waren im Vergleich zum Luxus der *Chusan* äußerst primitiv. Der Zug mit dem hochtrabenden Namen *Kalkutta Express* bestand aus Waggons, die kaum mehr als aneinander gehängte Blechkanister waren. Drin war es unglaublich heiß und klebrig, niemand konnte der Hitze entgehen; Fahrgäste hingen an Türen und Fenstern und saßen auf dem Dach, und wir waren in unserem Abteil so gut wie gefangen. Mahlzeiten verschafften wir uns, indem wir sie an einem Bahnsteig bestellten und am nächsten in Empfang nahmen. Sie bestanden zwangsläufig aus einem Chiliomelett und einem *chapati*, von einem Turbanträger vom Bahnsteig durchs Abteilfenster hereingereicht. Hinuntergespült wurde mit zuckersüßem Tee.

Bei einem dieser Aufenthalte wollte ein Mitglied unserer Reisegruppe so verzweifelt etwas Kräftigeres, dass er einem vorbeikommenden Inder Bargeld aushändigte, in der Hoffnung, er werde ihm dafür eine Flasche Whiskey bringen. Zuletzt sahen wir den Fremden, wie er voll Freude über die unverhoffte Gabe auf einem klapprigen Fahrrad zum Basar fuhr, fröhlich uns zuwinkend, den weißen Umhang vom Wind gebläht, während unser Zug aus dem Bahnhof dampfte.

Bei unserer Ankunft im pompösen viktorianischen Howrah-Bahnhof von Kalkutta in aller Frühe waren wir völlig erschöpft. Der Bahnsteig wimmelte von Leuten, die einen Platz im nächsten Zug ergattern wollten, irgendwelche Waren zum Kauf anpriesen, und natürlich von den allgegenwärtigen Bettlern. Es war laut, überfüllt und schwül, schlimmer sogar noch als in Bombay. Noch hundertmal ärger als auf dem Bahnsteig aber war das Gewimmel und Gedränge auf der zwei Kilometer langen Howrah-Brücke, die unmittelbar hinter dem Bahnhof beginnt. Den Verkehr auf der gewaltigen Stahlträgerbrücke über den schlammigen Hooghly River muss man mit eigenen Augen gesehen haben, um es zu glauben. Autos, Lastwagen, Busse, Straßenbahnen, Rikschas, Roller, Fahrräder, Ochsenkarren, Passanten, Kühe, Ziegen und Esel schieben sich darüber – angeblich drei Millionen Menschen am Tag. Unter großen Schwierigkeiten bahnte ich mir meinen Weg durch das Chaos, quer durch Indiens größte Stadt zum Flughafen und zu meinem Inlandsflug nach Assam.

Es schien eine Ewigkeit zu dauern, bis das kleine Flugzeug, das ich schließlich bestieg, drei Stunden später in den Landeanflug ging und in Dibrugarh im Hochland von Assam sicher auf einer winzigen Landebahn aus gelochten Metallplatten aufsetzte, durch die Gras wuchs. Mein Vater holte mich ab. Bei der Begrüßung nach so langer Trennung war ich mehr als verlegen und ein wenig reserviert, aber er zog mich an beiden Händen in eine herzliche Umarmung.

»Willkommen daheim, Häschen«, sagte er, und mir stiegen die Tränen in die Augen. Er freute sich wie ein Schneekönig, mich bei sich zu haben, und stellte mich stolz Freunden vor, die er zum Flughafen mitgebracht hatte.

Erinnerungen an meine glückliche Kindheit in Assam mit meiner *ayah* fluteten zurück, als mein Vater und ich auf der Veranda seines Bungalows saßen und an geeistem Tonicwasser mit Gin nippten. In angeregtem Gespräch sah ich zu, wie die kleinen Nachttiere mich begrüßen kamen. Geckos hingen an dem Fliegendraht um die Veranda und lauerten auf die vom Licht angelockten Insekten, und Glühwürmchen blinkten in der warmen Nachtluft. Der riesige Ventilator drehte sich über unseren Köpfen und schuf Kühlung, während wir die vielen Jahre aufzuholen versuchten, die uns entgangen waren.

Die nächsten fünf Monate waren seit Jahren meine glücklichsten. Ich blühte auf unter den Schmeicheleien und Aufmerksamkeiten meines Vaters und der vielen Junggesellen in Assam. Es hatte sich herumgesprochen, dass Alecs Tochter aus England gekommen sei, und es herrschte kein Mangel an Verehrern. Für mein Alter war ich recht attraktiv – schlank und dunkelhaarig, mit großen braunen Augen und nach Meinung der Leute einem hübschen Lächeln. Ich hatte die hohen Wangenknochen meiner Mutter und die Lebhaftigkeit meiner Großmutter geerbt, und zum ersten Mal seit Jahren fühlte ich mich geliebt und bewundert. »Honigtöpfchen« pflegte mich mein Vater zu nennen.

Daddy erzählte mir später immer, wie ich in dieser Zeit bei ihm aufgeblüht sei, und zweifellos bekamen mir Lebensstil und Tagesablauf sehr gut. Ich mochte kaum daran denken, eines Tages in das trübe London in den grauen Alltag mit meiner Mutter zurückzumüssen.

Für einen Teepflanzer war das Leben damals recht angenehm. Die Direktoren waren meist Auslandsbriten, von den großen Teehandelsfirmen in London zur Leitung der riesigen Teeplantagen in entlegenen Weltgebieten bestellt. Die Arbeit wurde gut bezahlt und bot den Angestellten und ihren Familien den Vorteil eines komfortablen Lebens in einem warmen Klima. Der Arbeitstag begann allgemein um sechs Uhr morgens, mit Frühstück um acht, danach weiteren drei Stunden Arbeit auf der Pflanzung oder in der Trockenanlage, gefolgt vom Mittagessen oder »tiffin« um zwölf und einer anschließenden Siesta. Die zwei Stunden nach dem Mittagessen waren still und ruhig: Niemand rührte sich, nicht einmal die Kulis. Alle suchten Schutz vor der sengenden Mittagshitze. Nach der Siesta wurde ein wenig weitergearbeitet, und anschließend blieb bis zum Sonnenuntergang Zeit genug für Tennis, ein paar Löcher Golf oder ein paar Läufe Polo. Dann begann die Geselligkeit mit »Sun-downer«-Drinks, gefolgt von Abendessen und Tanz. Es war einfach himmlisch.

Sosehr ich das alles auch genoss, wusste ich doch stets, dass es eines Tages enden würde. Sechs Monate, hatte meine Mutter gesagt, und fünf waren schon vorbei. Mein Vater ermutigte mich sehr in allem, was ich nach meiner Rückkehr anfangen wollte. Doch als ich ihm sagte, ich wolle Ärztin werden, musste er lachen.

»Wie wär's mit Krankenschwester?«, schlug er feinfühlig vor, als er aus meinem Gesicht ablas, wie sehr er mich verletzt hatte. Von da an träumte ich vom Pflegeberuf. Ich beschloss, mich sofort nach meiner Rückkehr nach England an einer Schwesternschule einzuschreiben. Mein Entschluss stand fest. Womit ich nicht gerechnet hatte, war ein gewisser Julian McCune.

Julian war ein Freund meines Vaters, vierunddreißig Jahre alt und damit vierzehn Jahre älter als ich, ein verteufelt hübscher Junggeselle mit einem gewissen Ruf als Playboy, in einer Zeit, da jeder einen Spitznamen haben musste, als »Bunny« bekannt. Einen Kopf größer als ich, sprachgewandt und ein Mann von Welt, trug er eine gelb karierte Weste, als er mir beim Pferderennen von Jorhat zum ersten Mal unter die Augen kam, damals modisch eine Tollkühnheit. Glatt rasiert, dunkelhaarig, mit einem langen, kantigen Gesicht und großen Schneidezähnen, wirkte er äußerst charmant und vertrauenswürdig. Er war in Irland geboren, aber in Yorkshire aufgewachsen, vor kurzem war er als Ingenieur nach Dibrugarh versetzt worden und kümmerte sich um die Maschinen zur Sortierung und Aufbereitung der Teeblätter. Ein begeisterter Jäger und Angler, war er zugleich weltgewandt und witzig, und jede Gastgeberin hatte ihn nicht zuletzt deswegen gern bei ihren Cocktailpartys, weil er eine Begabung dafür hatte, dass Frauen sich in seiner Gegenwart wohl fühlten.

Einen Monat vor meiner Abreise kam Bunny unerwartet auf Besuch in den Bungalow meines Vaters. Es sollte eine Schnepfenjagd geben, und wir waren beide eingeladen. Ich war mit Leib und Seele dabei, als wir durch den *beel* wateten, den Auwald an den Ufern des Stroms, natürlicher Lebensraum von Schnepfen, Enten, Gänsen und Wildhühnern, den Vorfahren allen zahmen Geflügels.

Von Zeit zu Zeit riskierte ich einen Blick auf Bunny, und wir machten in der Abenddämmerung höfliche Konversation, doch wegen des gewaltigen Altersunterschieds hatte ich nun wirklich keine romantischen Absichten. Dass er ein Mann von allerhand Reizen war, merkte ich wohl, und ich fühlte mich sehr von ihm angezogen. Später am Abend, beim Essen, unterhielt er uns mit der Erzählung, wie er eine Nacht im Gefängnis verbracht habe, nachdem er nach einem hervorragenden Curry zum Lunch im berühmtem Restaurant Firpos in Kalkutta aus Versehen eine heilige Kuh angefahren hatte. Aus einer kleinen Siesta nach dem Unfall sei er von einer tobenden Menge am Tor geweckt worden und habe sie mit einem Schreckschuss aus seiner Schrotflinte auseinandertreiben wollen. Doch als er, leicht beschwipst, schlafbeduselt und spärlich bekleidet, so am Fenster gestanden habe, erzählte er, sei ihm genau beim Abdrücken der *dhoti* von der Hüfte gerutscht und zu Boden gefallen, und er stand »splitterfasernackt« da. Ich sah in die Runde. Alle hatten gespannt auf seine Pointe gewartet.

Es folgten wilde Tage und Nächte mit einem endlosen Reigen von Drinks und Dinners, und Bunny zeigte immer mehr Interesse für mich. Obwohl ich nach all den Schmeicheleien der vergangenen fünf Monate auf dergleichen gefasst war, freuten mich seine Aufmerksamkeiten ganz besonders. Meinen Vater allerdings ganz und gar nicht. Väterliche Fürsorge sagte ihm, dass Bunny nicht gerade das war, was er als geeigneten Partner für seine Tochter im Sinn hatte.

In dem Maße, wie Bunnys Interesse offensichtlicher wurde, wuchsen Daddys Bedenken, und er entschloss sich, mich ein paar Tage wegzuschicken. Eine *shikar* oder Tigersafari, meinte er, sollte ich unbedingt noch erleben, bevor ich zu meiner Schwesternausbildung nach England zurückmüsse. Und ich zog los. Daddy teilte mir noch mit, er habe Bunny verboten, sich anzuschließen. Aber natürlich nahm Bunny heimlich gleich das nächste Flugzeug, und wir verbrachten ein paar glückliche Tage zusammen auf der Safari. Selbstverständlich hatte das Verbot den Reiz eher gesteigert. Ich fühlte mich wie Julia zusammen mit ihrem Romeo.

Eine Woche später besuchte mich Bunny im Bungalow meines Vaters. In ein paar Tagen sollte ich heimfliegen, und ich war in meinem Zimmer am Packen. Er kam plötzlich zur Tür herein, umarmte mich von hinten und verkündete: »Ich möchte, dass du mich heiratest.« Verblüfft fuhr ich herum. Naiv und noch unschuldig, war ich rettungslos in ihn verknallt, und vermutlich wäre ich zu einer wilden Affäre hinter dem Rücken meines Vaters bereit gewesen. Aber ich hätte nie gedacht, es könne eine Fortsetzung geben. Ich war wie betäubt.

Da mir nichts anderes einfiel, blubberte es aus mir heraus: »Ich bin katholisch, ich will sieben Kinder, und ich hab' so gut wie kein Geld«, und das alles atemlos hintereinander. Ich wurde rot und senkte den Kopf; so hatte ich bestimmt nicht auf meinen allerersten Heiratsantrag reagieren wollen.

Bunny stützte die Hände in die Hüften und starrte mich verblüfft an. Er runzelte die Stirn, und ich fürchtete schon, er habe es sich nach meinem Ausbruch anders überlegt. »Donnerlittchen!«, entfuhr es ihm, aber dann musste er lachen und zog mich in seine Umarmung. Mit diesem Kuss war mein Schicksal besiegelt.

3

Bekannt gegeben wird die Verlobung zwischen Julian, dem einzigen Sohn von Major L. G. McCune und der verstorbenen Mrs. McCune aus Helen's Bay, Co Down, und Margaret Patricia, der ältesten Tochter von Mr. und Mrs. A. G. Bruce aus Dum-Duma, Assam, Indien.

Diese kurze Ankündigung unter der Rubrik »Eheschließungen« des *Daily Telegraph* war für meine Mutter die erste Mitteilung meines Vorhabens. Mein Vater hatte ein Telegramm nach London geschickt, doch Bunnys telegrafisch übermittelter Anzeigentext war bereits gedruckt, als sie Daddys Nachricht zu lesen bekam. Es war März 1962, die Hochzeit war auf den 3. November in Assam festgelegt. In sechs Monaten sollte ich im Ausland einen fremden Mann heiraten.

Ich beschloss, nach England zurückzufliegen, um meine Habe einzusammeln, das Hochzeitskleid auszusuchen, die Aussteuer zusammenzubringen und mich meiner Mutter zu stellen. Nach sechs Monaten rauschenden Gesellschaftslebens brauchte ich wieder Boden unter den Füßen. Als mein Vater mich zum Flughafen brachte, sagte er zum Abschied: »Häschen, um Himmels willen, wenn du zum Heiraten zurückkommst, bring bloß deine Mutter nicht mit.« Seine Bitte kam von Herzen.

Auf dem Heimflug allein dachte ich lange und gründlich über meinen spontanen Entschluss nach, Bunnys unverhofften Heiratsantrag anzunehmen. Ich wusste, ich fand ihn sehr attraktiv, wenn auch ein wenig rätselhaft, und ich wollte gern länger in Indien bleiben, denn ich fühlte mich dort zu Hause. Gleichzeitig wurde mir klar, dass mein Jawort so kurz vor der Abreise, fortan an der Seite eines Mannes zu leben, den ich kaum kannte, ein bisschen auch damit zusammenhing, dass ich unbedingt von meiner Mutter loskommen wollte.

Sie nahm mich am Flughafen Heathrow in Empfang, das Gesicht eine einzige Gewitterwolke. Es fuchste sie, bei meiner Zukunftsplanung so bewusst übergangen worden zu sein. Auf der Fahrt hinein nach London sah ich aus dem Autofenster in den grauen Regenhimmel, und die Eintönigkeit und das Durcheinander der Großstadt schreckten mich. Meine Seele weilte immer noch in den grünen Hügeln des Hochlands von Assam.

Auf der ganzen Fahrt in die Stadt überschüttete mich meine Mutter mit einem Schwall von Vorwürfen wegen meines Jaworts und wollte unbedingt wissen, warum ich ihr nichts verraten hatte. Das ging weniger gegen meinen künftigen Gatten, sie war ihm nie begegnet, sondern sie war empört, als Mutter nicht gefragt worden zu sein. Am liebsten hätte ich zurückgebrüllt und ihr vorgehalten, wie viele Jahre sie mich nie gefragt hatte, wenn sie existenzielle Entscheidungen über mich fällte, auf Grund deren ich schlimme Zeiten hatte durchmachen müssen. Aber ich schaffte es nicht. Stattdessen blieb ich still sitzen, starrte zum Fenster hinaus, unterdrückte Tränen und hoffte inständig, die Autofahrt und die Gardinenpredigt würden bald ein Ende nehmen.

Als wir endlich in der Wohnung waren, dachte ich nur noch an Flucht. Ich hielt das Gekeife keine Minute länger aus. Ich ließ die Koffer fallen und rannte aus dem Haus zu der sonntäglichen Abendmesse in der kleinen katholischen Kirche just um die Ecke in der Kensington High Street. Beim Überqueren der Straße fühlte ich mich derart vernichtet von ihrer Kritik, dass es mir egal gewesen wäre, hätte mich ein Bus überrollt. Zum ersten Mal im Leben hatte ich Selbstmord im

Sinn. Als ich keuchend und verweint in der Kirche anlangte, brauchte ich meinen Ratgeber, meinen Gott. Ich kniete nieder, fiel ins Gebet ein, und im Geist bildeten sich mir die Worte …

»Gegrüßet seist du, Maria, Mutter Gottes … Ich gelobe, nie, nie meiner Tochter Derartiges anzutun. Sie soll den Mann heiraten dürfen, den sie begehrt, wann sie will, wo sie will und wie sie will …«

In den Monaten danach brauchte ich alle Kraft, mich über das immer zickigere Verhalten meiner Mutter hinwegzusetzen, die mich weiterhin abstrafte. Auch um wieder aus der Wohnung zu kommen, wurde ich Sekretärin bei einer Ingenieurfirma in der Tottenham Court Road. Ich überlegte genau, was für Kleider und Sachen ich für die Hochzeit kaufen musste und was an Ausstattung für mein Leben unter tropischer Sonne danach nötig sein würde. Bunny schickte mir Geld für den Verlobungsring. Nach einem Schaufensterbummel mit staunenden Augen allein im West End stellte ich eine bescheidene Wunschliste für Hochzeitsgeschenke zusammen, und ich weiß noch, eine Badezimmerwaage hielt ich für das hemmungslos Frivolste, das ich je hatte haben wollen.

Meine Mutter wollte ich nicht dabeihaben bei diesen Einkäufen und den Vorbereitungen auf meinen großen Tag, denn sie reagierte immer neurotischer, auch auf meine Wahl des Hochzeitskleids. Ich wusste, meine Mutter war immer schon ein wenig neidisch auf meines Vaters Verwandtschaft gewesen, ahnte jedoch nicht, wie weit das ging, bis ich ihr mitteilte, ich hätte ein äußerst schlichtes Hochzeitskleid für £ 25 ausgesucht, damit der wunderschön geklöppelte Hochzeitsschleier meiner Großmutter Bruce zur Geltung komme, den mir meine Tante Margot schenken wollte. Von dem Moment an war meine Mutter entschlossen, die Sache mit dem Schleier zu torpedieren.

Sie ließ keinen guten Faden an meinem Hochzeitskleid und schleppte mich in ein Geschäft für gebrauchte Brautmoden, wo sie für den fürstlichen Betrag von £ 8 auch tatsächlich eines erstand. Sie hatte mir ein mit Spitzen und Stickerei überladenes Kleid ausgesucht, sodass das wallende Erbstück von Brautschleier dazu völlig unmöglich wirkte, und statt seiner wählte sie für mich einen sehr kurzen und schlichten Schleier. Angesichts ihrer grimmigen Entschlossenheit kapitulierte ich ohne Gegenwehr, in der Hoffnung, die paar Monate bis zu meinem endgültigen Entkommen ohne zusätzliche Konfrontation zu überstehen. Die lächelnde Genugtuung in ihrer Miene ist mir bis heute im Gedächtnis haften geblieben.

Es dauerte jedoch nicht lange, bis die Spannungen zwischen uns unerträglich wurden. Ich musste die Dinge jetzt wohl selbst in die Hand nehmen. Eines Abends kam ich heim und musste feststellen, dass sie meine sorgsam zusammengefaltete Aussteuer ausgepackt und im Zimmer verstreut hatte. Ihr Umgang mit meinen Sachen war der Tropfen, der das Fass zum Überlaufen brachte. Schreckliche Erinnerungen an die Zeit bei den Parkers und an die verschwundenen Geschenke wurden in mir wach. In einem Anfall von Trotz beschloss ich, in eine Wohngemeinschaft von Freundinnen zu ziehen. Da ich jedoch nicht in optimaler Verfassung für ein Leben als allein stehendes junges Mädchen in London war und auch nicht fähig, ein herzliches Verhältnis zu meinen neuen Wohngenossinnen aufzubauen, blieb mir die Demütigung nicht erspart, mit eingezogenem Schwanz in die Wohnung meiner Mutter zurückzukehren. Dadurch wurde alles nur noch schlimmer und die Atmosphäre immer gereizter. Ich musste also einen anderen Ausweg finden.

Der einzige Mensch, der mich früher immer gerettet hatte, war Tante Margot, und sie streckte mir auch jetzt wieder die helfende Hand hin. Ich könne zu ihr und George ziehen, bot sie an, in ihr geräumiges Haus in Hereford Square unweit der Wohnung meiner Mutter. Das nahm ich dankbar an, weil ich genau wusste, dort in meinen letzten Wochen in England ein wenig Ruhe und Geborgenheit finden zu können.

Ich werde nie vergessen, wie verraten und verkauft ich mich fühlte, nachdem ich die Tür zur Wohnung meiner Mutter hinter mir zugemacht hatte und den Koffer mit meiner ganzen Habe die Gloucester Road entlangschleppte. Bei Tante Margot musste ich vor der Tür erst einmal meine Tränen hinunterschlucken. Sie war wie immer großartig – liebevoll energisch. Sie nahm mich bei sich auf und stellte kaum Fragen. Tante Margot hatte von allen am meisten begriffen, ihr war klar, dass ich es als Niederlage empfand in meinem Versuch, eine Beziehung zu meiner Mutter aufzubauen. Ihre Kälte hatte gewonnen.

Einen Monat später, im Oktober 1962, flog ich allein nach Assam, um einen Mann zu heiraten, den ich kaum kannte. Alle Hochzeitsgeschenke und meine sonstigen Besitztümer waren auf dem Seeweg nach Kalkutta gegangen. Ich folgte im Flugzeug, dabei die Nähmaschine umklammernd, die mir Tante Margot zum Geschenk gemacht hatte (und die seither in der Familie ist). Ganz Europa hielt den Atem an wegen der Kubakrise, die auf der anderen Seite des Erdballs ihrem Höhepunkt zustrebte, doch ich hatte vollauf damit zu tun, über die nächsten paar Tage zu kommen.

Ursprünglich wollte ich nach der Landung in Kalkutta eine Woche bei Freunden von Bunny verbringen, bevor ich ein oder zwei Tage vor der Hochzeit nach Assam weiterflog. Mein Vater hatte mir zu meiner Beklemmung in einem Telegramm noch nach London mitgeteilt, meine Mutter wolle nun doch bei der Hochzeit dabei sein und würde noch vor mir in Dum-Duma eintreffen, um die Hochzeitsfeier vorbereiten zu helfen. Das Herz wurde mir schwer, aber ich konnte nichts dagegen tun. Nur noch ein paar Wochen, und ich würde Mrs. Julian McCune heißen. Daran hielt ich mich fest, während ich in einem Flugzeug der BOAC ostwärts um die Erde nach Indien meinem neuen Lebensabschnitt entgegenflog. Doch wie so oft im Leben wurden meine Pläne durchkreuzt. Ich hatte nicht mit dem Ausbruch des sogenannten Kartographenkriegs gerechnet. China fiel in Nordostindien ein. Der Grenzverlauf zwischen Indien und China war schon seit der bürgerlichen chinesischen Revolution Anfang des Jahrhunderts als imaginäre Linie im Himalaja längs der höchsten Wasserscheide der Welt festgelegt. Grenzgefechte hatte es bereits 1959 gegeben, doch im September 1962 hatte die Chinesische Volksarmee mit starken Verbänden die nordöstliche Grenze Indiens überrannt.

Ministerpräsident Nehru rief den Notstand aus und entsandte Truppen, um indischen Boden zurückzuerobern. Es war eine Zeit der Spannung und des Durcheinanders für die Auslandsbriten im Hochland von Assam, die sich sowohl von der indischen wie von der britischen Regierung im Stich gelassen fühlten. Viele flohen vor einer möglichen Invasion und deren Folgen mit dem Zug oder Auto südwärts nach Kalkutta oder erkämpften sich mit Ellenbogen Plätze in Flugzeugen, die für Frauen und Kinder reserviert waren.

Kalkutta hatte ein Boxenstopp für mich werden sollen, eine stille Woche der Ruhe und Eingewöhnung in das Klima, bevor ich weiterflog und Bunnys Ehefrau wurde. Stattdessen musste ich nach der Landung feststellen, dass ich jetzt festsaß, ohne zu wissen, ob meine Eltern und Bunny noch lebten, ohne eine Reisemöglichkeit nach Assam oder auch nur eine Chance, mit irgendjemand dort Verbindung aufzunehmen. Ich war gefangen in Umständen, auf die ich selbst nicht den geringsten Einfluss hatte, und konnte nur warten, welche Karten mir das Schicksal zuteilen würde ...

Für Bunny war die Situation, wie ich später herausfand, genauso bitter. Obwohl er keine Ahnung hatte, ob man mich abfliegen lassen würde, hatte er mich in Assam auf dem Feldflughafen von Dibrugarh erwartet. Als er sah, dass ich mich nicht unter den wenigen Passagieren der kleinen Fokker befand, hoffte er, ich hätte es mir nicht anders überlegt. So fuhr er also zurück zur Teepflanzung meines Vaters, um mein Ausbleiben zu melden.

Die Nachrichtenverbindungen in dieses entlegene Gebiet waren vor dreißig Jahren bestenfalls unzuverlässig und schlimmstenfalls nicht vorhanden. Es hatte schlicht keine Möglichkeit gegeben, ihnen mitzuteilen, dass ich diesen Flug nicht hatte nehmen dürfen. Weil aber viele Hochzeitsgäste die Anreise geschafft hatten, noch bevor sich die politische Krise zuspitzte, und partout Hochzeit feiern wollten, wurde beschlossen, die Feier solle tags darauf wie geplant über die Bühne gehen, zur Not auch ohne die Braut. Ich kann mir genau vorstellen, wie Bunny sich hinstellte und erklärte: »Keine Panik, wir feiern trotzdem, auch wenn Maggie fehlt.« Das taten sie dann auch.

Eine Woche später, am 9. November, hatte sich die Lage so weit beruhigt, dass ich endlich einen Flug nach Assam ergattern konnte, wo mich Bunny mit strahlendem Gesicht in Empfang nahm und meine Mutter mit sauren Worten, wie viel zusätzliche Arbeit ich ihr doch mache.

»Du weißt hoffentlich, es ist deine Schuld, dass ich noch mal eine Hochzeitstorte auftreiben musste«, blaffte sie mich zur Begrüßung an. Das Thema walzte sie dann stundenlang aus.

Später am Abend, unmittelbar vor meiner Trauung am nächsten Morgen, riss mir schließlich der Geduldsfaden. Wir hatten unser erstes Wortgefecht. Erstens war ich schon gekränkt und wütend, dass sie sich überhaupt hier in Indien aufdrängte, zweitens hatte ich keine Lust, mir den schönsten Tag meines Lebens vermiesen zu lassen, und drittens wollte ich auf keinen Fall, dass sie Oberwasser behielt. Als ich ihr auf der Veranda Bescheid stieß, während Bunny und Daddy sich mit Gin Tonic in mein Badezimmer geflüchtet hatten, merkte ich entgeistert, wie zungenlahm sie reagierte. Erst da und zum ersten Mal im Leben durchzuckte es mich wie ein Blitz: Sie war ja betrunken! Meine Mutter, die vor Zeiten so hübsche und heitere Theaterschauspielerin und Sängerin aus Australien, deren frohes Gemüt sich womöglich unter der Last von

Ehe und Kinderkriegen verdunkelt hatte, hatte sich irgendwann dem Tröster Alkohol zugewandt.

Jetzt fiel es mir wie Schuppen von den Augen: daher die Stimmungsschwankungen und Launen, das sprunghafte Verhalten und die grelle Schminkerei. Wenn sie den ganzen Tag im Morgenrock herumlungerte und mir jeden Laut übel nahm, quälte sie lediglich der Kater. Reagierte sie am Nachmittag launisch und hasserfüllt, sprach aus ihr bloß der Suff. Ich konnte kaum glauben, dass ich nie darauf gekommen war. Jetzt aber, wo die Wahrheit endlich zutage lag, fand ich meine Mutter plötzlich viel weniger bedrohlich.

»Du bist betrunken, du solltest dich hinlegen!«, herrschte ich sie an, sah, wie ihr der Kiefer vor Staunen offen stand, drehte mich auf dem Absatz um und knallte die Zimmertür hinter mir zu. Im Leben aller Eltern kommt der Punkt, wo ihnen klar wird, dass ihr Kind erwachsen geworden ist, dass es sich ihnen entzieht und fort will. Für mich und meine Mutter war es so weit. Es gab kein Zurück mehr.

Am folgenden Vormittag, am 10. November 1962, an einem herrlich warmen und sonnigen Tag, heiratete ich Bunny in der kleinen Missionskirche von St. Joseph's in Dum-Duma, dem einzigen katholischen Gotteshaus im Umkreis von mehreren hundert Kilometern. Die verzögerte Trauung vollzog ein belgischer Priester, Pater Jerrard, der mich seit meiner Kindheit in Assam kannte.

Es war ein glücklicher Tag, und mich störte nicht einmal mehr, dass ich mein Hochzeitskleid nicht selbst hatte aussuchen dürfen. Die Kirche war außen mit bunten indischen Fähnchen behangen und innen mit Girlanden aus rotgelben Ringelblumen geschmückt. Ich trug zierliche blaue Pumps als »etwas Blaues«, eines von Omas Spitzentaschentüchern als »etwas Altes« und orangefarbene Wachsblumen von Oma als »etwas Geborgtes«. Meine Brautjungfern waren drei Töchter von Freunden meines Vaters. Mama hatte einen extravaganten Hut auf, riss sich aber sonst am Riemen, mein Vater machte den Brautführer und strahlte den ganzen Tag. Die Trauung war im Nu vorbei.

Mein Hochzeitsgeschenk an Bunny war eine goldene Krawattennadel. Schon zur Verlobung hatte ich ihm goldene Manschettenknöpfe mit unseren Initialen gekauft. Er schenkte mir einen Gutschein für eine Jägerschule in London und eine Purdy-Schrotflinte, die ein Vermögen gekostet hatte und die ich später aus Unwissenheit gegen eine Webley & Scott eintauschte, weil ich glaubte, diese liege mir besser in der Hand.

Nach der Trauung fuhren wir zu einem kleinen Empfang auf der Veranda von Daddys Bungalow, und alles lief wie am Schnürchen. Es waren nur wenige Leute da, weil die meisten geladenen Gäste schon auf der brautlosen Stehparty vor einer Woche gewesen waren. Sue hatte nicht kommen können, weil sie noch in Sussex auf die Schule ging, und Tante Margot und ihr Mann waren unabkömmlich, aber das störte mich nicht. Ich war endlich froh und zufrieden. Ständig geisterte mir der Schlußsatz vom Märchen im Kopf herum: »Sie hielten Hochzeit und lebten fortan glücklich und zufrieden bis an ihr seliges Ende.«

Die Tischreden waren erheiternd, besonders die unseres Trauzeugen Peter Smith mit seinen Wortspielen, ich würde Häschen gerufen und mein Ehegatte Bunny (Hase), und obendrein wühle er bei Warren (Karnickelbau) & Co.

Als Hochzeitsreise nahm Bunny mich mit auf Angeltour am Brahmaputra, wo ich so viele glückliche Kindheitstage mit meinem Vater verlebt hatte. Es wurden ein paar Tage voller Zauber. Der Bootsführer und ein paar Hausboys waren vorausgefahren und hatten das Lager aufgeschlagen. Wir hatten Zelte und ein richtiges Bett mit Matratze, in dem ich meine Jungfräulichkeit verlor. Wir angelten den ganzen Tag und kehrten erst abends zum Essen und Trinken ins Lager zurück, wo alles bereits zubereitet und fertig war. Es gelang mir, den größten Fisch meines Lebens herauszuziehen, einen goldbraunen *nasheer* oder Flusskarpfen von 15 Pfund Gewicht. Er kämpfte lange und ausdauernd. Es war aufregend, ihn aus dem kristallklaren Schmelzwasser von den Schneegipfeln zu landen.

Doch wenn ich Hoffnungen auf eine ruhige und ungestörte Häuslichkeit gehabt hatte, zerschlugen sie sich bald. Wenige Tage nach der Hochzeit wurde ich wegen der erneuten Drohung einer chinesischen Invasion evakuiert und musste die nächsten drei Wochen in Kalkutta totschlagen, in nervösem Warten auf Nachricht. In der Eile hatte mir die Dienerschaft in Assam versehentlich einen Koffer mit Bunnys Sachen mitgegeben, und so musste ich mit dem auskommen, was ich am Leibe trug. Doch dann war die Gefahr so plötzlich vorbei, wie sie ausgebrochen war. Die Chinesen stoppten ihren Einmarsch nach Indien und stimmten einem Waffenstillstand zu. Ich konnte sicher nach Assam zurückkehren, und bald waren Bunny und ich wieder in unserem Bungalow bei Dibrugarh vereint, und ich konnte mich in meine neue Rolle als *memsahib* in Indien einfinden.

Im März 1963 feierten wir bei einem Klubabend in Dum-Duma im Familienkreis und mit Freunden meinen einundzwanzigsten Geburtstag. Ich wurde rot wie Klatschmohn, als eine Gruppe Junggesellen, alles frühere Verehrer, zu meinen Ehren ein Liedchen anstimmten und mich darin als »die Schöne von Assam« besangen. Es war ein wunderbarer Abend, mit Tanz im Ballsaal vor der Kulisse der Vorgebirge des Himalaja.

Ich kann wohl nicht behaupten, je über beide Ohren in Bunny verliebt gewesen zu sein, oder er in mich, doch fanden wir in jenen ersten Ehetagen durch unsere beiderseitige Neigung zum *shikar*, dem Jagen und Fischen, ein so wichtiger Teil meiner Kindheit bei meinem Vater, in einer liebevollen Ehekameradschaft zusammen. Bunny war nach wie vor Mittelpunkt jeder Party, und ich genoss es, das brave Frauchen zu spielen. Er arbeitete hart genug, mir ein recht angenehmes Leben bieten zu können, auch wenn ich ziemlich einsam war.

Mit wachsendem Selbstvertrauen und Gewöhnung an mein neues Leben indes ging ich viel öfter aus, spielte Tennis und freundete mich mit anderen Ehefrauen an. Ich habe einen guten Mann, sagte ich mir, der mich aus einem aussichtslosen Leben in England bei meiner Mutter befreit hat, und dafür war ich ihm sehr dankbar.

Liebe ist nicht der Narr der Zeit, die zwar
Selbst Rosen fällt mit ihrem Sichelschlag;
Im flinken Lauf der Zeit unwandelbar
Besteht die Liebe bis zum Jüngsten Tag.

Ich hatte Bunny meinen Wunsch nach einer großen Familie nie verhehlt. Sieben Kinder hatte ich an dem Abend gesagt, als er mir den Antrag machte, und er hatte recht souverän reagiert. Vielleicht hatte er gespürt, wie tief innerlich ich mich danach sehnte, eine vielköpfige und glückliche Familie um mich zu haben, zum Ausgleich für meine einsame Kindheit, vielleicht aber auch nicht. Nachts lag ich manchmal wach und stellte mir vor, wie meine lachenden Kinder mit ihren *ayahs* durch die Gärten um den Bungalow tollten, wie ich mit ihnen am seichten Ufer des Brahmaputra Krebse fing oder mit ihnen auf ihren Ponys ausritt. Ich hatte so viel Liebe in mir und sehnte mich danach, sie Kindern geben zu können.

Mit einundzwanzig Jahren und sechs Monate nach der Hochzeit wurde ich schwanger, und Bunny war genauso beglückt wie ich. Alles verlief nach Plan, und mir ging es gut, während die Wochen und Monate verstrichen. Ich freute mich sehr auf mein Kind und traf frohen Herzens alle nötigen Vorbereitungen. Meine Mutter, die in Indien geblieben war und inzwischen gefestigter wirkte, verblüffte mich mit ihrem großen Interesse an meiner Schwangerschaft. Es war, als wolle sie ihre versäumten Jahre als Mutter wieder gutmachen, indem sie ihr erstes noch ungeborenes Enkelkind mit Liebe und Zuneigung überschüttete. Mir war nicht ganz wohl dabei.

Lange vor und noch während meiner ganzen Schwangerschaft war es der Höhepunkt unserer Woche in der »kalten Jahreszeit« von November bis Februar, am Sonntag im Brahmaputra mit Familie und Freunden Angeln zu fahren. Dann brachen wir noch vor Tagesanbruch vom Bungalow auf, weil wir das Flussufer erreichen wollten, wenn der Morgen durch den Wolkenvorhang um die Vorgebirge des Himalaja dämmerte. Mit Essen und Angelzeug fuhren wir in unseren Einbäumen meist in einer Linie hintereinander stromaufwärts zu den kleineren Nebenflüssen, in denen es reichlich Fische gab. Unsere Einbäume hatten Außenborder, die gern versagten, meist weil unsere Bootsleute sie alles andere als pfleglich behandelten. Im Idealfall erreichten wir unseren Angelplatz um neun oder zehn Uhr morgens genau dann, wenn die Sonne durchbrach und den Flussnebel zu verzehren begann.

Mancherorts ist der Brahmaputra auf seinem schnellen Lauf zum heiligen Ganges so breit, wie das Auge blicken kann. Er hat eine starke Strömung, die ständig veränderliche Fahrrinnen in das sandige Flussbett gräbt. Manchmal sind diese tief, doch läuft man auch leicht auf Grund, sogar in einem Einbaum fast ohne Kiel, und kommt ruckartig zum Stillstand, während die Schraube Sand mit Wasser verquirlt. In solchen Fällen versuchten wir uns mit langen, kräftigen Bambusstangen von der Sandbank abzustoßen und machten das Boot leichter, indem wir in den Fluss sprangen und es ins tiefere Wasser schoben. Je nach den Launen der Strömung verlagerten sich diese Sandbänke täglich, und so war die Fahrrinne häufig schwer zu bestimmen. Und es lauerten noch andere Gefahren: Das Monsunhochwasser schwemmte häufig riesige Teakbäume stromabwärts, von denen sich manche halb untergetaucht oder ganz versunken quer zum Fahrwasser legten.

Eines Sonntags kamen Bunny und ich bei der Rückfahrt von einem ganztägigen Angelausflug spätnachmittags dadurch beinahe zu Tode. Ich war hochschwanger, mein Kind sollte schon in wenigen Wochen zur Welt kommen, trotzdem war ich mit auf Abenteuer hinausgefahren. Ich wollte nicht mutterseelenallein daheim hocken. Wir fuhren stromabwärts, meine Eltern in einem anderen Boot hinterher, als unser Einbaum mit reichlich Schwung gegen ein Unterwasserhindernis stieß. Es war eine Sache von Sekunden, und wir kenterten und fielen ins Wasser. Bunny verschwand stromabwärts außer Sicht. Der Bootsführer, von dem Unglück offenbar völlig unbetroffen, krabbelte auf den kieloben treibenden Einbaum, an dem ich mich immer noch krampfhaft festhielt. Dort blieb er zufrieden thronen und ritt stromabwärts, ohne auch nur die Hand nach mir auszustrecken, derweil meine Mutter im anderen Boot hysterisch kreischte. Angst hatte ich zu diesem Zeitpunkt noch weniger um mich selbst als um die beiden Hunde, zwei englische Spaniels, die bei uns im Boot gesessen hatten und jetzt unter dem gekenterten Rumpf gefangen waren. Ihretwegen in wachsender Panik, wollte ich das Boot zurückkippen, worauf es augenblicklich sank und unsere gesamte Ausrüstung freigab, die gleichfalls unterging oder flussabwärts verschwand. Die Hunde und der Bootsführer paddelten in Richtung Ufer.

Ich schwamm ihnen nach, mit so kräftigen Zügen wie unter meinen Umständen möglich, doch kurz vor dem Ufer zogen mich mein schwangerer Bauch und die nassen Klamotten ins tiefere Wasser, und ich wurde weiter stromab getrieben. Als ich den Kopf aus dem Wasser hob, sah ich vor mir einen angespülten Riesenteakbaum mit hausgroßer Wurzel auftauchen, doch die Strömung riss mich erbarmungslos mit. Das Wasser schoss durch das gespreizte Wurzelgeflecht und erzeugte einen starken Sog. Zum ersten Mal im Leben bekam ich, obwohl seltsam neben mir, Angst um mein Leben und um mein ungeborenes Kind. Ich meinte tatsächlich, es nicht mehr zu schaffen. »Wenn ich jetzt nichts mache«, wusste ich plötzlich, »zieht mich die Strömung unter Wasser und klemmt mich an der Wurzel fest. Mein Kind, was wird dann aus meinem Kind?«

Alles schien wie in Zeitlupe abzulaufen. Ein Adrenalinstoß verlieh mir die zusätzliche Kraft, mit kräftigem Beinschlag aus dem saugenden Schwall herauszukommen. Ich legte mich auf den Rücken, schwamm gegen die Strömung und erreichte irgendwie einen treibenden Baumstumpf. Strampelnd und spuckend, krampfhaft den Kopf über den Wellen haltend, schaffte ich es mit letzter Kraft in einen ruhigeren Abschnitt, wo mein Vater sein Boot gegen den Strom auf der Stelle halten konnte, während meine Mutter mich schreiend anfeuerte.

Bis ich ihr Boot erreichte und ohne Federlesens an Bord gehievt wurde, hatte ich das Zittern und war restlos ausgepumpt. In eine Decke gehüllt und vor Schreck und Kälte bibbernd, legte ich die Arme um den geschwollenen Bauch und betete, es möge alles gut gehen. Bald zogen sich auch Bunny und unser Bootsführer an Bord, mit dem gleichen Schrecken im Gesicht. Sogar die Hunde konnten wir am Nackenfell fassen und hereinholen. Mit tief im Wasser liegendem Einbaum tasteten wir uns zum Sonnenuntergang stromabwärts. Es war ein Rennen gegen die Zeit, um vor Einbruch der Dunkelheit das *ghat* oder Bootshaus zu erreichen. Unsere Rückkehr war lange überfällig, und unsere Mitausflügler, die am Morgen woandershin aufgebrochen waren, warteten schon mit großer Unruhe auf uns.

Auf der ganzen Fahrt zum Bootshaus, in der Stille eines herrlichen Sonnenuntergangs, als grelle Geld- und Rottöne den Himmel färbten und sich in glatteren Flussabschnitten spiegelten, vollzog ich das Drama im Kopf immer wieder nach. Zum ersten Mal war ich in höchster Lebensgefahr gewesen, dabei aber seltsam unbeteiligt geblieben. Da war keine Panik und kein Schrecken gewesen, wie ich vielleicht erwartet hätte. Ein unglaublicher Kraftzuwachs, ein Bedürfnis tief aus meinem Innersten heraus, mich und mein Kind zu retten, als ich im Geiste »Mein Kind, mein Kind« gerufen hatte.

Irgendwo hatte ich gelesen, ein ungeborenes Kind erlebe viele Gefühle der Mutter mit und könne bestimmte Empfindungen hören und spüren. Eine gute Freundin hatte mir auch erzählt, indische Mütter glaubten, ein Kind im Mutterleib vollziehe die Begabungen und Taten der Mutter während der Schwangerschaft nach. Ich streichelte sanft die Wölbung unter meinen nassen Kleidungsstücken und fragte mich, ob und wie mein Kind von unserer nahen Berührung mit dem Tod beeinflusst werden würde. Hatte ich der Seele meines Kindes etwas zugeflüstert? Als wir das Bootshaus mit Einbruch der Dunkelheit erreichten, fühlte ich mich leicht euphorisch und ein klein bisschen unbesiegbar.

Nach einer gründlichen Untersuchung durch den Arzt und zwei Nächten Vorsorge in der Lonsoal-Zentralklinik in Barahapjan, einem kleinen Plantagenkrankenhaus in Dum-Duma, wurde ich heil und gesund nach Hause entlassen. Fünf Wochen später kamen die Wehen, und man brachte mich in aller Hast zurück. Dort betreuten mich einer unserer Freunde, der Chefarzt Dr. Bill Burton, und seine Frau Wendy, die Hebamme. Die Geburt dauerte lange und war schmerzhaft. Ich verstörte alle indischen Krankenschwestern, als ich verlangte, keine Schmerzmittel verabreicht zu bekommen.

»Ich möchte spüren, wie dieses Kind auf die Welt kommt«, protestierte ich, und sie fügten sich.

Um 16.05 Uhr am 3. Februar 1964 entbanden sie mich von einer Tochter von sieben Pfund. Als ich sie zum ersten Mal im Arm hielt, kamen mir Freudentränen vor Erleichterung und Glück. Ein wunderhübsches dunkelhaariges kleines Mädchen, winzig und verletzlich, und doch auf eine Weise verblüffend stark. Vom Augenblick der Geburt an hielt sie die Augen offen und runzelte entweder interessiert die Stirn oder sah aus, als sei sie bereits in tiefes Nachdenken über ernste Dinge versunken. Ich nannte sie mein »Buschbaby«, ohne zu ahnen, wie prophetisch dieser Kosename war.

Bunny kam mit einem Blumenstrauß und geriet beim Anblick seiner Tochter fast außer sich vor Entzücken.

»Weißt du schon, wie sie heißen soll?«, erkundigte er sich,

während er sie in den Armen wiegte und ihr mit den Fingerspitzen über den Kopf strich. Wir hatten uns schon über Namen gestritten, weil er seine Tochter nach einer Jugendliebe Anna nennen wollte.

Aber ich hatte schon lange einen Namen im Sinn, sollte es ein Mädchen werden, einen, der mir besonders schön vorkam.

»Emma«, sagte ich herausfordernd und sah lächelnd zu ihm auf, für den Augenblick restlos zufrieden. »Weißt du, Bunny, ich spüre es ganz deutlich, die macht eines Tages was aus sich.«

4

Emma und ich verbrachten sieben Tage in der Klinik und lernten einander kennen. Sie war ein lieber Säugling, und obwohl mich das ständige Stillen ermüdete, genoss ich meine Mutterschaft. Meine eigene Mutter, der man es verboten hatte, mich im Krankenhaus zu besuchen, damit sie keine Szene heraufbeschwor, schlich sich trotzdem herein und geriet beim Anblick ihrer ersten Enkelin vor Verzückung außer sich. Sie hatte gerade so viel Zeit, mir ein wunderschönes Taufkleid für Emma zu schenken, bevor sie von einer Schwester entdeckt und aus der Klinik verwiesen wurde. Beim Anblick des weißen Spitzenkleidchens musste ich an das Hochzeitskleid denken und legte es in die Schachtel zurück.

Bunny kam uns jeden Tag besuchen. Er war so stolz und charmant wie eh und je. Er wohnte bei Bill und Wendy in ihrem Bungalow, und am Abend vor meiner Entlassung nahm ich eine Einladung zum Abendessen an. Als ich Emma im Gästezimmer in ihren Tragekorb legte, vernahm ich schüchternes Klopfen an der Tür. Es war Ali, der Oberboy bei Bill und Wendy, ein Männchen mit Glatze und sanften Augen. Ich kannte ihn schon viele Jahre. Er schlich lächelnd herein und bat:

»Bitte, Memsahib, darf ich das Baby sehen?«

Inder sind verrückt nach Kindern, und ich gab sie ihm gern und sah zu, wie er sie in den Armen hielt. Seine dunklen Augen blickten auf sie hinunter, und er murmelte leise etwas.

Als das Abendessen vorüber war, fuhr Bunny Emma und mich zurück in die Klinik. Später am Abend vernahm ich einen kleinen Aufruhr im Haus, von dem ich wach wurde, doch er legte sich bald, und ich kümmerte mich nicht weiter darum und schlief wieder ein. Erst später fand ich heraus, dass der Lärm mit der Einlieferung Alis zu tun gehabt hatte, der in größter Eile hergebracht worden war, nachdem man ihn lebensgefährlich verletzt – ein Stich ins Herz – vor dem Bungalow von Bill und Wendy aufgefunden hatte. Der sanfte Hausboy, der mein Kind nur ein paar Stunden zuvor so liebevoll gewiegt hatte, starb noch in derselben Nacht. Niemand fand je heraus, wer ihn ermordet hatte und aus welchem Motiv. Doch mich beunruhigte sehr, dass der erste Außenstehende, der meine Tochter auf dem Arm gehalten hatte, nur wenige Stunden danach so plötzlich sein Leben verlor.

Emma verbrachte die ersten zweieinhalb Jahre ihres Lebens in Indien und hatte eine selige und sorglose Kindheit. Sie war von Anfang an sehr selbständig und genoss die Freizügigkeit, in der sie aufwuchs. Auf alles neugierig und jede neue Blume und jedes Blatt genau untersuchend, bewies sie größte Aufmerksamkeit für alles um sie herum. Sie inspizierte den unscheinbaren Alltagsgegenstand mit solcher Entdeckerfreude und kopfnickender Befriedigung, dass auch wir alles, was ihr Interesse gefunden hatte, hinterher mit neuen Augen betrachteten.

Schon im kleinsten Kindesalter war sie selbständig und voller Energie und legte sich ein paar exzentrische Gewohnheiten zu – indem sie sich etwa nichts anziehen ließ (auch wenn ich Schuhe durchsetzen konnte) und sich stattdessen mit einheimischem Schmuck behängte, der ihrer *ayah* gehörte. Freunde, die aus England zu Besuch waren und sie splitternackt im Garten herumwuseln sahen, mit Halsketten übereinander bis zum Bauchnabel behängt, legten mir diskret nahe, sie an Bekleidung zu gewöhnen, bevor ich sie auf Urlaub mit zurück nach England nähme.

Ich war gern mit meinem Kind zusammen, doch war das Leben zu Hause ziemlich einsam, und so schuf ich mir durch regelmäßige Besuche in unserem Klub, wo sich die örtlichen Teepflanzer versammelten, ein wenig Abwechslung. Wir spielten Golf, Tennis und Polo. Manchmal sahen wir einen alten Schwarzweißfilm. An diesen Klubnachmittagen von Assam spielte ich das beste Rasentennis meines Lebens. Zu Tennispartnern hatte ich überwiegend Inder, Radschputs, Maharadscha-Nachwuchs, die das Spiel im Blut hatten – Inderinnen waren für Tennis noch nicht emanzipiert genug. Während die Erwachsenen spielten, hatten die Kinder unter Aufsicht ihrer *ayahs* ihren Spaß im Sandkasten, Schwimmbecken oder auf den Schaukeln. Emma liebte die Schaukel besonders, schwang die Beine immer höher, kicherte dazu ansteckend und wollte immer höher geschubst werden.

Meine größte Freude aber war seit jeher, im Brahmaputra zu angeln. Bunny und ich taten das jeden Sonntag mit Verwandten und Freunden und kehrten fast immer mit großen Körben silberglänzender Fische zurück. An den Ufern des Stroms lagen breite Sandflächen frei wie Strände, und wir veranstalteten großartige Picknicks, planschten mit Emma im Wasser, bauten Sandburgen und machten sie mit den einfachen Freuden des Strandlebens bekannt.

Nur im Badeanzug und meinem Lieblingshut – aus blauweißem Batikstoff, von der lokalen *dherzi* oder Näherin im Basar – spielte ich stundenlang hingebungsvoll mit meiner Tochter, während Bunny mit seinen geliebten Hunden im Fluss plantschte oder angeln war. Emma bekam ein zu meinem passendes Sonnenhütchen genäht, und gemeinsam ließen wir uns oft halbe Tage in unserem Einbaum mit der Strömung treiben, vom Bootsführer gestakt, der sich mit einem riesigen tellerförmigen Strohhut vor der Sonne schützte.

Emma war gern am Wasser. Allerdings wähnte sie sich am Meeresstrand, weil der Strom so breit war. Jahre später in der Schule in England, als sie schon zwölf war, sollte sie berichten, woran sie sich aus ihrer Kindheit in Indien noch erinnere. Sie schrieb:

> Ich weiß noch, wie Daddy mit einem Freund am Stromufer stand, aber mir kam es vor wie am Meer. Mami und ich saßen in so einem Boot, und am besten erinnere ich mich an Mamis Hut und an einen Mann mit einer langen Stange, der auch einen großen Hut aufhatte.

Damals hatte ich mehrere gute Freundinnen, darunter Gina, ein ehemaliges Model aus England, die zudem noch aus Kalkutta mit Bunny befreundet war. Wir wählten sie zusammen mit Wendy Burton zu Emmas Taufpatin. Das Ungewöhnlichste an Gina war ihre Ehe mit Bhaija, einem indischen Maharadscha, einem hoch gewachsenen, kräftigen Mittvierziger und Polospieler von internationalem Rang. Er war auf einem englischen Internat erzogen worden und hatte untadelige Manieren. Seine Mutter, die verwitwete Maharani, war herrschsüchtig, klein von Statur und rundlich, aber eine Schönheit. Bald nach Emmas Geburt nahmen Bunny und ich die erste von vielen Einladungen zu Gina in den Palast von Koch Bihàr wahr.

Der Palast war eindrucksvoll, von spiegelsymmetrischer Architektur, mit zwei ausladenden Seitenflügeln. Es gab einen Kuppelsaal, ein riesiges Portal und zwei Teiche oder Bassins vor dem Palast beidseitig des langen Kieswegs, von gepflegten Blumenrabatten mit glutroten Cannas gerahmt. An solchen Tagen der Muße gingen wir auf frühmorgendliche *shikars*, um Schnepfen und Enten zu schießen, auf dem ganzen Weg von neugierigen Dorfbewohnern gefolgt, die wie Schlachtenbummler unser Weidmannsglück verglichen. Nach der Heimkehr ruderten wir in hölzernen Einbäumen auf den Teichen, bevor wir uns zum Lunch und zur Siesta begaben. Am Spätnachmittag spielten wir Tennis.

Abends nach einem rosa Gin dinierten wir in einem riesigen Speisesaal, unter Gemälden von Bhaijas Vorfahren, ausgestopften Jagdtrophäen von Tigern, Leoparden und Büffeln und gewaltigen Spiegeln mit Goldstuckrahmen, die das Kerzenlicht zurückwarfen. Bedient wurden wir von einem Heer von Aufträgern, jeder in weißem Frack mit Nehrukragen, weißen Hosen, einer rotgoldenen Schärpe und mit einem weißen, rotbestickten *pughri* oder Turban auf dem Kopf. Sie schleppten ausladende Gold- oder Silberplatten mit köstlich duftenden Currys herein, die wir mit Chapatis und allerlei anderen würzigen Beilagen verzehrten.

Diese Bankette waren das Prunkvollste, was ich je erlebt hatte – um einen riesigen Marmortisch zwanzig Gäste oder mehr, die zum Teil sogar aus Kalkutta oder Delhi angereist waren. Unweit des Palasts war ein Flüsschen, wo Bhaija eine Herde Reitelefanten hielt. Ich erinnere mich, dass ich eines Tages an der privaten Landebahn des Palasts einen Gast per Elefant abholte. Als er aus dem Flugzeug stieg, begrüßten ihn die Dschungelriesen mit ihren trompetenden Röhren.

Es war eine märchenhafte, wunderbare Zeit. Ich wollte unbedingt, dass Emma einen Bezug dazu erhielt. Wir ließen sie in der Herz-Jesu-Missionskirche in Dibrugarh am Nachmittag des 25. März 1964 von einem spanischen Priester taufen. Er hob die Brauen, als ich ihm mitteilte, die Maharani von Koch Bihàr sei eine der Patinnen, war dann aber sichtlich beruhigt, als er sah, dass sie blond war und Engländerin. Gina machte Emma ein ziseliertes indisches Frisierkommodenbesteck aus Silber zum Patengeschenk, und sie und Bhaija waren unsere Ehrengäste. Die Tauffeier war schlicht, und anschließend fuhren wir zum Feiern in unseren Bungalow zurück. Emma war nun katholisch getauft und für ein frommes Leben mit Patinnen ausgestattet, die ihr wohl beides, freundschaftliche Zuwendung und spirituelle Anleitung, bieten konnten.

Leider sollte die Zauberwelt für Gina und Bhaija in einer Tragödie untergehen. Bhaija starb wenige Jahre später in einer Zeit großen Umbruchs in Indien, als viele Paläste von der Regierung beschlagnahmt und die Maharadschas ihres Rangs entkleidet und ihres Reichtums beraubt wurden, an einem

Herzschlag. Gina blieb als mittellose Witwe zurück und musste Indien verlassen. Der Palast verfiel und liegt heute als verlassene und baufällige Ruine da, von Schlingpflanzen überwuchert. Die noble Patin meiner Tochter habe ich gänzlich aus den Augen verloren.

Unser eigenes Leben dagegen verlief heiter und unbeschwert. Ich verbrachte noch immer den größten Teil meiner Zeit im Haus. Emma füllte ihre Tage damit, dass sie mit der Dienerschaft spielte, ihr erstes Dreirad fahren lernte oder sich furchtlos mit Schwimmflügeln in den Pool stürzte. Besonders die Gärtner hatten sie ins Herz geschlossen. Sie lief ihnen vor die Füße, gewöhnlich als Nackedei, und sah ihnen mit einer für ein Kind ihres Alters ungewöhnlichen Fasziniertheit beim Umgraben und Pflanzen, Säen und Jäten zu. Ständig wollte sie mithelfen, indem sie sich neben sie hockte und mit Händen tief in die fruchtbare Erde fuhr, wobei sie wohl öfter die gerade gesetzten Pflanzen aus Wissbegier wieder herauszog.

Sie hatte eine geliebte *ayah* namens Toto, die sich aufopfernd um sie kümmerte, doch auch ich übernahm eine sehr aktive Rolle in ihrem Tagesablauf. In dem Bemühen, sie schon im frühen Alter mit anderen Kindern spielen zu lassen, brachte ich eine Krabbelgruppe für sie und sechs andere Kinder ähnlichen Alters, aber verschiedener Herkunft zusammen, manche hatten europäische, andere indische Eltern und Hautfarbe. Außer gesundem Menschenverstand und Hingabe besaß ich keine erzieherische Vorbildung, aber das Experiment gelang.

Emma setzte sich unbekümmert über ethnische Schranken hinweg; sie wurde ein willensstarkes und entschlusskräftiges Kleinkind und war bei den anderen Kindern beliebt. Ich war bestrebt, ihr Freiheiten zu gewähren, wie ich sie selbst körperlich und kulturell nie gekannt hatte, und obwohl sie dabei bisweilen ziemlich verwöhnt wurde, möchte ich gern glauben, dass ihre bemerkenswerte Persönlichkeitsentwicklung in späteren Jahren damit zusammenhängt.

Sie sei ein Baum, der im Verborgenen blüht
Und all ihr Denken wie des Hänflings Lied …
Oh, daß sie wie ein dunkler Lorbeer grünt,
Die Wurzeln tief in einem lieben Grund.

Quirlig und alles andere als scheu, ging Emma die Hürden des Lebens mit Ausdauer an. Schon als kleines Mädchen ließ sie sich von Widrigkeiten oder Zwischenfällen, bei denen ein anderes Kind sich heulend an Mutters Rockschoß geklammert hätte, offenbar nie beeindrucken. Einmal, als sie Ringelflechte bekam und der Doktor riet, man solle ihr am besten den Kopf rasieren, bestellte ich den *nappit* oder Frisör, der in einer Rikscha angefahren kam. Unter dem Vordach des Bungalows ging er während eines Spielenachmittags der Krabbelgruppe mit einer beängstigend scharfen Klinge ans Werk. Ich hatte ihn absichtlich dorthin bestellt, weil ich wollte, dass die anderen Kinder bei der Verwandlung zusahen und nicht fremdeln würden, wenn sie plötzlich als Kahlkopf unter ihnen erschien. Es klappte: Sie fanden die Totalrasur völlig normal, und Emma hatte sich noch nie geniert, im Mittelpunkt zu stehen. Nur ich litt darunter, mit ansehen zu müssen, wie ihre weichen braunen Locken fielen.

Meine Eltern lebten gesondert von uns, genossen es aber, ihre Enkelin auf unseren wöchentlichen Angelausflügen mitzuerleben. Als Emma noch recht klein war, kamen allerdings ihre schon lange schwelenden Eheprobleme nun voll zum Ausbruch. Mit der Ankündigung, dass sie sich scheiden lassen würden, schickte sich meine Mutter zur Rückkehr nach England an, wo sie ihr weiteres Leben allein in einem Haus in Teddington im Londoner Westen verbringen sollte. Meine Schwester Sue machte damals gerade eine Ausbildung zur Krankenschwester im Hillingdon Hospital und versprach, ein Auge auf sie zu haben, während Daddy und ich in Assam blieben. Als wir uns von meiner Mutter am Flughafen von Dibrugarh verabschiedeten, empfand ich nur Erleichterung, dass sie endlich wieder aus meinem Leben verschwand. Unsere Beziehung war immer problematisch gewesen, und ihre Anwesenheit in Assam hatte mich belastet.

Bald nach Mamis Abreise flogen Bunny, Emma und ich zu unserem ersten »Heimaturlaub« als Ehepaar nach England, für uns eine Gelegenheit zur Begegnung mit Verwandten und Freunden der jeweils anderen Seite, die wir wegen unserer Auslandsheirat noch nicht kennen gelernt hatten. Es wurden drei hektische Monate, in denen wir zwischen England und County Down in Nordirland pendelten, um so viel Zeit wie möglich bei Bunnys Vater verbringen zu können. Dr. Gordon McCune, ein pensionierter Landarzt, war ein lieber und sanfter Mensch, der mit seiner halbseitigen Lähmung durch einen Schlaganfall wie ein Stoiker umging. Die letzten elf Jahre hatte er als Witwer allein verbracht. Da sein einziger Sohn, Bunny, in Übersee weilte, war diese Zeit für ihn sehr einsam gewesen. Ich mochte ihn sehr und war froh, ihn endlich kennen gelernt zu haben. Wir besuchten auch Bunnys Verwandtschaft mütterlicherseits in Yorkshire, meine Verwandten in Schottland und Tante Margot und Onkel George in London. Wir kehrten rechtzeitig nach Assam zurück, um Weihnachten 1964 zu Hause im Bungalow feiern zu können, wo ich alsbald eine erneute Schwangerschaft feststellte. Im Jahr darauf, im August 1965, bekam Emma eine kleine Schwester. Sie war genauso schön, mit einem äußerst willensstarken Kinn. Auf Bunnys Drängen wurde sie Erica getauft – nach der Mutter einer seiner früheren Flammen.

Von den wachsenden familiären Pflichten einmal abgesehen standen wir plötzlich vor einer Besorgnis erregenden Situation. Indien und Pakistan hatten einander über Kaschmir den Krieg erklärt, und obendrein wurde die Erzeugung von Tee »nationalisiert«, indem britisches Personal durch indische Arbeitskräfte ersetzt wurde, und das alles, wo wir inzwischen zwei kleine Kinder hatten. Wir hatten schon Überlegungen angestellt, uns anderswo niederzulassen, als Bunny seine Arbeitsstelle verlor. Auch Daddy wurde zwangspensioniert und wollte Indien verlassen. Er war bei seinen Leuten sehr beliebt und wurde außerordentlich herzlich verabschiedet. Man überreichte ihm als Anerkennung eine Ehrenurkunde auf einer Seidenrolle und bekränzte ihn mit Girlanden aus Ringelblumen.

Wir erwogen die Übersiedlung nach Südafrika, wohin viele unserer Freunde ausgewandert waren. Aber ganz abgesehen von den großen politischen Spannungen im damaligen Südafrika und im benachbarten Rhodesien erwies sich der Alltag dort als unüberwindbare Hürde. Weder Bunny noch ich hatten je rassische Vorurteile gehabt: Wir hatten uns immer gern zu Menschen anderer Hautfarbe gesellt und wollten unseren Kindern dieselbe Unbefangenheit vermitteln. Doch in Südafrika war die Apartheid Mitte der sechziger Jahre ehernes Gesetz. Wir hätten Schwarze nicht einmal als Gäste im Haus haben dürfen. Angesichts solcher Unzumutbarkeiten beschlossen wir, nach England auszuwandern.

Es war traurig, Assam verlassen zu müssen. Ich hatte so schöne Erinnerungen, sowohl aus Kindertagen als auch aus neuerer Zeit. Für mich war es immer mein »Daheim« gewesen. Auch Bunny war dort sehr glücklich gewesen, und Daddy war untröstlich. Doch das neue Leben in England winkte, und ich fand die Herausforderung aufregend. Indes gab es kurz vor unserer Abreise eine Sache, die mich leise beunruhigte. Nachdem wir unsere teuersten Besitztümer verpackt und nach England verfrachtet hatten, verkauften wir den Rest vor Ort. Ein Arbeitskollege Bunnys kam mehrere Einrichtungsgegenstände abholen, für die er sich interessierte, bezahlte sie aber einfach nicht. Ich zog eigene Erkundigungen ein und musste erfahren, dass Bunny ihn angepumpt und nie etwas zurückgezahlt hatte.

1966 kamen wir in England an – in dem Jahr, als England Weltmeister im Fußball wurde, die Serienmörder Moors Schlagzeilen machten und Harold Wilson mit Labour der neue

Premierminister wurde. Eine Abraumhalde im walisischen Aberfan rutschte ab und verschüttete 116 Kinder, etliche Industriebranchen wurden flächendeckend bestreikt, und London galt in der Ära der Beatles und der Rolling Stones als Welthauptstadt der Popmusik.

Zunächst hatten wir kein Dach über dem Kopf und hatten auch keine Ahnung, was wir tun sollten. Mein Vater ging in seiner schottischen Heimat in den Ruhestand und zog in ein Haus in Dumfries, das ihm schon viele Jahre gehörte, aber viel zu klein für uns alle war. Also nahm uns meine patente Tante Margot für drei Monate in ihrem Haus am Hereford Square auf, mit den beiden Kleinkindern, während Bunny auf Arbeitssuche ging.

Bunny war so ziemlich »alte Schule« und erörterte seine persönlichen oder geschäftlichen Dinge nur selten mit mir, wenn überhaupt. Eine Zeit lang hatte ich keinen Schimmer, wie er sich seinen Lebensunterhalt in England verdienen wollte. Nachdem er bei mehreren Freunden von früher angeklopft, aber nichts erreicht hatte, beschloss er schließlich, in das neue Geschäft mit Überwachungskameras einzusteigen, und investierte £ 2000 seiner geringen Ersparnisse als Franchisenehmer einer gewissen Firma Photo Scan, die neu entwickelte Systeme zur Videoüberwachung vertrieb. Bunnys Vertretergebiet sollte North Yorkshire sein, und wir hatten einen Monat Frist, eine Wohnung zu finden und dorthin umzuziehen.

Während Bunny seine Geschäfte regelte, verlebten wir in London eine herrliche Zeit mit Tante Margot und Onkel George. Sie waren unglaublich hilfsbereit und den Kindern sehr zugetan. Besonders Erica war ihnen ans Herz gewachsen, und sie konnten hervorragend mit ihr umgehen. Bei einer Ausfahrt im Auto saß Erica einmal auf Onkel Georges Knien und hopste vor Aufregung derart auf und nieder, dass er ihr den Kosename »Madame Jo-Jo« gab. Seit damals heißt Erica in der Familie und bei guten Freunden »Jo«.

An einem bitterkalten, trüben Februartag 1967 sagten wir

London Adieu und fuhren endlich gen Norden nach Yorkshire. In unseren ersten paar Monaten dort hatte ich oft Zweifel, ob ich nach dem warmen Klima in Indien dieses neue Leben in einem Land aushalten würde, das mir inzwischen seltsam und fremd vorkam. Ich versuchte, mich aufzumuntern, indem ich die Kinder in ein Ferienhaus in Sandsend bei Whitby mitnahm, aber der Urlaub wurde so kalt und elend, so absolut deprimierend, dass Bunny mich nur mit Mühe abhalten konnte, auf der Stelle zu packen und ins milde Klima des immergrünen Assam zurückzukehren. Indes sollte Yorkshire auf die eine oder andere Art unsere Heimat bleiben – und zwar für die nächsten zweiundzwanzig Jahre. Wir hausten die ersten paar Monate in einer vorläufigen Mietwohnung bei Northallerton unmittelbar östlich der Autobahn. Bunny klapperte mittlerweile unzählige Kilometer seines riesigen Vertretergebiets North Yorkshire ab auf Werbetour für Photo Scan, dieweil ich Schulen für die Kinder suchte.

Ohne mein Wissen plante er auch hinter meinem Rücken, sich einen Kindheitstraum zu erfüllen und auf einem alten Besitz in der Nähe von Bedale mit dem Namen Cowling Hall seinen Wohnsitz zu nehmen. Bunny versteifte sich darauf, mit uns allen dieses Anwesen zu beziehen, erst recht, nachdem er herausgefunden hatte, die gegenwärtigen Bewohner gehörten zum Militärstützpunkt Catterick und sollten in Bälde versetzt werden.

Cowling Hall ist ein hohes, kantiges Gebäude im Stil von Queen Anne, auf einem Hügel gelegen. Bunny hatte es aus seiner Kindheit im nahe gelegenen Internat Aysgarth in Erinnerung, und später von Ausritten und Jagden während seiner Jugendliebelei mit der Schuldirektorstochter Wanda. Als ich Wanda kennen lernte, war sie längst glücklich verheiratet mit dem Nachfolger ihres Vaters als Internatsdirektor. Ihre Kinder schlossen mit unseren genauso Freundschaft fürs Leben wie Bunny und ich mit Wanda und ihrer Familie.

Cowling war im Besitz von Sir Claude und Lady Smith-

Dodsworth, gehörte als Altenteil zur Thornton Watlass Hall und war architektonisch so kurios und einzigartig, dass ihm ein Eintrag in Pevsners *Buildings of England* gebührte. Es bestand aus Versatzstücken der Architektur des siebzehnten und des achtzehnten Jahrhunderts, die zwar ineinander passten, aber trotzdem nicht gefällig wirkten. Vor der einen Hausfront befand sich eine halbkreisförmige Auffahrt, die andere ging zu meinem Entzücken auf einen großen ummauerten Garten hinaus, mit einem Graben am anderen Ende. Dahinter lag freies Feld mit Schafweiden, und in der Ferne sah man das Tal des York.

Mit seinem angeborenen Charme konnte Bunny Lady Smith-Dodsworth überreden, uns Cowling für eine Spottmiete von £ 6 wöchentlich zu überlassen, erst einmal für fünf Jahre, doch eigentlich auf unbestimmte Zeit. Mit dem Vertrag wurde ich vor vollendete Tatsachen gestellt. Ich hatte dabei nichts zu melden gehabt. Auch mich hatte das Haus auf den ersten Blick durchaus beeindruckt – die Fassade war äußerst pompös. In Wirklichkeit aber war das Haus gar nicht so groß, wie es schien, weil es nur einen Raum tief war. Wir wohnten darin gewiss nicht luxuriös oder extravagant, weil wir selbst in den besten Zeiten nie im Geld schwammen. Und wie ich bald feststellen sollte, hatte das Leben in Cowling Hall auch allerhand Nachteile.

Das Haus stand völlig frei, Wind und Wetter ausgesetzt, und war das kälteste, in dem ich je gewesen bin. Ich erinnere mich, dass ich im Winter Butter auf einem Tellerchen zum Kaminfeuer im Wohnzimmer trug, damit sie weich genug zum Streichen für den Honigtoast zum Tee wurde. Ehe ich dann aber wieder in die etwas abgelegene Küche zurückkam, war die Butter schon wieder fest wie Stein. Der Küchenflügel war der älteste Teil des Hauses, und angeblich spukte es darin. Meine geringe Begeisterung wurde noch mehr gedämpft durch die Aussicht, das Anwesen mit den Geistern der Vergangenheit teilen zu müssen. Unsere beiden Spaniels witterten von Anfang an Unheimliches und wollten partout nicht die Hintertreppe hinauf oder hinunter. Später erfuhr ich, dass im Haus eine Geisteraustreibung stattgefunden hatte und viele seiner Bewohner, in erster Linie die Männer, später unter geheimnisvollen oder tragischen Umständen ums Leben gekommen sind.

Mein einziger Trost war, dass das Hausgespenst – angeblich der Geist einer geschändeten Frau – der Sage nach etwas für Katholiken übrig hatte. Vielleicht wegen meiner so entstandenen Empfänglichkeit für Übernatürliches wurde ich noch von anderen heimgesucht – mich plagten Vorzeichen und Omen. An Wintertagen, wenn der Wind jaulte oder der Nebel so rasch aufstieg, dass er sich wie ein Leichentuch vor die Fenster legte, spürte ich intuitiv, irgendwo in der Zukunft lauere ein unbekanntes Unglück. Bald nach unserem Einzug, als wir uns noch gar nicht so recht eingerichtet hatten, kam Bunny eines Abends von seiner Vertretertour heim und fand mich auf der untersten Stufe der Treppe sitzen, den Kopf in die Hände gestützt.

»Was hast du denn?«, fragte er.

»Es ist dieses Haus«, sagte ich. »Hier spukt's. Ich glaube nicht, dass ich hier leben kann.«

Sosehr ich mich auch bemühte, es fiel mir immer schwerer, mich in diesen vier Wänden wohl zu fühlen. Er wusste, wie mir zumute war, wir hatten es schon mehrmals erörtert, aber jetzt merkte er, dass es mir ernst damit war.

Er überlegte kurz. »Na gut, wenn es dir so ernst damit ist, mach' ich den Mietvertrag eben rückgängig.«

Das war typisch für Bunny. Mitfühlend und impulsiv, aber ohne jeden Gedanken daran, wo wir sonst wohnen sollten oder wie es weitergehen sollte.

Ich wusste sein Angebot zu schätzen, aber der Gedanke an noch einen Umzug brachte mich zur Vernunft.

»Nein, nein – das kannst du nicht machen«, entschied ich plötzlich und stand auf. »Versuchen wir's halt.«

Also versuchten wir es, und als die Tage länger, heller und wärmer wurden, wirkte das Haus nicht mehr ganz so schlimm. Mit frischer Tünche an den Wänden und neu gestrichenem Holzwerk und mit immer mehr eigenen Möbeln in den kahlen Räumen wurde es mir in unserem neuen Heim endlich wohler.

Und es gab auch Ausgleich für die Düsternis. Die Umgebung und die hügelige Landschaft ringsherum waren herrlich, die Kinder wuchsen mit den einfachen Freuden des englischen Landlebens auf, und auch ich fühlte mich immer besser. So viel besser, dass nach geraumer Zeit Emmas zweite Schwester, Jennie, zur Welt kam, im September 1968, und zwei Jahre später unser Sohn, den ich Johnny nannte, obwohl Bunny darauf bestanden hatte, er solle Randall heißen. Beide Kinder kamen im viktorianischen Prunk des Harrogate General Hospital zur Welt, unter ganz anderen Bedingungen als in der kleinen Plantagenklinik in Assam. Wie bei allen seinen Kindern verzeichnete Bunny Datum, Uhrzeit und Geburtsgewicht in seiner ledergebundenen Jagdkladde zwischen Statistiken darüber, wie viele Fasanen er geschossen und welche seiner geliebten Spanielhündinnen ihn mit einem Wurf Welpen beglückt hatte.

Ich hatte beschlossen, alles zu tun, damit das Leben in Cowling Hall, meinem ersten englischen Zuhause, ein Erfolg wurde. Auch Bunny schien sich gut in unser neues Leben hineinzufinden. Obwohl er siebzehn Jahre im Ausland gelebt hatte, schaffte er es, auch in North Yorkshire seiner Leidenschaft für Angeln und Jagen zu frönen. Aus seiner Schulzeit kannte er etliche ortsansässige Familien, und so fanden wir bald Freunde. Selbstverständlich gab es in Yorkshire mehr Zwänge und Konventionen als in Indien, doch Bunny passte sich gut an und trat als Landjunker auf, auch wenn ihm das dazu nötige Landgut und Vermögen fehlten. 1968 starb sein Vater und hinterließ ihm mehrere tausend Pfund, von denen ich aber nie etwas zu Gesicht bekam. Bunny widerstand jedem Drängen, sie irgendwo in der Gegend in Eigentum anzulegen, anstatt weiter Miete zu zahlen.

Das Geld rann ihm wie Wasser durch die Finger, er dachte selten an das Danach. Ständig lud er aus einer Augenblickslaune heraus Leute zum Abendessen oder zur Übernachtung bei uns ein und schien gar nicht zu merken, was sein Hang zur Großspurigkeit und Geselligkeit für mich bedeutete. Ich brachte die meiste Zeit in der Küche zu, rupfte Fasanen, schuppte Lachse oder schmurgelte gargantuanische Mahlzeiten auf einem alten und launischen Kohlenherd. Müde von der Beanspruchung durch vier kleine Kinder, stellte ich Mrs. Thompson als Haushaltshilfe ein, eine sehr patente Frau aus dem Ort, und in den Sommermonaten kamen polnische Au-pair-Mädchen, ansonsten aber blieb die meiste Arbeit an mir hängen.

Bunnys Art, sich zu revanchieren, bestand darin, dass er im Supermarkt riesige Mengen Feinkost einkaufte – Räucherlachs, Riesenshrimps, Schokoladentorten – und sie triumphierend zu Hause anschleppte. Diese Dinge brauchten wir eigentlich nicht, und sie blockierten nur die Kühltruhe, aber es waren seine unbeholfenen Versuche, mir das Leben leichter zu machen.

Dann teilte mir Bunny ganz beiläufig mit, er habe seinen Job aufgegeben. Ein alter Freund arbeite in der Stahlindustrie in Sheffield, und Bunny schwor Stein und Bein, der werde ihm Arbeit verschaffen. Als nach drei Monaten noch nichts daraus geworden war, pochte Bunny verzweifelt an alle Türen. Ein entfernter Vetter, der Ingenieur und Unternehmer Peter Russell, kam uns zu Hilfe und bot Bunny eine Stelle als Vertreter an. Peter hatte Bunny viele Jahre nicht gesehen, kannte ihn aber noch als charismatischen Charmeur und Salonlöwen und glaubte, dieser weltgewandte und selbstbewusste Kolonialbrite sei genau der Mann, den er für den Verkauf von Landmaschinenersatzteilen an Grundbesitzer brauche. Ich weiß noch, wie erleichtert ich war, dass Bunny endlich wieder ein Einkommen haben würde. Meine wenigen Ersparnisse waren aufgebraucht, und das Erbe seines Vaters schien sich verflüchtigt zu haben.

Unsere Kinder wuchsen und gediehen ohne eine Ahnung von den Problemen ihres Vaters, besonders Emma. Sie war stets auf ihre Selbständigkeit bedacht, entdeckungsfreudig und in gewisser Weise frühreif. In einer kleinen Wellblechbaracke aus dem Zweiten Weltkrieg auf der Militärbasis Catterick fünfzehn Kilometer entfernt ging sie zur Schule, und dies sehr gern. Fast jeden Tag brachte sie Freundinnen aus der Schule mit und lud sie häufig ein, ohne mich zu fragen – ein selbstherrlicher Zug, den sie von ihrem Vater geerbt hatte. Eine ihrer Leidenschaften war das Reiten, mit unserem Esel Nellie fing sie an. Emma vergötterte Nellie und konnte sie stundenlang umhalsen, auch wenn sie deswegen von Zeit zu Zeit Flöhe bekam. Ich wartete immer schon darauf, dass sie sich heftig den Kopf kratzte. Dann kam wieder meine Spezialtinktur zum Zug, die ich verschämt beim Drogisten erstanden hatte.

Später kaufte ihr Bunny ein Pony namens Misty und dann einen lebhaften und temperamentvollen kastanienbraunen Araber, der nach meinem Pony in Assam Peanuts genannt wurde, aber viel bewegt werden musste. Letztlich gaben wir ihn an die örtliche Reitschule ab. Als Emma mit Misty auf ihr erstes Zeltlager von Pony Club ging, kam sie vom Zelten und Pferdestriegeln völlig erschöpft zurück. Als ich sie abholte, war sie restlos fertig, aber selig wie jedes kleine Mädchen, das eine volle Woche mit seinem Pferdchen hautnah gezeltet und es versorgt hat. Die ganze Woche hatte sie nicht einmal Zeit gefunden, sich die Zähne zu putzen, aber das Tier war vorbildlich gestriegelt und gepflegt.

Dann kam ihre kleinere Schwester auf die Schule. Sie war viel ruhiger und gesetzter als Emma. Erica, ein äußerst hübsches Mädchen, war immer recht zurückhaltend und empfindlich. Sie verzärtelte Jennie und Johnny und stand ziemlich in Emmas Schatten – am Ende sogar im Wortsinne, weil Emma in die Höhe schoss und mit zwölf die meisten ihrer Freundinnen weit überragte.

»Mami, sie haben mich beim Klassenfoto schon wieder in

die hinterste Reihe gestellt«, beklagte sich Emma eines Tages nach der Schule. Sie beschwerte sich dauernd, sie sei zu groß, und das ärgere sie. Ich setzte mich mit ihr an den Tisch und fasste sie an beiden Händen, um sie zu trösten.

»Emma, mein Schatz, du kannst dagegen überhaupt nichts machen«, sagte ich ihr. »Warum freust du dich nicht einfach daran? In deiner Schule gibt es sicher Dutzende von Mädchen, die nur zu gern so groß und schlank wären wie du. Alle werden ein Leben lang zu dir aufsehen, also mach doch einfach das Beste daraus.«

Diesen Rat nahm sie sich zu Herzen. Ich glaube, von jenem Tage an genoss sie die Macht, die ihr ihre Körpergröße über andere Menschen verschaffte. Nach dem schlaksigen Stadium war sie ausgewachsen einen Meter achtzig groß und spielte dies genussvoll zu ihrem Vorteil aus.

Durch unseren Kontakt mit der Mädchenschule erweiterte sich unser Freundeskreis rasch. Die Kinder schlossen sich dem Jungvolk und anderen Vereinigungen an. Ich selbst half zweimal die Woche in der Krabbelgruppe im Dorfgemeinschaftshaus von Thornton Watlass aus; brachte Rentnern um Bedale »Essen auf Rädern«, veranstaltete Teenachmittage zur Finanzierung der Cricketmannschaft und wurde in den Ortsvorstand des Vereins zur Unterstützung der Krebsforschung gewählt. Damals war ich bereits vom Katholizismus zur Anglikanischen Kirche konvertiert – in den Augen der Kinder bestand der Unterschied nur darin, dass ich von der Kirche »mit Sprüchen« zu der »mit Gesang« gewechselt sei. Es war im Großen und Ganzen das, was in diesem Landleben, in das wir uns eingegliedert hatten, von mir erwartet wurde.

Unser Haus schien ständig von Gästen bevölkert, besonders während der Sommermonate wollte der Strom von Besuchern und Freunden gar nicht abreißen. Trotz der zusätzlichen Arbeit hatte ich gern ein volles Haus und war froh, Platz für die vielen Kinder zu haben. Wir hielten Brettspiele und Sportsachen und eine Kostümkiste mit alten Kleidern von mir für sie parat – darunter auch den Hochzeitsschleier, den meine Mutter vor Zeiten ausgewählt hatte und den Jennie als geborene Komödiantin für sich beanspruchte und fast bei jeder Gelegenheit trug, sogar zur Kirche.

Im Garten hatten wir eine Wippe, einen Sandkasten und eine großartige Schaukel am Ast eines Maulbeerbaums, mit der sich die Kinder gefährlich in die Höhe schwingen konnten. Emma liebte sie besonders, denn sie schaukelte für ihr Leben gern. Wir hatten Fahrräder, mit denen sie auf Feldwegen oder immer im Kreis um den Tennisplatz radeln konnten, Ponys zum Ausreiten und Hunde zum Herumtollen auf den weiten Feldern. Wir veranstalteten Schlagspiele, Feuerwerke und Partys zu Halloween. Wir rechten das Herbstlaub zusammen und zündeten riesige Laubfeuer an, deren Rauch die Wollpullover beizte, bevor er emporstieg und sich dann in der ruhigen Abendluft flach ausbreitete, so weit das Auge blicken konnte. Da unser Grundstück auf einem Hügel lag, eignete es sich in den windigen Monaten hervorragend dazu, Drachen steigen zu lassen. Emma war darauf ganz scharf, genau wie ich selbst als kleines Mädchen in Indien. Ich sehe sie vor mir, das Gesicht mit entrückter Miene gen Himmel gewandt, einen roten Drachen an ihrer Schnur, der in die Lüfte steigt und tanzt.

Die Hügellage hatte natürlich auch Nachteile. Die Kinder waren ständig in Versuchung, mit der Gefahr zu spielen, indem sie sich auf ihren Fahrrädern oder im Winter auf Schlitten hügelab stürzten, bisweilen mit katastrophalem Ergebnis. Alle meine Kinder tragen Narben zur Erinnerung an diese sorglose Zeit.

Weihnachten war in Cowling immer etwas Besonderes. Felder und Bäume waren weiß verschneit, Eiszapfen hingen an Dachrinnen und Traufen. Gramps – wie mein Vater von allen liebevoll genannt wurde – kam aus Schottland zu Besuch, und die Kinder inszenierten für ihn kleine Stücke vor dem Kaminfeuer. Sie kostümierten sich und tanzten und sangen in Tutu-Röckchen und Märchenkostümen. Jedes Jahr kamen am Heiligen Abend dick vermummt die Weihnachtssänger aus Bedale, Atem wölkte im Mondlicht aus ihren Mündern, und ihre Schuhe knirschten im Schnee. Sie standen mit viel Händehauchen und Füßetrampeln vor der Tür, bevor sie hereinkamen, sich in unserer Diele um den Weihnachtsbaum stellten und ihre Lieder schmetterten. Wir wärmten ihnen die frostklammen Hände mit Sherrypunsch und warmen Fleischpastetchen, und das Kaminfeuer rötete ihnen die Wangen.

Cowling Hall war auch noch aus einem anderen Grund ein froher Ort – ich hatte dort erstmals regelmäßigen Kontakt zu meiner Schwester Sue. Sie arbeitete inzwischen als Nachtschwester in London und hatte in der schichtfreien Zeit schlaflose Nächte, bis sich ihr Körper wieder an den anderen Rhythmus gewöhnt hatte. Ich lud sie zum Wochenende zur Entspannung aufs Land ein. In dieser Zeit in Yorkshire kamen wir einander näher, zunächst fast schüchtern. Irgendwann stellten wir zur gegenseitigen Verblüffung fest, dass wir einander wirklich mochten. Diese Freundschaft ist mir immer wichtiger geworden, besonders nach dem Tod unserer Mutter.

Sue hatte Mutter stets viel näher gestanden als ich. Aus irgendeinem Grund, vielleicht weil sie von vornherein länger mit ihr in Indien zusammen war, konnte sie immer gut mit ihr umgehen. Wahrscheinlich war sie emotional viel reifer als ich. In meiner Zeit in Yorkshire wohnten Mom und Sue beide in London und trafen sich regelmäßig. 1973 heiratete Sue in London Martin, einen ehemaligen Marineoffizier, und wir waren alle eingeladen – meine Töchter waren die Brautjungfern und Johnny ihr Page. Bei dieser Gelegenheit sah ich meine Mutter nach Jahren zum ersten Mal wieder und stellte ihr ihre Enkel vor. Sie schien entzückt, sie endlich alle kennen lernen zu dürfen, doch ich erinnere mich noch, dass ich dachte, wie wenig sie sich doch verändert hatte.

Schon im Jahr darauf lag sie todkrank mit Krebs danieder. Sue rief mich eines Abends im Spätsommer 1974 an und sagte mir, sie liege im Sterben und bitte mich zu sich. Ich fuhr nach

London – meine letzte Reise allein im Zusammenhang mit meiner Mutter – an ihr Krankenbett im Charing Cross Hospital. Der Anblick war so bestürzend und traurig, dass ich aus dem Krankenzimmer rennen musste. Die zerbrechliche Gestalt dieser Frau da im Bett hatte keine Ähnlichkeit mehr mit dem lebenslustigen australischen Theaterstar, an den ich mich aus meiner Kindheit erinnerte. Sue hatte mich nicht so recht darauf vorbereitet, wie hinfällig sie geworden war. Ich weiß noch, wie ich in meiner Betroffenheit jeden Spiegel in der Klinik zerschlagen wollte und die Krankenschwestern anflehte, ihr nie einen vorzuhalten.

Es war eine müßige Bitte, denn wenige Tage später war sie dahingegangen. Auf der tristen Beerdigung, an der nur eine Hand voll Verwandte teilnahm, saß ich da und fragte mich, was denn eigentlich schief gelaufen war. Sie hatte gegen Ende so verletzlich, so harmlos gewirkt. Wo war da die böse Hexe aus meiner Erinnerung, die Frau, die mir so viel Leid zugefügt hatte, das ich ihr nie von Herzen hatte verzeihen können? Statt ihrer hatte ich eine Mutter vorgefunden, die im Angesicht des eigenen Todes die Liebe und Vergebung ihrer Tochter suchte. Mehr als alles andere überwältigte mich die Trauer darüber, dass ich sie nie wirklich gemocht hatte. Nach der Beerdigung wurde mir klar, es beruhte auf Gegenseitigkeit – als das Testament meiner Mutter eröffnet wurde, hatte sie ihren gesamten Besitz Sue vermacht. Ich wurde nicht einmal erwähnt: Für sie gab es mich einfach nicht.

In Cowling Hall ging das Leben weiter. Die Kinder hatten ihre Großmutter kaum gekannt und fühlten sich von ihrem Tod wenig betroffen. Emma war so feinfühlig, mich nach meiner Rückkehr von der Beerdigung zu fragen, wie es mir gehe, aber ansonsten wurde das Ableben meiner Mutter eher übergangen.

Bunny und ich lebten damals im Grunde schon jeder sein eigenes Leben – wir waren einfach in eine Art Sackgasse höflichen Nebeneinanderseins geraten. Während ich meine Zeit

Haushalt und Kindern widmete, lebte er dem Vertreterdasein und seinem Jagdvergnügen. Außer den Mahlzeiten berührten sich unsere Kreise kaum. Doch ließ es Bunny gegenüber den Kindern nie an Zeit und Zuwendung fehlen. Besondere Muße hatte er für Emma, seine Älteste, während ich natürlich die meiste Zeit mit Johnny beschäftigt war, unserem Jüngsten. Als Junge brachte er eine neue Dimension in unser Familienleben, da er andere Interessen entwickelte als die Mädchen. Bis heute beschuldigen mich meine Töchter, ihn verzogen zu haben, weil er der einzige Junge und zudem das Nesthäkchen gewesen sei. In Wirklichkeit hatte ich jedoch angesichts der Ansprüche einer wachsenden Familie nicht die Zeit, mit ihm so streng zu sein wie zuvor mit den anderen. In dieser Zeit war ich nach den Anstrengungen des Tages ständig müde. Deshalb entschied ich nach Johnny, vier Kinder seien genug – mein hochtrabender Wunsch nach sieben verflüchtigte sich.

Im Laufe der Jahre kam Emma auf die Grundschule in Thornton Watlass, dann auf das Internat Polam Hall in Darlington. Es war unsere gemeinsame Entscheidung; sie wollte mit ihren Freundinnen zusammenbleiben, und ich wusste, ihre Bildungschancen waren dort besser. Zwar fehlte sie mir, doch war sie nur werktags im Internat und kam zu den Wochenenden nach Hause, und es ging ihr gut dabei. Sie wurde sogar noch größer und schlanker. Von Haus aus selbstbewusst, wurde sie schulisch immer sicherer und war gut im Sport – besonders im Badminton und Hockey –, aber am begabtesten in Kunst. Von frühester Kindheit an malte und zeichnete sie alles um sich herum. Sie nahm gern an Ausschreibungen teil und schickte ihre Werke häufig zu Wettbewerben von Zeitungen und Fernsehen ein.

Als das Kinderfernsehprogramm *Blue Peter* Weihnachtssammlungen für wohltätige Zwecke veranstaltete, löcherte sie alle – nicht nur die Familie, sondern auch ihre Freundinnen und Lehrer –, sich am Sammeln von Schlüsseln, Briefmarken oder Milchflaschendeckeln zu beteiligen. Die Fähigkeit, andere Menschen zum Handeln zu bringen, war ein früher Charakterzug, den sie ihr ganzes Leben lang pflegte. Sie genoss das Gefühl, wenn Menschen auf ein gemeinsames Ziel hin zusammenwirkten. Ich glaube nicht, dass sie begreifen konnte, was Versagen ist; von frühester Kindheit an wusste sie ganz genau, was richtig ist und was falsch.

Emma hatte die Fähigkeit, alles mit Elan zu unternehmen. Sie wollte stets selbst mitmachen und direkt an allem teilnehmen; blosses Zuschauen lag ihr überhaupt nicht. Eine Vorliebe für das Landleben hatte sie geerbt, und als sie eines Samstags ihre erste Jagdgesellschaft in der üblichen Ausstattung miterlebte – das Kläffen und Jaulen der Jagdhunde, der aufreizende Klang des Jagdhorns, die Jagdgesellschaft in Rot und Schwarz –, war sie zum Mitmachen entschlossen. Zunächst Anfängerin, wurde sie rasch eine gute Jagdreiterin, nahm alle Hecken im Sprung und hatte unweigerlich ein paar Stürze, die die ganze Jagd aufhielten und erfahrene Reiter auf ihren großen, starken Pferden ungeduldig werden ließen. Bald aber mussten sie den Mut und das Draufgängertum dieser erst Zehnjährigen bewundern. Als sie dann dem Reitklub von Bedale beigetreten war, wurde dort die neue Vorschrift eingeführt, Mitglieder dürften erst mit auf die Jagd reiten, wenn sie bereits über eine gewisse Erfahrung verfügten.

Ich hatte mir nie viel aus Reiten gemacht, aber ich wusste, jetzt musste ich es lernen, um mit meiner Tochter ausreiten und ein Auge auf sie haben zu können. Es schien mir Teil der elterlichen Verantwortung. Daher fuhr ich einmal die Woche, wenn die Kinder alle im Bett waren, zu Reitstunden in die Garnsion Catterick. Diese Flutlichtabende in der Reithalle boten mir sowohl eine Fluchtmöglichkeit vor der Hausarbeit als auch eine große persönliche Herausforderung; denn im Grunde hatte ich Angst vor dem Jagdreiten über Stock und Stein.

Mit etwas Ausdauer kam ich jedoch so weit, dass ich auf einem wirklich vornehmen Pferd namens Smokey Joe an der Jagd teilnehmen konnte. Zusammen mit Emma ritt ich mit den Hunden über unwegsames Gelände, wir nahmen die Waldhecken und Abzugsgräben der Moore von Yorkshire im Sprung und fanden das beide ganz wunderbar. Wenn ich eine Lücke in den Wallhecken finden oder um einen besonders breiten Graben herumreiten konnte, war ich allerdings erleichtert. Wenn nicht, machte ich mich auf den Sprung gefasst und hoffte das Beste. Doch ich machte dabei jedes Mal die Augen zu. Emma dagegen ging offenen Auges und furchtlos die schwierigsten Sprünge an.

Der letzte Tag meiner Jagdsaison fiel auf einen milden Frühlingstag im März. »Was bin ich froh, dass ich's getan habe«, dachte ich bei mir, als ich zu Emma hinübersah, die mit zurückgeworfenem Kopf laut hinauslachte. Dieser Tag bleibt auf immer in mir haften. Während ich im Schritt mit meiner ältesten Tochter durch diesen schönen und friedlichen Spätnachmittag ritt, hörte ich in diesem Frühjahr zum ersten Mal den Ruf eines Brachvogels. Ich ritt später nie wider mit Hunden zur Jagd, auch wenn Emma das bis zu dem Tage fortsetzte, als wir aus Cowling Hall ausziehen mussten.

In dieser ersten Phase unseres Familienlebens in Yorkshire gab es viele glückliche, unvergessliche Zeiten. Trotz meines anfänglichen Unbehagens wurde es ein Ort, wo ich mich imstande fühlte, meine Kinder nach traditionellen Werten und geborgen aufwachsen zu lassen, wo ich ihnen das Gefühl vermitteln konnte, anerkannt und geliebt zu sein. Das hatte zum Teil auch deswegen eine solche Bedeutung für mich, weil meine eigene Kindheit so bedrückt und zerrissen gewesen war. Es mag altmodisch klingen, aber mir war daran gelegen, Emma, Erica, Jennie und Johnny ein dauerhaftes Gefühl für Werte zu vermitteln – Ehrlichkeit, Anstand und die rechte Achtung vor anderen Menschen –, moralische Maßstäbe, die sie leiten und auf ihren weiteren Lebensweg vorbereiten sollten. Bald sollten sie diese Werte brauchen – mehr, als ich mir je hätte träumen lassen. Nur wenig später ereilte uns die Katastrophe, und danach begann die Tragödie.

5

Ich hatte Bunny als naives junges Ding geheiratet, ohne je Gelegenheit gehabt zu haben, den Menschen hinter der Fassade kennen zu lernen. Unser Leben in Indien war von der künstlichen Vornehmheit, die ihm so lag. Er war stets ein glänzender Tischgenosse und der geborene Gesellschafter: charmant, wortgewandt und täuschend maßvoll im Trinken, obzwar ihm schon damals nachgesagt wurde, er leide gelegentlich unter »Schreibhemmung« – weil er so ungern die vielen Abrechnungsbons an der Bar abzeichnete.

Nachdem wir uns jedoch in Yorkshire häuslich niedergelassen hatten, waren Bunnys weniger angenehme Charaktermerkmale schwerer zu vertuschen. Ich lernte den Mann besser kennen, mit dem ich mich durch Ehegelübde für mein weiteres Leben verbunden hatte.

Ein paar frühe Warnzeichen hatte es durchaus gegeben, wie ich jetzt weiß – seine Obsession, unsere Kinder nach ehemaligen Freundinnen nennen zu wollen; seine Entscheidung, in ein für uns wirklich unpassendes Herrenhaus bloß deswegen einzuziehen, weil er es mit Kindheitserinnerungen verband; seine gleichgültige Einstellung zur Arbeit. In einem kolonialen Rahmen war das alles leicht zu überspielen, aber unter den härteren Bedingungen Englands eben nicht. Dann waren da noch sein verschwendetes Erbe, seine Unzuverlässigkeit im Umgang mit Rechnungen und seine ständigen Beteuerungen, die Familienfinanzen würden alsbald eine unvermutete Wendung zum Besseren nehmen.

Bunny war einfach zu spät auf die Welt gekommen. Er wäre besser der Landjunker geworden, den er so gern vorspielte. Nur ein Träumer konnte sich so in Tweed kleiden, angeln und auf die Jagd reiten und sich so standhaft weigern, die harte Realität zur Kenntnis zu nehmen. Er wurde eigentlich nie erwachsen; er lebte wie Peter Pan in Nimmerland, wo das Geld auf den Bäumen wächst und keiner auch nur an den nächsten Tag denkt. Seine Jahre in Yorkshire müssen für ihn eine große Enttäuschung gewesen sein. Zwar war er Kassenwart im Ortsverband der Konservativen und einer der Sprecher vom Dorfgemeinderat, außerdem im Cricketverein aktiv und eine der Säulen des Jagdsports, doch hatte er sich von England ein viel nobleres Leben erhofft. Als die besseren Leute sich allmählich von ihm zurückzogen, sah er seine bisher unumstrittene Beliebtheit allmählich dahinschwinden und bekam es mit der Angst, was danach ans Licht kommen könnte.

In einem verzweifelten So-tun-als-ob gab er sich weiterhin unbefangen, beinahe arrogant und meinte am Ende gar, er stehe über allem, auch über dem Gesetz. Er fand Spaß daran, »die da oben auszutricksen«, und gab vor, er könne das System, wann immer er wolle, unterlaufen, auch wenn es ihm selten gelang. Ständig versuchte er Leute mit Sachen zu beeindrucken, die eindeutig auf Größenwahn hinausliefen, indem er immer unsinnigere Geschichten darüber verbreitete, was er alles unternehme und besitze. Der Mut des Trinkers trieb ihn vorwärts und überdeckte seine innere Unsicherheit.

Eines schönen Tages im Jahr 1973 hatten wir uns mit unserem Freund und Nachbarn Charlie Wyvill zu einer ganztägigen Jagd auf Moorhühner verabredet. Ich hatte alles im Voraus geregelt, damit die Hausgehilfin in meiner Abwesenheit die Kinder versorgen konnte. Als die Jagd vorbei war, fuhr ich allein nach Hause zurück, um sie ein paar Stunden abzulösen. Wenn ich dann zum Jagdessen ins Pub ging, wollte sie wieder zum Babysitten zurückkommen. Inzwischen hatte sich Bunny mit den Treibern und dem Wildhüter Freddie in ein anderes

Gasthaus in den Yorkshire Dales begeben. Ich kam rechtzeitig zum Abendessen, aber Bunny erschien nicht.

Das Essen war fast vorbei, als Freddie anrief und mir mitteilte, Bunny – den er hartnäckig »Mr. Julian« nannte – sei festgenommen worden. Volltrunken hatte er mit seinem Land Rover die steinerne Brüstung einer Brücke zwischen zwei Gasthäusern gerammt. Obwohl unverletzt, blieb er benommen hinter dem Lenkrad sitzen. Ein vorbeikommender Priester rüttelte ihn aus seinem Stupor auf, wofür ihn Bunny mit einer Schimpfkanonade bedachte. Verständlicherweise suchte der Priester daraufhin hastig das Weite und verständigte die Polizei. Als sich der Streifenwagen mit heulender Sirene und Blaulicht näherte, kam Bunny zu sich. Er sprang aus dem Land Rover, rutschte die Böschung hinunter und watete in seinem neu gekauften (und sehr teuren) Tweedanzug knietief durchs eiskalte Wasser, um sich unter dem Brückenbogen zu verstecken. Der Streifenwagen hielt, die Beamten inspizierten den Land Rover und sahen sich nach dem Fahrer um.

Bunny in seinem Versteck unter der Brücke war noch immer nicht ganz bei sich und machte nach dem ersten blöden Fehler gleich auch noch den zweiten. Gerade als die Polizisten ihre nutzlose Suche aufgeben wollten, lugte er einen Moment zu früh hervor. Einer der Polizisten hatte ihn sofort entdeckt, und er wurde wegen Trunkenheit am Steuer festgenommen. Verstört über die Nachricht und voller Angst, was dies für seine Arbeitsstelle bedeuten konnte, fuhr ich mit Charlie hin, ihn zu suchen und um die Jagdgewehre aus seinem Fahrzeug zu sichern. Als wir bei Charlie einen Kaffee trinken wollten, fanden wir Bunny. Er saß in der Badewanne und versuchte sich auszunüchtern, während zwei Polizisten darauf warteten, ihn befragen zu können. Nachdem sie die erforderlichen Angaben erhalten hatten, teilten sie Bunny mit, sie erwarteten ihn nächste Woche vor Gericht. Als sie gerade im Gehen waren, rief er ihnen fröhlich nach:

»Und wie wär's mit einem Cognac vorher?«

Selbstverständlich wurde Bunny wegen Trunkenheit am Steuer angezeigt und ein Gerichtstermin festgelegt. Als der Briefträger die Vorladung mit Zustellungsurkunde brachte, vergaß er zunächst, mich unterschreiben zu lassen. Schon im Gehen rief ich ihn zurück, ohne mir darüber klar zu sein, was sich in dem Umschlag befand. Als Bunny davon erfuhr, machte er mir wütende Vorwürfe und meinte, er hätte die Vorladung abstreiten können, wäre ich nicht so blöd gewesen und hätte unterschrieben. Ich war bestürzt über seine Unehrlichkeit, die mir völlig gegen den Strich ging. Aber Unehrlichkeit und Täuschung sollten weiter eine Hauptrolle beim Scheitern unserer Ehe spielen.

Nicht lange nach der Gerichtsverhandlung, an deren Ende er eine hohe Geldstrafe entrichten musste und seinen Führerschein für ein Jahr verlor, rief mich Peter Russell an, Bunnys Vetter und Arbeitgeber, wie ich meinte. Er kam gleich zur Sache: Bunny sei stinkfaul, ein Schnorrer und Lügner. Er war enttäuscht und wütend, schließlich habe er ihm mit der Stelle einen großen Gefallen getan. Peter setzte mich in Kenntnis, er habe Bunny seit ewigen Zeiten nicht mehr gesprochen oder gesehen und sein Vertretergebiet längst jemand anderem zugewiesen. Bevor er auflegte, wünschte er mir und den Kindern noch viel Glück.

Ich legte den Hörer hin und versuchte zu verarbeiten, was Peter mir da gesagt hatte. Bunny arbeitete also schon seit mehr als einem Jahr nicht mehr für ihn, obwohl er mir das die ganze Zeit vorgemacht hatte. Ich hatte gewusst, dass er auf Provisionsbasis beschäftigt war und sich auch zu jeder Tages- und Nachtzeit mit Kundschaft treffen musste. Ich hatte ihm einfach geglaubt, wenn er erzählte, er müsse jetzt zu diesem oder jenem Kunden oder mit einem anderen zu Abend essen. Nun ging mir ein Licht auf: Ich war einem abgefeimten Betrug aufgesessen. Er arbeitete nicht und verdiente keinen Penny, und trotzdem hatten wir noch ein Dach über dem Kopf und Essen im Kühlschrank – Gott weiß, wovon.

Als ich Bunny damit konfrontierte, gab er sofort alles zu und versuchte, meine Besorgnis zu zerstreuen.

»Ach, so richtig entlassen bin ich eigentlich nicht; es hat bloß nicht alles so geklappt. Ich dachte, ich hätte es erwähnt«, sagte er und belud gleich darauf seinen Land Rover für die nächste Jagd. Dass er seine Arbeit verloren hatte, perlte wie Wasser an ihm ab. Er flüchtete ins Angeln und Jagen, das einzige, was er wirklich gut konnte. Er hatte einfach nicht die Kraft, sich der Verantwortung für seine Familie zu stellen.

Mit diesen neuen Erkenntnissen konnte ich plötzlich so manches einordnen – die Briefe von der Bank, die ungeöffneten Umschläge mit Rechnungen, die seltsamen Anrufe von Leuten, die wissen wollten, wo er sei. Bis heute habe ich keine Ahnung, was Bunny mit seinem ganzen Geld angestellt hat. Ich weiß nur, dass er ein paar hirnrissige finanzielle Entscheidungen getroffen hatte, um sich zu sanieren, und dabei nur noch mehr Geld verlor. Später fand ich heraus, dass einer seiner Schuldner aus Leeds bereits gegen ihn prozessierte, auch dass er sich in der ganzen Gegend schon unbeliebt gemacht hatte, weil er auf Höfen unversteuertes rotgefärbtes Dieselöl »absaugte«, Maschinen und Werkzeuge auslieh und nicht zurückgab, und auf der Fasanenjagd weit mehr Strecke beanspruchte, als ihm gerechterweise zustand.

Allmählich und unweigerlich wurde das Geld verzweifelt knapp, und ich begriff, dass wir unseren Lebensstil nicht mehr halten konnten. Während sich die unbezahlten Rechnungen häuften, geriet jeder Tag für mich zu einem neuen Kampf. Je dringlicher ich unsere Probleme mit ihm angehen wollte, desto abwehrender und feindseliger verhielt er sich. Stets versuchte er, Vorwürfe mit Bemerkungen wie »Ich weiß nicht, was du hast, geht es uns etwa nicht gut?« zu entkräften und dabei mit großspuriger Geste auf das gemütliche Haus zu verweisen, in dem wir wohnten – und für das er offenbar seit mehreren Monaten die Miete schuldet.

In dem Maße, wie sich die Lage zuspitzte, verlor ich jede

Achtung vor ihm. Es blieb wenig Raum für Liebe, und so kam auch sie abhanden. Während sich unsere Beziehung immer weiter verschlechterte, machte ich gute Miene zum bösen Spiel, um mein Leid vor den Kindern zu verbergen. Meiner Schwester erzählte ich recht wenig und unseren Freunden überhaupt nichts. Anfangs hoffte ich noch, dass wir irgendwie aus unserem Schlamassel herauskämen, einer von Bunnys Freunden tatsächlich einen Job aus dem Hut zaubern würde, wie Bunny unentwegt versprach. Eine Lüge häufte sich auf die andere, und Bunny verlor buchstäblich den Überblick, wo die eine aufhörte und die nächste anfing. Und es sollte noch viel schlimmer kommen.

Eines Sonntagabends in Cowling Ende Sommer 1973 war ich so hektisch wie üblich damit beschäftigt, die Kinder für den nächsten Morgen schulfertig zu machen. Bunny trieb sich irgendwo herum und überließ es mir, den Kindern die Schuhe zu bürsten, die Schuluniformen zu bügeln und nachzusehen, ob sie alle Hausaufgaben gemacht hatten. Schon am Nachmittag hatte ich ihm belegte Brote für sein Cricketspiel gemacht und ihn seither nicht mehr zu Gesicht bekommen.

Emma war den ganzen Tag so im Küchengarten mit dem Pflanzen ihres Herbstgemüses beschäftigt gewesen, dass sie nicht die Zeit gefunden hatte, ihre Hausaufgaben zu machen. Jetzt, mit Erde unter den Fingernägeln, struppigem und windzerzaustem Haar, war sie in Panik und konnte das Lesebuch nicht finden, das sie dafür brauchte. Ich fahndete im ganzen Haus danach – im Wohnzimmer, im Kinderzimmer, in der Küche, in ihrem Schlafzimmer. In meiner Verzweiflung durchstöberte ich einen Stapel Papiere auf einer großen Eichentruhe in der Diele. Dabei fielen mir sechs Briefe an Bunny in die Hände – alle postlagernd und in der gleichen Handschrift adressiert –, von einem Gummiband zusammengehalten. Ich war wie vom Donner gerührt.

Ich hatte einen Kloß im Hals, als ich die Umschläge musterte. Irgendwo tief in meinem Inneren wusste ich bereits, was darin stand. Im Kampf mit meinen Gefühlen und tief deprimiert, stopfte ich sie wieder unter den Papierstapel und beschloss, später genauer nachzusehen. Es war acht Uhr abends und noch so viel zu tun, nicht zuletzt den Kindern noch ihre Gutenachtgeschichte vorzulesen. Ich erinnere mich, dass es an jenem Abend eine Däumlingsgeschichte war, über eine winzige Jungfrau, die aus einer Ehe ohne Sonnenlicht mit einem Maulwurf durch eine exotische Schwalbe erlöst wird, die mit ihr nach Afrika fliegt. Eine von Emmas Lieblingsgeschichten.

Märchen enden oft mit dem Satz »Sie hielten Hochzeit und lebten fortan glücklich und zufrieden bis an ihr seliges Ende«. Genau diese Worte hatten mir damals im Kopf geklungen, als ich Bunny heiratete. Aber an diesem Abend wusste ich, das Märchen war zerstoben.

Nachdem die Märchenstunde vorbei war, die Kinder fest schliefen und nichts davon ahnten, was in ihrer Mutter tobte, gab es keinen Aufschub mehr. Ich musste der Wahrheit ins Gesicht sehen. Ich wappnete mich für die Lektüre mit einem großen Glas Whiskey, ließ mich schwer in einen Sessel fallen und knotete langsam mit zitternden Händen das Bündel auf.

»Mein innig geliebter Bunny …« fingen sie an, und ich las weiter, wie erschlagen vor Entsetzen und Ungläubigkeit. Es waren nicht nur Liebesbriefe, sie stammten auch noch von einer Bekannten. Sie wohnte in der Gemeinde, war ein paar Jahre älter als ich, verheiratet und hatte Kinder. Ich hatte sie stets zuvor als eine Art Freundin betrachtet. Mir war, als stecke mir ein Hähnchenknochen im Hals. Und dann überfiel mich das heulende Elend. In den langen Tagen und Nächten danach war ich wie taub, mir war richtig übel ob dieses Verrats, der Heimlichtuerei bei der Affäre und bei dem Gedanken, dass sich das Ganze direkt vor meinen Augen abspielte. Drei Tage konnte ich nicht einmal etwas essen und quälte mich, was ich tun sollte. Ich hatte die Briefe nicht bis zu Ende gelesen, mich nicht überwinden können, alle Einzelheiten der sexuellen Beziehung meines Mannes zu dieser Frau in mich aufzunehmen, und trotzdem wollte ich verzweifelt mehr wissen. Beruhten diese Gefühle auf Gegenseitigkeit? Hatte Bunny die sichtliche Zuneigung dieser Frau erwidert? Oder war sie in dem falschen Glauben hinter ihm her, er habe ihr etwas zu bieten? Immerhin gab es keinen Bezug auf Briefe von ihm.

Ich beschloss, Bunny erst einmal nicht darauf anzusprechen, in der müßigen Hoffnung, unser Alltag könne mit einem Anschein von Normalität irgendwie weitergehen. Ich musste mehr herausfinden und nahm mir vor, die nächsten Briefe abzufangen und festzustellen, worauf diese Frau hinauswollte. Es fiel mir unglaublich schwer, so zu tun, als sei alles in Ordnung, besonders bei den seltenen Gelegenheiten, wo Bunny daheim war. Wir schliefen schließlich immer noch im selben Bett, auch wenn wir uns sexuell voneinander entfernt hatten. Ich musste darum kämpfen, um der Kinder willen den Schein zu wahren, doch ich schaffte es nicht immer. Wenn die Kinder tagsüber in der Schule waren, brach ich oft in Tränen aus. Johnny, der für die Schule noch zu klein war, fand mich manchmal so vor.

»Warum weinst du, Mami?«, fragte er dann, die Augen schreckgeweitet.

»Ach, ich hab' mich gestoßen, am Knie«, log ich und wischte die Tränen ab, und Johnny beugte sich zärtlich vor und pustete darauf.

Ich hatte das Gefühl, mich an niemanden wenden zu können. Ich fühlte mich schuldig und schämte mich; ich warf mir vor, Bunny keine gute Frau zu sein, ständig zu müde zu sein, auf seine Annäherungsversuche nicht zu reagieren. Auf der Suche nach der Anbetung und Liebe, die sein Lebenselixier waren und die er bei mir nicht fand, hatte er sich jemand anderem zugewandt und eine Affäre angefangen. Ich wusste, dass ich zumindest zum Teil die Schuld daran trug. Später, als sich meine Verzweiflung einfach nicht legen wollte, vertraute ich mich meinem Hausarzt an, doch seine Einstellung war die eines typischen männlichen Chauvis. Er hörte sich meine Klage an und weigerte sich, mir irgendetwas zu verschreiben. Er riet mir, die Dinge so zu akzeptieren, wie sie seien. Ich werde nie vergessen, was er abschließend sagte:

»In Afrika hat ein Mann viele Frauen.«

Ich erinnere mich noch, dass ich dachte, was für eine seltsame Bemerkung das doch sei, besonders als sie sich viel später als derart prophetisch erwies.

Während Bunny weiterhin entschlossen den Kopf in den Sand steckte, wuchsen unsere Schulden in erschreckendem Tempo. In Sorge, welche Rechte mir zustanden, wenn überhaupt, fasste ich schließlich Mut, einen Termin bei einem Anwalt in Leeds zu vereinbaren. Ich kam nervös in die Kanzlei und erläuterte stockend die Umstände. Er hörte mich schweigend an und verwies dann auf die unbestreitbaren Fakten. Bei getrenntem Wohnsitz würden sich die Kosten unweigerlich verdoppeln, meinte er. Warum ließ ich nicht alles beim Alten und wartete einfach ab? Er hatte so wenig Konstruktives zu bieten, dass ich mir beim Abschied wünschte, ich wäre überhaupt nicht hingegangen. Ich hatte mir mehr Unterstützung erhofft.

Ich war todunglücklich, während die Wochen und Monate verstrichen. Schließlich wandte ich mich an meine Schwester Sue. In Sorge, wie ich es mir leisten könnte, woanders zu wohnen, riet auch sie mir, ich solle mindestens so lange mit Bunny zusammenbleiben, bis die Kinder erwachsen seien. Aber bis dahin waren es noch viele Jahre. Ich wusste überhaupt nicht mehr was tun, lernte aber allmählich, dass ich selbst die Entschlüsse für mein Leben fassen musste. Unterdessen ging die Liebschaft weiter, und die Schulden, die grausamen Schulden gingen mir Tag und Nacht nicht mehr aus dem Sinn.

In den folgenden achtzehn Monaten wurde es immer schlimmer. Ich fing einen Brief von Bunnys Geliebter ab. Sie erwartete offenbar allen Ernstes von ihm, dass er sich scheiden lasse und sie heirate. Sie ging augenscheinlich von einem gemeinsamen Leben mit Bunny aus und wollte Hausherrin in Cowling Hall werden. Aus dem Wortlaut wurde auch deutlich, dass sie in dem Glauben war, er habe Geld. Wütend griff ich zum Telefon und rief sie an, um ihr ein paar Dinge zu stecken. Vor Wut und Nervosität zitternd, sagte ich ihr, wenn sie hinter Bunny wegen seines Reichtums her sei, sei sie noch dümmer, als ich bisher gedacht hätte. Ich denke nicht, dass sie mir auch nur ein einziges Wort glaubte. Als ich mich ein paar Tage später mit ihrem Ehemann in Verbindung setzte, erfuhr ich, dass er die ganze Zeit schon von der Affäre wusste und sie ihn ebenso deprimierte wie mich. Doch waren wir uns einig, nicht viel dagegen machen zu können.

Bunny kam an diesem Abend unerwartet früh nach Hause und stellte mich zur Rede. Inzwischen war ihm klar, dass ich Bescheid wusste, er hatte herausgefunden, dass ich sie angerufen und ihren Brief abgefangen hatte. Er raste. Reue zeigte er überhaupt keine. Er jagte mich regelrecht durch das Haus, um den Brief zurückzubekommen, bis ich mich in Tränen aufgelöst im Klo verbarrikadierte. Ich wusste nicht was tun, wollte ihn zuerst hinunterspülen oder sogar aufessen, merkte aber dann, wie lächerlich das war. Ich schloss die Tür auf, händigte ihn Bunny ruhig aus und schob ihn beiseite. Von nun an, so teilte ich ihm mit, werde er im Gästezimmer schlafen.

Die Schulden häuften sich weiter. Ich hatte kein eigenes Einkommen, und meine kleinen Ersparnisse waren zu nichts zerronnen. Was ich an Essen kaufte, stammte ausschließlich vom Kindergeld, das ich jede Woche begierig beim Postamt abholte. Ich begann darüber nachzudenken, ob ich mir nicht eine Vollzeitstelle beschaffen konnte, aber mit vier Kindern zwischen vier und elf Jahren war das damals unmöglich, und so übernahm ich stattdessen eine Teilzeitstelle für Schreibarbeiten bei einem Bauern im Ort.

Der Zweigstellenleiter unserer Bank fing an, uns mit Briefen und Anrufen zu bombardieren. Nachdem ich ihn eine Weile hingehalten hatte, musste ich entdeckten, dass Bunny auch ihn an der Nase herumführte mit der Behauptung, er erwarte eine beträchtliche Summe aus Indien. Das war frei erfunden. Eines Tages wurde es mir zu viel, und ich stürmte in die Bank, um es dem Zweigstellenleiter zu sagen.

»Diese angeblichen Überweisungen aus Indien sind eine Ausgeburt von Bunnys Phantasie«, klärte ich ihn auf, bevor ich in Tränen ausbrach.

Der Zweigstellenleiter fasste in die Tasche und reichte mir ein blütenweißes Taschentuch. Der Auftritt war ihm höchst peinlich, und er war so freundlich, mir keine Vorhaltungen ob der Schulden meines Mannes zu machen. Von diesem Tage an überquerte ich hastig die Straße, wenn ich ihn in unserem kleinen Dorf entgegenkommen sah, und duckte mich hinter geparkte Autos, um ihm nicht ins Gesicht sehen zu müssen. Die Kinder hielten mich für vollkommen verrückt.

Ich wusste, dass Bunny keine Ersparnisse und legitimen Einkommensquellen hatte, aber unerklärlicherweise kam er weiterhin mit Lebensmitteln für mich und die Kinder heim, vieles davon Luxusartikel, die wir uns überhaupt nicht leisten konnten und ohne die wir sehr gut ausgekommen wären. Ich kam einfach nicht darauf, woher er das Geld hatte. Und dann, eines Tages, dämmerte mir das Furchtbare: Bunny war Schatzmeister des Ortsverbandes der Konservativen.

Als ich zu ahnen begann, wie ausweglos unsere Lage wirklich war, kam ich ans Ende meines Lateins. Es hatte keinen Zweck mehr, sich über irgendetwas mit ihm auseinander zu setzen. Ich hatte den Verdacht, er habe sich in diese Zwangslage gebracht, indem er sich viel Geld von den Konten der Torys »auslieh«, durchaus mit der Absicht, es eines Tages zurückzuzahlen, bevor es jemand merkte. Natürlich entdeckten sie schließlich die Wahrheit – es fehlten mehrere hundert Pfund –, und ein Verfahren wurde gegen Bunny in Gang gesetzt. Er wurde diskret gebeten, aus dem Ortsverband auszutreten. Doch zu dieser Zeit führte er schon ein Dasein wie Walter Mitty und konnte Realität und Phantasie nicht mehr auseinander halten. Ich glaube nicht, dass er je begriffen hat, wie sehr er mich oder andere Menschen verletzte, denn er verhielt sich weiterhin wie ein echter irischer Rebell. Der Polizei und den Gerichtsvollziehern, die hinter ihm her waren, konnte er immer wieder entwischen, und mich in meinem geistig und emotional ausgelaugten Zustand ließ er den Kopf für ihn hinhalten.

Er verbrachte immer mehr Zeit außer Haus. Mich erfüllten Zorn und Verzweiflung; ich fing an, den Menschen zu hassen, zu dem er geworden war. Immer wieder dachte ich: »Wie kannst du uns so was antun? Wie kannst du behaupten, du liebst unsere Kinder, und dann nicht für sie sorgen?« Ich hatte mich inzwischen damit abgefunden, dass er mich nicht mehr liebte, und beschloss daher, ihm eine Art Waffenstillstand anzubieten: Er solle auf zwölf Monate ausziehen, danach könnten wir entscheiden, ob er bleiben oder gehen wolle. Insgeheim hatte ich Angst, er wolle mich aus dem Haus treiben, damit ich Heim und Kinder verließe und seine Geliebte einziehen könne. Dummerweise glaubte ich, wenn ich ohne ihn in Cowling Hall wohnen blieb, hätten die Kinder wenigstens ein sicheres Dach über dem Kopf und wir kämen irgendwie zurecht. Mittlerweile schien über allem ein Fluch zu liegen.

Bunny hatte eine reinrassige Spanielhündin namens Sash, die ausgerechnet in diesen Monaten voller Sorge, in denen wir für nichts Geld hatten, trächtig wurde. Beim Werfen bekam sie Schwierigkeiten, und ich musste sie als Notfall zum Tierarzt bringen. Nach langen und schwierigen Wehen brachte sie schließlich fünfzehn Welpen zur Welt. Nachdem ich dem Tierarzt gestanden hatte, dass ich das Geld für ihn nicht hatte, verzichtete er freundlicherweise auf sein Honorar. Dann wurde mir klar, dass ich mit fünfzehn Welpen in dieser schrecklichsten Zeit meines Lebens überhaupt nicht zurechtkommen würde, und ich bat ihn unter Tränen, sie zu beseitigen. Ich wählte einen davon aus, fuhr mit Sash und ihrem einsamen Welpen nach Hause und fühlte mich dabei wie eine Massenmörderin und so deprimiert wie noch nie zuvor im Leben.

Daheim begrüßte Bunny mich mit der Nachricht, er habe ein ausgedientes Rennpferd mitgebracht und wolle ihm das Gnadenbrot gewähren. Er deutete auf das Tier, das im Weidepferch schnaubte. Ungläubig rastete ich aus und verlangte, er solle es augenblicklich zurückbringen. Verschreckt fügte er sich, aber solche Vorfälle steigerten nur noch meinen Schmerz und die Schande, da unsere Freunde auf diese Weise unweigerlich von unseren Schwierigkeiten erfuhren. Als die ersten Gerichtsvollzieher ins Haus kamen und dann täglich auf der Schwelle standen – ich meine wirklich, jeden Tag, ohne Übertreibung –, glaubte ich, verrückt zu werden. Sie waren stets verbindlich, fast beflissen, weil sie uns als angesehene Mitglieder der Gemeinde kannten, fragten aber hartnäckig nach Bunny und stellten ihm diverse Pfändungsbescheide über Gegenstände und Geld zu. Eine der Forderungen über £ 20 bezog sich meiner Erinnerung nach auf die Reparatur der Brückenbrüstung, die er volltrunken mit seinem Auto gerammt hatte.

Irgendwie und irgendwann regte sich mein Selbsterhaltungstrieb. Voller Scham über derlei Heimlichkeiten sammelte ich im Stillen meinen ganzen Schmuck, das wenige Tafelsilber und mein Gewehr ein und bat Freunde, die Sachen für uns in Verwahrung zu nehmen; ich verbarg sogar einige Dinge an einer unzugänglichen Stelle in einer Scheune, damit die Gerichtsvollzieher nicht Hand darauf legen konnten. Aber alles konnte ich nicht retten. Wir hatten eine sehr alte Standuhr aus dem achtzehnten Jahrhundert mit einem wunderschönen Eichengehäuse, die in Cowling in der Diele stand. Sie war insofern ungewöhnlich, als sie mit nur einem Zeiger auf dem Zifferblatt ausgestattet war. Als keine Ausflüchte mehr zogen, als die Zeit buchstäblich abgelaufen war, kamen die Gerichtsvollzieher und holten sie, wobei sie sorgsam das Pendel aushängten und sie nach draußen bugsierten. Sie sagten mir, sie werde ungefähr £ 100 bringen, mit denen eine unserer Verbindlichkeiten beglichen werden könne. Inzwischen weiß ich, dass sie weitaus mehr wert war. Ich erinnere mich, wie sich die Kinder schweigend in der Diele versammelten und stumm mit dem Daumen im Mund dastanden und sich wunderten, dass dieser vertraute Gegenstand ihres Heims von Fremden weggeschleppt wurde.

Die Uhren angehalten! Das Telefon abgestellt!
Einen leckren Knochen her, damit der Hund nicht bellt!

Zu meiner großen Beschämung wurden die Amtshandlungen der Gerichtsvollzieher und der darauf folgende Verkauf der Uhr »zur Begleichung von Schulden« von der Lokalzeitung gemeldet. Jetzt war die Katze aus dem Sack. Ich konnte nichts mehr dagegen tun, dass unser Name immer tiefer in den Dreck gezogen wurde. Das Telefon war bereits abgeklemmt, und eines Tages im glühend heißen Sommer 1976 kam ein Mechaniker, um den Strom abzustellen. Johnny, damals fünf, kochte gerade Yorkshire-Pudding im Herd, in diesem Alter seine Leidenschaft und für mich die billigste Art, die Kinder satt zu kriegen. Als ich an die Tür kam und der Stromableser mir reichlich verlegen sagte, weshalb er gekommen sei, bat ich ihn:

»Könnten Sie bitte noch eine halbe Stunde zugeben, damit ich unser Essen fertig kochen kann?«

Er ging gnädigerweise weg und setzte sich eine halbe Stunde in den Schatten eines Baums am Weg, bevor er pflichtgemäß zurückkam und die Stromzufuhr abstellte. Von da an kochte ich alle unsere Mahlzeiten auf einem kleinen Primuskocher, und wir mussten ohne Heißwasser oder elektrisches Licht auskommen. Die Krönung kam eines Morgens mit einem eingeschriebenen Brief: Er enthielt die letzte Mahnung vor dem gerichtlichen Räumungsbefehl. Zu meiner Verblüffung zuckte Bunny nicht mit der Wimper; er war überhaupt nicht beunruhigt und ritt weiter seine Steckenpferde, als sei überhaupt nichts geschehen. Er weigerte sich, vor Gericht zu erscheinen, und überließ es mir. Ich hatte keine andere Wahl, als hinzufahren und für die Zukunft meiner Kinder zu plädieren.

Seine Haltung zerstörte schließlich alle meine Hoffnungen, unsere Ehe ließe sich retten. Ich wusste jetzt, dass sie für immer verloren war. In gewissem Sinne reagierte ich erleichtert. Wenn wir aus dem Haus gewiesen wurden, hatte jemand von außen die Entscheidung für uns gefällt, würden Bunny und ich endlich getrennt sein, konnte ich vielleicht neu anfangen, die Scherben von meinem Leben und dem meiner Kinder zusammenzukehren. Zunächst aber musste ich die rechtlichen Hürden überwinden. Ich war noch nie zuvor in einem Gerichtssaal gewesen oder hatte in irgendeiner Form mit der Justiz zu tun gehabt, und die Aussicht darauf verstörte mich tief. In den Wochen vor dem Gerichtstermin konnte ich manche Nacht nicht schlafen oder hatte furchtbare Alpträume. Da ich kaum noch den Alltag bewältigte, bat ich meinen Arzt um Schlaftabletten. Er verschrieb sie mir sehr ungern und nur unter der Bedingung, dass ich einen Eheberater aufsuchte. Ich akzeptierte nur sehr widerwillig, dass ich jetzt professionelle Hilfe brauchte, doch ich musste mich darauf einlassen, wollte ich die Tabletten bekommen.

An dem Tag, als ich vor Gericht erscheinen sollte, sorgte ich dafür, dass die Kinder entweder in der Schule oder bei Freunden waren. Ich fuhr allein zum Landgericht nach Northallerton, fünfzehn Kilometer entfernt, viel zu beschämt, um jemand um Begleitung zu bitten, und im ständigen Gebet, dass niemand mich dort erkennen möge. Der Richter hörte sich mein Flehen an, uns noch ein paar Monate Aufschub zu gewähren, damit wir das Geld aufbringen könnten, notierte sich sorgfältig die Einzelheiten des Falles und stellte den Anwälten der Vermieter mehrere Fragen über die vielen vergeblichen Versuche, Bunnys habhaft zu werden. Schließlich verkündete er das Urteil. Er habe keine andere Wahl, sagte er, als meinen Antrag abzuweisen und den Räumungsbefehl auszustellen. Wir bekamen vier Wochen Frist für unseren Auszug aus Cowling Hall.

Bei der Aussicht, in so kurzer Zeit ein Lebensjahrzehnt mit allem Drum und Dran einpacken zu müssen, wurde mir bang ums Herz. Ich befürchtete ohnmächtig zu werden. Ich blieb stehen wie angewurzelt, starrte durch den überfüllten Gerichtssaal auf den Richter in seiner Perücke, bemüht, sein Urteil mit Würde anzunehmen. Seine Worte wirbelten mir im Kopf herum, während ich zu erfassen versuchte, was sie tatsächlich bedeuteten. Ich war obdachlos. Die Kinder waren obdachlos. Als mir das klar war, wich mir das Blut aus dem Gesicht, und Tränen traten mir in die Augen.

»Reicht Ihnen diese Frist?«, fragte der Richter etwas einfühlsamer.

Ich muss einen verlorenen und Mitleid erregenden Anblick geboten haben.

»Ja«, antwortete ich; ich fand keine anderen Worte.

»Und wo ist Ihr Gatte heute?«, wollte er wissen, die Stirn gerunzelt und in frostigerem Ton.

Ich stockte. Es war totenstill im Gericht, alle warteten auf meine Antwort. Schließlich schaffte ich es, ein paar Sätze hervorzubringen.

»Nun … ich bin nicht ganz sicher, Euer Ehren«, begann ich aufrichtig. »Ich … ich glaube, er angelt vielleicht … auf Lachs … Ich glaube, am River Tweed.«

Die Worte klangen unwirklich in diesem Saal. Mir war gerade eröffnet worden, dass mir das Dach über dem Kopf weggenommen werden würde, nur weil mein Gatte es zehn Monate lang nicht geschafft hatte, die lächerliche Miete von £ 6 wöchentlich zu zahlen, und anstatt hier vor Gericht zu erscheinen, angelte er, als wäre nichts geschehen, an einem der Flussabschnitte Englands mit der teuersten Pacht auf Lachs. Tiefer konnte er mich nicht verletzen. Wenigstens meinte ich das.

Ich verließ den Gerichtssaal zutiefst gedemütigt, aber eigenartig entschlossen. Jetzt stand für mich außer Frage, dass ich mich nach dreizehn Jahren Ehe bald von Bunny trennen musste. Ich würde für mich und Emma, Erica, Jennie und Johnny neue Wege des Überlebens suchen müssen. Für sie musste ich stark sein. Als Bunny an jenem Abend leicht angetrunken nach Hause kam, lange nachdem die Kinder im Bett waren, wartete ich in der Küche auf ihn und holte bei seinem Eintreten tief Luft.

»Wir müssen reden, Bunny. Es ist ungeheuer wichtig«, fing ich an. »Ich habe schreckliche Angst vor der Zukunft und davor, was aus mir und den Kindern werden soll.« Schweigen. Er legte das Angelzeug weg und zog seine gesteppte Anglerjacke aus. Ich fuhr verhalten fort: »Ich bin heute zu der Gerichtsverhandlung gewesen. Der Räumungsbefehl ist erlassen. Wir haben vier Wochen, um hier auszuziehen. Vier Wochen, Bunny, hast du gehört? Was um Himmels willen sollen wir tun?«

Seine Augen wurden glasig wie immer, wenn ich vom Geld anfing, und er steuerte stracks auf den Schrank mit den Getränken zu.

»Moment noch – ich möchte mir einen Drink machen«, sagte er. »Willst du auch einen?«

»Nein, ich will keinen Drink, ich will reden«, antwortete ich und versuchte die aufsteigende Wut in meiner Stimme zu unterdrücken.

Neben dem Kühlschrank goss er sich sorgfältig einen großen Whiskey ein, machte die Tür auf und ließ zwei Eiswürfel in das Glas fallen. Dann wandte er sich um und sah mir zum ersten Mal seit Monaten in die Augen. Mir fiel plötzlich auf, wie stark er gealtert war, wie fischig seine Augen wirkten. Er war immer viel älter gewesen als ich, aber jetzt sah man es ihm an. Seine früher so entspannte Miene, wenn er die Gäste auf Dinnerpartys mit seinen Anekdoten aus Assam unterhielt, war nicht mehr da. Vor mir stand ein Mann mittleren Alters, für den es zu schmerzlich war, sich der Realität zu stellen. Fast tat er mir in diesem Moment Leid. Er hielt meinem Blick nicht stand und sah zu Boden, mit einem flüchtigen Ausdruck von Scham und Schuld im Gesicht.

»Bitte hör mir zu«, forderte ich ihn auf, und mir brach dabei fast die Stimme. »Es liegt mir nichts mehr daran, an der Sache mit dieser Frau. Aber es liegt mir viel an unseren Kindern. Uns wird das Dach über dem Kopf genommen. Was sollen wir denn jetzt machen?«

Bunny nippte an seinem Whiskey. »Ach, irgendwie schaffen wir es«, fing er an. »Es wird schon noch alles gut ...«

Das hatte ich schon genug gehört, aber diesmal verfing es nicht.

»Aber wie, Bunny?«, flehte ich. »Wie kann alles gut werden, wenn du nicht endlich etwas unternimmst? Willst du unsere Kinder denn nicht beschützen? Du scheinst offenbar gar nicht zu erfassen, dass wir bald auf die Straße gesetzt werden!«

Bunny nippte wieder an seinem Whiskey. »Wir schaffen es schon ... am Ende wird alles gut«, sagte er bedächtig und kämpfte sichtlich damit, die Wahrheit zu verdrängen. Mit einem Mal heiterte sich seine Miene auf, er lächelte schief und tat, was er immer am besten konnte – das Thema wechseln. »Übrigens«, sagte er, mit Hoffnung im Blick, ich würde nicht weiter auf dieser Aussprache beharren. »Hab' ich dir schon gesagt, ich hatte heute einen riesigen Lachs am Haken, einen wirklich großen, aber er ist entkommen ...«

Es war nicht der Zeitpunkt für Beiläufigkeiten. Bunny stockte mitten im Satz, er hatte gemerkt, dass ich ihm auf die Pelle rückte, und einen solchen Ausdruck in meinen Augen hatte er noch nie gesehen. Ich bin eine gute Tennisspielerin, ich habe eine hervorragende Rückhand, ich war vierzehn Jahre jünger als er und gespannt wie eine Feder. Mein Schlag ließ sein Whiskeyglas durch die Luft fliegen und schleuderte einen goldenen Bogen quer durch die Küche. Dann war ich weg. Ein für allemal.

Danach lag die Welt für mich eine Weile in Trümmern. Mehrere Tage lang fühlte ich mich außerstande weiterzumachen, das Gesicht zu wahren, zu kämpfen. Ich konnte nicht erkennen, was ich angestellt haben sollte, dass ein solcher Schmerz über mich kam. Erzogen worden war ich – wenn auch nicht im reinen Glück – als ein Kind, das an Märchen und an ein glückliches Ende glaubt. Ich glaubte, wenn man im christlichen Geiste groß geworden sei und die Sterne günstig standen, begegne man einem sanften und fürsorglichen Mann, heirate ihn, gebäre ihm Kinder und sei fürs weitere Leben geborgen. Ich bemühte mich, meinem tief verankerten katholischen Schuldgefühl nicht nachzugeben, ich hätte irgendetwas verbrochen, um dieses Schicksal zu verdienen. Ich war eine gute Ehefrau und Mutter gewesen und dafür abgespeist worden mit nichts als Lügen, Lügen, Lügen.

Jetzt war mein Stern untergegangen. Ich hatte vier Kinder und wurde für immer im Stich gelassen, um allein mit Geldsorgen, einem Räumungsbefehl und mit Liebesverrat fertig zu werden. Nicht so recht klar war mir damals, dass ich gleichzeitig im Begriff war, aus dem Gefängnis meiner eigenen Vergangenheit auszubrechen. Eine wichtige Lektion hatte ich nun freilich gelernt: Auch wenn man scheinbar alles hat, was man im Leben wünscht oder braucht, kann es einem plötzlich weggenommen werden. Die Kinder waren bis jetzt von den Vorgängen so ziemlich verschont geblieben. Aber während ich auf dem Speicher und im Keller stöberte, unsere Habseligkeiten ausräumte und große Holzkisten voll packte, hatte es keinen Zweck mehr, die Wahrheit zu verheimlichen. Unser Kartenhaus war kurz davor zusammenzufallen.

Der elfjährigen Emma mit ihrem wachen Auge und mit ihrem scharfen Verstand entging nichts. Sie lernte dieselbe Lektion, und ihre Kindheit war damit zu Ende. Von nun an wurde sie meine Gefährtin und Vertraute, die wichtigste Stütze für mich, obwohl ich spürte, dass dies einen Keil in das Verhältnis zwischen den beiden ältesten Geschwistern trieb –

Erica spürte, wie Emma und ich einander unter dem Zwang der Verhältnisse immer näher kamen. Die Lage zwang uns dazu, gemeinsam wie Verschwörerinnen kritische und lebensbestimmende Entscheidungen zu treffen, und Erica traf es hart, davon ausgeschlossen zu sein.

Meine Schwester Sue war der Fels in der Brandung. Sie eilte aus London herbei, um in Cowling packen zu helfen. Als sie ankam und mein Gesicht sah, waren ihre ersten Worte:

»Ich hatte keine Ahnung, dass es so schlimm steht.«

Sie führte mich ins Haus und brachte mich dazu, alles zu erzählen. Mit ihrer Hilfe konnte ich mich zusammenreißen und mich auf den Umzug konzentrieren.

Von diesem Tag an war ich weitgehend auf die Hilfe von Freunden, Verwandten und Nachbarn angewiesen. Ich taumelte nur durchs Leben und suchte all die Scherben aufzulesen. Wandas Mutter Erica, die Bunny treu ergeben war, aber auch mich und die Kinder ins Herz geschlossen hatte, hatte freundlicherweise eine Unterkunft in einem Häuschen neben den Ställen der Aysgarth School für uns beschafft – jener Schule, auf die Bunny als Kind gegangen war. Als allein erziehende Mutter ohne Einkommen und mit vier Kindern war ich als Mieterin nicht besonders attraktiv, aber der Schulvorstand sah offenbar darüber hinweg. Ich wusste, dass uns die Kate nach einem Herrenhaus mit fünf Schlafzimmern klaustrophobisch anmuten würde – wir mussten mit einem Wohnzimmer, einer winzigen Küche und zwei Räumen im Obergeschoss auskommen –, aber ich hatte keine Wahl. Die Schule bot mir auch eine Stelle als Hilfserzieherin an, wenn auch nur mit reinen Verwaltungsaufgaben, die sich als Strümpfestopfen erwiesen. Es war nicht gerade das, was ich als künftige Berufslaufbahn im Kopf hatte, aber ich nahm dankbar an, in dem Wissen, dass wir mit dem Lohn wenigstens ein bißchen Miete würden zahlen können. Nun musste noch Cowling Hall ausgeräumt werden, und wir waren fort.

Zehn Jahre lang hatte die Familie das Haus mit Leben erfüllt. Ich wusste kaum, wie ich es anfangen sollte, es jetzt aufzulösen. Zugleich wollte ich der Kinder wegen verzweifelt ein wenig Normalität wahren. Wir hatten jetzt Mitte der Sommerferien, und sie waren daher nicht in der Schule. Ich wollte nicht, dass sie sich an diesen Sommer als den erinnerten, wo wir unser Heim verloren hatten. Jack, ein Wildhüter und Freund der Familie, überraschte uns mit einem schwarzweißen Cockerspanielwelpen, den wir in Erinnerung an Emmas und Ericas *ayah* in Assam Toto nannten. Das Hündchen sorgte für willkommene Ablenkung, während wir am Packen waren, tobte herum, zerfetzte Zeitungen, verwickelte sich in Schnüre und brachte uns in dem ganzen Durcheinander irgendwie doch noch zum Lachen.

Für die Hühner, den Esel und die zwei Ponys musste ein neues Heim gefunden werden, und ich bemühte mich, den Kindern klarzumachen, dass sie nur für eine Weile weggegeben wurden und sie sie immer noch besuchen konnten. Ich fand Johnny, der das nicht verstehen konnte, bitterlich weinend in Nellies Stall, und Jennie hielt ihr Lieblingshuhn Henny-Penny mit entschlossenem Blick fest an sich gepresst. Ein paar Tage später, Sue lenkte die Kinder ab, wurden die Tiere in aller Stille fortgebracht.

Ich stellte ein paar von den größeren Möbeln in der Scheune eines Nachbarn unter, verkaufte aber vieles, um dringend nötiges Geld aufzutreiben. Bunnys Habseligkeiten wurden in seiner Abwesenheit in ein paar Koffer gestopft und in seinem Schlafzimmer für ihn abgestellt. Ich hatte ihn seit dem Vorfall mit dem Whiskeyglas kaum noch zu Gesicht bekommen. Binnen kurzem kamen die Umzugswagen und luden unser bisheriges Leben in Kisten auf. Nachdem sie zu der langen Fahrt nach Aysgarth aufgebrochen waren, standen wir in einem leeren, hallenden Haus. Nachdem ich an diesem heißen Augusttag des Jahres 1975 die riesige Eingangstür hinter uns zugemacht und den Schlüssel im Schloss umgedreht hatte, konnte ich auf dem Weg zu meinem kleinen R 4 vor Tränen nicht mehr richtig sehen. Als ich so zum letzten Mal von Cowling Hall wegfuhr, um nie wieder zurückzukehren, und die Kinder aus dem Rückfenster verwirrt zurückspähten, fragte ich mich, ob Bunny den Termin überhaupt noch im Kopf hatte.

Er kam schließlich spät am Abend ins Haus zurück und holte seine wenigen verbliebenen Habseligkeiten ab. Inzwischen arbeitete er als Hilfsarbeiter, wenn und wo er gerade Arbeit fand, und nahm das Angebot eines Freundes an, mietfrei in einer winzigen Hütte hoch oben im Moor unterzukommen, einem Ort mit wenig Komfort und noch weniger Hoffnung. Als ich nach den tragischen Ereignissen, die folgen sollten, dort nachsehen fuhr, fand ich die Kate kalt und feucht, voller schmutziger Töpfe und Pfannen und leerer Wodkaflaschen, den Überbleibseln eines einsamen Junggesellenlebens. Es sah nur wenig besser aus als im Unterschlupf eines Obdachlosen.

Wir waren aus großer Höhe abgestürzt, weit entfernt von den Tagen der Pferderennen in Jorhat und der gelben Westen, dem geräumigen Bungalow und den Dienern, die uns jeden Wunsch von den Augen ablasen. Wir hatten keine Ahnung, wie viel tiefer wir noch fallen konnten.

6

In dem Häuschen an der Aysgarth School blieben wir drei Monate lang. Ich hatte so wenig Geld, dass wir äußerst sparsam leben mussten. Es gab keinen Kühlschrank und keine Heizung. Oft schlichen die Kinder abends – meist unter Emmas Führung – in den weitläufigen ummauerten Küchengarten der Schule und kamen mit einer Beute aus dem umfangreichen Angebot an Obst und Gemüse wieder nach Hause. Unser Haupttrost war, dass die Heizanlage der Schule sich in unserem Gebäudeteil befand und daher ständig kochend heißes Wasser zum Baden, Duschen und Waschen verfügbar war. Bisweilen, und sei es auch nur, um die eigene Verzweiflung abzuwaschen, badete ich dreimal täglich. Ich aalte mich in der dampfenden Wanne, und meine Tränen tropften in den Seifenschaum.

Ein weiterer Trost war das Wetter; der lange, heiße Sommer half uns allen, den dramatischen Umbruch in unseren Lebensverhältnissen zu ertragen, obwohl ich weiß, dass sich die Kinder ohne ihren Ballettunterricht, den Reitklub und all den so selbstverständlichen Luxus geradezu beraubt fühlten. Vorerst blieb wenigstens die Schule gleich. Emma und Erica besuchten beide das Internat der Assumption School in Richmond, und ihre Direktorin verhielt sich sehr mitfühlend und hilfsbereit, als sie von unserem Schicksal erfuhr. Ich kämpfte darum, das Schulgeld entrichten zu können, indem ich einerseits ein paar unserer Habseligkeiten verkaufte, andererseits Unterstützung durch Familienmitglieder und Freunde in Anspruch nahm.

Außerdem schrieb ich Bewerbungen an mehrere Stiftungen für Schulstipendien. Ich verwendete meinen gesamten Einfallsreichtum darauf, die Ausbildung der Kinder zu sichern. Eine ganze Zeit lang gelang es mir nur um Haaresbreite. Es war etwas, woran ich mich klammerte – alles würde irgendwie ein gutes Ende finden, wenn sie nur in derselben Schule mit denselben Freundinnen bleiben konnten. Und wenn sie eine Bildung bekamen, hatten sie immerhin eine Zukunft.

Auch wenn Bunny und ich einander nichts mehr zu sagen hatten, hielt er Kontakt zu den Kindern und kam sie ziemlich regelmäßig besuchen, besonders Emma. Sie verbrachte einen Tag in der Woche mit ihm, er zog sie ins Vertrauen und erzählte ihr alles. Das arme Kind war zwischen Mutter und Vater hin- und hergerissen – musste beiden Freundin, Vertraute und Stütze sein –, für eine Zwölfjährige eine ungeheure Verantwortung. Der Preis dafür war ihre kindliche Unschuld. Im Laufe dieses einen Jahres entwickelte sie sich vom Kind zur jungen Frau, mit Sorgen weit über ihr Alter hinaus.

Im November 1975 mussten wir aus dem Häuschen ausziehen, es war einfach zu klein. Es gab auch komplizierte rechtliche Fragen; wir hätten die Rechte von Dauermietern erworben, wären wir länger geblieben, erklärte die Schule. Wieder kam Sue, um mir packen zu helfen. Unser nächstes Zuhause war Burtree Cottage in dem Dorf Little Crakehall, etwa drei Kilometer entfernt, wo Jennie und Johnny auf die Grundschule gingen. Früher eine Knechtswohnung, jetzt leer stehend, wurde das Cottage in den Sommermonaten an Feriengäste vermietet, doch die Eigentümer ließen uns für eine Anerkennungsmiete über den Winter dort wohnen.

Das Haus war etwas geräumiger und bot auch mehr Privatsphäre, es gefiel uns recht gut. Ich hatte freilich stets im Hinterkopf, dass wir im Frühjahr wieder hinausmussten. Auch wenn ich außerstande war, über diese Zeit hinauszudenken, wir hatten immerhin fünf Monate zum Einleben und um neue Tagesabläufe zu entwickeln.

Mein Vater kam uns an Weihnachten bei Wendy und Bill Burton in Cambridgeshire besuchen. Wir strengten uns mächtig an, uns unsere Traurigkeit nicht anmerken zu lassen, das erste Weihnachten als Restfamilie und ohne die Festtradition von Cowling Hall feiern zu müssen.

Nachdem Bunny und ich offiziell getrennt lebten, schien es wenig Sinn zu haben, weiter verheiratet zu bleiben. Also trieb ich die Entwicklung voran und reichte wegen Ehebruchs die Scheidung ein, seine Geliebte machte ich namhaft. Ich bekam Prozesskostenhilfe für das Verfahren und musste zur letzten Verhandlung in Harrogate anwesend sein, wo ich scheu in den Saal schlich, um dort peinlicherweise Rechtsanwälten zu begegnen, mit denen wir regelmäßig zu Abend gespeist hatten. Die Scheidung wurde am 20. Januar 1976 verkündet. Die Ehe war vorbei, und ich spürte nichts als eine Art kalter Taubheit.

Bunny führte sein Wanderleben fort, indem er in unserer Gegend von einem Ort zum anderen zog und bei jedem blieb, der ihm Essen, Trost und ein Dach über dem Kopf gewährte. Die Frau, mit der er seine Affäre gehabt hatte, ließ ihn fallen wie eine heiße Kartoffel, als sie merkte, dass bei ihm nichts zu holen war. Ich erinnere mich noch, wie ich in der Aysgarth School nach der Räumung von Cowling Hall im Küchengarten stand und per Gewährsmann von ihr die Mitteilung erhielt, ich könne ihn nunmehr »zurückhaben«. Wütend stutzte ich einen Beerenstrauch zusammen und fauchte den Überbringer der Botschaft an:

»Na, dafür ist es jetzt wohl ein bisschen spät.«

In seine winzige Kate verkrochen oder verstohlen von Ort zu Ort ziehend, um keine ungebührliche Aufmerksamkeit zu erregen, wurde Bunny schließlich von der Wirklichkeit ereilt. Peter Pan musste erwachsen werden. Als ihm dämmerte, dass er seine Frau, seine Kinder, sein Heim, seine Stelle, seine Geliebte und alles je in seinem Besitz Befindliche verloren hatte, ergab er sich dem Trunk und versank in tiefer Verzweiflung.

Die Polizei war immer noch hinter ihm her, er hatte zahlreiche Gläubiger und vor verschiedenen Gerichten Prozesse gegen sich laufen. Seine wenigen Freunde in der Grafschaft, Leute, die seine vielen Schwächen bewusst übersahen, hielten ihm die Treue und waren sehr hilfsbereit. Über sie erfuhr ich jeweils von den jüngsten Entwicklungen.

Nach einer Weile begannen in der Nachbarschaft Gerüchte umzugehen, Bunny drohe mit Selbstmord. Eine der Lehrersgattinnen der Schule erzählte es mir als erste, und andere folgten. Ich lachte über das Gerede und führte es samt und sonders auf Bunnys Selbstmitleid und Hang zum Dramatisieren zurück. Ich hielt dagegen, er sei viel zu egozentrisch, um ernst zu machen. Mein Verdruss mit ihm nahm noch immer kein Ende. Zu guter Letzt war er wegen der Summe, die er sich beim Ortsverband der Konservativen angeeignet hatte, wegen Unterschlagung belangt worden, konnte aber freilich nichts zurückzahlen. Bei seinem Auftritt vor Gericht bat er um Milde mit der Schutzbehauptung, er habe das Geld unterschlagen müssen, um »den extravaganten Lebensstil seiner Ehefrau« finanzieren zu können. Die Lokalzeitungen druckten das pflichtschuldigst Wort für Wort, und meine öffentliche Hinrichtung war komplett. Ich empfand derartige Schuld und Scham, dass ich mich ernsthaft fragte, wie ich in der kleinen und grundsoliden Gemeinde, in der wir wohnten, je wieder mein Gesicht zeigen könnte.

Kaum hatte ich davon gehört, marschierte ich bebend vor Wut zur Telefonzelle des Dorfes – wir hatten ja kein eigenes Telefon mehr – und rief bei der Polizei an. In kaltem Zorn wollte ich wissen, wie ich rechtlich gegen die Zeitung vorgehen könne, um das Geschreibsel über mich zu widerlegen und eine Gegendarstellung zu erzwingen. Irgendein hilfloser Revierleiter klärte mich auf, öffentliche Verhandlungen vor Gericht unterlägen der Pressefreiheit und es gebe keine einfachen oder sofort wirksamen Methoden der Richtigstellung. Mit dieser Auskunft stolperte ich zum Haus irgendwelcher

Nachbarn und heulte dort im Hof meine Schande und mein Elend hinaus. Seltsamerweise gab ich nie Bunny die Schuld daran. Ich wusste, er war ein gebrochener Mann, und vermutete richtig, er sei von seinem Anwalt gedrängt worden, irgendeinen mildernden Umstand anzuführen. Nach dieser Sache war jedes Gespräch zwischen mir und Bunny sinnlos geworden – ich hatte die Vergangenheit satt und wollte meine Zukunft retten. Doch diese Zukunft sollte alsbald Entsetzliches bringen.

Es war Februar 1976, und die trüben grauen Tage zogen sich hin mit früher Dämmerung, Nieselregen und Stürmen. Alles fühlte sich feucht und kalt an, wenn die Nebel vom Moor hereintrieben und sich an Haar und Kleidern festsetzten. Passanten stemmten sich mit gesenktem Kopf gegen den Wind, und der wassergesättigte Boden suchte die Löcher in unseren Gummistiefeln und sorgte für schlammige Trittspuren in der Diele. Damit sich die Mädchen auf etwas freuen konnten, brachte ich es zuwege, dass Emma und Erica mit Freundinnen in den bevorstehenden Zeugnisferien ein paar Tage in der historischen Stadt York verbringen konnten. In gehobener Stimmung fuhr ich sie nach Northallerton. Sie freuten sich auf die Fahrt, und wir mussten auf dem Bahnsteig jedes Mal kichern, wenn sich Toto bei jedem durchrasenden Zug hinter unseren Beinen verkroch. Ihr Zug fuhr ein, ich brachte sie in ihr Abteil und winkte ihnen zum Abschied.

Auf dem Nachhauseweg machte ich noch in Bedale halt, um ein paar Dinge zu erledigen. Im Postamt stellte ich mich hinten in einer Schlange regennasser Leute an, die alle kleine Pfützen um sich verbreiteten, und bemerkte, dass auch der Wildhüter Freddie anwesend war. Er lüpfte die Mütze und sagte Guten Morgen, mied aber meinen Blick. Ich war in Eile und hatte keine Zeit, ihn anzusprechen. Freddie fiel darob vermutlich ein Stein vom Herzen: Er wusste bereits, was mir noch verborgen war – auch wenn dieses Wissen für mich nur noch wenige Minuten entfernt war. Als ich Burtree Cottage erreichte, parkte ein Volvo vor dem Haus. Ich erkannte das Auto und die zwei Menschen daneben, Wanda und unsere gemeinsame Freundin Marion, beide wegen des Wetters bis zum Hals vermummt. Noch bevor ich den Motor abstellte, wusste ich, dass etwas nicht stimmte.

Am Abend zuvor war etwas Seltsames und Beklemmendes vorgefallen, das mir ein ungutes Gefühl hinterlassen hatte. Die Kinder waren von der Schule daheim, die beiden Älteren machten gerade ihre Hausaufgaben. Das Kohlenfeuer brannte, und wir hatten die Tür hinter uns verrammelt und uns auf einen langen Winterabend eingerichtet. Da klopfte es unerwartet. Ich schloss die Haustür auf und sah zwei Polizisten in Uniform mit ernster Miene vor mir stehen. Ich bat sie herein und war dankbar, dass die beiden Jüngsten schon im Bett lagen.

Die Polizisten knöpften die Mäntel auf und sagten, sie seien gekommen, um mich nach Bunnys Aufenthaltsort zu befragen. Bei der Erwähnung seines Namens zuckte ich kurz zusammen, voll Sorge, was er wohl jetzt wieder angestellt haben mochte. Doch nein, es hatte nichts mit Geld oder Unterschlagung zu tun. Es war etwas sogar noch Beunruhigenderes. Seine frühere Liebschaft, die, deren Briefe ich gefunden hatte, hatte die Polizei benachrichtigt, weil die Ölleitung von ihrem Tank vor dem Haus vorsätzlich mit einem Messer durchtrennt worden war und sich der Tankinhalt über die Auffahrt und auf die Hauptstraße ergossen hatte. Offenbar hatte Bunny den ganzen Tag über immer wieder bei ihr angerufen, sie hatte jedoch jedes Mal aufgelegt. Die Polizei ging natürlich davon aus, dass er der Täter sei.

»Glauben Sie, dass Mr. McCune so etwas getan haben könnte?«, fragte mich einer der Beamten zweifelnd. Sie stammten aus dem Ort und wussten, dass Bunny manchmal über die Stränge schlug, aber Vandalismus war nicht sein Stil.

»Es liegt nicht in seinem Charakter, so etwas zu tun«, antwortete ich aufrichtig, spürte aber ein seltsames Kribbeln dabei. »Aber wenn er es wirklich getan hat, dann muss er in einer verzweifelten Verfassung sein.«

Um ihn aus der Schusslinie zu bringen, sagte ich ihnen, ich wisse jedenfalls, dass Bunny über das Wochenende weggefahren sei. Dass er von Freunden zu einem Pferderennen in Südengland eingeladen worden war, hatte ich erfahren, weil er Emma gefragt hatte, ob sie mitkommen wolle. Sie hatte seine Einladung ausgeschlagen, weil sie den Ausflug nach York vorhatte.

Sie dankten mir für meine Geduld und verschwanden in die kalte und neblige Nacht hinaus. Ich blieb zurück und rang mit meinem Gewissen. Ich spürte, wie mir innerlich eisig wurde. Der Besuch der beiden Polizisten hatte etwas sehr Beängstigendes. Ich empfand ihn wie eine Art Omen. Ob ich wohl in die bitterkalte Nacht hinaussollte, um Bunny zu suchen und ihn vor der Polizei zu warnen? Doch sollte ich ihn überhaupt finden, war er vermutlich betrunken, und was sollte ich dann mit ihm anfangen? Ihn zu Freunden bringen, oder ins Krankenhaus? Ich konnte mich nicht entscheiden.

Wie immer bei Bunny, wählte ich am Ende den Weg des geringsten Widerstandes und gab es mit meinem Mann zum letzten Mal auf. Ich schickte Emma und Erica ins Bett und schürte das Feuer, verschloss die Türen und sah mir einen Spätkrimi im Fernsehen an, um störende Gedanken zu verdrängen.

Doch jeder tötet, was er liebt,
Das hört nur allzumal!
Der tuts mit einem giftigen Blick,
Und der mit dem Schmeichelwort schmal.
Der Feigling tut es mit dem Kuss,
Der Tapfre mit dem Stahl.

Und jetzt, als ich den Motor abstellte, ausstieg und auf meine Freundinnen Marion und Wanda zuging, die vor der Haustür standen, spürte ich, etwas Furchtbares war vorgefallen. Die Ereignisse des Vorabends schossen mir durch den Kopf und begannen mich zu verfolgen für mein ganzes weiteres Leben.

Beide waren blass. Ohne ein Wort schloss ich die Tür auf, und sie folgten mir in das Häuschen. Drinnen wandte ich mich um und sah sie an. »Was ist los?«, fragte ich in wachsender Panik, weil ich Angst hatte, einem der Kinder sei etwas zugestoßen. »Was ist es? Sagt es mir bitte sofort.«

»Maggie, setz dich lieber«, sagte Marion, griff nach mir und schob mich in einen Sessel. »Es ist etwas ganz Fürchterliches ... etwas ganz Schreckliches mit Bunny.« Sie holte tief Luft. »Sie haben ihn heute Morgen tot aufgefunden ... Ich fürchte, es sieht so aus, dass er Selbstmord begangen hat.«

Ich erstarrte. Und musste mich regelrecht zwingen zu glauben, dass es stimmte. Dann wollte ich unwillkürlich flüchten, wie ein Tier in Todesgefahr. Ich entzog mich Marions Umarmung, rannte die Treppe hinauf und warf mich aufs Bett, das Gesicht in die Daunendecke vergraben, und schluchzte unbeherrscht in meinem Schmerz.

»Nein, nein!«, heulte ich ungläubig. »Warum, warum, warum? Was für eine Verschwendung! Er war so selbstsicher, konnte vieles so gut. Er war viel begabter als ich. Warum, warum, warum?«

Niemand konnte mich trösten. Die Monate und Jahre des Gefühlsstaus, in denen ich mir hatte vormachen wollen, ich sei ohne ihn besser dran, lösten sich in Luft auf. Er war mein Mann, und jetzt war er tot, und ich hinterblieb mit vierunddreißig als Witwe. Er hatte meine vier Kinder endgültig im Stich gelassen. Es war mehr, als ich ertragen konnte.

Ich bin die Sonne, doch du willst mich nicht sehen,
Ich bin dein Mann, doch du verhältst dich kalt,
Ich bin gefangen, doch du hörst mich nicht flehen,
Ich bin dein Käpt'n ohne Befehlsgewalt.

Im Laufe der nächsten grausigen Stunden erfuhr ich die ganze Wahrheit über Bunnys letzten Tag. Wie die Stücke eines Puzzles fügten sich die Augenzeugenberichte über seine letzten Taten ineinander und schufen das ganze Bild. Am Vorabend war er in mehreren Pubs in Bedale gesehen worden, wobei er sich merkwürdig benommen hatte, nicht so leutselig wie sonst. Er hatte seine beiden geliebten Spaniels dem Wildhüter Freddie überbracht und ihn gebeten, sich eine Weile um sie zu kümmern. Nachdem er in seiner unwirtlichen Kate spätabends seine letzten Dinge geordnet hatte, war er mit seinem klapprigen alten Lieferwagen – seinem letzten fahrbaren Untersatz – auf einen schlammigen Acker der Manor Farm beim Dorf Masham gefahren, wo der Grund Marion und ihrem Gatten Richard gehörte. Der Bauer, der diesen Acker gepachtet hatte, ging früh am nächsten Morgen hinaus, um nach seinem Weidevieh zu sehen. Er war an dem am Feldrain geparkten Wagen vorbeigegangen und hatte bemerkt, dass ein Mann darin saß, offenbar schlafend. Als er eine Stunde später von seiner Runde zurückkam, stand das Fahrzeug immer noch dort, und der Mann saß immer noch darin. Da ihm das ungewöhnlich vorkam, entschloss er sich, es zu melden.

Richard kam mit ihm zum Nachschauen zurück, da, in dem jetzt helleren Licht an diesem kalten Februarmorgen, bemerkten sie den Gartenschlauch vom Auspuff in den Lieferwagen hinein, Richard riss die Tür auf und erkannte zu seinem Entsetzen Bunny. Er wollte noch feststellen, ob er noch etwas für ihn tun könne, doch ein Blick auf das Gesicht und ein Griff auf die kalte Motorhaube machten ihm klar, sein Freund schlief den ewigen Schlaf. Auf dem Beifahrersitz lagen sechs handgeschriebene Briefe in weißen Umschlägen – vier davon an Frauen, die Bunny gekannt und geliebt hatte, und zwei an Männer. Einer davon war für mich.

Die nächsten paar Tage rauschten komplett an mir vorbei, während ich wie ein verirrtes Kind herumgefahren wurde. Marion packte ein paar Sachen, damit ich über Nacht bei ihr bleiben konnte, und nahm mich zusammen mit Toto zu sich. Wir müssten überlegen, was nun alles zu tun sei, sagten sie mir, während ich einen Becher warmen, süßen Tee nach dem anderen trank und mein Zittern abzustellen versuchte. Meine Freunde verhielten sich großartig und brachten alles für die Beerdigung in Gang. Aber zuerst waren da noch die Kinder.

Marion rief in der Grundschule von Crakehall an, um die Lehrer in Kenntnis zu setzen, und fuhr dann Jennie und Johnny abholen, während ich mit unseren Freunden in York telefonierte und Bescheid gab. Wir hatten entschieden, Emma und Erica die Ferien nicht zu verderben und ihnen noch einen sorglosen Tag zu gönnen.

»Haltet sie bitte fern von Regionalprogrammen im Fernsehen oder Zeitungen«, bat ich meine Freunde heiser. »Ich will nicht, dass sie vom Tod ihres Vaters erfahren, bevor ich Gelegenheit habe, es ihnen selbst zu sagen.«

Als ich den Hörer auflegte, hörte ich Marions Auto in der Auffahrt und wappnete mich, Jennie und Johnny gegenüberzutreten und ihnen zu sagen, dass ihr Daddy tot war. Marion brachte sie ins Wohnzimmer, und auf ihre Anregung hin setzten wir uns alle gemütlich zu einem Brettspiel auf den Teppich, ironischerweise war es ein »Mensch, ärgere dich nicht«. Die Kinder waren ein wenig verdutzt über das erzwungene Schuleschwänzen und begannen, Fragen zu stellen. Ein paar Minuten später blickte Marion mich vielsagend an, schlüpfte hinaus und klinkte leise die Tür hinter sich zu. Jennie war erst sechs und Johnny fünf.

Ich begann ihnen zu erzählen, was geschehen war, so sanft und schonend wie möglich, indem ich ihnen Einzelheiten ersparte, sie aber wissen ließ, dass sie ihren Daddy nie wieder sehen würden. Ich sagte ihnen, er sei jetzt geborgen und glücklich im Himmel. Sie sahen erst mich, dann einander an und weinten schließlich los. Ich konnte die eigenen Tränen nicht mehr zurückhalten, während ich sie beide sacht in den Armen wiegte. Sie waren noch so klein, sie verstanden kaum die Bedeutung der Worte. Erst in reiferem Alter merken wir, dass wir die Last von Trauer und Leid unser ganzes Leben lang mit uns tragen.

Mein Vater reiste an diesem Abend aus Dumfriesshire zu uns her. Er hatte sich immer gut mit ihm verstanden, schon bei den Jagdausflügen damals in Assam, und er war sehr betroffen über die Nachricht. Es war gut, ihn bei uns zu haben, für mich und die Kinder. Emma und Erica ahnten vorläufig noch nichts. Am Tag darauf wurden die Formalien abgewickelt. Ich wurde von den Ortspolizisten befragt, die sehr rücksichtsvoll mit mir umgingen. Sie konnten mir Näheres über die sechs Abschiedsbriefe sagen und an wen sie gerichtet waren. Einer wurde mir ausgehändigt, aber ich war noch nicht so weit, ihn öffnen zu können. Ich steckte ihn in die Tasche, um ihn für mich allein zu lesen, und flüchtete aus dem Raum. Die Tage rannen ineinander.

Es schien eine halbe Ewigkeit zu dauern, bis ich zum Bahnhof Northallerton fahren musste, um Emma und Erica abzuholen und noch einmal die Qual durchzumachen, zwei Kindern mitteilen zu müssen, dass sie ihren Vater nie wieder sehen würden. Sie waren so viel älter; sie würden so viel mehr begreifen, sie würden Bemerkungen in der Schule hören, Artikel in der Zeitung lesen. Ich spürte, ich hatte keine andere Wahl, als ihnen die reine Wahrheit zu sagen, und ich wollte, dass sie von mir kam und von niemandem sonst. Inzwischen war ich in einer Art Schockzustand. Ich kann mich nicht einmal mehr genau erinnern, was ich ihnen sagte oder wann und wo, aber ich sehe noch die entsetzten Gesichter der Mädchen vor mir und wie ihnen die Tränen über die Wangen liefen. Emma schluchzte:

»Aber Mami, ich hab' mich gar nicht verabschieden dürfen.«

Auch habe ich heute keine klare Erinnerung mehr, wann oder wo ich den zweiseitigen Brief von Bunny gelesen habe. Seinen Inhalt werde ich nie einem Menschen offenbaren. Ich erinnere mich jedoch noch, dass ich nach der Lektüre dachte, es sei vermutlich das erste Mal gewesen, dass Bunny vollkommen offen und ehrlich zu mir war, und das machte es nur noch schwerer zu ertragen. Die meiste Zeit meiner Ehe hatte ich gespürt, dass ich den Menschen in Bunny nie richtig gekannt hatte. Ich hatte nie ein wirklich inhaltliches Gespräch mit ihm führen können. Er war und blieb mir ein Rätsel, und er wollte es so. Zu viele Schatten waren hinter ihm her und zu viele Spuren zu verwischen, die weit vor die Zeit unserer ersten Begegnung zurück reichten. Aufrichtig konnte er nur im Tode sein, schien es, nicht im Leben. Nun, wo inzwischen fast ein Vierteljahrhundert vergangen ist, ist die Bitternis gegen ihn aus meinem Herzen gewichen. Er hatte viele gute Eigenschaften, fiel aber seinen eigenen Schwächen zum Opfer, die ihn in einen Irrgarten führten, aus dessen toter Mitte er keinen anderen Ausweg mehr fand.

Zum Glück hatte ich Freunde, die mich so weit wie möglich vor den krassesten Aspekten der Tragödie bewahrten. Ich wollte nicht ins Leichenhaus, um ihn zu identifizieren, also ging Richard an meiner Stelle, um mir die Qual zu ersparen. Auch ging ich nicht zum Termin der gerichtlichen Leichenschau, bei der auf Selbstmord erkannt wurde. Es war seltsam, aber seitdem ich von Bunnys Tod erfahren hatte, fragte ich mich ständig, ob seine neueste Freundin davon gehört hatte und wie sie damit fertig wurde. Obwohl ich jetzt von ihm geschieden war, nahm ich alle Formalitäten auf mich. Bunny starb an einem Montag, und ich sorgte für eine private Einäscherungsfeier am folgenden Freitag und setzte eine kleine Anzeige in die Lokalzeitung. Als dieser Freitag gekommen war, weiß ich noch, wie ich durch Morgennebel nach Bedale hineinfuhr. Ein Wetter wie in *Stürmische Höhen* – dicker Nebel, nasse Straßen und eine ziehende Kälte in der Luft. Ich suchte Zuflucht im örtlichen Blumenladen, dessen Schaufenster alle beschlagen waren. Die Frauen waren mit dem Binden aufwendiger Kränze beschäftigt, und mir wurde plötzlich klar, dass sie für Bunnys Beerdigung bestimmt waren. Ich war verzweifelt knapp bei Kasse, erstand aber mit den wenigen Münzen fünf Narzissen und ein paar grüne Ligusterzweige. Schüchtern und verwirrt – wie in einem seltsamen Traum – verließ ich den Laden mit einem bescheidenen Strauß in der Hand.

Der Ortsvikar Frank Ledgard, ein enger Freund, der mich zu meinem Übertritt zur anglikanischen Kirche veranlasst hatte, fuhr mich und meinen Vater zum Krematorium. Inzwischen kümmerte sich Franks Gattin Cicely im Pfarrhaus um Emma und Erica. Wir hatten vor, das Wochenende nach der Beerdigung bei Freunden in Sheffield zu verbringen, und die Kinderbetreuer, enge Freunde der Familie, fuhren mit Jennie und Johnny voraus.

Der Trauergottesdienst war sehr privat. Die Menschen respektierten meine Bitte, nicht hinzukommen. Im Krematorium schien alles so klinisch, so dunkel, so völlig fern von dem Verstorbenen, diesem geistvollen Charmeur, der mich auf einer Schnepfenjagd umgarnt hatte. Ich konnte mir keine teure Beerdigung leisten und hatte um ein kommunales Beerdigungsdarlehen einkommen müssen, um die Rechnung bezahlen zu können. Ein schlichter Kiefernsarg war auf dem kleinen Förderband vor mir aufgebaut – mein winziger Trauerstrauß unscheinbar zwischen den anderen Blumengrüßen –, und ich stand da, presste die Finger so heftig ineinander, dass das Weiß meiner Knöchel durchschien, und musste an mich halten, als der Vorhang langsam aufging und sein Leichnam den Flammen übergeben wurde.

Er war mein Norden und Süden, mein Ost und West,
Meine Arbeitswoche und mein Sonntagsfest,
Mein Licht, meine Mitternacht, mein Wort, mein Gedicht;
Ich dacht, diese Liebe wär ewig, doch sie war es nicht.

Draußen hatten sich still ein paar Leute versammelt, um mir ihr Beileid auszusprechen. Ich verließ gedankenverloren die

Trauerstätte, schwebte in einer Art Betäubung, sanft zu dem Auto geschoben, das mich heim transportieren sollte. Da spürte ich eine leichte Berührung an der Schulter. Ich sah mich um und erblickte eine hoch gewachsene, hagere Frau, eine Fremde.

»Ich möchte mich nicht aufdrängen«, entschuldigte sie sich, »aber ich wollte Sie wirklich kennen lernen.«

Sie sprach sehr warm von Bunny. Sie sei mit ihm befreundet gewesen und habe nach ihm gesehen in seinen letzten dunklen Tagen. Sie redete mit echter Zuneigung von ihm und war natürlich furchtbar betroffen von dem, was geschehen war. Unser Gespräch war nur kurz, mein Blick auf ihr Gesicht nur flüchtig, aber ich habe es nie vergessen, obwohl ich ihr nie wieder begegnen sollte. Einige Jahre später erfuhr ich, dass auch sie Selbstmord begangen hatte.

Frank fuhr meinen Vater und mich zurück ins Pfarrhaus in Bedale. Es war eine Fahrt von dreißig Kilometern, die wir meist schweigend zubrachten, jeder den eigenen Gedanken nachhängend. Emma, Erica und Cicely erwarteten uns blass und besorgt. Ich glaube, wir sprachen sehr wenig. Es war ein Ereignis, das nun der Vergangenheit gehören sollte. Wir fuhren wie geplant nach Sheffield und kehrten nach einem langen Wochenende nach Hause zurück, um unser Leben weiterzuführen.

Ich bedauere tief, und es macht mir bis heute zu schaffen, dass ich die Kinder nicht stärker in die Beerdigung ihres Vaters einbezogen habe. Mein Mutterinstinkt riet mir damals, sie vor dem Schmerz zu bewahren. Aber in der Nachbetrachtung meine ich, hätten wir all das vielleicht mehr als Familie durchgestanden, wäre es den Kindern vielleicht leichter gefallen, mit der ersten Tragödie ihres Lebens fertig zu werden, auch wenn sie noch so klein waren.

Bunnys Tod war ein ungeheurer Verlust für uns alle, nicht bloß für mich. Er bezeichnete das Ende einer Straße, auf der wir nicht wieder zurückkonnten. Es war ein Weltuntergang –

ganz und gar geräuschlos. Ich wusste, dass sich Emma wegen ihrer Entscheidung quälte, nicht mit ihm zum Pferderennen gefahren zu sein, und das Gefühl hatte, sie habe irgendwie versagt. Es ging ihr zu nahe und war zu schmerzhaft für sie, es je mit mir zu erörtern, aber Jahre später erzählte mir ein früherer Freund Emmas, ihre erste Liebe, dass sie ihm ihr Herz über die schreckliche Ereigniskette ausgeschüttet habe, die ihr so nahe ging.

Als wir wieder in Burtree Cottage zurück waren, musste ich noch so manches erledigen, und es gab eine weitere Erörterung mit der Polizei bei dieser Nachbereitung von Bunnys Leben und Tod. Behutsam, fast scheu baten mich verbliebene Freunde von Bunny, ob nicht ein Gedenkgottesdienst für ihn abgehalten werden könne. Von den jüngsten Geschehnissen entsetzt und betrübt, wünschten sie sich eine Gelegenheit, auf würdige Weise Abschied von ihm zu nehmen. Immer noch wie erschlagen, gab ich meine Einwilligung. Charlie Wyvill und ein paar andere arrangierten einen Gottesdienst in einem normannischen Kirchlein mitten auf einem Feld von Charlies Gut. Diesmal begleiteten mich Emma und Erica, während Jennie und Johnny zu Hause bleiben mussten. Wir sprachen Gebete und sangen Kirchenlieder. Eine Frau aus der Gemeinde spielte auf einer uralten Orgel, während ihr dicker Sohn mit Pedalen die Lederbälge trat, die die Musik möglich machten.

Anspannungen und Anstrengungen forderten schließlich ihren Tribut, sowohl geistig als auch körperlich. Wenige Tage nach diesem Gottesdienst zwang mich eine chronische Grippe nieder. Für zwei Wochen zog ich mich ins Bett zurück, entrückt von der Welt, weg von der Wirklichkeit. Nur im Dämmerzustand nahm ich an dem Leben um mich herum teil. Manchmal wachte ich auf und hörte Bunnys Stimme. Meine Fieberträume führten mich zurück nach Indien und an frühere Orte. Zu dem Sonnengeglitzer auf dem Wasser des Brahmaputra, in den Palast von Koch Bihàr, in die Zeiten, als wir zusammen waren.

Unsere Zeit in dem Ferienhäuschen in Burtree ging zu Ende. Als der April 1976 näher rückte, teilten mir die Eigentümer mit, sie hätten für die Osterferien bereits ihre ersten Interessenten. Wir konnten unmöglich bleiben. Da mir jetzt kein Schlupfloch mehr offen stand, hatte ich keine andere Wahl, als einen Antrag auf Notunterbringung bei der Gemeinde zu stellen. Ich fuhr also nach Thirsk, wo ich mich von einem unfreundlichen und unzugänglichen Angestellten vom Sozialdienst der Grafschaft verhören lassen musste. Mit Mühe konnte ich ihn überzeugen, dass ich keine andere Wahl hatte, als auszuziehen.

»Warum brauchen Sie eine Notunterkunft, wo Sie doch eine hervorragende Wohnung mit drei Schlafzimmern und zwei Badezimmern haben?«, wollte er wissen.

Ich denke, seiner Meinung nach sollte ich einfach auf ungewisse Zeit in dem Häuschen bleiben und auf den Räumungsbefehl warten, ungeachtet der Zusagen, die ich den Vermietern gemacht hatte.

»Wissen Sie, es gibt so etwas wie ein gegebenes Wort«, fertigte ich ihn ab. »Die Leute sind sehr nett zu mir gewesen, und wir haben uns angefreundet. Für mich gibt es moralisch keine Alternative, als auszuziehen wie versprochen.«

Er hob unwirsch die Brauen und zog alle Register, um meinen Antrag abzuweisen. Nach mehreren Vorsprachen in seinem lichtlosen, verräucherten Büro stand ich kurz vor dem Zusammenbruch. Meine Mitbewerberinnen waren alte Klientinnen des Sozialamtes – schäbig gekleidet, manche mit schmutzigen Kindern, die beim geduldigen Warten über Stühle und Eltern kletterten.

Ich aber fand es unglaublich demoralisierend, da es mir jede Würde, meine Selbständigkeit und Privatsphäre nahm. Ich war entsetzt darüber, dass ich alle unsere Ersparnisse angeben musste, bis auf den letzten Penny in den Postsparbüchern der Kinder aus Geldgeschenken im Laufe der Jahre zum Geburtstag und zu Weihnachten. Es war die demütigendste Erfahrung, die ich je hatte machen müssen, und dennoch ließ sich der Sachbearbeiter nicht erweichen.

Am Ende gab er wohl nur nach, weil er die Verzweiflung in meinen Augen las. Ich hatte gedroht, einen alten Wohnwagen zu beziehen und Löcher ins Dach zu bohren, damit es zu mir und meinen Kindern hineinregnete.

»Würde ich damit genug Bewertungspunkte zusammenkriegen?«, fragte ich bitter.

Er lenkte schließlich ein und bot mir ein ziemlich widerliches Haus in einem berüchtigten Viertel in Bedale an, wo ich befürchten musste, dass wir allein wegen unserer besseren Aussprache verprügelt würden. Ich war unerschütterlich bereit, jedes Dach über dem Kopf zu akzeptieren. Doch ein enger Freund mit Beziehungen höheren Orts intervenierte dankenswerterweise zu meinen Gunsten, und schließlich wurde uns nach diesem Fehlstart ein Haus in einem besseren Umfeld in Thornton Watlass zugewiesen, drei Kilometer von Cowling Hall entfernt und in der Bauerngemeinde, wo wir bekannt waren. Im April 1976 zogen wir dort ein.

In vielerlei Hinsicht war dieses moderne Reihenhaus mit der Waschbetonfassade auf unsere Bedürfnisse zugeschnitten. Wir hatten genügend Platz, und es gab einen sehr gepflegten Garten voller Blumenkohl, der Emma begeisterte. Es hatte drei Schlafzimmer, ein Badezimmer, eine Kohlezentralheizung, eine Küche und ein winziges Wohnzimmer. Die Nachbarn waren freundlich, unsere Freunde waren weiterhin nett und hilfsbereit, indem sie uns sonntags zum Mittagessen und zu Ausflügen auf ihre Landsitze einluden. Doch ich war bereits in einer so depressiven Verfassung, dass ich das Haus verabscheute, von der Minute unseres Einzugs an. Es war wie ein Schlag ins Genick, von der Sozialhilfe abhängig zu sein. Ich gab mir kaum Mühe, das Haus wohnlich zu machen, da ich beschlossen hatte, wir müssten mit dem Nötigsten auskommen – Vorhänge, Betten, unsere zuverlässige uralte Waschmaschine und ein paar Töpfe und Pfannen.

Bei jeder Gelegenheit sorgte ich dafür, dass wir nach Schottland zu Opa flüchten konnten – in sein hübsches kleines Haus mit dem Bächlein am Ende des Gartens. Doch die Rückkehr in die Sozialwohnung nach Ferien und Wochenenden in Dumfriesshire bedrückte mich dann immer umso mehr. Mich verfolgte die Angst, dass wir jeden Augenblick auf die Straße gesetzt werden könnten und dann wieder kein Dach überm Kopf hätten. Ich kann mich bis heute nicht erinnern, welche Klimmzüge mir gelangen, damit Emma und Erica auf ihrer Internatsschule in Richmond bleiben konnten, während Jennie und Johnny weiter die Grundschule von Crakehall besuchten. Ich baute auf das Entgegenkommen von Freunden und Miteltern, die die Kinder auf dem Schulweg und Heimweg mitnahmen, um die Fahrtkosten zu senken. Ich versuchte auf jede Weise, zu Geld zu kommen, und nahm auf einem vergeblichen Fluchtversuch aus der Sozialhilfe sogar einen Teilzeitjob als Tankwartin in Crakehall für das fürstliche Entgelt von fünfzig Pence pro Stunde an.

Ich erinnere mich noch, wie ich eines Abends heimkam und feststellen musste, dass unser Hund Toto eine Pfundnote zerkaut hatte, die ich dem Kohlenmann für einen dringend benötigten Sack Kohlen hingelegt hatte. Ich brach in Tränen aus und fahndete überall nach den winzigen Fetzen, bis ich genug Teile für die Seriennummer beisammenhatte. Verschämt schickte ich die Fetzen an die Bank von England zum Eintausch gegen eine neue Pfundnote.

Jeden Abend, wenn ich in unser vermeintliches Elendsquartier zurückkehrte, um ein sparsames Abendessen wie käseüberbackenen Blumenkohl, Quiche oder Speckrisotto zu kochen, wurde mir das Herz schwer. Ich hatte genug Mildtätigkeit und soziale Ausgrenzung für ein ganzes Leben erfahren, hatte den größten Teil meiner Energie und Initiative darauf verwendet, dafür zu sorgen, dass die Kinder sich weiterhin geliebt, ernährt, bekleidet und gut ausgebildet fühlen konnten. Ich war buchstäblich am Ende meiner Kräfte, niedergeschlagen und voller Selbstmitleid. Wenn Freunde oder Verwandte auf Besuch kamen, lief ich weg oder versteckte mich, bloß um ihnen nicht gegenübertreten zu müssen. So wurde ich selbst mein schlimmster Feind, denn alle, die uns noch besuchten, waren wahre Freunde, denen es nichts ausmachte, sich in einem sozialen Brennpunkt sehen zu lassen. Aber damals war ich völlig am Boden und versank immer tiefer in einen Zustand seelischen Elends.

Der Wendepunkt kam an einem heißen und schwülen Abend im Sommer 1976. Ich kam von der Arbeit heim, nahm keine Notiz von den Kindern, schlich mich nach oben, warf mich aufs Bett und verschloss mich gegen die Welt. Meine Haare waren strähnig, meine Kleidung zerknittert, und ich fing an zu heulen. Nach einer Weile ging langsam die Schlafzimmertür auf, und Emma kam herein. Sie war damals zwölf Jahre alt, hoch gewachsen und selbstbewusst, hatte dunkles, glänzendes Haar und strahlende Augen. Stumm schob sie die Tür hinter sich zu und fixierte mich mit ihrem Blick. Es blitzte in ihren Augen. Vielleicht Angst. Oder Zorn.

»Mum, warum lässt du dich gehen?«, fragte sie ruhig. Aus ihrem Ton hörte ich etwas heraus, was ich nicht kannte. Ich lag schlapp auf dem Bett und konnte erst gar nicht antworten.

»Na … Tu' ich doch gar nicht. Ich weiß nicht, was du meinst«, antwortete ich, stützte mich auf die Ellenbogen und wischte mir die Augen.

Sie ließ sich nicht beirren. »Sieh dich doch mal an, Mama«, forderte sie mich mit fester Stimme auf. »Du lässt dich gehen.« Plötzlich erkannte ich diesen Ton; es war der gleiche, den ich so oft angeschlagen hatte, wenn ich mit Bunny klarkommen wollte.

Da ich ihrem Blick kaum standhielt, machte ich den Mund auf, um ihr irgendeine vernünftige Erklärung für mein Verhalten zu geben, aber dann stürzten die Worte in einer emotionalen Sturzflut nur so heraus.

»Emma, ich bin unglücklich«, jammerte ich. »Ich bin

todunglücklich.« Ich ließ den Kopf zurück in die Kissen fallen, wandte mich von ihr ab und schluchzte los. »Was soll ich denn noch hier? Ich mag nicht mehr leben, ich hasse dieses Haus.«

Sie blieb stehen, ihre Körpersprache angespannt und entschlossen. »Aber das ist kein Grund, sich gehen zu lassen«, mahnte sie, und die Stimme zitterte ihr im Kampf gegen die Versuchung, zu mir zu laufen und mich zu trösten. Mit weicherer Stimme forderte sie dann: »Du *musst* dich einfach zusammenreißen.«

Schniefend setzte ich mich auf, mit roten Augen, und sah kummervoll zu ihr hoch. »Ich ... ich weiß, ich müsste das«, stammelte ich. »Aber manchmal ist es so schwer ...«

Emma schüttelte langsam den Kopf. »Nein, ist es nicht«, behauptete sie. »Nicht, wenn du wirklich willst ... und du *musst*.«

Überrascht sah ich auf. In ihrer Kompromisslosigkeit blickte sie zugleich kritisch und mitfühlend drein. Einen Augenblick fragte ich mich, wer das war, dieses selbstbewusste Wesen da vor mir.

»Geh dir die Haare waschen, Mum«, befahl sie, denn sie erkannte, das Schlimmste war überstanden. Sie griff nach einem Handtuch und reichte es mir. »Nimm ein Bad, zieh dir was Hübsches an, und komm runter zu uns.« Sie bekam einen bittenden Blick. Ihre Munition war jetzt verschossen, und sie hoffte, es hatte gereicht.

Langsam stand ich auf, holte tief Luft und lächelte. Die ungewohnte Übung ziepte ein wenig in den Mundwinkeln. »In Ordnung, mach' ich«, seufzte ich und ging gehorsam in Richtung Badezimmer. Erleichtert nickte Emma ihre Zustimmung, drehte sich auf dem Absatz um und war verschwunden. Ich fühlte mich an damals erinnert, als ich meiner eigenen Mutter entgegengetreten war. Auch mein eigenes Kind war jetzt kein Kind mehr; Emma war mir aus den Händen geglitten und weg. Jetzt hatte es mich ereilt, mit meiner Tochter. Es gab keinen Weg zurück.

Was ich mir mehr als alles andere wünschte, war ein eigenes Haus, doch konnte ich mir nicht vorstellen, wie ich das erreichen sollte. Es war eindeutig die billigere Alternative, in der Notunterkunft zu bleiben; so blieb mir mehr Spielraum, den Kindern ein paar Genüsse zu bieten oder in die Ferien zu fahren. Doch ich spürte instinktiv, wir würden die Vergangenheit und alle ihre Geister, die uns immer noch belauerten, erst wirklich abschütteln können, wenn wir uns von der Sozialhilfe befreit hatten und auf eigenen Füßen standen.

Ich beschloss, einen Familienrat abzuhalten, und forderte meine Kinder auf, sich in der bunt gestrichenen Küche zu mir um den Tisch zu setzen und unsere Zukunft zu besprechen. Emma war jetzt dreizehn, Erica elf, Jennie sieben und Johnny sechs.

»Ich glaube, ich kann jetzt sagen, dass wir ganz unten angelangt sind«, sagte ich mit Blick auf das rissige Linoleum und den kleinen schwarzen Kohleofen. »Das Gute daran ist, dass es nur noch einen Ausweg gibt – nach oben. Aber ich muss ein paar schwierige Entscheidungen treffen und brauche eure Hilfe. Hände hoch, wer aus diesem Haus weg und eine andere Wohnung suchen will, eine, die uns gehört.« Alle vier Gesichter um den Tisch leuchteten bei diesem Vorschlag auf. Vier Paar Hände schossen hoch und wedelten fröhlich. Sie hatten ihren ersten Vorstandsbeschluss gefasst.

Ich hatte mir bereits ein ziemlich heruntergekommenes Anwesen angesehen, Alverton House, ein 200 Jahre altes Reihenhaus aus Naturstein, das im Dorf Little Crakehall zum Verkauf stand. Es war für die Verhältnisse sehr billig, und ich hatte ernsthaft überlegt, ob es sich lohnte, es zu kaufen und herzurichten, obwohl mir klar war, dass wir unmöglich dort einziehen konnten, solange die Renovierungen vonstatten gingen. In einer plötzlichen Anwandlung hatte ich ein Angebot gemacht, das beträchtlich unter dem Verkaufspreis lag, und ohne große Überraschung erfahren, dass mich jemand überboten hatte.

»Na gut«, dachte ich. »War wohl sowieso eine Schnapsidee.«

Eines Abends wenige Tage später führte ich gerade Toto Gassi, als ein Auto neben mir hielt. Es waren Mr. und Mrs. Hudson, die Eigentümer von Alverton House. Sie berichteten mir, der Verkauf habe sich zerschlagen, und wollten wissen, ob ich noch interessiert sei. Ich wünschte mir dringend ein eigenes Dach über dem Kopf, aber es schien nur ein Wunschtraum angesichts der geringen Summe, die ich auftreiben konnte. Doch auf diese zweite Chance hin beschloss ich, die Frage offen zu lassen, und bat um ein wenig Bedenkzeit.

Auf dem Heimweg an diesem Abend flatterten die Schmetterlinge in meinem Magen dreifache Saltos. Wie, um alles in der Welt, sollte ich das Geld für den Kauf auftreiben? Was fiel mir bloß ein? Ich war fast schon entschlossen, am nächsten Tag anzurufen und ihnen zu sagen, ich hätte mich leider verrechnet, als meine Schwester Sue anrief.

»Heut hab' ich was wirklich Blödes gemacht«, sagte ich lachend zu ihr. »Ich hätte um ein Haar ein Haus gekauft.« Ich berichtete ihr das Vorgefallene und witzelte über meine Naivität, aber sie konnte nicht mitlachen.

»Erzähl mir das doch erst einmal ganz genau«, sagte sie und wollte auch die kleinsten Einzelheiten über Alverton House wissen. Ich berichtete, wie es aussah und was es kosten sollte. Ich sagte, ich hätte mich bereits vergewissert, dass mir ein Kommunalkredit für die meisten Renovierungsarbeiten zustand, dass es aber immer noch ein Riesenprojekt bleibe. Sie hörte sehr aufmerksam zu und sagte dann plötzlich:

»Warum gebe ich dir nicht einfach von dem Geld, das mir Mami hinterlassen hat? Es gehört eigentlich sowieso dir.«

Ich war sprachlos. Es war ein so großzügiges Angebot, dass es mir den Atem verschlug. Als unterbezahlte Krankenschwester mit einem kleinen Kind benötigte Sue meiner Meinung nach selbst alles Geld, das sie bekommen konnte. Sie sprang mir nicht nur auf so liebevolle und unerwartete Weise bei, sondern tat das auch noch mit Mamis Geld. Sie ließ mir keine andere Wahl, als anzunehmen.

Die Zuwendungen gingen weiter. Meine Patenfee Tante Margot und ihr Mann George wollten den Teil der Renovierungsrechnung begleichen, der vom Kommunalkredit nicht gedeckt war. Ein Gutachter berichtete mir, das Haus sei grundsolide, und ein Bauunternehmer machte ein Angebot (nachdem zwei andere erklärt hatten, sie würden es nicht mit der Feuerzange anfassen). Die Bank erklärte sich bereit, einen Teil des Projekts zu finanzieren, wenn ich das Eigenkapital für den Rest beibrachte. So konnte ich mit Hilfe meiner wundervollen Familie und meiner Freunde, aber mit dem Herzen zwischen den Knien die Kaufsumme von viertausend Pfund aushandeln. Alverton House sollte eine Heimstatt werden. Unser Haus. Mein erstes nach fünfunddreißig Jahren. Ich konnte es kaum glauben.

Die Sanierung war umfangreich und würde mehr als ein Jahr erfordern, doch ich wusste, es war die Warterei wert. Endlich hatte ich etwas, worauf ich mich freuen konnte, ein Licht am Ende eines zuvor endlos scheinenden Tunnels. Ich fasste wieder mehr Selbstvertrauen und dachte über ein Lehramtsstudium nach. Seit Emmas Geburt hatte ich immer gern Kinder um mich gehabt, ich hatte die Krabbelgruppe in Assam mit Freuden geleitet, und obwohl ich keine Berufserfahrung hatte, wusste ich, ich hätte Talent dazu.

Ich hatte mich vergewissert, dass mir ein Vollstipendium zustand, und nervös bewarb ich mich für ein Lehrerinnenseminar am St. John's College in Ripon. Als der Brief mit der Studienzulassung einging, reagierte ich panisch. Mir wurde auf einmal klar, es war nicht die rechte Zeit fürs Studieren, auch nicht mit einem langfristigen Ziel. Ganz abgesehen von der zusätzlichen Belastung meiner Finanzen würde ich in meinem labilen Gefühlszustand keinen Fehlschlag verkraften können, sollte ich den Abschluss nicht schaffen. Ich legte meine ehrgeizigen Pläne beiseite und nahm eine Sekretärinnenstelle beim Direktor einer der großen staatlichen Oberschulen der Catterick Garnison an. Es war nur fünfzehn Kilometer entfernt, und Arbeitszeit und Ferien passten besser zu einer allein erziehenden Mutter mit vier Kindern. Im September 1976 trat ich die Stelle an, in der ich sechs Jahre bleiben sollte und die uns weitaus größere finanzielle Sicherheit verschaffte.

Etliche Hürden waren noch zu überwinden, und ich wurde nicht immer so gut damit fertig, wie ich es gern gehabt hätte. Dass wir in der Sozialwohnung bleiben mussten, bis Alverton House hergerichtet war, wusste ich, aber noch nicht, wie niederschmetternd eine Sanierung sein konnte, besonders als im Frühjahr 1977 ungelernte Elektriker im Auftrag der Kommunalverwaltung in unserer städtischen Sozialwohnung sämtliche elektrische Leitungen erneuerten und ein furchtbares Chaos hinterließen – aufgerissene Bodenbeläge, Staub und abgeschlagener Putz überall.

Tränenüberströmt rannte ich zur Telefonzelle des Dorfes, um mich bei der Kommunalverwaltung zu beschweren, doch die fühlten sich nicht zuständig. Ich habe mich einem moralischen Zusammenbruch nie näher gefühlt als an diesem Tag. Auf dem Rückweg zum Haus, kaum imstande zu dem bevorstehenden Großreinemachen, beschloss ich, die Kinder ein paar Tage nach Schottland mitzunehmen und auf diese Weise emotionale Reserven aufzubauen. Opa hieß uns wie immer willkommen, und seine beruhigenden Versicherungen, alles werde gut, halfen mir sehr. Als wir in die Sozialwohnung zurückkamen, fanden wir im Briefkasten einen Zettel von einem Freund, der vorbeigekommen und durchs Fenster die Schweinerei gesehen hatte. Er lautete:

»Hier könnt ihr einfach nicht bleiben. Ihr müsst bei uns wohnen.«

Wieder einmal kamen wir dank der Hilfsbereitschaft von Freunden über die Runden.

Im Sommer 1977, mehr als ein Jahr nach Bunnys Tod, kam Hoffnung auf: In Alverton House waren die Arbeiten fast beendet, und wir sollten im August einziehen können – unser fünfter Umzug binnen zwei Jahren. Endlich hatten wir einen Fels, auf den wir unsere Zukunft bauen konnten. Es war das Jubiläumsjahr der Königin, und unser kleiner Dorfanger wurde zum Schauplatz für Umzüge, Picknicks, Sportveranstaltungen, Tanzvergnügen und riesige Freudenfeuer. Überall wurde gefeiert, und auch wir hatten unser eigenes privates Fest.

Mit einem neuen Lebensziel vor Augen machte ich mich daran, das Haus einzurichten, und spannte dafür Freunde, Verwandte und die Kinder ein. Emma – die für Naturholz viel übrig hatte – half mir die Deckenbalken von jahrzehntealten Schichten von Leimfarbe und Gips zu befreien, ein echtes Liebeswerk. Erica, ein genaues, systematisches Persönchen, half mir hinten im Garten eine Sitzecke verlegen. Freunde kamen vorbei und halfen uns streichen und tapezieren. All das schafften wir noch vor dem Winter. Wir hatten endlich unsere eigenen vier Wände, einen Ort, um Weihnachten zu feiern. Es sollte der Beginn von zehn Jahren der Beschaulichkeit werden.

7

Die größte Herausforderung für mich im nun folgenden Jahrzehnt war, mich daran zu gewöhnen, allein erziehende Mutter zu sein. Es war schon schwer genug, zu knausern und zu sparen, damit es gerade mal so reichte, aber bei vier lebhaften Kindern, die außerdem durchs Leben gesteuert werden mussten, blieb nur wenig Zeit für etwas anderes als das reine Überleben. Trotz der Nöte jedoch fanden wir alsbald in einen bequemen Alltag im Alverton House – es war warm und trocken, es gab Platz genug für alle, und am wichtigsten: Es war unser Eigen.

Um Geld zu sparen, wohnten Emma und Erica nicht mehr in ihrer Klosterschule, und das hieß für mich, sie täglich vierzig Kilometer von und zur Schule zu chauffieren. Jennie und Johnny gingen immer noch auf die Grundschule vor Ort und mussten früh Selbständigkeit lernen – mit dem Schlüssel um den Hals nach Hause gehen, sich etwas zu essen machen und die Hausaufgaben erledigen, bis ich heimkam. Alle Kinder wurden in diesen ersten Jahren in Alverton immer selbständiger und lernten, sich mit einfachen Vergnügungen wie Rollschuhlaufen, Radfahren und Himmel und Hölle zufrieden zu geben. Johnny baute sich eine eigene Seifenkiste und brachte mich irgendwie dazu, sie unter großem Geschrei und Gelächter hinter meinem R 4 herzuziehen.

In den goldenen Sommermonaten wurden geheime Höhlen in Heuschobern gebaut, die Kinder tobten mit Toto über Felder und Wallhecken, ließen Schiffchen im Dorfbach schwimmen und angelten darin mit einem Regenwurm. Dann gab es das Dorffest und den Geruch frischen Heus, die ersten Rosen und die Blumen und das Gemüse, die im Garten versorgt werden mussten. Emma bekam ein Pferd geliehen, riss sich von den geliebten Gartenpflanzen los und stürzte sich mit Herzenslust in diesen einen Sport, der ihr so sehr gefehlt hatte.

Die großen Ferien verbrachten wir bei meinem Vater in seinem Häuschen in Duncow in Dumfriesshire. Dort konnten die Kinder sich unbekümmert in den Kiefernwäldern oder am Bach tummeln, angeln und zelten, am Meer picknicken oder auf den ausgedehnten Wattflächen der Solwaymündung wandern. Wir sammelten Muscheln und Wildblumen am Strand, zündeten Lagerfeuer zum Wärmen an und brieten uns Würstchen zu Mittag. Diese Ferien weckten zwar auch traurige Erinnerungen an unsere Zeiten dort mit Bunny in glücklicheren Jahren, doch mir schien es wichtig für die Kinder, dass das Leben sichtbar weiterging, ihr Großvater immer noch eine aktive Rolle als der einzige erwachsene Mann in ihrem Leben spielte und sie ihren Vater trotz allem in guter Erinnerung behalten konnten.

Zu Hause in Alverton House spielten die Kinder abends und während der Wintermonate endlose Kartenspiele und Monopoly, das oft tagelang dauerte – bis eines von ihnen so viele Hotels besaß oder derart verschuldet war, dass das Spiel nur noch mit Krach beendet werden konnte. Es gab natürlich auch das unvermeidliche Gezänk in der Familie, wenn die Kinder ihre Persönlichkeiten erprobten, und mir oblag es dann, zu schlichten, ohne sie in ihrer Lebhaftigkeit zu drosseln.

Besonders Emma hatte einen freien Geist, und mir gefiel es sehr, mit welcher Energie sie ihren Hobbys nachging. Sie presste Wildblumen und sammelte sie in Alben (was mich an meine eigene Kindheit erinnerte). Im Garten zog sie Pflanzen aus Samen, die sie unsystematisch verstreute, so dass die Blumen in zufälligen Gruppierungen wuchsen, was viel schöner aussah als auf abgezirkelten Beeten. Immer wenn Gurken, Kürbisse oder Zucchini reif waren, mussten wir uns feierlich an den Tisch setzen und sie verzehren. Die anderen Kinder protestierten lauthals, wenn sie ihnen die Teller mit den roten und gelben Blüten der Kapuzinerkresse verzierte, die sie gleichfalls gezogen hatte, doch sie beharrte, sie seien genießbar und würden nicht schaden.

Jedes Mal, wenn wir am Meer waren, sammelte sie eifrig Muschelschalen und legte mit Hammer und Meißel sorgfältig Versteinerungen aus den Felsen frei. Wenn irgendjemand aus unserer Bekanntschaft an fernen Stränden urlaubte, bat sie ihn, die schönsten Stücke für ihre Sammlung aufzulesen und mitzubringen. Sie war kontaktfreudig, suchte selten die Einsamkeit und lud viele Freundinnen und Freunde zu uns ein. Unser Haus war gemütlich und gastfreundlich, mit einer entspannten Atmosphäre, die sich für andere Kinder häufig angenehm von der Strenge zu Hause in den großen Herrenhäusern von North Yorkshire abhob. Ich kam oft heim und fand das Wohnzimmer besetzt von einer Horde schlaksiger Teenager, die Limonade tranken und palaverten. Und ich bereute den Tag, an dem ich uns schließlich ein Telefon legen ließ, da es von da an nur noch am Klingeln war, die meisten Anrufer Verehrer von Emma und Erica.

Bald strömten die Jungs in unser Haus. Emma wirkte durch ihre rauchige Stimme und ihre Körpergröße viel älter, und sie und Erica blühten unter der Aufmerksamkeit auf. Sie ließen sich gern von den Jungs verehren, bändelten aber mit keinem an. Bis spätnachts saßen sie im Wohnzimmer, spielten Spiele, lachten und redeten, und ich musste mit Wattepfropfen in den Ohren ins Bett, um vor der Arbeit am nächsten Tag etwas Schlaf zu bekommen.

Verschont wurde ich nur, wenn sie eine bestimmte Fernsehsendung sehen wollten. Dann zogen sie alle woandershin, um es in Farbe zu haben statt flimmernd auf meinem alten Schwarzweißapparat. Er war nicht nur uralt, sondern hatte auch die aufreizende Gewohnheit, sich mitten in einem packenden Film oder Krimi auszuschalten, wenn das Geld im Münzzähler alle war. Dann hingen wir in der Luft, und es folgte eine hektische Jagd nach Münzen, bei der die Kinder von Zimmer zu Zimmer mit Taschenlampen nach einem Fünfzigpencestück fahndeten, um den Strom wieder einschalten zu können, bevor uns auch noch der Schluss entging.

Zeit ihres Lebens genoss es Emma, auf Partys zu gehen. Die normalen Phasen von Scheu, die in der Pubertät bei den meisten üblich sind und bei mir besonders intensiv gewesen waren, fanden bei ihr nicht statt. Trotz unserer bescheidenen Umstände hielten die Kinder Freundschaft mit vielen der wohlhabenderen Kinder der Gegend und wurden als Teenager auf manche recht aufwendige Feste eingeladen. In diesen Kreisen der Gesellschaft richtete man die Feste gern so pompös wie möglich aus. Noch nachdem sie aus Yorkshire weg war, setzte Emma alles daran, zu solchen Veranstaltungen nach Hause zu kommen, da sie davon ausging, es handle sich um eine aussterbende Gattung.

Wenn Emma in späteren Jahren nach Hause kam, musste ich oft an ihre einfachen Kindheitsfreuden denken. Dann stiegen die Erinnerungen auf … an eiskalte Schlittschuhpartien im Winter, wenn sich die überfluteten Felder an frostklaren Tagen in Tummelplätze verwandelt hatten. Der Atem wurde in der kalten Luft sichtbar, und manchmal spielten wir nachts unter einem klaren Winterhimmel mit funkelnden Sternen Eishockey.

Die erwachsene Emma genoss es, die Gastgeberin zu spielen, was sie mit Vollendung beherrschte, und Freunde zum Abendessen einzuladen. Nachdem sie Jennie als Küchenfee und Kellnerin und Johnny als Barmann verpflichtet hatten, zogen sich Emma und Erica so extravagant wie möglich an und hielten Hof. Ich hatte strenge Anweisung, mit den beiden Jüngeren ins Kino oder sonst wohin zu verschwinden, wenn erst der Hauptgang serviert war. Soll eine Dinnerparty erfolgreich sein, dürfen keine Mütter oder jüngeren Geschwister der Gastgeberin im Hintergrund herumgeistern, wenn es aufregend wird.

Eine von Emmas hervorstechenden Eigenschaften war ihr verblüffender Sinn für Schick, zum Teil aus der Not geboren. Von frühester Jugend an, als sie sich in Assam mit den Halsketten ihrer *ayah* behängte, hatte sie einen sicheren Blick für das Exotische, und weil wir kein Geld für teure Seiden- oder Abendkleider hatten, wurde sie zur Expertin der Improvisation mit Vorhandenem oder dem, was sie auftreiben konnte. Sie wurde nie müde, sich auszustatten, wobei sie mit sicherem Geschmack Gewebe und Muster, Schmuck und Hüte kombinierte. Eines ihrer Partykleider bestand aus schwarzen Müllsäcken, zu denen sie meine längsten Abendhandschuhe und eine Perlenkette trug, und eine weitere verblüffende Kostümierung – halb weiß, halb schwarz – aus billigen Flicken. Sie hatte ein sicheres Auge, kramte sich mit unendlicher Ausdauer durch Flohmärkte und Kirchenbasare und schleppte dann triumphierend angelaufenen Modeschmuck und alte Seidenschals oder andere interessante Accessoires an, die sie mit ihrem Taschengeld erstanden hatte. Dann machte sie sich damit an die Arbeit und verwandelte sie in etwas Individuelles, Modisches und Außergewöhnliches, worin sie unfehlbar elegant wirkte. Dieses Markenzeichen sollte ihr für ihr weiteres Leben bleiben.

In der Schule war sie von Anfang an fleißig und arbeitete hart für ihre Noten. Sie schnitt sehr gut ab und bestand 1981 in acht Fächern ihren Schulabschluss. Dann setzten wir uns zusammen und erörterten, was sie als nächstes anfangen sollte. Kunst war nach wie vor ihr Glanzfach, und sie wollte Kunst und Geschichte im Hauptfach studieren. Die Frage aber war, wo? So gern ich sie um mich hatte, wusste ich doch, es würde ihr gut tun, eine Weile wegzukommen, einen anderen Teil Englands kennen zu lernen, neue Horizonte zu erobern und neue Freunde zu gewinnen. Als sich meine Schwester Sue freundlicherweise bereit erklärte, Emma bei sich, Martin und den Kindern in Surrey aufzunehmen, nachdem das College in Godalming ihre Bewerbung akzeptiert hatte, hob sich der Vorhang zu ihrer Lebensbühne. Mit siebzehn ging sie von zu Hause weg.

Es machte mir sehr zu schaffen, sie bald nicht mehr um mich zu haben. In den paar Jahren zuvor – wohl den schwierigsten meines Lebens – war sie mein Halt, die Mitverschworene und, vielleicht noch wichtiger, die beste Freundin geworden. Aber ich hatte immer noch sehr klare Ansichten, was Bildung anging, und wusste, dass die Gegebenheiten in Surrey ihr größere Chancen boten. Außerdem wollte ich, dass sie eine Weile von Yorkshire wegkam. Zwar hatte ich mein Bestes gegeben, den Schmerz der frühen Jahre zu betäuben, doch würde unser Distrikt immer der Ort unseres großen Kummers bleiben, wo jeder die Vergangenheit unserer Familie kannte und vielleicht, nur vielleicht, ein wenig anders mit ihr umging.

So schwer es mir gefallen war, sie fortzuschicken, wusste ich doch schon nach wenigen Wochen, dass es richtig gewesen war. Das Leben im Süden Englands gefiel ihr bestens. Als legte sie das Muster für ihr Leben fest, begann sie sich auf dem College mit interessanten Individualisten zu umgeben. In dieser Gesellschaft bildete sich ihre Persönlichkeit weiter aus: Sie hatte nie Angst, ihre Meinung zu Dingen zu äußern, die ihr am Herzen lagen, und dennoch die Fähigkeit, Freundschaft mit allen zu halten, denen sie widersprach. Schon in früher Kindheit war ihre Meinung ausgeprägt und hörenswert; die Menschen sprachen gern mit ihr. Besonders ihr Onkel Martin hatte starken Einfluss auf sie, wurde eine Zeit lang die erste Vaterfigur in ihrem Leben und ermunterte sie zum Gespräch und Nachdenken, auch wenn sie letztendlich oft verschiedener Meinung waren. Sie konnte sogar dann charmant und entwaffnend sein, wenn sie Ansichten von Erwachsenen widersprach.

In Surrey trat sie in ein sorgloses, abenteuerlustiges Stadium ihres Lebens ein. Sie schockierte noch immer gern mit ausgefallenen Kleidern und zog verrückte Sachen durch, wie einmal einen Studentenulk, bei dem sie und drei Mitstudenten sich als Cowboys verkleideten und in Milford in einen Zug stiegen. Dann liefen sie durch die Waggons, hielten den Leuten Wasserpistolen unter die Nase und verlangten Spenden für ihr College. Es war keine unlautere Absicht dabei, nur Ausgelassenheit und jugendlicher Übermut, doch eine ältere Dame wurde sehr verunsichert und zeigte den Vorfall am nächsten Bahnhof an. Die Polizei sprach am nächsten Morgen vor und erteilte Emma und ihren Freunden eine amtliche Verwarnung.

Emma weitete ihr Aktionsgebiet aus und machte ihren ersten Auslandsurlaub als Volljährige – sie verbrachte einen Sommer in Italien mit einem Ausweis von EuroRail zusammen mit drei Freundinnen aus dem College. Es machte ihr nie etwas aus, ihren Körper zu zeigen, bei jeder Badegelegenheit streifte sie die Kleider ab, um sich oben ohne oder ganz nackt zu sonnen und so die Freizügigkeit zurückzugewinnen, die ihr naturverbundenes Gemüt seit ihrer Kindheit in Assam nicht mehr genossen hatte. Sie schliefen unter freiem Himmel am Strand oder in Jugendherbergen und ein paar wunderbare Tage in einem schönen Schloss, das Luigi gehörte, einem hübschen jungen Italiener und Zufallsbekannten. Emma liebte Italien. Noch viele Jahre später erinnerte sie sich gern an die Reise und bewahrte Briefe und Fotos davon auf, Momentaufnahmen aus einer Zeit, da sie nicht die leiseste Sorge auf der Welt gehabt hatte. In wehenden Kleidern und mit Modeschmuck behängt, frönte Emma damals ihrer Wanderlust, ein Hang, den sie wohl von Bunny geerbt hatte.

Wenige Monate nach ihrer Rückkehr plante sie nämlich schon die nächste Reise. Im folgenden Sommer fuhr sie mit einem Freund, Henry Leverson-Gower, über Jugoslawien per Anhalter nach Griechenland und brachte bewundernde Fernfahrer dazu, sie unterwegs in ihrer kleinen Koje pennen zu lassen. Dabei brauchte sie diese Bequemlichkeit gar nicht, denn sie konnte absolut überall und jederzeit schlafen. Der arme Henry musste dann mit dem Fahrer in der jeweiligen Landessprache so gut wie möglich radebrechen, während Emma selig schlummerte.

Wohl wissend, dass ich richtig entschieden hatte, Emma nach Surrey zu schicken, sorgte ich dafür, dass Erica ihr ein Jahr später auf dasselbe College folgte, und beließ Jennie im Wocheninternat der Klosterschule in Aysgarth. Alverton House wirkte unglaublich still und leer, nachdem auch Erica fort war. Ich merkte, mir fehlten die ständigen Besuche und Anrufe, und obwohl ich gelegentlich mit Freunden oder viel seltener zu einer Verabredung ausging, war es im Wesentlichen eine einsame Zeit für mich. So machte ich mich denn auf ein Leben nach den Kindern gefasst. Wie viel anders war das doch als meine Phantasien bei der Hochzeit mit Bunny. Keine sieben Kinder, kein gemütliches Heim in den Kolonien, wenig Geld. Sie schien jetzt so fern, jene goldene Zeit, als ich noch auf der sonnenverwöhnten Teepflanzung in Assam lebte.

Ich nahm allen Mut zusammen und beschloss 1982, meine Stelle in der Garnisonsschule von Catterick zu verlassen. Ich hatte vor, eine Zeit lang nach London zu gehen und dort zu wohnen und zu arbeiten. Dort würde ich Emma und Erica näher sein, und die beiden anderen Kinder hatten Gelegenheit, London kennen zu lernen, wenn sie mich in den Schulferien besuchen kamen. Ich kroch bei irgendwelchen Freundinnen oder Bekannten in der Hauptstadt unter, die mich aufzunehmen bereit waren, und schlief dabei bisweilen auf einer Matratze auf dem Boden. In dem Bemühen, von der mechanischen Schreibmaschine zur elektrischen aufzusteigen, schrieb ich mich in einer Abendakademie zu einem Fortbildungskurs für Sekretärinnen ein und suchte untertags allenthalben nach einer befristeten Stelle, um finanziell über die Runden zu kommen.

Aber Stellen waren damals in London nur äußerst schwer

zu kriegen. Vergebens klapperte ich Adressen ab; Kopien meines Lebenslaufs in der Hand, stand ich unangemeldet an der Pforte Dutzender von Firmen und fragte nach freien Stellen, nur um abgewiesen zu werden, weil ich noch zwei minderjährige Kinder hatte. Eines Nachmittags im Piccadilly nach einem besonders üblen Vormittag mit Ablehnungen und Grobheiten blieb ich einen Augenblick stehen, ohne Rücksicht auf die Mienen vorbeieilender Fremder, schloss die Augen und schrie Bunny im Stillen an: »Wie konntest du mir das antun?«

Während der Verkehr vorbeirauschte, erinnerte ich mich an einen anderen Tag in London vor vielen Jahren, als ich mich fast unter einen Omnibus geworfen hätte. Doch meine Hartnäckigkeit und Entschlossenheit zahlten sich am Ende aus, und ich bekam eine befristete Stelle in Hatchards Buchhandlung in Piccadilly, wo ich in der naturgeschichtlichen Abteilung in den drei Monaten der Vorweihnachtszeit aushelfen sollte. Ich genoss meine Zeit dort und begegnete interessanten Menschen.

Heiligabend kaufte ich mir eine Fahrkarte zurück nach Yorkshire, wo die Kinder schon von ihren diversen Schulen nach Hause gekommen waren und meiner harrten. Das Haus, mehrere Wochen unbewohnt, war mit Lorbeer, Mistelzweigen und einem Weihnachtsbaum geschmückt, und ein komplettes Truthahnessen stand ofenfertig bereit. Sie seien sehr stolz auf meine Vorstöße in London, sagten sie, hätten mich aber an den Wochenenden daheim vermisst, und zeigten mir auch, wie sehr. Es war eine herzerwärmende Geste, und ich fühlte mich wirklich zu Hause.

Im neuen Jahr 1983 begann ich nach einer Stelle in Yorkshire zu suchen, mir meiner begrenzten Aussichten in London schmerzlich bewusst. Die Suche dauerte sechs Wochen und war fast ebenso niederschmetternd. In wachsender Verzweiflung war ich darauf gefasst, alles anzunehmen, solange es nur Geld dafür gab. Ich jagte sogar einem Job in einer Wurstfabrik hinterher, wurde aber auch da abgelehnt. Freunde machten mich jedoch auf eine aussichtsreiche Stelle bei einer Auktionsfirma im Marktflecken Leyburn aufmerksam. Mit ihren Empfehlungen und meiner Hartnäckigkeit schaffte ich es, die Stelle zu ergattern, in der ich dreieinhalb sehr glückliche Jahre bleiben sollte und die sich als meine anspruchsvollste Arbeit erwies. Jeder Gedanke daran, nach Süden zu ziehen, war wieder einmal vertagt.

Nachdem sie ihre beiden Hauptstudiengänge mit guten Noten abgeschlossen hatte, musste Emma entscheiden, wo sie als nächstes hinwollte. Die Universität von Newcastle bot ihr einen Studienplatz in Kunst an und das Polytechnikum Oxford desgleichen. Ich war froh und erleichtert, als sie sich für Oxford entschied. Das Leben und Studieren in der weltberühmten Universitätsstadt würde ihr sicherlich mehr Chancen bieten. Wieder einmal behielt ich Recht. In ihren drei Jahren in Oxford entwickelte sich Emmas Persönlichkeit sehr positiv, und ihr kühner Charakter verschaffte ihr die ersten einer Reihe sehr bemerkenswerter Erfahrungen. Sie hatte sich wirklich endgültig abgenabelt.

Sie fand ein Haus, das sie zunächst gemeinsam mit Anna Baldock, Jo Mostyn und einer anderen Freundin bezog. Um ihnen beim Einleben zu helfen, fuhren Jos Mutter und ich mit unseren jeweils bis zum Dach voll gepackten Kleinwagen nach Süden und brachten unseren Töchtern die Gebrauchsgegenstände für den nächsten großen Schritt im Leben. Jennie und Johnny waren mit dabei. Wir alle trafen an einem nassen Samstagnachmittag im September 1984 zusammen. Das Haus war zwar geräumig, wirkte aber düster und leer. Bei der Ankunft sehnten wir uns verzweifelt nach einer Tasse Tee, aber es gab keinen Strom, und es war zu spät, den Zähler anschließen zu lassen. Also zogen wir zu einem lustigen Abend in eine Kneipe.

Beim Herauskommen, satt, warm und glücklich, stolperten wir in eine Gruppe junger Männer, die eine wüste Schlägerei vom Zaun brachen. Es ging alles in Sekundenschnelle, ohne

Vorwarnung. Kräftige Fäuste zischten mir an der Nase vorbei. Ich packte die Mädchen und zog sie mit mir fort. Die Rauferei verlagerte sich auf den Parkplatz, und mein armer kleiner R 4, in dem Toto wie irrsinnig kläffte, bekam etliche tiefe Beulen ab. Die Gewalttätigkeit legte sich so rasch, wie sie aufgeflammt war, die jungen Männer verschwanden in die Nacht und ließen uns leicht erschüttert zurück und mich voller Ängste um Emmas Sicherheit in einer Welt, die sie erst noch entdecken musste.

Wir schlichen zurück zum Haus, und jeder suchte sich ein Plätzchen zum Schlafen auf dem Boden, damit wir früh am nächsten Morgen mit allen Mann klar Schiff machen konnten. Gemeinsam hängten wir Bilder und Vorhänge auf (Reste aus Cowling Hall), packten Kisten aus, machten die Küche sauber und setzten uns zu einem deftigen Mahl nieder, bevor wir wieder heimfuhren. Beim Abschied umarmte ich Emma und drückte ihr eine 20-Pfund-Note in die Hand – mehr konnte ich mir nicht leisten. Zum Glück bekam sie alsbald ihr Stipendium, und mit den £ 20 monatlich, die ich ihr weiterhin schickte, und durch Jobben abends als Kellnerin kam sie so gerade über die Runden, obwohl ihre Briefe nach Hause immer mit der Bitte endeten: »Schick bitte Kleider usw.«

Emma stürzte sich mit ihrer üblichen Energie in ihre Vorlesungen und Seminare. Ihre Projekte waren alle sehr spannend und abwechslungsreich, häufig Fotoporträts sozial Ausgegrenzter, darunter auch eines, bei dem sie einen Obdachlosen, eine Nonne und einen Geschäftsmann als drei gegensätzliche Themenfiguren fotografierte, um »einen Tag im Leben« zu veranschaulichen. An einem ihrer seltenen Wochenendbesuche in Yorkshire saßen wir um den Küchentisch, die Schwarzweißfotos vor mir ausgebreitet, während sie ihre Ideen erläuterte. Die liberale Atmosphäre Oxfords beflügelte ihre Phantasie und ließ ihrer Neigung zum Ungewöhnlichen freien Lauf. Sie war zu sehen, wie sie auf dem Fahrrad durch die Straßen fuhr und dabei etwas anhatte, was eher zu einer

Cocktailparty am Abend als zu einem trüben Vormittag werktags passte. Betrachter verglichen ihre Erscheinung in den bunten Flatterkleidern und Röcken, den wehenden Schals und Schlapphüten mit einer Gestalt aus einem Stück Noel Cowards, räumten aber ein, dass sie sowohl die Courage als auch die Haltung besaß, damit glaubwürdig zu wirken.

Mehrere Monate lang trug sie einen knöchellangen roten Samtmantel, ein gebrauchtes Stück von einer Freundin der Familie. Mit ihrer Statur, den hohen Wangenknochen und dem schwarzen Haar war sie eine Erscheinung von großer Schönheit und Eleganz, und sie genoss die Aufmerksamkeit, die ihr zuteil wurde. Freundinnen sagten, es habe eine Zeit in Oxford gegeben, wo Emma sich nie so recht entscheiden konnte – ob sie Europäerin sei oder etwas anderes –, sie schien hin- und hergerissen, da sie doch in Indien geboren und von Kolonialeltern in England aufgezogen worden war.

Es war ihre auffallende und irgendwie künstlerische Erscheinung, die Sally Dudmesh ins Auge fiel, selbst eine hübsche blonde Anthropologiestudentin, die Emma traf, als die beiden eine Anschlagtafel im College studierten. Sofort voneinander angezogen, wurden Sally und Emma rasch enge Freundinnen und blieben es. Sally sagte später, es sei gewesen, als begegne sie einer Schwester. In Afrika geboren und groß geworden, aber mit britischem Pass, sollte Sally einer der ersten und vielleicht der wichtigste Katalysator in Emmas Leben werden, der Grund für ihr späteres Interesse an Afrika und an der Dritten Welt. Es war Sally, die Emma eine Bekanntschaft verschaffte, die sich ebenfalls wie ein roter Faden durch ihr Leben ziehen sollte: Willie Knocker – ein blonder, etwas korpulenter weißer Kenianer, gleichfalls Student und Liebhaber der Naturgeschichte, damals Sallys Freund. Emma fand den ehemaligen Soldaten herrisch, scharfzüngig und verbohrt, aber sie genoss stets die Herausforderung, sich mit ihm zu streiten. Er wiederum nannte sie ihrer scharfen Zunge wegen »Lady Cruella de Ville«. Damit war die Freundschaft besiegelt.

Als Zuwachs zur Gruppe ging Annabel, die schöne und hochgebildete älteste Tochter unseres Vikars und alten Familienfreunds Frank Ledgard, wegen ihrer ersten Arbeitsstelle nach dem Examen nach Oxford. Nachdem Annabel ein Haus für eine Wohngemeinschaft mit Gleichaltrigen gefunden hatte, zog Emma zu ihr. Ich war nicht gerade begeistert, als ich davon hörte – ich meinte, Emma gebe ihr Studentenleben zu früh auf, um mit Älteren zusammenzuziehen, die nicht die gleichen Lebensziele hatten, und mehr Geld als sie. Alle waren sie auf ihre eigene Art Überflieger. So entstand eine Künstlerkolonie aus Schauspielern, Bildhauern, Wissenschaftlern und Landschaftsarchitekten im Kleinformat. Doch Emma fügte sich wie immer ein, und das Haus der Wohngemeinschaft, das alte Postamt von Littlemore, ein reizendes Landhaus mit einem geräumigen, aber verwahrlosten Garten, sollte für die nächsten drei Jahre ihr überwiegendes Zuhause werden.

Sie stieg vom Fahrrad zum Moped auf und kaufte ein paar indische Bantam-Hühner in der Hoffnung, der Eierverkauf werde zum Haushaltsgeld beitragen, was auch ganz gut klappte, bis jemand das Gartentor offen ließ und die Hühner entflohen. Sie baute Gemüse und Zuckererbsen im Garten an und schrieb mir ausführlich, wie aus dem zuvor mickrigen Rasen unter ihrer Pflege ein wunderschöner hellblauer Teppich von Ehrenpreis gewachsen sei. Noch Jahre später reagierte ich beim Anblick einer Wiese mit Ehrenpreis mit Tränen und der Sehnsucht, sie möge da sein und mit mir den Anblick genießen.

Emma, die immer einen guten Draht zu Älteren hatte, freundete sich mit ihren Vermietern Teddy und Jeffie Hall und im späteren Verlauf auch mit deren Söhnen Bill und Martin an. Der sechsundzwanzigjährige Bill, ein eleganter Frühabsolvent der Universität Exeter, war in ihrem auf Ingenieurlösungen und Computer spezialisierten Familienbetrieb tätig. Fliegen war seine Leidenschaft, er hatte mit neunzehn seinen Pilotenschein gemacht und drei Jahre vor der Bekanntschaft mit Emma seine erste einmotorige Maschine gekauft, eine *Robin Aiglon*, einen leichten Viersitzer.

Das erste Mal begegnete ich Bill ziemlich unerwartet an einem Sonntag in diesem Winter. Johnny und Jennie kicherten verschwörerisch den ganzen Morgen über ein dickes Geheimnis, als das Telefon läutete. Emma war dran.

»Hallo Mum, ich bin in Bedale«, sagte sie. »Ich komm' zum Mittagessen.«

Ich war freudig überrascht – und noch mehr, als ich erfuhr, Bill hatte sie zusammen mit Annabel aus Oxford zum Mittagessen hergeflogen. Es wurde ein wunderbar spontanes Familientreffen, bevor ich Bill und die zwei Mädchen zurück zu dem winzigen Feldflugplatz in der Nähe von Thirsk brachte. Bill wirkte sehr adrett, obwohl in Sportjacke und Cordhosen das genaue Gegenteil meiner unordentlichen und chaotischen Tochter – »etepetete« nannte ihn Emma und traf damit den Nagel auf den Kopf. Auf der Heimfahrt, nachdem ich sie abgesetzt hatte, fragte ich mich geistesabwesend, ob sich Gegensätze anzogen.

Bill liebte besonders Langstrecken-Alleinflüge. Er war bereits in Katmandu gewesen und per Inselsprung über Island und Grönland in die USA geflogen, doch sein großer Traum war es, eines Tages nach dem australischen Darwin zu fliegen, wo sein Urgroßvater den Grundstock zum Familienvermögen gelegt hatte. Ein Flug über fünfundzwanzigtausend Kilometer, der hundertzwanzig Tage dauern würde. Bill wusste, das konnte er unmöglich alleine schaffen.

»Ich trau' mich, wenn du dich traust«, sagte Emma und meldete sich freiwillig als seine Reisegefährtin und Kopilotin. Bill konnte dieser quirligen jungen Frau kaum widersprechen, die dabeizuhaben zumindest einen Riesenspaß versprach. Danach stand Emma nur noch vor dem winzigen Problem, mich von der Sache zu überzeugen, und dem etwas größeren, ihre Lehrkräfte breitzuschlagen, sie drei Monate mit dem Studium aussetzen und danach trotzdem Examen machen zu lassen. An einem Wochenende in diesem Winter kam sie heim, mit diesem neuen Glanz in den Augen. Ich hielt es zuerst für Liebe oder zumindest Verliebtheit in einen Mann. In jedem zweiten Satz kam Bills Name vor. Doch nach einer Weile, als ich die volle Wahrheit erfasst hatte, wurde mir klar, das Leuchten in ihrem Blick hatte nichts mit Körperlichem zu tun. Es galt dem großen Abenteuer.

Zunächst reagierte ich mit blankem Entsetzen. Nicht einmal so sehr wegen der auf der Hand liegenden Gefahren eines Fluges um die halbe Welt in einem einmotorigen Flugzeug mit einem Mann, den sie kaum kannte. Viel erschrockener war ich darüber, dass sie überhaupt auf den Gedanken verfiel, an so einem entscheidenden Zeitpunkt das Studium zu unterbrechen.

»Aber da kannst du doch nicht mitfliegen, Emma«, beharrte ich, energisch die Soße für das Brathuhn rührend. »So eine Studienunterbrechung kannst du dir unmöglich leisten. Sei doch vernünftig.«

Sie bedachte mich mit einem vernichtenden Blick. Ich fühlte mich als Spielverderberin und musste stirnrunzelnd an die eigene Jugend denken, in der meine Mutter alles missbilligt hatte, was ich unternahm.

Emma spürte mein Schwanken und fasste nach. »Aber Mami, bitte«, drängte sie. »Es ist die Chance meines Lebens. Das wäre doch wie ein fliegender Teppich, der mich an Orte trägt, von denen ich bisher nur geträumt habe.«

Als ich aufsah, wusste sie, sie hatte gewonnen. Ich wedelte mit dem Kochlöffel und nickte bedächtig.

»In Ordnung, Emma, aber unter einer Bedingung ...«, setzte ich an.

Sie umhalste mich und presste mich an sich. Ich schob sie weg, sah ihr direkt in die grünen Augen und sagte entschieden:

»Du darfst dann mitfliegen – und ich meine, nur dann –, wenn deine Professoren sagen, du kannst dir die Auszeit leisten.« Sie nickte lächelnd, und ich merkte, sie war bereits am Überlegen, wie sie es ihnen beibringen würde. Sie wusste genau, mit einem bisschen Honig ums Maul waren die noch viel leichter herumzukriegen als die Mutter.

Und so kam es auch. In einem Augenblick glücklicher Inspiration kam Emma auf eine Idee, die das College überzeugte, ihr die Auszeit zu gestatten. Sie behauptete, die Vogelschau werde ihr eine Fülle von Eindrücken für ihre Kunst vermitteln. Sie werde eine Kamera mitnehmen und die ständig wechselnden Farben und Formen der Landschaft fotografieren, wenn sie Meere und Wüsten, Dschungel und Berge überflogen, und diese Dias nach der Rückkehr zur Grundlage aller weiteren Projekte machen. Mit der für sie so typischen klaren Argumentationsweise brauchte sie nicht lange, um sie zu überzeugen. Nachdem sie eine sechsmonatige Verlängerung ihres Studiums ausgehandelt hatte, begannen Emma und Bill den Flug ernsthaft zu planen. Emma warf sich mit voller Energie in die Werbung, indem sie Zeitungen und Rundfunksender auf der ganzen Welt anrief und etappenweise Berichterstattungen über den Flug vereinbarte. Dabei machte sie äußerst wertvolle Erfahrungen, auf denen sie Jahre später aufbauen konnte. Sie hatte Öffentlichkeit nie gescheut, hatte die Kamera von Kind an geschätzt und wusste, wie sie sie zu ihrem Vorteil handhaben konnte.

Bill konzentrierte sich darauf, Auftankgelegenheiten zu organisieren und das Geld für die Hotelübernachtungen zusammenzubringen. Ich hatte volles Vertrauen in ihn. Er war ein ernsthafter und fähiger junger Mann, der seine Beurlaubung von der Arbeit selbst ausgehandelt hatte und seine Flugroute mit großer Sorgfalt plante. Während er mit Emma über Land- und Seekarten brütete und jede Etappe des Fluges durchkalkulierte, wuchs ihre Vorfreude – und meine.

»Es gibt zwei wichtige Einschränkungen«, sagte Bill zu Emma, auf alles gefasst. »Ich glaube nicht, dass es gut wäre, wenn du auf diesem Flug deine Hippieklamotten trägst. Das verursacht mit Sicherheit Schwierigkeiten, je weiter östlich wir kommen. Bei jeder Landung werden sie glauben, wir hätten eine Ladung Drogen an Bord.«

Zu seiner und meiner Überraschung nickte Emma zustimmend. Schließlich war er der Käpt'n. Bill nahm allen Mut zusammen und diktierte die zweite Bedingung. »Und das Zweite ist, dass du nichts von deinem komischen Schmuck trägst. Die vielen Metallklunker bringen mir sonst das Navigationssystem völlig durcheinander.« Emma zog einen Flunsch und fasste sich abwehrend ans Handgelenk. Es war, als fordere man sie auf, nackt zu reisen. Zögernd gab sie dann allerdings nach und vermachte ihre Armreifen einer entzückten Jennie.

Nachdem die Bedingungen geklärt und die Reisetaschen gepackt waren, stand dem Abflug nichts mehr im Wege. So versammelten sich am Samstag, dem 11. Januar 1985, auf dem Flugfeld von High Wycombe Park in Buckinghamshire unweit von Oxford Jennie, Johnny und ich gemeinsam mit Bills Familie, um die beiden jungen Weltreisenden zum Flug in ihrer winzigen Maschine auf die andere Seite des Erdballs zu verabschieden. Bei der Ankunft auf dem schneebedeckten Flugfeld war ich schon restlos nervös, aber als ich dann den Flieger aus dem Hangar rollen sah und mir klar wurde, er war kaum größer als mein R 4 und erheblich labiler, griff mir die Angst ans Herz. Die Größenordnung ihres Unterfangens schien kaum machbar, doch Emma war so aus dem Häuschen, dass ich mich wie immer von ihrer Begeisterung mitreißen ließ.

Bill blieb ruhig, als die letzten Systeme überprüft wurden, drängte aber darauf, dass sie termingerecht abflogen und sich an den Flugplan hielten, während Emma umständlich herumkramte und alle erforderlichen Habseligkeiten in die enge Kabine packte, keinen Platz für Bequemlichkeit lassend. Das kleine Flugzeug quoll über vor Weltkarten, Überlebensausrüstungen, Gummifloß mit Schwimmwesten, Navigationsbesteck, Taschenrechnern, Fliegerschokolade und Zusatztank. Zum Glück hatten wir auf Vorschlag von Bills Vater Emmas riesigen alten Schrankkoffer gegen eine kleine Reisetasche ausgetauscht, in der sie nur fünfzehn Kilo persönliche Sachen mitnehmen konnte.

Bill ließ den Motor an, und nach einem gefühlvollen Abschied hoben sie ab, während wir winkten und sie in die dichten schneeträchtigen Wolken verschwinden sahen. Ich blieb schweigend auf der Startbahn stehen und lauschte, wie sich das Geräusch ihres Kleinflugzeugs in der Ferne verlor. Einen kurzen Augenblick wollte ich es mir anders überlegen, meine Tochter zurückrufen und ihr sagen, ich hätte mich geirrt. Am Vorabend hatte ich im *Oxford English Dictionary* das Wort »adventure« nachgesehen und zu meinem Schrecken festgestellt, dass es »Gelegenheit für Gefahr und Verlust, Risiko, Untergang; ein gefährliches Unterfangen oder Vorhaben« bedeutete. Beschwichtigen konnte ich mich da nur noch durch hastige Vergewisserungen im *Chambers Dictionary*, wo Abenteuer definiert wurde als »bemerkenswerter Vorfall; ein Wagnis oder eine kommerzielle Spekulation; ein aufregendes Experiment; Unternehmungslust«.

Emma und Bill bekamen die ersten Probleme, kaum waren sie gestartet. Das Wetter über Europa war bitterkalt, und Schneestürme drohten sie zum Landen zu zwingen. Noch in der Luft beschloss Bill, die Flugroute zu ändern und die Landmasse Frankreichs zu umfliegen. In dem Versuch, den französischen Fluglotsen die neue Route klarzumachen, stieß er auf seine erste Sprachbarriere. Schlechtes Wetter und Übermittlungsprobleme sollten sie weiter verfolgen. Auf der Etappe von Athen nach Kreta musste Emma mit der Taschenlampe aus den kleinen Fenstern die Tragflächen ableuchten, um sicherzugehen, dass sie nicht vereisten, eine Gefahr, die bei Temperaturen unter dem Nullpunkt Tragflächenprofil und Auftrieb verändert und tödlich sein kann. Noch größer wurde das Risiko, als das kleine Flugzeug von starken Scherwinden gebeutelt wurde und sie wegen eines Fluglotsenstreiks in Griechenland auf Korfu ohne jede Unterstützung vom Boden landen mussten. Emma erzählte mir später, auf dieser Etappe habe sie wirklich Angst gehabt.

Die *Aiglon* konnte in einer Höhe von 10.000 Fuß etwa sechs bis acht Stunden lang 210 Kilometer pro Stunde fliegen, bevor sie aufgetankt werden musste. Sie mussten daher in vielen fremden Ländern heruntergehen. Nach Frankreich führte sie ihre Route über Italien, Griechenland, Ägypten, Saudi-Arabien, Bahrain, Pakistan und Indien. Sie wollten drei Wochen als Touristen in Indien verbringen, bevor sie nach Burma, Thailand, Singapur und Malaysia weiterflogen, und dann am 29. März um zwei Uhr auf halbem Wege ihrer neunmonatigen Rundreise Annabel im Fernen Osten treffen. Ich staunte über ihre Zuversicht, diese Verabredung einhalten zu können.

Von dort aus würden sie nach Australien weiterfliegen, mit Zwischenlandungen in Darwin, Tennant Creek, Alice Springs, Ayers Rock, Broken Hill, Melbourne, Sydney und schließlich Rockhampton bei Mount Morgan in Queensland, um das Goldbergwerk zu besuchen, das Bills Urgroßvater Ende des 19. Jahrhunderts besessen hatte. Danach wollten sie sich auf den Heimflug machen. Es war ein sagenhafter Flug in einem so kleinen und potenziell anfälligen Flugzeug, über so viele Kilometer und durch eine solche Vielfalt klimatischer Bedingungen. Sie flogen lange Strecken übers Meer oder über schroffes Gelände, wo sie keine Notlandung überlebt hätten und es fast schon ein Wunder war, dass sie nicht mit mehr Problemen zu tun bekamen.

Bills Hauptsorge nach Frankreich galt dem Kompass, an dem ihre Existenz hing. Eine Luftblase bildete sich darin, schränkte die Präzision drastisch ein und lieferte ihnen Abweichungen von bis zu fünfzehn Grad. Indem er sich zu Emma hinüberbeugte, schrie ihr Bill durch den Motorenlärm jeweils Anweisungen zu, wie sie die Karten lesen sollte und welche Wahrzeichen sie ausmachen sollte – damit er sich mangels Kompass an diesen orientieren konnte. Fliegen in bester Abenteurertradition. Bill hatte zwar eine Trimmeinrichtung, eine Art automatischen Piloten, der ihm gestattete, zwischendurch selbst Karten zu lesen, doch Emma als Navigatorin und Kopilotin trug dafür die Hauptverantwortung.

Als sie die Wüsten des Mittleren Ostens erreichten, wurde ihr kleines Flugzeug plötzlich von heftigen Thermikwirbeln hochgerissen, die sie in eine instabile Fluglage zu bringen oder möglicherweise gar bis in die Luftstraßen kreuzender Düsenflugzeuge zu heben drohten. Die Furcht vor verdunkelnden Staubstürmen hielt sie davon ab, an windigen Tagen zu fliegen. Auf dem Weiterflug ostwärts mussten sie peitschende Monsunregen durchstehen, die Wasser ins Flugzeug drückten und den Blick nach draußen unmöglich machten, während überall um sie herum eine Kakophonie von Blitz und Donner tobte. Über Karatschi in Pakistan versagte plötzlich die Motorzündung, und den beiden blieb fast das Herz stehen. Mit dem Taschenschraubenzieher und seiner Erfahrung als Ingenieur konnte Bill zum Glück die Funktionsstörung beheben, bevor sie abschmierten, indem er während des Fluges die Instrumententafel abschraubte und den gebrochenen Kontakt notdürftig mit Klebeband fixierte. Bei anderen Gelegenheiten fiel des öfteren die Lichtmaschine aus, und ein defektes Heizrohr musste mit Knetmasse abgedichtet werden.

Doch nicht nur in der Luft ergaben sich Schwierigkeiten. Es war Emmas Aufgabe gewesen, alle Visa für die Einreise in die Länder zu organisieren, in denen sie planmäßig landen wollten – darunter das notorisch bürokratische Saudi-Arabien –, doch sie bezirzte alle, die Sichtvermerke ohne weiteres einzustempeln. Um bei den Beamten, mit denen sie zu tun hatten, so wenig Verdacht wie möglich zu wecken – besonders im Mittleren Osten, wo ein unverheiratetes Paar nur im Arbeitsverhältnis gemeinsam reisen darf –, trug Bill eine Flugkapitänsuniform, und Emma lieh sich so etwas wie eine Stewardessenuniform aus, komplett mit zwei unvorschriftsmäßigen goldenen Armstreifen. Im beengten Chaos der winzigen Kabine kam ihr jedoch alsbald einer davon abhanden, was die

Kostümierung prompt auffällig werden ließ und mehr als einmal dafür sorgte, dass die beiden aufgehalten und von knurrigen Beamten verhört wurden. Sie mussten dann glaubhaft machen, dass sie weder Drogen schmuggelten noch geheimdienstliche Zwecke verfolgten. Manchmal wurde es recht schwierig, misstrauische Beamte der Einwanderungskontrolle zu überzeugen, dass sie bloß zwei wagemutige Weltenbummler vor sich hatten.

Bill hatte Emma ausdrücklich gebeten, mit einer ihrer ehrwürdigen Traditionen zu brechen und einen BH anzuziehen – er konnte sich die Probleme in manchen Ländern lebhaft vorstellen, wo schon ein unbedeckter Knöchel Männerblut in Wallung bringt, geschweige denn eine durchscheinende Brustwarze. Beim Abfliegen hatte Emma pflichtschuldig einen an, legte ihn aber nach wenigen Stunden mit der Behauptung wieder ab, er drücke. Bill seufzte und war dankbar, dass ihre weiße Uniformbluse wenigstens Brusttaschen hatte.

In Delhi kamen sie schon wieder in die Klemme, als sie entdeckten, dass sie nicht aufs Flugfeld kamen und damit theoretisch ihr Flugzeug nicht erreichen konnten, weil sie weder ein Flugticket noch einen Passagierschein für Flugpersonal besaßen. Sie bluffsten, indem sie mit ihren internationalen Führerscheinen wedelten, und kamen ungehindert durch die Sicherheitskontrolle. In Dschidda dagegen waren die Beamten nicht so einfach zu düpieren. Emma wurde sistiert und allein in einen Raum gesperrt, bis Bill aufgetankt hatte, weil Frauen ohne Begleitung sich dort nicht frei bewegen dürfen.

Die Landegebühren schwankten drastisch – von 300 Dollar für genau zwei Stunden in Dschidda (genauso teuer wie ein Jumbo) bis nur 2 Dollar über Nacht in Rangun. Dankbar waren sie für ihren Zusatztank, als sie den Fernen Osten erreichten. Etliche unter den entlegeneren Flughäfen hatten nur Kerosin, aber kein Flugbenzin für Sportflugzeuge anzubieten, und sie mussten die vorhandene Notreserve von Hand absaugen und in die Flügeltanks umpumpen, eine mühsame Angelegenheit. Jeden Abend landeten sie und übernachteten in Hotels vor Ort, bevor sie in der Morgendämmerung wieder starteten. Mit der Behauptung, sie seien Personal einer Fluggesellschaft, handelten sie bei Luxushotels wie dem Raffles in Singapur fünfzig Prozent Rabatt heraus, und ich freute mich, dass auch Emma im Tollygunge Club in Kalkutta abstieg, wo ich vierundzwanzig Jahre zuvor so viele glückliche Stunden verbracht hatte.

Als sie für verdorbenes Essen berüchtigte Länder erreicht hatten, galt ihre Hauptsorge in der Luft der Notdurft. Sie achteten sehr darauf, nichts zu essen, wovon sie Durchfall kriegen konnten. Für den Notfall hatten sie zwar Urinbeutel dabei, doch verblüffenderweise schafften sie es, Blase und Darm so zu trainieren, dass der Rhythmus mit den Auftankgelegenheiten zusammenfiel. In Indien besuchten Emma und Bill Patiala, ein kleines Fürstentum in den Vorbergen des Himalaja. Emma, in Sichtweite dieses Hochgebirges geboren, verbrachte ihren einundzwanzigsten Geburtstag im Schatten desselben Schneegipfels wie ich den meinen. Sie besuchte auch einen Ort unweit Dehra Dun, wo meine Eltern geheiratet hatten. Ich dachte den ganzen Tag an sie und glühte vor Stolz, dass sie an ihrem wichtigsten Geburtstag etwas so Befreiendes unternahm.

In einem Brief nach Hause von Patiala, wo sie bei einem Freund von Bill namens Uvi unterkamen, einem ehemaligen Maharadscha, schrieb Emma:

> Wir haben es geschafft, Sichtvermerke zu bekommen (nur durch Uvi). Bestimmt sind wir die einzigen Westler dort gewesen, und alle starrten uns an, als seien wir soeben vom Mars gelandet. Wir haben drei Tage oben im Himalaja bei Simla verbracht, der alten Sommerfrische Delhis. In dieser herrlichen Bergwelt habe ich meinen einundzwanzigsten Geburtstag gefeiert – welcher Ort könnte besser sein? Die Son-

nenuntergänge waren unglaublich und das Panorama atemberaubend. Uvi hatte einen herrlichen Sommerpalast namens Chial etwas höher in den Bergen, aber die Regierung hat den Besitz wie so viele andere leider enteignet, und jetzt ist es ein tristes, heruntergekommenes Hotel. Es ist ein Jammer, wenn man diese von der Regierung betriebenen Immobilien wie das Old Fort in Patiala sieht. Alle zerfallen sie allmählich, weil die Regierung nach der Beschlagnahme weder das Geld noch den Willen zum Unterhalt hat.

Emma und Bill machten einen ungeplanten Abstecher nach Katmandu, um die zweiwöchige Befristung ihres indischen Touristenvisums zu umgehen und weil Emma dorthin wollte. Bill freute sich, diesen wunderschönen Ort auf dem Dach der Welt mit Emma erleben zu können, die ihm eine liebe und enge Freundin war, aber nichts weiter. Als sie durch ein Tal zwischen Bergflanken aus Katmandu hinausflogen, verblüffte sie ein Teppich wuchernden roten Rhododendrons, ein herrlicher Anblick. Das Flugzeug brachte gerade noch die Motorkraft auf, sie über das Gebirge hinüber nach Varanasi zu heben.

Nach der Landung am Flughafen Dum Dum in Kalkutta wurden sie von der Lokalpresse empfangen, die von Emma vorweg benachrichtigt worden war. Als ihr Foto in der lokalen Tageszeitung erschien, verschluckte sich ein gewisser Dr. Rhakal Chowdhury fast beim Frühstückskaffee. Er griff zum Telefon, rief einen früheren Arztkollegen in England an und wollte wissen:

»Ist das etwa *unsere* Emma?«

Es war der Arzt, der Bill und Wendy Burton bei Emmas Geburt vor einundzwanzig Jahren in der winzigen Teepflanzungsklinik in Assam assistiert hatte.

Bill und Emma schafften es bis nach Bali und trafen sich

wie geplant mit Annabel, am vereinbarten Tag und zur vereinbarten Uhrzeit. Sie verlebten eine herrliche Zeit zusammen. Während des Flugs hatten sie sonst immer in sicheren und anerkannten Hotels übernachtet und aus Kostengründen ein Zimmer geteilt, aber als sie Bali erreicht hatten, suchte Emma entschlossen Unterkünfte außerhalb der Touristengebiete. Bill kapitulierte und gab später zu, dass es oft aufregender war, wenn sie die Unterkunft auswählte. Das galt auch für das Hotel in Bali, das ihm derart gefiel, dass er drei Jahre später mit seiner Frau dort die Flitterwochen verbrachte.

Ich bekam sporadisch Nachricht von Emma während ihrer Reise, je nach Postlaufzeit, doch ich bewahrte alle ihre Postkarten und Luftpostbriefe auf. Der Flug wurde von den Lokalzeitungen sowohl in Yorkshire als auch in Oxford verfolgt, und sie hielt alle ihre Versprechungen ein, Fühlung zu halten. In einem Interview mit Radio Oxford erklärte sie auf Nachfrage seelenruhig, nach einer Notlandung im Meer werde sie auf die nächste Klippe krabbeln und die Wellen zeichnen, bis Rettung käme. Nach halber Strecke jedoch und am Tage nach meinem dreiundvierzigsten Geburtstag klingelte etwa um neun Uhr abends bei mir das Telefon. Ich hob ab und hörte ihre rauchige Stimme.

»Hallo, Mum«, rief sie fröhlich ins Telefon, »ich möchte dir nur mal von meinem fliegenden Teppich berichten. Wir sind jetzt in Australien, es ist gerade nach Sonnenaufgang, und Bill und ich sind oben auf dem Ayers Rock.« Dann eine Pause, und ein zufriedener Seufzer: »Und Mami, die Weite hier ist atemberaubend.«

Die Tränen stiegen mir in die Augen. Es war herrlich, ihre Stimme zu hören, und es ehrte mich, dass sie mich ausgesucht hatte, um einen der erhebendsten Augenblicke in ihrem Leben mit mir zu teilen.

Obwohl Bill und Emma sehr verschieden waren – er Gelehrter und Wissenschaftler, sie künstlerisch und extravertiert –, waren sie einander hervorragende Reisegefährten und konnten ihr unvergessliches Abenteuer erfolgreich abschließen. Beim Überfliegen des Ärmelkanals an einem dunstigen Morgen sahen sie die weißen Klippen von Dover aus dem Nebel aufsteigen.

»Na, wir haben's geschafft«, grinste Bill, der Lebenstraum war erfüllt, die Reise zu Ende.

Emma brachte kein Wort heraus. Der Augenblick hatte zu viel Bedeutung. Doch für sie war er der Beginn einer Reise, nicht das Ende.

Ich war eine Fremde, ein Wochenendgast;
Doch dann sah ich die Klippen von Dover
Und merkte verblüfft: Ich weinte ja fast ...

Sie landeten in England am 1. Mai, nach einem Flug von insgesamt 45 000 Kilometern. Emma hatte Bills »finanzielle Reserve« für ein Sammelsurium exotischer Kleidungs- und Schmuckstücke für sich selbst ausgegeben, aber ihr einziger wirklich extravaganter Einkauf auf der ganzen Reise war eine wunderschöne Bahn türkisblauer Rohseide, ein Geschenk für mich, aus dem ich mir etwas ganz Besonderes schneidern sollte. Ich war gerührt.

Die Wochen nach ihrer Rückkehr war sie absolut glücklich und konnte es kaum erwarten, ihre Luftaufnahmen von den Dutzenden von Filmen zu sehen, die sie per Post nach Hause geschickt hatte. Ich hatte mit den Dias oder Kontaktabzügen nie etwas anfangen können, aber sie legte sich zwischen sie auf den Boden und wählte ohne Verzug die besten aus. Sie sprach mit Ehrfurcht von der erstaunlichen Vielfalt von Bildern, die sie unter sich auf der Erde hatte vorbeiziehen sehen – Strukturen von Menschenhand und beklemmend abstrakte oder gestaltlose Flächen. Getreu ihrem Versprechen und zur Freude ihres Professors hatte sie innerhalb von zwei Wochen eine Ausstellung mit ihren Fotos arrangiert, die sie durch die häufig beschlagenen Scheiben der kleinen Kabine gemacht hatte. Sie sollte »Die Erde von oben« heißen und im Oktober darauf in der Poster Gallery in Oxford gezeigt werden. Ihre Reise war zum Triumph geworden.

Sie war begeistert von den Reaktionen der Leute, die von ihrer Reise hörten, und hingerissen, wenn sie darum baten, ein paar Abzüge kaufen zu dürfen. Es sprach sich herum, und bald darauf wurde sie aufgefordert, ihre Erlebnisse für einen zweiseitigen Artikel in *Harpers & Queen* unter dem Titel »*Aussie Odyssey*« niederzuschreiben. Es war ihr erster echter Kontakt zur Welt der Zeitschriften, und sie war wie trunken davon. Sie genoss das Machtgefühl, das das Schreiben vermittelt, kokettierte mit dem Ruhm, und ich spürte instinktiv, dass sie das Gelernte speichern und später zu ihrem Vorteil nutzen würde. Der Artikel wurde zusammen mit zwölf ihrer Fotos gedruckt, die unter anderem die Felder Frankreichs, die arabische Wüste bei Luxor, Straßen in Dschidda, verdorrte Reisfelder in Indien, terrassierte Vorgebirge des Himalaja in Nepal, eine Dschungellichtung in Malaysia und einen Salzsee in Australien zeigten. Im letzten Absatz schrieb sie:

> Die Kontraste bei Gerüchen, Ernährung, Kultur oder Religion waren für sich schon faszinierend, aber für mich war der interessanteste Aspekt der Reise die Gelegenheit, die Erdoberfläche aus der Vogelschau zu betrachten. Da wir niedrig flogen, konnten wir die meiste Zeit die Landschaft unter uns klar erkennen. Es gab natürlich auch andere Tage, besonders in Europa, wo das Flugzeug in einen Wolkenschleier gehüllt war oder wir über die Wolkendecke stiegen und in die stille, surreale Welt der Wattebäusche hineinflogen … doch die meiste Zeit zogen geometrische Ackerlandschaften, trockene Wüsten, wasserreiche Sümpfe, gewundene Flüsse und schneebedeckte Berge unter uns hinweg. Straßen schlängelten sich wie Flüsse über die Erdoberfläche.

Der Artikel wurde freundlich aufgenommen, und ich fragte mich, ob darin vielleicht ihre Zukunft lag. Sie war sprachlich schon immer sehr gewandt gewesen, und jetzt, schien es, erhielt sie ihren ersten Vorgeschmack von Ruhm. Bei ihrem großartigen Aussehen und ihren auffallenden Kleidern konnte ich mir gut vorstellen, dass sie irgendwann bei einem schicken Londoner Magazin arbeitete, das Layout entwarf und Fotoserien in Auftrag gab. Es war eine Laufbahn, von der ich wusste, dass sie sich darin wohl fühlen würde. Ich fragte mich, ob sie auch das schaffen würde, weil jemand einmal bemerkt hatte, ob man sie liebe oder hasse, Emma wisse sich immer durchzusetzen.

Egal was die Zukunft für meine älteste Tochter bereithielt, freute es mich doch, dass ihr das Medieninteresse nicht zu Kopfe stieg. Sie war nicht zu eingebildet, mir die Bitte abzuschlagen, im Spätjahr nach Yorkshire zu kommen und im Rathaussaal der Gemeinde einen Vortrag zu halten, damit wir Geld für wohltätige Zwecke zusammenbekamen. In einem Saal voller Leute, die alle neugierig waren, was sie erlebt hatte, führte uns Emma mit einem vom Nachbarn entliehenen Projektor mit der Routine eines erfahrenen Redners durch jede Etappe ihres Fluges. Es war ein Ereignis, das die Menschen von Crakehall verblüffte und noch monatelang Gesprächsstoff lieferte. Danach wurde sie nur noch als »unsere kleine Amy Johnson« bezeichnet, nach der englischen Luftfahrtpionierin, die 1930 den Alleinflug von England nach Australien geschafft hatte und nach einer Notwasserung im Zweiten Weltkrieg ertrunken ist. Klar, dass Emma diesen Titel genoss.

8

Die Rückkehr nach Oxford nach ihrem großen Abenteuer fiel Emma sehr schwer. Obwohl sie weiterhin Oxfords intellektuelle und emotionale Reize in sich aufsog, machte ihr die neu erlangte Gewissheit, dass das ersehnte Leben für sie außerhalb des Gewöhnlichen lag, die Grenzen der Universitätsstadt schmerzlich bewusst, sie empfand das Studium inzwischen als reine Quälerei. Den Schwung für einen zügigen Abschluss ihrer Examensarbeit über den Künstler Leon Underwood hatte sie verloren. Entgegen allen Zusagen an mich und ihre Lehrer musste sie um ein Jahr Verlängerung bitten. Sie bedurfte der ständigen Ermutigung durch Annabel, meines Drängens und der unglaublichen Langmut ihres Professors. Die ganze Zeit ging ihr nur der Flug im Kopf herum und was er für sie bedeutete.

Nicht gerade verbessert wurde ihre Konzentration auf die Arbeit dadurch, dass Sally Dudmesh und Willie Knocker auf einen lange geplanten Urlaub nach Kenia geflogen waren. Emma wäre nichts lieber gewesen, als mitzukommen, obwohl sie genau wusste, dass das derzeit für sie nicht in Frage kam. In einem Brief nach Hause schrieb sie mir: »Besonders gut fühle ich mich nicht dabei, so viele Möglichkeiten zu sehen und hier nicht einfach auf und davon zu können, weil ich zu viele Pflichten habe.« Sie lernte gerade eine der wichtigsten Lektionen des Lebens.

Afrika war ihre neueste Leidenschaft. Der dunkle Erdteil kam ihrem Hang zum Exotischen entgegen. In Oxford hatte sie Umgang mit allerhand Leuten, die die meiste Zeit über Afrika redeten, afrikanische Musik hörten und die politische Lage dort erörterten. Der koloniale Lebensstil, von dem Willie und Sally aus Kenia berichteten, erinnerte sie an ihre Kindheit in Assam – ein warmes Klima, eine großartige Fauna und Landschaft, Diener und Tage des Müßiggangs. Im Vergleich dazu wirkte England plötzlich klein und beengt, Oxford erstickend und langweilig. Mit Yorkshire konnte sie sich nicht mehr identifizieren, und Surrey war zu kleinbürgerlich. Sie wollte in fremde Länder fliegen und so viel erforschen und erfahren wie möglich. Im Frühjahr 1985 wurde die Verlockung übermächtig. Sie verkündete, sie halte es nicht mehr aus und habe für Juli eine große Afrika-Rundreise mit Willie und Sally vor, von Sansibar bis Kamerun.

Während sie eisern für die Flugtickets sparte und mit ihrer Examensarbeit kämpfte, besserte sie ihr Stipendium mit allen möglichen Aktivitäten auf, indem sie zum Aktzeichnen Modell stand und eine Teilzeitstelle als Putzfrau und Kellnerin in einem Oxforder Hotel annahm. Im Sommer 1985 bekam sie Arbeit im indonesischen Restaurant *Munchy Munchys* bei Tony und Ethel Ow, die sie mit dem Hintergedanken einstellten, ihr Aussehen und ihre rauchige Stimme würden Kunden anlocken. Damit lagen sie absolut richtig, aber es war durchaus nicht einfach, meine Tochter als Angestellte zu haben. Sie trug riesige hölzerne Armreife vom Handgelenk bis zum Ellenbogen und wollte sie partout nicht ablegen, auch nicht um der Hygiene willen. An ihrem allerersten Tag wollte sie ein Glas vom Tisch nehmen, aber die Armreife rutschten ihr hinunter bis zum Handgelenk, und das Glas zerschellte am Boden. Erst danach fügte sie sich.

Später, als sie ihren Job gelassener nahm, kam sie regelmäßig mit Farbe bespritzt zur Arbeit, nachdem sie Freunden in ihrer Londoner Wohnung beim Streichen geholfen hatte, um noch ein bisschen nebenbei zu verdienen. Ethel und Tony hatten täglich Streit mit ihr wegen ihres Erscheinungsbilds und ihrer Arbeitseinstellung. Mindestens einmal wurde sie unter lautem Protest nach Hause geschickt, die Farbspritzer abzuwaschen, bevor sie an den Tischen bedienen durfte. Aber bald gewöhnte sie sich ein, und die Gaststätte brachte ihr Disziplin bei und gab ihr Gelegenheit, das Leben in der wirklichen Welt auszuprobieren. Noch wichtiger war von meinem Standpunkt als Mutter, dass sie während ihres ganzen Jahres dort jeden Tag eine warme Mahlzeit bekam.

Munchy Munchys war eines von jenen reinen Esslokalen ohne Ausschankgenehmigung, wo viele Anfangssemester verkehrten, Wein aus mitgebrachten Flaschen tranken und über Gott und die Welt diskutierten. Als schlichtes Lokal mit zivilen Preisen wurde es auch von Examenssemestern, gut Betuchten und gelegentlich auch von Berühmtheiten auf der Durchreise frequentiert. Durch die jüngeren Gäste aber weitete Emma ihre Kontakte zu afrikanischen Studenten aus, sprachgewandten jungen Männern, deren Familien sie zum Studium nach Oxford entsandt hatten. Emma war in einer vorurteilslosen Familie groß geworden, wo Menschen anderer Hautfarbe nicht anders behandelt wurden. So fühlte sie sich körperlich zu schwarzen Männern hingezogen und witzelte gern, weiße erinnerten sie immer an Regenwürmer.

Sudanesen waren ihr am liebsten: hoch gewachsene, sanfte Menschen, denen sie sich sofort wesensverwandt fühlte, nicht nur, weil sie genauso groß waren wie sie. Sie lauschte gebannt, wenn sie von ihrem Land, seiner Kultur und Politik erzählten, besonders von den Regionen, die mit Krieg, Hungersnot und Seuchen geschlagen waren. Während sie mehr über den Erdteil herauszufinden suchte, zu dem es sie mit aller Macht zog, beschäftigte der Sudan als eine der entlegensten, unzugänglichsten und unterentwickeltsten Weltteile ihre Phantasie. Sie war entschlossen, Näheres zu erkunden.

Wörtlich übersetzt bedeutet der Name Sudan »Land der Schwarzen«. Der Sudan erstreckt sich über zweieinhalb Millionen Quadratkilometer und ist damit etwa zehnmal so groß wie das Vereinigte Königreich. Sechzig Prozent der Bevölkerung sind Moslems, fünfzehn Prozent Christen, und die Übrigen hängen Naturreligionen an. Mehr als einhundert verschiedene Sprachen werden von fast sechshundert unterschiedlichen Stämmen oder Volksgruppen gesprochen, und zwei Drittel der Bevölkerung sind Nomaden mit Viehhaltung oder einfachstem Ackerbau. Den Norden bedecken trockene Wüsten, den Mittelteil Savannen, und äquatorialer Buschwald und Sümpfe breiten sich im Süden aus.

Der Krieg tobt im Sudan seit 1955, dem Jahr unmittelbar vor dem Ende der anglo-ägyptischen Kolonialherrschaft. 1983 wurde die Volksbefreiungsarmee des Sudan unter Führung von Dr. John Garang gegründet, einem Stammesangehörigen der Dinka, unterstützt vom Mengistu-Regime im benachbarten Äthiopien. Allmählich brachten die Rebellen große Teile des Südens unter ihre Kontrolle, und die Kämpfe mit den Moslems im Norden nahmen kein Ende. Drei Jahrzehnte Krieg haben dieses üppige und fruchtbare Land verheert. 1984 und 1985 forderten Hungersnot und Mangelkrankheiten durch Flüchtlingselend und Dürre am Horn von Afrika 300.000 Menschenleben und veranlassten die Vereinten Nationen, ein Hilfsprogramm für den Sudan auf die Beine zu stellen. Bilder verhungernder Kinder mit Mündern und Augen voller Fliegen wurden in die ganze Welt ausgestrahlt. Die Spendenbereitschaft war groß, aber wie in Äthiopien, Somalia und vielen anderen Dritte-Welt-Ländern war das Elend der Menschen so gut wie vergessen, als die Fernsehteams ihre Kameras eingepackt hatten und weitergezogen waren.

Wegen des Kriegs war die Infrastruktur des sudanesischen Dorflebens so gut wie zusammengebrochen. Krieg war jetzt das einzige Gewerbe. Schulpflichtige Kinder verbrachten ihre Zeit damit, mit Kalaschnikows auf dem Rücken meilenweit durch stinkende Sümpfe zu waten. Menschen, die eigentlich säen und ernten oder den Nil befischen sollten, lernten Handgranaten werfen und Maschinenpistolen auseinander nehmen. Millionen von Frauen, Kindern und Alten wurden zu Flüchtlingen und mussten Felder und Hütten im Stich lassen.

Im aufgewühlten politischen Leben von Oxford Mitte der achtziger Jahre war Emma von jungen Männern und Frauen umgeben, die sich leidenschaftlich für die Freilassung Nelson Mandelas, die Beendigung der Apartheid in Südafrika oder die Sandinisten Nicaraguas engagierten. Typisch Emma, verwarf sie die modischeren Politbewegungen für sich und ergriff Partei für die Probleme einer Region, von der noch kaum jemand gehört hatte. Diese Entscheidung sollte ihr Leben verändern, denn sie wurde immer tiefer in dieses Interessengeflecht hineingezogen. Ihre Verwandlung von einer fleißigen und interessierten Kunststudentin in eine vorwiegend politisch denkende Frau, die sich ganz den Benachteiligten widmete, vollzog sich nicht über Nacht. Sie erforderte mehrere Monate nächtlicher Debatten, viele Stunden Lektüre und Wochen exakter Nachforschungen, während derer sie sich mit allen Fakten wappnete. Allerdings trieb sie dabei in eine radikale Richtung. Sie brach mit Freunden, die ihr Engagement nicht verstehen wollten, und wurde bei der Auseinandersetzung mit den Gefahren und Aufregungen der sudanesischen Politik immer bedrückter und launischer.

Sie verhielt sich ziemlich geheimnistuerisch, blieb über Nacht weg und sagte ihren Mitbewohnerinnen nicht, wo oder bei wem sie gewesen war. In den Worten einer ihrer Freundinnen von damals »erweiterte Emma ständig die Grenzen ihres Lebens und experimentierte«. Sie nahm sich einen schwarzen Freund namens Jude, später einen anderen, der Louis hieß. Ihr Zimmer und ihr Alltag schienen überwuchert von Kunstprojekten, politischen Flugblättern, Geschichtsbüchern und zahllosen leeren Kaffeetassen. Anfang 1986 machte sie dann endlich ihren Abschluss, doch war sie da schon völlig von den Problemen des Sudan besessen und arbeitete unentgeltlich am Institut für Flüchtlingsfragen in Oxford. Sie gab jeden Gedanken an eine Berufslaufbahn in der Kunst oder an die Urlaubsreise nach Afrika auf, zog Mitte Juli nach London zu Sally in deren Wohnung im Barons Court und begann als Hilfskraft im sudanesischen Kulturzentrum in Kensington zu arbeiten, wo sie neu angelangten Studenten bei der Wohnungssuche und beim Einleben in London half.

Emma sagte immer, die Bezeichnung »Kultur« sei angesichts der Dienstleistungen des Zentrums für Studenten ziemlich fehl am Platz. Von außen war es ein hohes, schmales und elegantes Gebäude, aber drinnen herrschten überall Chaos und Verfall. Der Hausmeister hieß Robinson und arbeitete seit sechzehn Jahren für das Zentrum, eine Außenstelle der sudanesischen Botschaft. Er hatte Gicht und kam für die nötigen Instandhaltungsarbeiten an dem alten, baufälligen Haus nicht mehr die Treppen hoch. Das Dach leckte, elektrische Leitungen hingen frei in der Luft, und die Toilettenspülungen funktionierten auch nicht mehr. Im Erdgeschoss befand sich eine Bibliothek, aber der Katalog war so unverständlich, dass damit kein einziges Buch zu finden war.

Dennoch erfuhr Emma in London sehr viel mehr über den Sudan. Sie hatte mit Studienbeihilfen zu tun und wusste schon bald, auf wessen Seite sie stand. Die meisten Studenten und Diplomaten waren Araber aus dem Norden. Sie diskriminierten die wenigen Studenten aus dem südlichen Sudan in erschreckendem Maße. Emma klagte, diese würden wie Bürger dritter Klasse behandelt, noch eine Stufe schlechter als die Moslemfrauen. Aus Empörung darüber und unter dem Einfluss ihres Umgangs wagte sie sich auf riskantes Gebiet, indem sie die neue Hungersnot im Süden anprangerte und auf jede nur mögliche Art protestierte. Sorgen um sie machte ich mir nicht nur wegen ihrer politischen Radikalisierung. Zu meinem Schrecken marschierte sie auf einer militanten Demonstration gegen die Apartheid quer durch London zum Marble Arch, bekannte mir aber später, sie werde das nie wieder tun, wegen der Blasen. Sie ging zum Karneval der Schwarzen in Notting Hill, hatte eine weitere Beziehung mit einem charmanten Nigerianer namens Eddie und teilte uns allen mit, sie wolle bei der ersten Gelegenheit nach Afrika gehen. Ich war von ihren Aktivitäten verwirrt und verstört. Da ich die Vorzeichen nicht erkannte und nichts von den Themen wusste, für die sie sich engagierte, hoffte ich wohl insgeheim, es werde sich von selbst geben.

Angefeuert von ihrer neuen Möglichkeit, andere zu schockieren, erschien sie in Yorkshire zu einem großen Volljährigkeitsball in Abendgarderobe auf einem der Herrensitze Arm in Arm mit Eddie. Noch Jahre später konnte sie sich darüber amüsieren, wie die adlige Gastgeberin ihn irgendwann am Abend angesprochen und ihm Komplimente gemacht hatte, wie toll er doch auf schwarz geschminkt sei. Da sie jede Gelegenheit ergriff, sich für das zu engagieren, was ihr am Herzen lag, also den größten Teil der Dritten Welt, machte sie mit bei Band Aid, einem hochrangigen Spendenprojekt von Pop- und Rockgruppen, mit dem etliche Millionen Pfund für hungernde afrikanische Kinder aufgebracht wurden, und gab zeitweise sogar ihre Arbeit auf, um öffentliche Aufmerksamkeit auf den Sudan zu lenken und dringend benötigte Gelder dorthin umzuleiten. In ihrem rasanten Lernprozess hing sie gerade in einer Steilkurve. Da sie Menschen um sich herum hatte, die sich viel besser auskannten als sie, fühlte sie sich oft im Hintertreffen. Es war ihr klar geworden, dass sie alles hinwerfen und sich in Afrika ein eigenes Bild machen musste. Also wandte sie sich an die Vereinten Nationen und deren Freiwilligenprogramm wegen einer befristeten Arbeit im Sudan. Sie hatte ihre Berufung entdeckt. Aus London schrieb sie mir in diesem Sommer:

> Ich habe vor, in einem Jahr nach Afrika zu gehen. Hoffentlich finanziert mich die Flüchtlingsorganisation der Vereinten Nationen. Mein Wissen über Afrika ist so gering, dass ich mich durch dicke Bücher über die Flüchtlingsfrage lesen muss. Bis bald, Emma.

Ihr Vorhaben sollte früher gelingen, als sie gehofft hatte. Bereits im Frühjahr 1986 hatte sie sich eine Reise nach Khartum gesichert, zu ihrem ersten Besuch im Sudan. Sie flog hin, ohne mir Gelegenheit zu einem Abschied gegeben zu haben, aber sie schrieb mir häufig aus der betriebsamen Hauptstadt, deren Straßen nach dem Muster der britischen Fahne angelegt sind. Khartum, schrieb sie, wirke sehr arabisch, es sei eine Welt von Wüsten und Zeltstädten, alten Kulturen und uralten Sitten. In den Straßen herrsche lebhaftes Gedränge, die Männer trügen schneeweiße Turbane und Kapuzenumhänge, die Frauen seien in leuchtend bunte Stoffbahnen gewandet. Die Luft sei immer warm und dufte nach Gewürzen und Kräutern. Sie war in ihrem Element.

Aus Showak, wo sie Gast des damals stellvertretenden Leiters eines Flüchtlingsprojekts mit eigenem Zimmer und einem sehr schönen Garten ganz für sich war, schrieb sie mir:

> Du hörst sicher mit Sorge, dass ich behandelt werde wie eine Königin. Die sudanesische Gastfreundschaft ist überwältigend, so zuvorkommend, wie wir es in England nicht kennen. Als Gast darf ich weder kochen, waschen, bügeln, mein Bett machen oder auch nur ohne Begleitung ausgehen. Letzteres ist in Khartum ein Segen, weil es keine Straßennamen und keine Hausnummern gibt und niemand weiß, wo irgendwas ist. Da lernt man die Kenntnisse der Londoner Taxifahrer schätzen.

Einen Monat später schrieb sie mir aus der Stadt Falascha, sie habe sich spontan entschlossen, ihren Aufenthalt in Khartum zu verlängern, nachdem sie eine Stelle als Englisch- und Kunstlehrerin in einer Schule italienischer Nonnen unter Schirmherrschaft der Vereinten Nationen ergattert habe. Danach hoffte sie auf eine weitere Verlängerung, um Arabisch lernen und weitere Erfahrungen als Lehrerin sammeln zu können. Ich war überrascht, weil sie in ihren ersten Briefen nach Hause nach ihrer anfänglichen Begeisterung über den Sudan von ihren Schwierigkeiten berichtet hatte, sich an das Leben zu gewöhnen. Es war ihr nicht leicht gefallen, mit der Hitze, den Fliegen, den Moskitos, dem Verbot alkoholischer Getränke und der strengen Trennung zwischen Männern und Frauen fertig zu werden, erst recht, wo doch die meisten ihrer Freunde und Bekannten Männer waren und ihre bevorzugten Laster Trinken, Rauchen und Kartenspielen – alles per Gesetz Männern vorbehalten.

Das Leben in Khartum hatte aber auch Vorzüge. Inzwischen wohnte sie im Gästehaus eines Kulturzentrums mit einem großen Innenhof und hatte das Haus oft für sich. Sie schrieb:

> Die Lebensart hier ist sehr entgegenkommend. Man darf zu jeder Tageszeit auf dem Bett liegen und wird nicht als faul bezeichnet. Man darf zu spät kommen und gilt nicht als unzuverlässig, darf sich voll stopfen, ohne gierig genannt zu werden, man darf so füllig werden, wie man will, und wird trotzdem nicht fett genannt. Die Frauen sind im Allgemeinen gigantisch. Ich aber werde hier als dünnes Huhn angesehen, mal etwas anderes.

Sie fuhr in die Oasenstadt Kassala, eine Anlaufstelle für Flüchtlinge aus Eritrea, wo sie einem Nomadenstamm begegnete, dessen Frauen sich vor fremden Augen verborgen halten müssen und nur voll verschleiert ins Freie dürfen. Emma war fasziniert von diesem Leben und hoffte auf die Erlaubnis, die Augen hinter dem Schleierschlitz für eine spätere Fotoausstellung aufnehmen zu dürfen. In ihrer Stelle musste sie vierzig Schülern Englisch beibringen, nur aus den Büchern *Jane Eyre* und *Das Gelobte Land*, vier Tage die Woche von halb acht bis halb eins, den Nachmittag frei zum Malen, Lesen oder Schlafen. Zur großen Belustigung der Kinder dort sammelte sie Schrott auf den Straßen, um ihn im Unterricht zu Objekten gestalten zu lassen. Es wurde gewitzelt, sie betreibe eine Kampagne »Haltet den Sudan sauber«. In ihrer Freizeit schwamm sie täglich im Nil, um fit zu bleiben und sich abzukühlen, und sie ernährte sich hauptsächlich von Bohnen, Brot und *kisra*, einem dünnen Fladenbrot. Die größte Plage für sie waren die Moskitos, die sie bei lebendigem Leibe auffräßen, wie sie schrieb.

Schon im März wollte sie unbedingt wieder nach Hause. Die Bezahlung war nicht gut, die Lebensbedingungen deprimierten sie, und die anderen Bewohner des Gästehauses, alles Männer, behandelten sie inzwischen wie eine Dienstmagd. Sie hatte noch andere Sorgen und schrieb:

> Die letzte Woche habe ich damit zugebracht, den eritreischen Boy des Gästehauses aus dem Gefängnis zu holen. Die sudanesische Regierung geht gegen Flüchtlinge in der Hauptstadt vor, und sie werden jetzt regelmäßig verhaftet. Wenn sie keinen Personalausweis bei sich haben, was gewöhnlich der Fall ist, werden sie eingesperrt. Das Bußgeld beträgt umgerechnet ein englisches Pfund und ist damit für Flüchtlinge unerschwinglich. Daher sind die Gefängnisse überfüllt mit Flüchtlingen, die auf unbestimmte Zeit festgehalten werden. Du kannst dir vorstellen, in welchem Zustand diese Gefängnisse sind. Es gibt kein Essen, keine Waschmöglichkeiten usw. Also verhungern viele oder sterben an Krankheiten. Das Flüchtlingshilfswerk der Vereinten Nationen kümmert sich überhaupt nicht darum und behauptet, in Khartum gebe es keine Flüchtlinge. Da es in den Flüchtlingslagern draußen kaum Arbeit gibt, ist es kein Wunder, wenn die Leute auf der Suche nach Chancen in die Städte einsickern. Schon für mich

> als Besucherin war der Tag im Gefängnis sehr unangenehm – Auspeitschen und Schläge sind übliche Strafen. Sogar Schwangere werden auf diese Art gedemütigt. Der Richter hatte schon um zehn Uhr morgens eine gewaltige Fahne und lebt von den Bußgeldern offenbar nicht schlecht.

Sie hoffte darauf, nach der Rückkehr nach England ein vom Freiwilligendienst der UN finanziertes Nachrichtenblättchen für sudanesische Flüchtlinge herausgeben zu können. Sie bat mich darum, ihr ein Rückflugticket zu schicken.

> Die Hitze ist ziemlich drückend, und ich bin ständig schweißgebadet. Im Gesicht bin ich immer rot wie eine Tomate. Der Strom bleibt öfter weg, häufig müssen wir tagelang ohne Wasser, Strom oder Ventilator auskommen, und das ist erst der Anfang – in dem Maße, wie der Wasserstand des Nils zurückgeht, werden alle elektrischen Geräte überflüssig … Die Hitze bringt mich fast um, ich schlafe inzwischen im Freien und wehre mich gegen die Moskitos, die das kleinere Übel sind. Bei starkem Wind gibt es richtige Staubstürme; die Sonne wird verdeckt, und die Luft ist staubgeschwängert. Dann sitzen wir in der Falle und müssen im Haus bleiben und schwitzen. Die Fliegen krabbeln dir übers Gesicht, aber es ist nutzlos, sie fortzuwedeln. Sie sind, wie die Moskitos, sehr hartnäckige Tierchen. Seltsam, was für Erinnerungsblitze ich habe, so weit von England weg. Ganze Szenen aus der Kindheit kommen mir in den Sinn. Sogar meine Träume sind ziemlich phantastisch und rufen Gesichter und Orte wach, die ich im Bewusstsein vollkommen vergessen hatte. Fast meine ich, alles aufschreiben zu sollen. Bestimmt hätte Freud seine Freude daran.

Im Frühjahr 1986 hatte mich die eigene Unruhe wieder mal gepackt. Ich entschied mich, mit leichter Trauer, Alverton House zu vermieten und auf der Suche nach grüneren Weiden südwärts zu ziehen. Obwohl ich in Yorkshire so viele gute Freunde fürs Leben gefunden hatte, hatten sich meine beiden ältesten Töchter im Süden niedergelassen. Erica arbeitete als Anwaltsgehilfin in London, und Emma nutzte die Hauptstadt als Sprungbrett nach Afrika, Johnny war auf einem Internat in Derbyshire und wollte in die Welt des Fernsehens, und Jennie war im Süden Englands in Ausbildung und hatte vor, sich danach als Köchin um die Welt zu arbeiten, mit einem kleinen Rucksack und einer Unbekümmertheit, die mir Angst machte.

Es war höchste Zeit, dass ich mein eigenes Leben lebte und weiterzog. Das Haus in Alverton war ein guter und zuverlässiger Freund gewesen. Hinter seinen massiven Trockenmauern aus großen Feldsteinen waren wir geborgen gewesen. Als ich die Haustür hinter mir abschloss, war mir ziemlich unwohl bei dem Gedanken, es ohne diese tröstende Zuflucht noch mal draußen in der Welt zu versuchen. Jemand fuhr mich zum Bahnhof Darlington, wo meine Freundin Sue schon wartete, um mit mir nach London zu fahren. Sie und ihr Mann Robert hatten unter der Woche eine Firmenwohnung in London und fuhren zu den Wochenenden nach Yorkshire zurück. Freundlicherweise boten sie mir während ihres zweiwöchigen Urlaubs ihre Wohnung an und statteten mich mit einer Liste von Firmen aus, die ich auf der Suche nach Arbeit abklappern sollte. Als sie merkte, wie schwer es mir fiel, ein für allemal aus Yorkshire wegzugehen, bestellte sie mir einen großen Gin Tonic: »Trink das, ich glaube, du hast es dir verdient.« Und gleich ging es mir schon viel besser.

Mit ihrer Wohnung als Stützpunkt und unter Nutzung öffentlicher Verkehrsmittel fing ich an, an Türen zu klopfen. Obwohl ich bei manchen der besseren Zeitarbeitsfirmen eine anfängliche Zurückhaltung spürte, eine vierundvierzigjährige verwitwete Mutter von vier Kindern mit wenig Büroerfahrung in London einzustellen, wurde ich am Ende von einer Zeitarbeitsfirma genommen, deren Personalabteilung genügend Vertrauen zu mir hatte.

»Maggie, fallen Sie nicht auf, und arbeiten Sie hart«, rieten sie mir, und ich tat genau wie geheißen. Die nächsten fünfzehn Monate war ich ohne Unterbrechung im Kunst- und Verlagswesen tätig. Am Anfang zog ich von einer Wohnung von Freunden zur nächsten, bis ich mir schließlich ein eigenes kleines Apartment in Battersea im Südwesten von London leisten konnte.

Ich war ungeheuer dankbar für die Starthilfe, die mir die Zeitarbeitsfirma verschafft hatte, aber nach so langen Jahren auf einer Vollzeitstelle bekam ich den Stress der Zeitarbeit über. Von einer Woche zur anderen wusste ich nicht, wo ich als nächstes arbeiten musste, und konnte keine Freundschaft schließen, denn man ging ja immer davon aus, dass ich nur kurzfristig aushalf. Als Alleinstehende in London zu wohnen ist einsam und teuer, zumal ich daran gewöhnt war, von Verwandten und Freunden umgeben zu sein.

Emma war seit kurzem aus Khartum zurück in London und arbeitete wieder für das sudanesische Kulturzentrum, plante aber schon die nächste Reise nach Afrika. Sie hielt per Telefon ziemlich regelmäßig Verbindung mit mir, und wir trafen uns häufig zum Abendessen, auch wenn sie ein eigenes Leben führte und eigene Freunde hatte. Ständig aber machte sie sich Sorgen um mich und hielt mir bisweilen vor, nicht genug auf meine Sicherheit zu achten.

»Du solltest nachts immer ein Taxi nehmen, Mum«, sagte sie dann. »Wenn du überfallen wirst, kannst du auf Mitgefühl nicht zählen.«

Es waren Sue und Martin, nicht ich, die als Erste merkten, dass sie einen neuen Freund hatte. Meine Schwester und mein Schwager, die in ihrer Studienzeit so fürsorglich zu ihr gewesen waren, hatten sie seit zwei Jahren nicht gesehen und waren völlig aus dem Häuschen, als sie unerwartet anrief und sich für das Wochenende zu ihnen nach Surrey einlud. Besonders Sue hatte ein enges Freundschaftsverhältnis zu ihrer älteren Nichte entwickelt und freute sich darauf, sie ein paar Tage ganz für sich zu haben und das Neueste zu hören. Sie baten Emma, früher zu kommen, damit sie sie noch zu Gesicht bekämen, weil sie Freitagabend zum Dinner eingeladen waren. Aber stattdessen rief sie an, sie werde später kommen, und schließlich mussten sie von diesem Essen weg und sie am Bahnhof abholen. Zu ihrer großen Überraschung und Verärgerung war sie nicht allein. Den Mann, den sie dabeihatte, stellte sie ihnen als Belay vor, einen Flüchtling aus Äthiopien, der bei Band Aid arbeitete.

Martin, genauso enttäuscht von Emma wie seine Frau, stieß ihr ordentlich Bescheid, bevor er und Sue schlafen gingen. Als sie am nächsten Morgen aufwachten, hatte sich Belay in Luft aufgelöst, aber ihr besonderes Verhältnis zu Emma ebenso. Obwohl sie befreundet blieben, konnten sie nach diesem Vorfall nie wieder so miteinander umgehen wie zuvor. Sue und Martin hatten die Grenze überschritten, die Freunde von Erziehungsberechtigten trennt, und dies zu einer Zeit, da Emma ohnehin nicht so sicher war, wo sie denn nun wirklich stand. Als ich von dem Streit hörte, beruhigte ich Sue, daran sei nur Emma schuld. Es war ihr zur Gewohnheit geworden, schockieren zu wollen und andere mit Streitfragen oder Situationen zu konfrontieren. So wie damals, als sie mir eine Dinnerparty ruiniert hatte, indem sie in drastischen Worten von der Mädchenbeschneidung im Sudan berichtete. Sie stellte uns auf die Probe und hatte ihre abendländischen Hemmungen offenbar abgelegt. Dabei vergaß sie aber oft, dass dies bei den anderen nicht so war, oder es war ihr einfach egal.

Emma entwickelte alsbald eine tiefe Beziehung zu Belay und zog zu ihm in seine Sozialwohnung in East London. Freundinnen, die sie dort besuchten, fiel sofort eine Veränderung ihrer Erscheinung auf. Sie wirkte erschöpft, hager, trug ihre eleganten Sachen nicht mehr und schien ständig müde. Sie vertrat die politischen Fragen, für die sie sich engagiert hatte, noch heftiger und sagte anderen, sie habe endlich eine Lebensaufgabe gefunden. Sie brachte Belay mit zu mir, und ich mochte ihn. Er war still und sanft auf eine kraftvolle Art, obwohl ich nie ganz sicher war, wer in ihrer Beziehung wen benutzte – sah Emma ihn als Sprungbrett für Wohlfahrtsarbeit in Afrika, oder war sie für ihn der Türöffner nach England? Schwer zu sagen.

Viel später und nicht von Emma erfuhr ich, dass sie von Belay ungewollt schwanger geworden war, das Kind verloren hatte und die Sache einfach abtun wollte. Aber danach wurde sie richtig krank und fuhr zur Erholung zu ihrer Patin Wendy Burton und deren Mann Bill nach Cambridgeshire. Ihre Beziehung zu Belay allerdings war zum Scheitern verdammt und machte nach all dem eine schwierige Phase durch. Emma war inzwischen zweiundzwanzig und experimentierte mit allem, was das Leben zu bieten hatte. Aus Enttäuschung darüber, keinen zweiten Lehrauftrag in Khartum zu erhalten, war sie so durcheinander, dass sie für geraume Zeit den Faden verlor. Irgendwie geriet sie an eine Gruppe von Leuten, die Drogen nahmen und tranken, und begann sich ihnen anzuschließen. Ihr früherer Freund Chalid, dem sie auf ihrem ersten Flug nach Khartum begegnet war, erkannte, wie es um sie stand, und beschloss, rettend einzugreifen.

Er holte Emma unverzüglich aus der Londoner Szene heraus und brachte sie zu seiner alten Freundin Liz Hodgkin und ihrer Mutter Dorothy, die in einem Haus namens Crab Mill bei Ilmington in den Cotswolds wohnten. Diese bat er, sich sechs Monate lang um sie zu kümmern, und verbot ihnen, sie nach London zurückzulassen. Dorothy Hodgkin, eine Molekularbiologin mit Nobelpreis, hatte sehr gute Verbindungen in den Sudan. Die Hodgkins führten ein »offenes Haus« für viele Sudanesen, als Emma ihr Hausgast wurde. Liz war in den letzten Monaten ihrer eigenen Habilitation, und Emma machte sich rasch bei allen beliebt, indem sie die Rolle der Haushälterin und Köchin übernahm und riesige Mengen von Gehacktem mit Kreuzkümmel und Mohrrüben für etwaige Besucher kochte und Liz so für ihre wissenschaftliche Arbeit freistellte.

Durch die Zuwendung und Gastfreundschaft der Hodgkins wurde Emma sanft vom Abgrund zurückgeholt. Sie gewöhnte sich rasch an das Leben auf dem Land, widmete sich wieder dem Gartenbau, grub Kartoffeln aus, pflanzte Kohl und erntete Spinat und Brombeeren. Liz sagte immer, Emma sei von Natur aus Jägerin und Sammlerin und fühle sich nie wohler als an der frischen Luft und auf dem Land. Als Emma wieder genügend Selbstvertrauen und ihre Experimentierphase hinter sich hatte, kehrte sie nach London zurück. Liz folgte und übernahm eine Stelle an der London School of Oriental and African Studies. Emma schloss sich politischen Gruppen an, die sich für einen Friedensschluss im Südsudan engagierten, und gab zusammen mit Liz und anderen das vierseitige Blättchen »Sudan Update« heraus, das Nachrichten aus dem Kampfgebiet zu verbreiten suchte und gegen die Zentralregierung in Khartum agitierte. Irgendwann galt »Sudan Update« als überflüssig, aber Emma beharrte auf dem Weitererscheinen, und das Blatt gibt es heute noch.

Im Dezember 1986 kehrte Emma nach Khartum zurück und übernahm wieder eine Stelle als Lehrerin, befristet bis März 1987. Meine Hoffnungen auf ein Weihnachten mit der Familie in Alverton House zerschlugen sich. Emma war im Sudan, Erica in einem Kibbuz in Israel, Jennie in Nordirland und Johnny auf Urlaub in Südafrika. Ich kehrte allein von London nach Yorkshire zurück und verbrachte den Tag mit Freunden und Trinksprüchen auf meine Kinder, die in alle vier Winde zerstreut waren, ein jedes in einem anderen Krisengebiet. Zumindest konnte es keinen Familienstreit geben.

Als Emma aus dem Sudan zurückkam, begann sie sich für ein Graduiertenkolleg zu bewerben. Im Juni 1987 erhielt sie einen Platz im Magisterstudiengang Afrikanische Politik und finanzierte sich durch weitere Arbeit als Studienberaterin im Sudanesischen Kulturzentrum. Sie konzentrierte sich mit neuem Zielbewusstsein auf ihre Interessen, und ich war froh, dass sie wieder daheim war. Ich war immer noch auf der Suche nach einer Dauerstellung in London und restlos glücklich, als ich mir eine Vollzeitstelle bei einer Immobilienfirma in Chelsea verschaffen konnte. Mein Selbstvertrauen nahm zu, und es fiel mir leichter, wichtige Entscheidungen für meine Zukunft zu treffen. An einem sonnigen Sommermorgen blieb ich auf dem Weg zur Arbeit auf der Albert Bridge stehen, sah in die Themse und ihre Wasserwirbel hinunter und beschloss endgültig aus London wegzuziehen, Alverton House zu veräußern und mir in Surrey einen Wohnsitz zu kaufen und jeden Tag nach London zu pendeln. Einer der Schlüssel für meine Entscheidung war, dass ich die Gartenutensilien nicht endgültig weghängen wollte. Ich hatte immer am Gärtnern gehangen, und in Beattersea gab es nicht mal ein Blumenfenster. Mir war klar, dass ich erst wieder glücklich sein würde, wenn ich mit dem Setzholz auf den Knien lag und in der Erde wühlen konnte.

Surrey zog mich aus zweierlei Gründen an: Ich konnte mir eine etwas größere Wohnung leisten als in London und würde meiner Schwester Sue näher sein. Mittlerweile hatte sie drei Kinder, Peter, Michael und Annabel, zwischen sieben und elf Jahre alt. Sie hatte ein hübsches Häuschen mit alten Dachpfannen, wo sie sich wohl fühlte. Was für ein anderes Leben führen sie doch, dachte ich oft bei mir; alle drei Kinder in all diesen Jahren unter demselben Dach geboren und aufgewachsen, mit beiden Eltern, während wir McCunes ein Nomadendasein zu führen schienen und von Haus zu Haus, von Grafschaft zu Grafschaft, von Land zu Land pilgerten.

Sue war in den letzten Jahren für mich der Fels in der Brandung gewesen, und ich hatte sie sehr lieb gewonnen. Ich hatte sie immer häufiger besucht und verließ mich in vielerlei Hinsicht in einem Maße auf sie, wie ich es mir damals vor vielen Jahren an diesem trüben Tag unserer ersten Begegnung im Salon der Parkers in Worthing nie hätte vorstellen können. Nun würde ich ganz in ihre Nähe ziehen und freute mich darauf. Eine Woche lang wohnte ich bei ihr und Martin, um den Pendelverkehr auszuprobieren. Ich war überrascht, denn mit dem Eilzug brauchte ich nicht viel mehr Zeit bis nach London hinein als vorher mit dem Umsteigen innerhalb der Stadt. Damit war die Sache klar. Ich begann zu suchen und fand nach wenigen Wochen das Haus, das ich noch immer mein Heim nenne – Little Farthings, ein schmales Klinkerreihenhaus aus der Jahrhundertwende bei Godalming mit einem engen, aber hübschen Hausgarten. Ich konnte es kaum erwarten, in der Erde zu wühlen. Ich war richtig aufgeregt, es war das erste Haus, das ich nur für mich ausgesucht hatte und in dem ich nicht wohnte, weil es der Teefirma gehörte oder Bunny es wollte oder weil die Kinder es brauchten. Es war mein Haus, und meines ganz allein.

Die Kinder waren immer noch verstreut. Johnny befand sich im Abschlussjahr auf seinem Internat in Derbyshire, Jennie und Erica waren beide in Israel, ohne zu ahnen, was ich in England trieb. Und Emma, da machte ich mir keine Illusionen, konnte jederzeit weggehen nach Afrika und wäre für mich eine Weile unerreichbar. Auf meine Bitte nahm sie sich die Zeit, mit mir das Haus anzusehen, und befand es für gut. Und als ich im Dezember 1987 endlich einzog, half sie mir streichen und unsere bisher eingelagerten Habseligkeiten aus Yorkshire auspacken.

Achtzehn Monate lang hatten unsere teuren Besitztümer verpackt gelagert, und in unserem Leben hatte sich in dieser Zeit so vieles verändert. Ich war ein ganz anderer Mensch geworden, und die Kinder auch, wie ich sah. Während ich den Krimskram aus unserem Leben in Alverton auspackte, die in den Jahren ihres Aufwachsens in Yorkshire gesammelten Lieblingskiesel, Muscheln und Murmeln entdeckte, Emmas Poesiealbum mit den Wildblumen und ihre Reiterschleifen, fragte ich mich, ob ich verrückt gewesen sei, für solchen Kram Lagergebühren und Umzugskosten zu bezahlen. Aber waren sie wirklich Kram, diese kostbaren kleinen Bruchstücke eines vergangenen Lebens? Oder gehörten sie alle zu dem Puzzle, das sich auf eine Art entfalten sollte, die ich mir nie hätte träumen lassen?

Nachdem ich mein erstes Weihnachten und Neujahr in Little Farthings mit Emma und Belay und der übrigen Familie verbracht hatte, lebten wir jeder wieder für sich. Während des ganzen Jahres 1988, das sich für mich als ein sehr schwieriges erwies, sah ich nicht viel von meiner ältesten Tochter. Freunde, die wussten, was ich in den vergangenen zwölf Jahren durchgestanden hatte, hatten schon immer vorausgesagt, eines Tages werde irgendwas passieren. Und so kam es auch. Eines Tages renkte ich mir beim Aussteigen aus der Badewanne einen Wirbel aus und war sechs Wochen arbeitsunfähig, konnte nur bei meiner Schwester Sue auf dem Boden schlafen und musste Tag und Nacht gepflegt werden. Die Kinder waren alle entsetzt, ihre Mutter zum ersten Mal im Leben krank zu sehen. Emma, in ihrer Beziehung mit Belay anfällig und unsicher, brach auf die Nachricht in Tränen aus, eines der wenigen Male, meines Wissens, wo sie weinte.

Meine Arbeitgeber in der Immobilienfirma in Chelsea waren anfangs verständnisvoll, doch nur wenige Wochen nach Wiederaufnahme der Arbeit warf mich der Virus *Erethema nodosum* nieder, der mir auf die Beine schlug und mich schlapp und fiebrig machte. Ich musste weitere sechs Wochen bei der Arbeit fehlen. Nicht unerwartet entschieden sie, mich entbehren zu können, und kündigten mir mit einem Monat Frist. Es war meine erste Vollzeitstelle nach meiner Ankunft in London gewesen, und ich hatte sie vergeigt. Mein Selbstvertrauen ging in die Brüche.

Emma verbrachte den größten Teil dieses Jahres in London, versuchte ihre Beziehung zu Belay zu stabilisieren und studierte auf ihren Magister. Sie hatte immer noch ihren Teilzeitjob im Kulturzentrum und plante eine Exkursion nach Afrika, um ihre Forschungen in Flüchtlings- und Kulturpolitik fortzusetzen. Nachdem ich von meinen diversen Krankheiten genesen war, machte ich sechs Wochen in Surrey Leiharbeit – eine elende und deprimierende Erfahrung. Schließlich, im November 1988, fand ich eine Stelle in der Londoner Börse, wo ich für eine Firma mit Sitz in Surrey arbeitete.

Ich liebte meine neue Arbeit und war überrascht, wie sehr ich das Leben in der Großstadt doch genoss. Ich hoffte auf Übernahme. Aber nach nur einer Woche belauschte ich rein zufällig ein Gespräch zweier Kollegen.

»Sie ist ja ganz nett, aber mit derart beschränkten Computerkenntnissen können wir sie nicht halten«, sagten sie.

Sie redeten offensichtlich über mich, ich war alarmiert. Ich wollte die Stelle nicht verlieren und stellte mich von diesem Moment an der Herausforderung, mir alles Nötige beizubringen. Wenn jemand auch nur einen Moment Zeit hatte, mir einen neuen Computerbefehl zu zeigen, schrieb ich es nieder und prägte es mir ein. Mit Überstunden und etwas Büffeln zu Hause war ich binnen weniger Wochen so geschickt am Computer, dass mir eine Dauerstelle angeboten wurde. Ich hatte mich der Herausforderung gestellt und gewonnen.

Jeden Tag aufs Neue begeistert und mit wachsendem Selbstvertrauen, bewarb ich mich ein Jahr später bei der amerikanischen Investmentbank Bear Stearns International und wurde eingestellt. Das war der Beginn einer beruflichen Laufbahn, die viereinhalb Jahre dauern sollte und bei der ich von der City in das berühmte neue Zentrum Canary Wharf im früheren Londoner Hafen als Sekretärin der Unternehmensfinanzierung umzog. Ich hatte das Gefühl, endlich angekommen zu sein.

Im März 1989 erfüllte sich Emma schließlich den Wunsch, zu Sally Dudmesh und Willie Knocker nach Kenia zu reisen. Sally arbeitete inzwischen als Goldschmiedin und hatte sich dauerhaft in Afrika niedergelassen. Willie begeisterte sich für die Natur und arbeitete als Berater einer Hilfsorganisation. Sie freuten sich, ihre alte Freundin wieder zu sehen, und wunderten sich, wie leidenschaftlich sie sich für den Sudan engagierte. Sie war von diesem Land und seinen politischen Verhältnissen nicht mehr loszukriegen, besonders vom Krieg im Süden – dem längsten Krieg des Jahrhunderts – und vom Schicksal der Eingeborenenstämme der Region, der Nuer und der Dinka.

Emma war damals am Kreuzweg ihres Lebens angelangt und innerlich ruhelos; sie wollte sich selbst finden und suchte nach Resonanz. Die Qual der Sudanesen zog sie stark an, es reizte sie die Möglichkeit, dadurch zu gesunden, dass sie etwas ganz anderes tat als alles bisher Bekannte. Noch weiter gesteigert wurde ihr Interesse dadurch, dass die politische Landschaft im Sudan im Wandel begriffen war. Im Juni 1989 wurden die drei Jahre relativer Ruhe unter der ersten demokratisch gewählten Regierung des Landes durch den Putsch General el-Bashirs und seiner Islamischen Heilsfront zerschlagen. Sofort nach der Machtergreifung verbot die neue Regierung alle politischen Parteien und vernichtete systematisch die organisierte Opposition, indem sie viele zuvor von den Rebellen gehaltene Gebiete im Süden zurückeroberte.

Im Banne der politischen Lage und verführt von den Menschen und der Landschaft Afrikas, kam Emma gerade lange genug nach London zurück, um endgültig mit Belay zu brechen und ihre Professoren zu überzeugen, dass es ihren Studien sehr nützen würde, wenn sie die Sommermonate in dem Land verbrachte, das sie inzwischen lieben gelernt hatte. Mit demselben Charme, mit dem sie schon ihre Professoren in Oxford überzeugt hatte, dass sie sich durch den Australienflug nur weiterentwickeln würde, setzte sie sich durch und saß im August 1989 in einem Flugzeug zum Kenyatta International Airport. Weder sie noch ich waren uns damals so richtig darüber klar, dass es diesmal für immer sein würde.

Emma stürzte sich sogleich Hals über Kopf in das Leben

in Afrika und überredete Willie, sie fast sofort nach der Ankunft auf eine Safari mitzunehmen. Von dort schrieb sie mir:

> Wir verbrachten eine Nacht am Staudamm von Pika Pika und hörten die Löwen aus dem Wildreservat brüllen, wo wir eine riesige Elefantenherde auf der Ebene erspähten – vielleicht mehr als hundert –, ein großartiger Anblick. An unserem Lager an der Mündung eines großen ausgetrockneten Flussbettes murmelt der Kerio vorbei. Eine Schirmakazie steht zwischen meinem Liegestuhl und dem kühlen Fluss, der von Krokodilen wimmelt.
> Dahinter verliert sich die Landschaft in einer völlig unbewohnten Halbwüste. Dornbäume, Büsche und Blumen versuchen sich in diesem Trockengebiet zu halten, tagsüber unter einer erbarmungslosen Sonne, in der Trockenzeit ganz und gar ohne Wasser. Vögel hüpfen herum und schreien, glänzend blaue Stare. Der »Geh-weg«-Vogel (der graue Lori) – normalerweise als Feind des Jägers betrachtet, weil sein anhaltender Ruf das Wild aufjagt – blieb völlig still, von unserer Gegenwart ungestört. Fünf Elenantilopen kamen scheu ans Flussufer herunter, um ihren Durst zu stillen. Wegen der Krokodile waschen wir uns im felsigen Flachwasser – gestern haben wir eins gesehen, Augen und Nase knapp über der Wasseroberfläche. Eine halbe Ziege, gedörrt, gebraten oder gekocht, ist unser ganzer Essvorrat.
> Willie und ich bekommen vielleicht die Chance, im Südsudan für UNICEF zu arbeiten – jeweils 3.000 Dollar monatlich. Dafür lohnt es sich vielleicht, meinen Magister zu verschieben und ein paar Mäuse zu verdienen. Mal sehen – ich schreib's dir dann. Jetzt planen wir einen Ausflug für eine Woche ins Gebiet der Massai. In Liebe, Emma.

Einen Monat später hatte sie offenbar entschieden, was sie tun würde. In einem Brief vom 5. September 1989 hieß es:

> Mir ist von UNICEF eine Stelle zum Wiederaufbau der Schulen im Südsudan angeboten worden. Wenn die Anstellung bestätigt wird, schiebe ich meinen Magister ein Jahr hinaus und bleibe in Kenia. Die Gründe dafür: (a) Es wird ein faszinierender Job und eine tolle Unterbrechung. Offenbar findet man solche Arbeit, wenn man zur rechten Zeit am rechten Ort ist. Und wenn man erst mal drin ist, bekommt man offenbar leichter andere Jobs. (b) Arbeit für die UN wird sehr gut bezahlt. Zum ersten Mal im Leben verdiene ich vielleicht ein anständiges Gehalt. Was hältst du davon? (c) Du kannst mich dann besuchen kommen!

Sie wusste also genau, was sie wollte, und setzte mich nur in Kenntnis, wie sie sich entschieden hatte, und warum. Ich konnte kaum etwas gegen einen ihrer Punkte einwenden, und da der Brief mit reizenden Skizzen von Palmen, Segelbooten, gemusterten Schlangen und Krokodilen gespickt war, merkte ich, sie war jetzt an einem Ort, der ihre Kreativität und ihren Humor beflügelte. Wie konnte ich etwas dagegen haben?

Die erwähnte Beschäftigung bei der UNICEF sollte ein weiterer wichtiger Katalysator in ihrem Leben werden. Ihr war eine Stelle bei *Street Kids International* angeboten worden, einer von dem kanadischen Anwalt Peter Dalglish unter der Schirmherrschaft der UNICEF im Nordsudan gegründeten Wohlfahrtsorganisation für obdachlose Kinder, die er auf den kriegszerstörten Süden ausweiten wollte. Peter war und ist ein Idealist, der mit humanitären Vorstellungen politischen und sozialen Wandel schaffen will. Er hatte die Hungersnot in Äthiopien gesehen und daraufhin seine Anwaltskanzlei aufgegeben, um sich nur noch Hilfsprogrammen zu widmen. Er engagierte sich besonders dafür, die jungen Sudanesen zu retten, die in Kinderarmeen gepresst werden und für eine Sache kämpfen, die sie kaum begreifen. Wenn er den Zyklus der Verzweiflung durchbrechen konnte, der diese hungrigen und mit Armut geschlagenen Kinder auf den Weg in ein Leben in Uniform brachte, so hoffte er, würde er damit zum Frieden beitragen.

Peter beschloss, das Arbeitsgebiet seiner Organisation auf den Südsudan auszuweiten, und fragte Alastair Scott-Villiers, einen Freund und Kollegen, ob er jemanden empfehlen könne. Alastair hatte Emma in Oxford kennen gelernt. Er und seine Frau Patta waren inzwischen Veteranen der Sudanhilfe. Bei einem Chicken Curry zu Mittag im Fairview Hotel in Nairobi wurden Emma und Peter miteinander bekannt gemacht und verstanden sich sofort. Peter schrieb später:

> Sie war groß, elegant und ausnehmend hübsch. In gewisser Weise war sie eine unwahrscheinliche Wahl für ihren Verantwortungsbereich als Koordinatorin unseres geplanten Schulungsprogramms im Südsudan ... Doch im Laufe des Mittagessens wurde mir klar, dass Emma für diesen Auftrag genau die Richtige war. Sie war im Sudan bereits weit herumgekommen und hatte sich passables Arabisch beigebracht. Sie war einfallsreich, engagiert und absolut selbständig ... Ich wusste, dass Emma es mit ihrem angeborenen Charme glänzend schaffen würde, dem hartleibigsten UN-Funktionär alles abzuluchsen, was wir an Ausstattung brauchten.

Emma fand Bildung überaus wichtig, eine Einstellung, die sie von mir geerbt hatte. Sie sah sie als Mittel, die eigene Stellung im Leben und die Lage ganzer Gemeinwesen zu verbessern. Nach drei Jahrzehnten Krieg allerdings war das Bildungssystem der Region zerschlagen – die Schulen zerbombt, die Lehrer geflohen. Es gab kein Papier, keine Bleistifte und keine Schulbücher mehr. Wenn ein Dorf Glück hatte, einen Lehrer bei sich zu haben oder jemanden, der Lesen und Schreiben beibringen konnte, wurden die Kinder im Schatten eines Baums unterrichtet und schrieben mit ihren Fingern im Sand. Mit ihrer Spontaneität und ihrem Mut zu Visionen teilte Emma Peters Traum, Bildung als Vehikel zu benutzen, die umfassenderen Probleme der benachteiligten Bevölkerung anzugehen. Sie sagte gern, sie füttere nicht den hungrigen Mund der Kinder, sondern ihren hungrigen Verstand.

Peter sagte ihr voraus, dass es ein logistischer Alptraum werden würde. Nicht nur würde sie mitten in einem Kriegsgebiet unter der allgegenwärtigen Gefahr eines Bombenangriffs durch Regierungsstreitkräfte oder der Gefangennahme und Ermordung durch rivalisierende Fraktionen arbeiten müssen, sondern auch in einem Land operieren, wo wegen der Regenzeit zwischen April und Oktober so gut wie keine Bewegungsmöglichkeiten bestehen, Nachrichtenverbindungen praktisch nicht vorhanden sind und die Versorgung knapp ist. Emma, die nie einer Herausforderung aus dem Wege ging, nahm die Stelle an. Schon nach wenigen Wochen hatte sie zusätzliche Mittel bei UNICEF und Band Aid herausgehandelt, um damit Peters erstes Büro in der Stadt Kapoeta im Südsudan knapp hinter der kenianischen Grenze zu finanzieren und einen Toyota Land Cruiser für 30.000 Dollar zu beschaffen, komplett mit Seilwinde und Ladefläche.

Nachdem sie Finanzierung und Personal geregelt hatte, war sie im November 1989 unterwegs in den kriegszerstörten Südsudan, um mit der Arbeit anzufangen. In ihr Tagebuch schrieb sie, sie habe sich auf dem Flug zur Wiege der Menschheit wie auf dem »Dach der Welt« gefühlt.

Der Südsudan, an den neun andere afrikanische Länder grenzen, wird von der Hauptschlagader des Nils durchschritten, der sich auf dem Weg zum Mittelmeer durch den Sudd windet, einen gigantischen Sumpf mit Schilf und Papyrus. Diese riesigen Wasserflächen sind eine Welt für sich und wimmeln von Fischen, Reihern, Pelikanen, Reptilien, Elefanten und Antilopen. Der Reichtum an Leben ist umwerfend. Im Überfliegen fand ich die Landschaft so unendlich flach, dass es mich beunruhigte und mir fast Angst machte. Ich bin auf den Hochmooren von Yorkshire aufgewachsen, aber in dieser blanken Weite fühle ich mich wie nackt.

Bei der Ankunft in Kapoeta, das achtzehn Monate zuvor von der Regierung zurückerobert worden war, wurde Emma von einem Meer von Schulkindern begrüßt, die ihr neugierig zu ihrem neuen Heim folgten, einem Gebäude der UNO, vorbei an einer verwitterten Spruchtafel der Rebellen mit dem Text »Einig siegen, gespalten unterliegen«. Die Schule am Ort hatte weder Fenster noch Türen, und das Dach war eingestürzt. Später schrieb sie an Erica:

Alles hier in der Gegend ist neu und verwirrend. Kapoeta ist immer noch von den Kämpfen gezeichnet. Das Haus, in dem ich wohne, ist von Einschusslöchern übersät. Allerdings kehrt langsam etwas Normalität zurück – ein kleiner Markt, ein Krankenhaus und eine Schule. Eine Währung gibt es nicht, also findet Tauschhandel statt – Seife und Salz sind dabei sehr gefragt. Jeden Morgen kommt Wind und wirbelt Staub auf, verbreitet trockene Hitze, aber nach Sonnenuntergang legt er sich, und es erscheint ein glitzerndes Sternenpanorama. Häufig sind Schüsse zu hören – vielleicht auf einen Hund oder von einem betrunkenen Soldaten. Das Feldlager ist ein Stück von der Stadt entfernt. Jeden Morgen werde

> ich davon wach, dass die Soldaten singen, und gar nicht schlecht, wenn sie im Laufschritt exerzieren.

Ihre Arbeit führte sie in viele Bereiche des Oberen Nil, wo sie Schulen besuchte und als »Die große Frau aus dem kleinen England« vorgestellt wurde. Zeichnungen von einer großen schlanken Frau im Minirock erschienen überall an den Wänden der Schulhütten, wo Emma erwartet wurde. Die Kinder standen immer respektvoll vom Boden auf, wenn sie ihre schlichten Klassenzimmer betrat, und sangen gemeinsam ihr Begrüßungslied: »Lieber Gast, lieber Gast, wir freuen uns, dass du hergefunden hast.« Stets von mindestens drei bewaffneten Leibwächtern begleitet – zu ihrem eigenen Schutz, aber auch, damit sie nichts von den Aktivitäten der Rebellen mitbekam, die sie nicht sehen sollte –, hielt Emma dann fest, was jedes Dorf oder jede Stadt an Unterrichtsmaterial brauchte, teilte Mitgebrachtes aus und fuhr nach Kapoeta zurück, meist eine Strecke von mehreren Stunden.

Sie arbeitete unter Lebensgefahr. Gelegentliche Kämpfe zwischen Regierungstruppen und Rebellen verbreiteten überall um sie herum Tod und Zerstörung. Und der Krieg war nicht der einzige Risikofaktor. In ihrer ersten Woche auf der Rückfahrt von dem Dorf Chukudum am Fuß der Imatong-Berge hatte sie mit dem Auto voller junger Kartoffeln, einem Geschenk der Schulkinder, einen Autounfall, der tödlich hätte ausgehen können. Der ortsansässige Projektfunktionär der UN, ein Burmese im Sarong namens Maung, saß am Steuer. Emma schrieb:

> Ich ließ Maung ans Steuer, weil ich müde war. Eine Entscheidung, die ich schmerzlich bereuen sollte. Ich hatte vergessen, dass Maung in Rangun nur als Schreibtischhengst tätig gewesen war. Sobald er am Steuer saß, rasten wir mit Höchstgeschwindigkeit dahin, nahmen Kurven im Powerslide, fuhren blind-

lings über schmale Brücken, nur wenige Zentimeter breiter als das Auto. »Maung!«, schrie ich. »Nicht so schnell!«

»Wieso, ich bin ein guter Fahrer!«, schrie er zurück und gab Gas. Doch statt die nächste scharfe Kurve zu nehmen, fuhr Maung geradeaus, verriss die Lenkung, und das Auto geriet ins Schleudern. Er raste eine Böschung hinauf, und wir kippten um. Niemand von uns rührte sich. Als alle Kartoffeln mit dumpfem Geräusch herausgekullert waren, herrschte ein paar Sekunden lang völlige Stille. Dann krabbelten wir alle verzweifelt hinaus. Ich spürte, ich hatte einen Schock, war aber sonst unverletzt und konnte durch das offene Fenster hinaus. Zu meiner Verblüffung sah ich auch alle anderen ohne Schaden herauskriechen. Die einzige Verletzung hatte gerechterweise Maung.

»Hilfe, ich bin verwundet!«, jammerte er und betupfte eine kleine Platzwunde an der Stirn.

»Machen Sie sich nicht lächerlich. Bei Ihnen ist alles in Butter«, fuhr ich ihn an. »Sie hätten uns beinahe alle umgebracht. Warum sind Sie gerast wie ein Henker? Guter Fahrer, dass ich nicht lache!«

Auf einer anderen Heimfahrt über eine gewundene Straße im Busch hatte Emma plötzlich eine Art Sinnestäuschung. Sie kniff die Augen zusammen, sah genauer hin und konnte kaum glauben, was da vor ihr aufragte – eine MiG, mitten im Niemandsland geparkt, nagelneu. Dem Piloten sei nach einem Bombenflug vor ein paar Monaten der Sprit ausgegangen, erläuterte ihr Fahrer, und er habe seine Maschine mit nur geringen Schäden am Fahrwerk notlanden können. Er sei unverletzt geblieben und die vierzig Kilometer nach Bor zu Fuß marschiert, bis ihn die Rebellensoldaten fassten. Im Gegenlicht konnte Emma ausmachen, dass der libysche Halbmond unbeholfen mit der Fahne des Sudan übermalt worden war.

Die einzigen Insassen der MiG waren jetzt Bienen, ein großes Volk, das sich dort eingenistet hatte und durch das offene Cockpitfenster ein- und ausflog.

Natürliche Wunder gab es auch. Emma war fasziniert, wie besessen die Sudanesen von ihren Rindern waren – die Tiere sind unverzichtbarer Bestandteil ihres Lebens, sie sind ihre Währung, sind Gegenstand von Tauschhandel und Verehrung, Diebstahl und Prozessen, von heiligen Riten und Opfern. Sie konnte nie ihre ersten Abstecher auf eine Alm vergessen, einen Ort im Hochland, wo die Kinder mit Milch großgezogen und mit dem Hirtenleben vertraut gemacht werden. Die Knaben lernen Stricke flechten, das Vieh versorgen und fischen und jagen. Den Mädchen wird beigebracht, Kühe zu melken, die Milch zu säuern und aus dem Leder Gebrauchsartikel zu machen. Sie schrieb:

> Die Gruppe neugieriger Gaffer schwoll an. So ist das immer im Südsudan, wo immer du hinkommst, stets kommen sie dich begrüßen. Die Alten lehnten sich auf ihre Stöcke oder Fischspeere, mit dicken Elfenbeinarmreifen um ihre dürren Arme, und pafften Pfeifen aus ihren zahnlosen Mündern. Manche hatten Stoffstücke um die Schultern geknotet, andere waren nackt, mit Asche eingerieben. Die Kinder kicherten und lachten und übten das bisschen Englisch aus der Schule: »Wie heißen Sie? Wie geht es Ihnen? Guten Morgen« – und das am Spätnachmittag.
> Die jungen Männer kamen später, die Haare mit Rinderurin orange gefärbt, Ketten aus bunten Kugeln um die Hüften. Sie hatten ihren Schmuck durch Bein- und Armringe aus mit Sand polierten Geschosshülsen ergänzt. Einer kam mit einem Wels am Ende seines Speeres. Wir konnten ihn nicht überzeugen, seinen Fang abzutreten.

Einmal in ihrer Zeit am Sudanesischen Kulturzentrum in London hatte Emma einen sudanesischen Studenten, der zum ersten Mal in England war, einen Tag lang aufs Land in die Cotswolds mitgenommen. Sie fragte ihn, was er sehen wollte: ein Dorf, eine Kirche, ein Pub?

»Gibt es hier keine Kühe?«, fragte er. Sie führte ihn auf einen Bauernhof und zeigte ihm ein paar Schwarzbunte in einem Stall, mit angetrockneten Kuhfladen an den Flanken. Der Student entsetzte sich: »So geht ihr mit euren Kühen um?«

Im Sudan striegeln die Leute ihre Kühe jeden Tag und polieren ihnen die Hörner. Die Kuhfladen werden getrocknet sorgfältig für die süßlich riechenden Feuer gesammelt. Rinder werden von ihnen verehrt. Obwohl sie sie in Ritualen regelmäßig schlachten, tun sie das nur mit höchstem Respekt und trauern um sie wie um Menschen. Das Einzige, was den jungen Sudanesen beeindruckte, waren die riesigen, prallen Euter.

Emma teilte ihre Zeit auf zwischen dem Busch und Nairobi – einer sehr lebendigen Stadt, in der sie viele Freunde hatte. Ihre Zeit dort verbrachte sie mit Dinners und Partys und mit der Planung von Safaris und Fahrten zum Meer. Eine große Leidenschaft war Badminton, das sie abends unter dem Sternenhimmel spielten, bisweilen zu Musik aus dem Haus – Patta spielte Klavier und eine andere Freundin die Tuba –, eine Szene aus einer ruhigeren, erhabeneren Zeit, wie sie heute nur noch in Afrika denkbar ist.

Den Rest ihrer Zeit verbrachte sie in entlegenen Gegenden des Südsudan, wo sie in ihrem Element war und die als Gegensatz nicht krasser hätten sein können. Niemand von uns war überrascht, dass Emma versuchte ein Minimum an Ordnung im Leben der Menschen aufrechtzuerhalten, für die jede Infrastruktur durch Krieg und jahrelange Vernachlässigung völlig zerstört worden war. Sie gewann die Menschen mit ihrer grenzenlosen Kraft und Begeisterung, und diese wiederum überzeugten sie durch ihre Schönheit und Fröhlichkeit angesichts anhaltender Widrigkeiten.

Wenn sie so mit wenig mehr als einem Rucksack und einem Minirock mitten im Bürgerkrieg untertauchte, wurde sie zum Rettungsanker für Tausende rettungslos verarmter Menschen, hungernder und abgemagerter Kinder, die mit wenig Essen oder Wasser in Schmutz, Krankheit und Staub vegetieren mussten. Die Diskrepanz zwischen ihren beiden Lebenswelten schien sie kaum zu stören, sie liebte jede Facette ihres Daseins und konnte nach Belieben zwischen den Welten wechseln, ihre näheren Bekannten sagten jedoch, sie fühle sich im Busch eher zu Hause.

Durch harte Arbeit und Einfallsreichtum, bei einem Budget von lediglich 10 000 Dollar jährlich, stellte sie eine flächendeckende Grundschulversorgung wieder her, indem sie in Kenia Kreide, Tafeln, Papier, Bleistifte und Lehrbücher kaufte und auf der Straße oder per Luftfracht in entlegene Gemeinden in die ganze Ostregion Äquatorias brachte. Fand sie nicht gleich, was sie brauchte, trieb sie es dennoch irgendwie auf. Sie wollte, dass die Kinder nicht in Englisch, sondern in ihrer jeweiligen Muttersprache Lesen und Schreiben lernten. Bei ihrer Suche nach den alten, von den Missionaren in den Fünfzigern und Sechzigern veröffentlichten Lesebüchern stellte sie alles auf den Kopf. Schließlich fand sie die Originaldruckplatten für ein Dinka-Kinderbuch mit dem Titel *Marial und die Kuh*. Zum ersten Mal seit mehr als zwanzig Jahren ließ sie mehrere hundert Exemplare drucken.

Nichts schreckte sie ab. Sie musste in Erfüllung ihrer Aufgaben regelmäßig durch einen schmalen bombengefährdeten Korridor, doch sah sie im Krieg wenig mehr als ein Ärgernis. Als die sudanesische Luftwaffe drei der von sudanesischen Freiwilligen geleiteten neuen Schulen mit Bomben bewarf und mehr als zwanzig Kinder tötete, sorgte Emma ohne Verzug für den Bau unterirdischer Luftschutzräume. Mit dem Kinderhilfswerk hatte Emma in Afrika endlich ihre Aufgabe gefunden. Peter Dalglish schrieb mir:

> Emma war die ungewöhnlichste Mitarbeiterin einer Hilfsorganisation, die ich je kennen gelernt habe. Obwohl sie aus einer besseren Familie stammte, war sie immun gegen die platt materiellen Bedürfnisse, die so viele aus ihrer Generation unbeweglich machen. Sie zog sich mit dem an, was greifbar war, schlief auf dem Stampflehmboden der Hütten und aß alles, was im Dorf aufgetischt wurde. Emma wurde von Ratten gebissen und Skorpionen gestochen und litt zeitweise an Malaria und Amöbenruhr. Sie beschwerte sich nie über das Fehlen einfachster Bequemlichkeiten wie Strom oder fließend Wasser. Ihr einziger Luxus war ihr solarbetriebener Laptop, auf dem sie mir detaillierte Berichte aus dem Außendienst schrieb … Mit ihrem neuen fahrbaren Untersatz verschwand Emma bisweilen auf Monate im Busch. Ich hörte nichts von ihr, und dann spuckte das Faxgerät in der Londoner Zentrale plötzlich eine glänzend formulierte Meldung von ihr aus. In ihren Arbeitsberichten verband sie persönliche Anekdoten von den Kindern, die sie kennen und lieben gelernt hatte, mit Statistiken über die von ihr verteilten Bleistifte und Schreibhefte.

Mehr als einmal auf ihren Fahrten in entlegene Dörfer geriet sie im weiten Buschland in Bombenangriffe von Regierungsflugzeugen, doch sie wirkte auf viele furchtlos. Sie zögerte nie, in die gefährlichsten Gebiete zu fahren, und wenn niemand sie begleiten wollte, fuhr sie allein. Während einer Fahrt in den tiefen Busch zu ihrem ersten Besuch in der Stadt namens Leer – dem Ort, der später so große Bedeutung erlangen sollte – war sie mit ein paar greisen Dorfhäuptlingen und einem südsudanesischen Bildungsexperten namens James Chany Reer unterwegs, als ihr Pick-up einen Platten bekam. Während sie darauf warteten, dass ein ausgeschickter Läufer mit Hilfe zurückkam, hörten sie von fern Motorengebrumm. Emma schrieb in ihr Tagebuch:

> James fuhr plötzlich hoch und hielt den Kopf schräg. Er lauschte ein paar Sekunden.
> »Mein Gott«, sagte er leise und sah mir in die Augen. »Das ist eine Antonow der sudanesischen Regierung.«
> Die meisten Südsudanesen können einen Flugzeugtyp an seinem Motorengeräusch erkennen; es war eine Fähigkeit, die ich ebenfalls rasch erwarb.
> »James, dieses Flugzeug wird uns bombardieren«, sagte ich. Ich spürte es irgendwie. »Lassen Sie uns lieber das Auto tarnen.« Ich wusste, die Flugzeuge flogen die Straßen entlang, und so ein weißes Fahrzeug war meilenweit sichtbar.
> »Nein, nein, nein«, wehrte er ab. »Es kommt nicht her, keine Angst. Vertrauen Sie auf Gott.«
> Aber ich ließ mich nicht beruhigen. Ich sprang in den Pick-up und verbarg ihn so gut wie möglich unter einem Baum. Es war offensichtlich, das Flugzeug suchte die Stadt Leer. Doch diese lag unter tief hängenden Wolken verborgen. Das Flugzeug kreiste weiter, und der Motorenlärm entfernte sich, kam dann aber wieder bedrohlich näher.
> »Wir sollten in Deckung gehen«, drängte ich und sah mich verzweifelt nach einem geeigneten Versteck um. Die Häuptlinge hatten sich längst irgendwo in Sicherheit gebracht.
> »Es ist alles in Ordnung«, beharrte James. »Sie sind eine *hawaga* (eine Weiße). Ihnen passiert schon nichts. Gott beschützt Sie.«
> Ich hätte fast laut hinausgelacht, so unglaublich kam mir das vor.
> »Aber James, glauben Sie wirklich, dass eine Bombe

einen Unterschied macht zwischen Schwarz und Weiß?«, fragte ich. Es schien ein grotesker Moment für einen derart metaphysischen Streit. Jedenfalls hörten wir in diesem Moment ein fernes Krachen und dann noch eins.

»Das ist nur Donner«, behauptete James.

»Nein, ist es nicht. Sie werfen Bomben. Und ich such' mir jetzt Deckung.« Verzagt sah ich mich um. Es gab nicht einmal eine Bodensenke. Ich rannte herum, bis ich eine kleine Kuhle an der Wurzel eines Niembaums fand. Das Flugzeug kam näher. Im Anflug fielen die Bomben gruppenweise. Eine, zwei, drei. Dann eine Pause. Dann wieder, wobei die Explosionen immer näher kamen. Ich fühlte, wie der Erdboden wankte. Wir befanden uns direkt in Flugrichtung. Schreckliche Angst erfasste mich. Ich kauerte mich zusammen, machte die Augen fest zu und wartete. Das Flugzeug jaulte über uns hinweg. Ein paar Sekunden verstrichen.

Ich öffnete die Augen und hob den Kopf. Das Geräusch der Motoren verlor sich. Im Leiserwerden war es wie ferne Musik. Ich versuchte aufzustehen, war aber zu schwach dazu. Ich hatte mehrere Rauchsäulen bemerkt, die auf halbem Weg zum Horizont über die Bäume wuchsen. Die aufgestaute Furcht machte sich Luft. Ich stützte den Kopf in die Hände und zitterte unentwegt.

James kam zu mir her. Meine Tränen schreckten ihn mehr als die Bombardierung. Er hatte keine Ahnung, wie er mit einer verstörten *hawaga* umgehen sollte.

»Das dürfen Sie niemand sehen lassen«, bat er und wischte mir die Tränen mit den Fingern ab.

Plötzlich bekam meine Wut die Oberhand. »Ich scheiße auf die sudanesische Regierung«, schrie ich.

»Ja«, sagte James. »Es ist frustrierend, dass sie Ihnen den Besuch in Leer verdorben haben.«

Am nächsten Morgen kam James mit Geschenken zu mir – einem Schilffächer, gebratenem Mais und frischer Milch von seinen Kühen –, damit ich meinen Besuch in Leer in besserer Erinnerung behielte. Dann versammelten sich die Leute vor der Schule. Eine Kuh wurde zeremoniell geschlachtet, und wir beteten, dass die Bomber nie wiederkommen würden.

Auf der Weiterfahrt in die Stadt Bor traf Emma auf Bombenschäden und Todesopfer. Fünf Menschen waren an diesem Vormittag durch den Bombenangriff der Regierungsmaschine getötet worden, und mehrere hatten Arme und Beine verloren. Das deutsche Ärzteteam im Ortskrankenhaus floh überstürzt und kämpfte in dem nächsten abgehenden Flugzeug um Sitzplätze. Nur eine einzige Schwester wollte im Krankenhaus bleiben und die Verwundeten versorgen. Ein örtlicher Vertreter der UN und ein Mechaniker waren die einzigen, die genug medizinisches Wissen hatten, um die Verstümmelten und Sterbenden zu verbinden. Sie mussten unter den primitivsten Umständen zusammenarbeiten. Sie hatten nur einen improvisierten Operationssaal für Amputationen und andere lebensrettende Eingriffe. Die Tür zu dem Raum mit den Arzneivorräten mussten sie aufbrechen, weil der Arzt mit dem Schlüssel geflüchtet war.

Emma half, so gut sie konnte, krempelte die Ärmel hoch, pflegte die weniger schwer Verwundeten und kümmerte sich um Patienten mit Schock. Manche der Kinder, deretwegen sie hergefahren war, waren getötet worden, andere waren in ihrer Angst in den Busch geflohen. Die unbezahlten Lehrer waren alle umgekommen, die Schule war eine rauchende Ruine. Entsetzt vom Geschehen und voll Wut über die Sinnlosigkeit des Krieges, verbrachte Emma die nächsten Tage dort und half, wo sie konnte. Sie schrieb:

> Am Spätnachmittag begannen wir, die Toten zu bestatten. Unter ihnen war eine junge Frau, in ein einfaches Tuch gehüllt. Ihr Gesicht war völlig unversehrt und ihre Miene seltsam friedlich. Fast wollte ich sie sacht an der Schulter rütteln, um sie zu wecken.

Es war Emmas erstes unmittelbares Fronterlebnis, und was sie hatte mit ansehen müssen, stärkte nur ihre Entschlossenheit, im Sudan zu bleiben und für seine vergessenen Menschen alles zu tun, was möglich war.

9

Emma wurde im Sudan eine Art lokale Berühmtheit und aalte sich in diesem Rampenlicht. Mit ihrer außergewöhnlichen Kleidung und ihrem ansteckenden Lächeln war sie mit Sicherheit die glänzendste Mitarbeiterin einer Hilfsorganisation, die die Leute in der Gegend je kennen gelernt hatten – und das genaue Gegenstück zu den vielen verbissenen, farb- und humorlosen Männern und Frauen, die emotional und physisch erschöpft vom Erlebten aus dem Außendienst zurückkehrten.

Ihre Entschlossenheit, sich auch in entlegenste Gegenden zu wagen, vermittelte ihr draußen einzigartige Erfahrungen, und ihr Wissen und ihr Verständnis der Probleme des Südsudan wuchs so, dass andere Helfer ihr Wissen und ihr Urteil zunehmend respektierten. Mit ihrem großen Verhandlungsgeschick überredete sie Band Aid, Mittel zur Finanzierung weiterer Projekte herauszurücken, und lernte es auch, sich Finanzhilfen von anderen Wohlfahrtsverbänden auf der ganzen Welt zu verschaffen, etwa von der Operation Lifeline der UN. Peter Dalglish hatte Recht, sie konnte die Vögel von den Bäumen reden. Getrieben wurde sie von ihrer verborgenen Neigung zur Politik und ihrem Bedürfnis, im Mittelpunkt zu stehen, und wohl auch von dem ständigen Spiel mit der Gefahr. Ich habe immer gesagt, sie hätte eine gute Suffragette abgegeben. Und da betätigte sie sich jetzt als Frauenwahlrechtlerin für Afrika – ihre Magisterprüfung freilich schien auf St. Nimmerlein verschoben.

Die Menschen im Sudan, mit denen sie sich identifizierte und deren Statur ihrer eigenen so ähnlich war, nannten sie die »weiße Dinka«, eine große Ehre für eine Klosterschülerin aus Yorkshire. Die Dinka sind einer der größten Stämme im Süden, traditionell als Viehdiebe berüchtigt und als solche Erbfeinde der Nuer. Die beiden Stämme waren damals eng verbunden in ihrem gemeinsamen Kampf gegen die moslemischen Kräfte im Norden und lebten in gegenseitiger Zurückhaltung nebeneinander her.

Emma konnte recht gut zwischen diesen beiden Hauptstämmen unterscheiden. Die Nuer sind an ihren traditionellen »Manneszeichen« in Form wulstiger Schmucknarben unmittelbar über den Augen zu erkennen. Diese Kennzeichnung erfolgt bei jungen Männern zwischen vierzehn und sechzehn Jahren als Teil einer jährlichen Initiationsfeier zum Mannestum gegen Ende der Regenzeit. Ohne Betäubung und Wimpernzucken muss jeder sich die Stirn bis auf den Knochen ritzen lassen, in sechs langen Schnitten von Ohr zu Ohr, in die dann heiße Asche gerieben wird, damit sich die Narben aufwölben. Diese Narben bleiben ein Leben lang, und es heißt, sie ließen sich sogar auf den Schädeln von Toten erkennen. Mit dem Schneiden wird der Knabe zum Krieger und braucht keine Haushaltspflichten mehr wahrzunehmen. Er erhält einen Speer und einen Ochsen, und sein Hauptinteresse gilt fortan dem Tanzen und dem Geschlechtsverkehr, bis er Vater und Gatte wird.

Diesem alten Volk mit seinen Stammessitten brachte Emma täglich viel zu lachen. Wenn sie in ihre ausgebombten, staubigen Dörfer in ihrer auffallend bunten Kleidung und ihrem Schmuck einfuhr, immer lächelnd und immer froh, Kinder begrüßen zu können, die wie ein Vogelschwarm mit ausgestreckten Händen auf sie zuflatterten und ihr fröhliches »Maale! Maale! (Willkommen, Willkommen) Emm-Maa!« riefen, glitt sie wie eine Katze aus ihrem Fahrzeug und verteilte Süßigkeiten an Kinder, die noch nie welche kennen gelernt hatten. Sie wurde rasch als eine der ihren akzeptiert, als jemand von draußen, der sich denen von drinnen völlig assimilierte und dennoch immer noch die Kontakte, den Überblick und die Ausbildung hatte, um ihnen Hilfe zu verschaffen, damit sie ihrem Ziel näher kamen. Für die Menschen stellte sie Schönheit und Hoffnung dar, und sie selbst wiederum fand völlige Erfüllung in ihrer Arbeit. Der Sudan war ihre Berufung, und ihr weiterer Weg stand fest.

Dabei ließ sie nicht zu, dass ihre scheinbare Leichtigkeit Menschen zu dem Irrglauben verleitete, sie nehme ihr Engagement nicht ernst oder lasse die Zügel schleifen. Während einer langen Rückfahrt aus dem Busch musste sie auf der Ladefläche des Lastwagens neben einem jungen bewaffneten Leibwächter sitzen, der nach Alkohol und Körperschweiß roch. Sie schrieb:

> Die Fahrt war sehr ungemütlich. Die Kombination von Alkoholfahne und unbequemer Sitzgelegenheit hinten drehte mir den Magen um. Etwas Hartes drückte mir in die Seite. Ich sah hinunter und bemerkte eine Handgranate zwischen unserem Wächter und meinem Oberschenkel. In dem Glauben, ich zeigte Interesse statt Schreck angesichts einer Granate, nahm der junge Soldat sie in die Hände und fing an zu jonglieren. Dabei grinste er mich mit seinem weißen Gebiss an. Plumps. Die Handgranate fiel auf die Ladefläche. Alle dahinten sahen zu, wie der Sprengkörper mal hierhin, mal dorthin rollte und bei jedem Schlagloch hopste.
> »Jetzt reicht's!«, knurrte ich. »Beim nächsten Haltepunkt kommt entweder dieser Mann da raus oder seine Granate, am besten beide!« Ich hatte mein Ultimatum gestellt, und an der nächsten Wegkreuzung wurde die rückwärtige Tür aufgerissen, und der Leibwächter mit seiner Granate verschwand.

Auch auf der persönlichen Ebene lief alles gut. Sally und Willie hatten beschlossen, sich zu trennen, und Emma trat in Sallys Fussstapfen – mit deren Segen. Emma hatte Willie schon viele Jahre von fern bewundert und seinen Rat schätzen gelernt. Jetzt stürzten sie sich in eine Liebesaffäre, die länger anhalten sollte, wobei Emma zunächst die Initiative ergriffen hatte. Es wurde sogar von Hochzeitsglocken gemunkelt. Emma schrieb Erica diesen Sommer:

> Willie ist immer noch im Südsudan und verdient eine Menge Geld mit dem, was er am liebsten tut – im Busch herumrennen. Ich hoffe, er kommt Ende Oktober zurück, weil er mir sehr fehlt. Wenn Willie und ich wirklich heiraten, wird hier bestimmt allerhand los sein. Offenbar wird von allen Seiten darauf gedrängt – Willies Familie, seine Freunde und er selbst reden für die Zukunft von dergleichen.

Emma wies Erica an, ihre kleine Kusine Annabel, Sues Tochter, schon mal darauf gefasst zu machen, dass sie vielleicht bald Brautjungfer sein werde. Annabel freute sich darauf und wir ebenfalls. Willie war großartig, und Emma teilte seine Liebe zu Afrika. Seine Familie war absolut reizend. Jeannie und Roddy, seine Eltern, genossen ihren Ruhestand an der Küste von Kenia, und Emma und andere machten dort häufig Urlaub. Seine Schwester Roo und ihr Verlobter Simon hatten Emma bei ihrem ersten Aufenthalt in Nairobi als Untermieterin gehabt. Auch Willies Bruder Richard und seine Frau Jules standen meiner Ältesten nahe – sie war bei ihnen Trauzeugin gewesen. Folglich gehörte sie in mehrerlei Hinsicht bereits zur Familie.

Während Emma mit ihren Bildungsprojekten weitermachte und von Kenia in den Sudan hinein- und wieder zurückflog, widmete Willie seine Zeit Brunnenbohrprojekten in Ostafrika. Ihre unterschiedlichen Arbeitsverpflichtungen bedeuteten, dass sie jeweils mehrere Wochen, wenn nicht Monate getrennt voneinander verbringen mussten, aber anfangs waren sie beide überzeugt, ihre Beziehung sei dafür stark genug. Ich las Emmas Klagen in ihren Briefen über das lange Getrenntsein und hoffte, die beiden behielten Recht. Sie hatte vorgehabt, dieses Jahr zu Weihnachten nach Hause zu kommen, und ich hatte mich schon darauf gefreut, doch Willie überredete sie, stattdessen in Afrika zu bleiben und die Feiertage bei seiner Familie an der Küste zu verbringen. Sie hatte eine wunderbare Zeit mit Sonnenbaden, Windsurfen und Partys, aber eine Stinkwut auf Willie, weil er erst an Silvester eintraf und sie die ganze Zeit mit seiner Familie allein war.

Es war nicht nur seine Schuld, aber er konnte einer Gelegenheit zur Safari nie widerstehen und hatte spontan beschlossen, mit seinem Freund, dem UN-Helfer John Horsey, nach Tansania zu fahren, und dabei fest damit gerechnet, zu Weihnachten zurück sein zu können. Unterwegs jedoch kamen sie an einen Fluss voller bauchoben treibender Fische. Es war offensichtlich, dass die Dorfbewohner dort mit Dynamit gefischt hatten. John hatte die Leute dafür drastisch zurechtgewiesen und ihnen klarzumachen versucht, welchen Umweltfrevel sie damit begangen hatten. Als er und Willie dann gegen Abend auf dem Rückweg zu ihrem Lager waren, sahen sie schon von weitem eine Rauchwolke aufsteigen. Ihr Zeltlager war überfallen und angesteckt worden, alle ihre Vorräte und Besitztümer verbrannt, und sie mussten aus eigenen Kräften in die Zivilisation zurückfinden, wofür sie mehrere Tage brauchten.

Emma nahm Willie sein Ausbleiben übel, sie hatte Heimweh nach einem englischen Weihnachten und fühlte sich sehr zurückgesetzt. Es war der Auslöser für den schließlichen Bruch. Bald danach gab es die erste von vielen Trennungen in ihrer wechselhaften Beziehung. Emma ließ ihrer jungen Kusine Annabel mitteilen, dass sie 1990 doch keine Brautjungfer werden würde. Ich las ihre Worte mit Trauer und fragte mich, wer wohl der nächste Mann sein würde, der das Herz meiner Tochter eroberte.

Emma traf Riek Machar Teny-Dhurgon erstmals im Januar 1990 im Pan Afric Hotel in Nairobi auf einer breit angelegten Konferenz zur Diskussion der Probleme des Sudan. Riek war ein Kriegsheld, ein Rebellenkommandeur der SPLA, die rechte Hand John Garangs und in dieser Funktion zumindest zum Teil daran schuld, dass der Krieg immer weiterging. Was für den einen ein Freiheitskämpfer ist, ist für den anderen ein Terrorist, erinnerte sich Emma irgendwo gelesen zu haben, als sie zu der Konferenz fuhr in der Hoffnung, ihn dort sprechen zu können. Ob Terrorist oder nicht, er war der Einzige, der ihr in ihrem Kampf beistehen konnte, Schulbildung für die Kinder in dem von seinen Soldaten beherrschten Gebiet zur Verfügung zu stellen.

Wenn sie je erwartet hatte, auf einen kriegerischen afrikanischen Egozentriker zu treffen, erlebte sie eine Überraschung. Riek war charmant, sprach hervorragendes Englisch und hatte Übung im Umgang mit Europäern. Nach einem fünfjährigen Studium an der Universität Khartum hatte er seinen Magister im Strathclyde Polytechnikum in Glasgow gemacht, sich am Bradford Polytechnikum in Yorkshire habilitiert und danach Vorlesungen über Maschinenbau gehalten. In einem Land, wo weniger als zwei Prozent der Bevölkerung höhere Bildung haben, war dies respektheischend. Er war Nuer-Häuptling und der Kriegsherr seines Stammes, trug aber nicht die traditionellen Schmucknarben im Gesicht. Seine eindrucksvolle Erscheinung, seine zwei Meter zehn Körpergröße und seine fließenden Bewegungen wirkten auf Emma gleich zu Beginn anziehend, obwohl sie sich sagte, sie habe jetzt ernstere Dinge im Sinn.

Nachdem sie so lange auf das Gespräch mit ihm hatte warten müssen, dass es ihr wie Stunden vorkam, wurde sie seiner zu Konferenzschluss endlich habhaft. Sie wollte mit ihm in allen Einzelheiten über ihre vielen Probleme sprechen. Es ging um ihre Hilfsprojekte für Kinder in den Regionen, die von seinen Leuten kontrolliert wurden, und um Schwierigkeiten mit der Hilfsorganisation der Rebellen.

»Commander Riek«, begann sie aggressiv, »haben Sie überhaupt eine Vorstellung, wie frustrierend es ist, den Kindern am Oberen Nil Bildung verschaffen zu wollen, wenn Sie und Ihre Leute nur damit beschäftigt sind, mir überall Steine in den Weg zu legen, und die Kinder, denen ich etwas beibringen will, ständig als Kindersoldaten in den Busch verschleppt werden?«

Riek war verblüfft über ihre Haltung und ihren Mut. Er wusste, wer sie war, und auch, was ihr Kinderhilfswerk wollte. Doch mitten in einem komplizierten und lang andauernden Krieg, in dem seine Männer töteten und selbst getötet wurden und viele aus seinem Volk starben, schien die Bildung für die Kinder nicht den Vorrang zu haben. Mit seiner Reise nach Nairobi war er nach fünf Jahren zum ersten Mal aus den Sümpfen und dem Buschland des Südsudan weggekommen. Jetzt konfrontiert mit dem überwältigenden Anblick einer hoch gewachsenen Weißen mit den Beinen einer Gazelle, die seine Zustimmung zu jedem ihrer Argumente einforderte, hatte es ihn voll erwischt.

Riek hat immer gesagt, für ihn sei es Liebe auf den ersten Blick gewesen. Emma hatte schöne Hände mit langen eleganten Fingern, nicht unähnlich den seinen. Sie strahlte körperliches Selbstbewusstsein aus und wusste es einzusetzen, indem sie mit Blicken und mit diesen ewig lächelnden Lippen flirtete. Aber Emma war mit ihren Vorhaltungen noch nicht fertig.

»Nehmen Sie bitte zur Kenntnis«, fuhr sie ungerührt fort, »dass ich Sie außerdem persönlich dafür haftbar mache, dass ich die Lehrerbildungskurse in Torit und Bor nicht zustande bekomme. Die SPLA lässt Leute, die zu Lehrern geschult werden könnten, nicht aus ihren Gebieten fort. Außerdem wird mir verboten, viele der Schlüsselgebiete zu bereisen, die für meine Arbeit so wichtig sind. Wenn Sie mit mir nicht kooperieren, habe ich keine andere Wahl, als diese Dinge anderen Orts anzusprechen.«

Riek grinste sie an und zeigte die große Lücke zwischen seinen oberen Schneidezähnen. Mit seiner lispelnden Stimme fragte er sie gelassen, ob sie je das Buch des englischen Anthropologen E. E. Evans-Pritchard über die Geschichte des Nuervolkes gelesen habe.

»Sollten Sie nämlich«, setzte er sanft hinzu. »Da erfahren Sie alles über meinen Stamm, was Sie wissen müssen.«

Damit hatte er Emma auf dem falschen Fuß erwischt. Sie musste gestehen, das Buch nicht gelesen zu haben, obwohl sie davon gehört hatte. Darauf aus, die Oberhand zu behalten, fragte sie ihn, ob er sie am nächsten Morgen in die Bibliothek begleiten und ihr helfen könnte, ein Exemplar zu finden. Riek bejahte. Danach lenkte sie ein und begann persönlichere Fragen zu seiner Familie und Herkunft zu stellen. Sie fühlten sich immer mehr zueinander hingezogen, und nach kurzer Zeit wurde Emma klar, dass dieser Mann, den sie doch dringend hatte sprechen müssen, weit rätselhafter war, als sie erwartet hatte. Auch für sie wurde es eine Leidenschaft auf den ersten Blick. Sie mochte Rieks Selbstvertrauen und die Art, wie er den Kopf zurücklegte und leise lachte. Seine Stimme sei wie Samt, sagte sie. Sie sah ihn gern sein Stöckchen aus Ebenholz und Elfenbein beim Sprechen mit den langen Fingern herumwirbeln, und sie liebte seine schwarzblaue Hautfarbe. Noch in dieser ersten Nacht liebten sie sich, und diese Erfahrung sollte das Leben beider für immer verändern. In seinen Armen spürte sie, dass er der Mann war, nach dem sie immer gesucht hatte, auch wenn es so schien, als könne aus dieser Begegnung auf lange Sicht nichts werden.

Vierundzwanzig Stunden nach ihrer ersten Begegnung war Riek verschwunden, und sie wusste nicht, wohin. Er hatte seine Dienstreise nach Nairobi abbrechen und einen Monat nach Zaire gehen müssen, bevor er in den Südsudan zurückkehrte, wo John Garang ihm das Kommando über ein entlegenes Gebiet an der Nordfront am Oberen Nil übertrug. Riek und seine Männer mussten über Äthiopien Marschpatrouille im Busch machen, und sieben Monate lang sollte kein Kontakt zu ihm möglich sein. In diesen Monaten war Emma außer sich vor Unruhe und fragte sich, ob Riek für sie genauso empfand wie sie für ihn oder ob nur sie diese Gefühle hatte. Sie versuchte diskret, Erkundigungen über ihn einzuziehen. War er noch am Leben? In welchem Teil des Sudan hielt er sich auf? Gab es eine Chance für ein erneutes Treffen? Doch es herrschte Krieg, und Vertreter der Rebellenbewegung von Rang ließen sich nicht herab, einer wildfremden Weißen detailliert über militärische Streifzüge ihres Kommandeurs zu berichten.

In dem Versuch, die Sache mit Riek innerhalb ihrer Gefühlswelt als einmalige Begegnung abzutun, setzte sie ihre wechselhafte Beziehung mit Willie Knocker fort. Aber die ganze Zeit träumte sie insgeheim von dem hoch gewachsenen dunklen schönen Fremden, dem sie einmal begegnet war, der aber jetzt spurlos aus ihrem Leben verschwunden war. Sie hätte sich keine Sorgen zu machen brauchen. Auch Riek war Emma ins Gedächtnis gebrannt, und er konnte sie nicht vergessen. Er konnte ihr Bild nicht loswerden und fragte bei den seltenen Gelegenheiten, wo er Kontakt zum Büro der Rebellen in Nairobi hatte, ob jemand sie gesehen habe. Das wurde stets verneint. Für Leute, die einen Krieg führten, war der Gedanke an ein Verhältnis ihres Kommandeurs mit einer Weißen absolut tabu, da jeder Weiße unter dem Verdacht stand, ein potenzieller Spion zu sein. Da sie nichts über den Aufenthaltsort des jeweils anderen erfahren konnten und weiter nichts mehr voneinander hörten, führten Emma und Riek ihr jeweils eigenes Leben weiter.

Inzwischen waren die Gebäude notdürftig repariert und die

Grundausstattung für die Wiedereröffnung weiterer Schulen im Süden beschafft. Emma wurde klar, dass sie sich nun dem chronischen Personalmangel zuwenden musste. Um Menschen überzeugen zu können, in ein Kriegsgebiet zurückzukehren und dort zu unterrichten oder um als Lehrer Geeignete dort zum Bleiben zu bewegen, musste sie mit dem Angebot von Nahrung, Unterkunft und Ausbildung locken können. Also machte sie sich im Frühjahr 1990 auf eine sechswöchige Rundreise ins östliche Äquatoria auf, um zwei neue Lehrerbildungszentren in den Städten Torit und Bor einzurichten. Nach einer Woche schrieb sie mir und ließ den Brief von einem Flugzeug der UN weiterbefördern.

> Torit ist eine typische afrikanische Stadt, hauptsächlich aus schilfgedeckten Lehmhütten und einzelnen Backsteinbauten. Wir haben hier ein Lehrerbildungsinstitut eingerichtet – früher das katholische Missionsgebäude. Wir richten es gerade wieder her – Bäume pflanzen, Zimmermannsarbeit, Streichen usw. Die Kriegszerstörungen sind niederdrückend. Man kann sich nur fragen, wie es an diesen Orten gewesen sein mag, als lebendiges Treiben herrschte, wo sich jetzt Verfall, Plünderung und Leere breit machen.
> Die Menschen hier sind damit beschäftigt, den Boden zum Anbau vorzubereiten – indem sie die Erde durch Verteilen der Überreste von Hühnern und, wenn sie reich sind, von Ziegen und Kühen wieder weihen. Sie befürchten, Menschen, die ein Verbrechen begangen haben, könnten ihren Boden betreten haben. Die Patres der Mission haben uns gestern erzählt, Regenmacher würden bei Versagen häufig von den Frauen erschlagen, genau wie alle, die den bösen Blick haben und damit die Regenwolken vertreiben. Offenbar betrachten viele aus der älteren

Generation Weiße als Abkömmlinge des Wassers
und daher mit Macht über den Regen ausgestattet.
Andere aber nennen uns rote Affen!

Emma betätigte sich weiter in der Hilfsorganisation, flog nach Nairobi und wieder zurück, verfasste Berichte und entwickelte die Infrastruktur, um Lehrerausbildung und Schulgründungen voranzutreiben. Fest entschlossen, die Dorfbewohner nach Errichtung von Schulen in deren Unterhalt autonom zu machen, untersuchte sie mit viel Energie die Möglichkeit einer Selbstversorgung der Schulen mit Produkten zur Aufbesserung der Lehrergehälter.

Nachdem sie die erste Gehaltsabrechnung der Hilfsorganisation erhalten hatte, nach Jahren armen Studentinnendaseins eine wichtige Zäsur in ihrem Leben, zog sie bei Roo und Simon aus, wo sie die letzten zehn Monate gewohnt hatte, und richtete sich mit Sally Dudmesh in der Koitibus Road in Langata ein, einem grünen Vorort der ausgedehnten Großstadt. Sally freute sich jedes Mal, wenn Emma nach Nairobi zurückkam, und die beiden Freundinnen erzählten sich dann tagelang, was inzwischen vorgefallen war.

Im Juli 1990 hatte Emma endlich Geld auf dem Konto und konnte sich einen Flug und einen sechswöchigen Heimaturlaub leisten. Ich sah sie nach fast einem Jahr zum ersten Mal wieder. Sie wirkte großartig, gebräunt, glücklich und selbstbewusst. Für einen Teil des Urlaubs nahm sie einen Mietwagen, den sie sich nun ja leisten konnte, und fuhr mit meiner Wohnung als Stützpunkt im ganzen Lande umher und besuchte Freunde in Oxford, ihren Großvater (jetzt in Shropshire) und alle ihre alten Freundinnen in Yorkshire. Auf dem Rückweg über East Anglia machte sie bei Tante Margot und Onkel George und bei Wendy und Bill Burton in Cambridgeshire Station. Danach blieb sie eine Weile bei Freunden in London, besuchte Kunstmuseen, ging ins Theater und in Restaurants und fiel dann wieder bei mir ein.

Es gab Partys in Hülle und Fülle. Annabel Ledgard richtete ihr eine in London aus, Sue und Martin hielten in Springwood das jährliche Sommerfest für sie ab. Die übrige Zeit war sie bei mir, und wir tauschten uns über die letzten Monate aus oder erzählten uns von früher. Am liebsten saß sie auf der Bank in meinem Garten, sonnte sich und blätterte in Hochglanzzeitschriften – die sie lange hatte entbehren müssen –, während ich zwischen meinen Blumenbeeten herumgärtnerte und den Sommerflor goss. Es waren träge Tage, wenn ich zwischen Stockrosen und Rittersporn hochsah und ihr lauschte, während sie lachend mit mir plauderte und mich mit dem unterhielt, was sie in Afrika gesehen, gehört und gerochen hatte – alles unserem typisch englischen Garten so unglaublich fern.

Ich arbeitete immer noch bei Bear Stearns. Erica und Johnny waren beide in Bristol – er studierte Betriebswirtschaft, und sie lernte Möbelrestaurierung. Sie teilten sich dort ein Häuschen, und durch Johnny begegnete Erica ihrem künftigen Ehemann Hugh, einem seiner Mitstudenten. Jennie, die uns mehr als ein Jahr gefehlt hatte, weil sie mit dem Rucksack um den Globus reiste und selten anrief oder schrieb, war vor kurzem unerwartet zurückgekehrt, doch nur um zu verkünden, sie plane schon ihre nächste Fahrt. Damit waren meine Kinder für kurze Zeit im selben Land, und zu meiner großen Freude fanden sich alle zusammen zu Emmas Abschiedsparty im August bei mir in Surrey ein. Ein herrlicher Tag.

Als ich ihr am Flughafen zum Abschied winkte, verspürte ich dabei nicht die üblichen Ängste. Nur ein paar Tage vor ihrer Abreise hatte mich Emma mit der Einladung für Weihnachten nach Kenia überrascht und mir sogar das Geld für das Flugticket geschenkt. Es würde mein erster Besuch in dem Erdteil sein, in den sie sich verliebt hatte. Ich war hingerissen und überlegte bereits, was ich einpacken sollte.

Dieses Weihnachten war in meiner neuen erwachsenen Beziehung zu Emma sehr bedeutsam. Für sie war es eine Gelegenheit, mir wieder näher zu kommen und mir zu zeigen, was sie als Zauber Afrikas entdeckt hatte. Für mich war es die Chance, ins Unbekannte zu reisen, zu sehen, wie meine Tochter wohnte und arbeitete, und mich dafür zu öffnen, welche Liebesbeziehung und was für ein Leben sie sich in einem fremden Land gewählt hatte.

Ich hatte fast erwartet, in Afrika dasselbe zu sehen, zu hören und zu riechen wie auf dem Subkontinent, den ich vor langer Zeit verlassen hatte. Zu meiner Überraschung war alles ganz anders, ein Erdteil ganz für sich und voller eigener Versuchungen. Ich würde ihn mit Emma erforschen, mein erstes Weihnachten mit ihr allein verbringen und die neue Erfahrung genießen dürfen. Nach Jahren der Sorge, der finanziellen Unsicherheit und der Seelennot bekam ich endlich wieder Luft.

Emma holte mich am 8. Dezember am Flughafen ab und brachte mich in das kleine Haus, in dem sie zusammen mit Sally wohnte. Schon am ersten Tag fuhren sie und Willie mich, Sally und John Horsey zu einer Wanderung hinauf ins Ngong-Gebirge. Auf dem Gipfel war die Landschaft in Nebel gehüllt, ein heftiger Windstoß blies mir den Rock über den Kopf.

»Mein Gott«, dachte ich, »jetzt bin ich von so weit her gereist, und es ist hier auch nicht anders als in den Tälern von Yorkshire.« Doch auf der Rückfahrt im Zwielicht bekam ich durch die Bäume meine erste Giraffe zu Gesicht, die die Zweige einer Schirmakazie abweidete, ihre seltsame Silhouette eins mit dem afrikanischen Busch. Trotz Nebels befand ich mich in einem ganz anderen Land.

Emma musste noch arbeiten, und so setzte sie mich in einen Inlandsflug zu meinem luxuriösesten Hotel seit vielen Jahren – dem Hemingway in Watamu an der Küste, dessen Pracht mich an das Leben an Bord der SS *Chusan* erinnerte. Jeden Abend wurden die Betten aufgeschlagen, die Moskitonetze aufgespannt. Das hatte ich seit Indien nicht mehr erlebt. Ich wurde regelrecht verwöhnt. Ich blieb dort neun Tage und schwelgte im Luxus. Ich fand neue Freunde und Bekannte und besuchte Willies Eltern, Jeannie und Roddy, die am Strand in der Nähe wohnten und mich unter ihre Fittiche nahmen. Wir gingen angeln, schnorcheln und machten Ausflüge ins Binnenland.

Als ich entspannt und zu allem bereit nach Nairobi zurückkehrte, wurde ich sofort zur Hochzeitsfeier von Roo und Si mitgeschleppt, die am Vormittag geheiratet hatten. Es war verwirrend, aber sehr vergnüglich. Die nächsten zehn Tage verbrachten wir auf einer Safari durch den Tsavo National Park auf dem Rückweg zur Küste zusammen mit Emma und Freunden. Inzwischen waren Lucy und Simon zu uns gestoßen, die Tochter und der Schwiegersohn Wandas aus der Aysgarth School in North Yorkshire. Sally hatte für Weihnachten ein riesiges Fest organisiert: Wir übernachteten in Kilifi in einem Haus unmittelbar am Indischen Ozean. Der ganze Tag war wie ein Traum. Schon zum Frühstück gab es tropische Früchte im Überfluss, dann schwammen und schnorchelten wir viele Stunden lang und entspannten uns später plaudernd im Schatten eines riesigen Affenbrotbaums. Bei Sonnenuntergang tranken wir Tequila und Cocktails zur Vorbereitung auf ein traditionelles Truthahnessen mit allen Schikanen. Am nächsten Tag waren Lucy, Simon und ich schon wieder unterwegs auf einer Safari. Wir fuhren durch den Westteil des Tsavo über Nairobi nordwärts bis zum Bogoria-See, nachdem wir uns von Emma und Sally an der Küste verabschiedet hatten.

Auf dem Heimflug am 30. Dezember 1990 lehnte ich mich in meinem Flugzeugsessel zurück, nippte an meinem Gin Tonic und dachte nach. Für mich war es ein Wiederaufleben alter Erinnerungen gewesen, die erste Gelegenheit nach vierzehn Jahren, wieder dem kolonialen Lebensstil zu frönen, und ich hatte jede Sekunde davon genossen. Ich war froh, dass Emma von liebenden Menschen umgeben und endlich in ihrer Arbeit erfüllt und glücklich war, und konnte ihre wachsende Leidenschaft für Afrika allmählich nachvollziehen. Trotz Willies Werben immer noch unverheiratet, war Emma, das spürte ich, drauf und dran, mit neuer Kraft zu einer neuen Lebensphase aufzubrechen. Ich fragte mich, wen sie sich dafür wohl als Begleiter aussuchen würde.

Im Januar 1991 ergab sich für Riek und Emma endlich eine Gelegenheit, wieder zusammenzukommen. Er war von der Front zurückbeordert worden und hatte sich bei John Garang in der Kleinstadt Nasir an der Grenze zu Äthiopien zu melden. An den Ufern des Sobat gelegen, eines Nebenflusses des Weißen Nil, war Nasir 1912 von den Briten als Stützpunkt zwischen den sesshaften Hirtenstämmen angelegt worden und inzwischen eine von Schlingpflanzen überwucherte Geisterstadt.

Die Rebellenbewegung hatte am Südrand der alten Stadt ein wichtiges Feldlager bezogen. Riek wurde dort Befehlshaber über mehrere hundert Mann. Als Leiter seines eigenen neuen Machtbereichs versuchte Riek erneut, die Frau ausfindig zu machen, die er ein Jahr lang nicht hatte vergessen können. Durch Zufall kam der Journalist und alte Bekannte Rieks, John Ryle, nach Nasir. Er recherchierte für eine Titelserie und wollte einiges über die Region wissen. Doch bald wurde er selbst mit Fragen gelöchert.

»Kennst du eine gewisse Emma McCune?«, fragte Riek John wenige Stunden nach seiner Ankunft, als sie dabei waren, über alte Zeiten zu plaudern. Die Antwort war positiv, John kannte Emma aus Nairobi und London und sagte Riek, seines Wissens sei sie derzeit wieder in der kenianischen Hauptstadt. Als John ein paar Tage später nach Nairobi zurückflog, hatte er einen kurzen Marschbefehl Rieks für Emma in der Tasche. John hatte Riek feierlich versprechen müssen, ihn zuzustellen. Das tat er auch. Darin hieß es:

Nasir, 5. Februar 1991

Ms Emma McCune
KINDERHILFSWERK
NAIROBI

1. Ich wäre Ihnen sehr verbunden, wenn Sie diese Woche nach Nasir fliegen könnten, um die Bildungsprobleme in den Gebieten zu erörtern, die unter meinem Kommando stehen. Hierbei handelt es sich um den westlichen Oberen Nil, den nördlichen Oberen Nil und das Sobat-Becken.
2. Von unserer Zivilverwaltung in diesen Zonen wurde mir mitgeteilt, dass Sie sie bei der Beschaffung von Schulmaterialien usw. unterstützen. Ich habe das Verbindungsbüro in Nairobi gebeten, Ihnen einen Passierschein nach Nasir auszustellen.

RIEK M. TENY-DHURGON, KOMMANDANT

Emma war wie elektrisiert und verschaffte sich sofort eine Mitfluggelegenheit in einem Transport der UN nach Nasir. Dort angelangt, musste sie jedoch zu ihrer tiefen Enttäuschung feststellen, dass Riek schon wieder fort war. Er hatte unerwartet in das 300 Kilometer entfernte Gambela gemusst. Die Spannungen in Äthiopien hatten zugenommen, und es war unklar, ob das Regime von Haile Mengistu an der Macht bleiben würde. Mengistu hatte die Rebellen im Sudan von Beginn an unterstützt, und sollte er abtreten müssen und ein anderes Regime an die Macht kommen, konnte das schwerste Folgen für die Frontlage haben.

Bitter enttäuscht, ihn verfehlt zu haben, hatte Emma keine andere Wahl, als nach Nairobi zurückzufliegen und auf Nachricht zu warten. Kaum hatte sie über Funk vernommen, dass er zu seinem Stützpunkt zurückgekehrt war, bemühte sie sich dreimal hintereinander um einen Flug nach Nasir, wurde aber wiederum enttäuscht. Diesmal hatten sich Treibstoffknappheit und die Rücknahme der Flugerlaubnis in befreite Gebiete gegen sie verschworen. Da gab es nur noch den Landweg. Es war eine gefährliche Fahrt von zweieinhalbtausend Kilometern durch eine der unwirtlichsten und gefährlichsten Gegenden, mit Überquerung der Frontlinie zwischen den Streitkräften der Rebellen und der Regierung und durch Territorien, die von bewaffneten und gnadenlosen Stämmen wie den Toposa beherrscht werden. Und das alles über Straßen, die durch Minen so riskant waren, dass sie sich ihren Weg durch den Busch würden hacken müssen. Mit einem so offenbar unüberwindlichen Hindernis vor sich packte sie kurz entschlossen ihre Sachen.

Emma wusste, dass es Wahnsinn war und sie nicht allein fahren sollte, aber das Gefühl setzte sich durch gegen den Verstand. Sie redete sich ein, ihr Bildungsauftrag sei Grund genug für einen Besuch, und sie werde sich mit dieser gefährlichen Fahrt auch weiteren Respekt verschaffen, wurde in Wahrheit jedoch von ihrer Liebe zum Abenteuer und zu Riek getrieben. Ihre Überredungskunst hatte nie in Zweifel gestanden, und sie nutzte sie jetzt, um Willie Knocker breitzuschlagen, er solle sie hinfahren. Ihre wechselhafte Beziehung war seit einiger Zeit wieder in einer Aufwärtsphase, und Willie hoffte, es würde so weitergehen. Je mehr sie ihn abwies, desto heftiger liebte er sie. Einen Heiratsantrag hatte er ihr bereits gemacht, auf den sie mit einem »Vielleicht« reagiert hatte, und er meinte, wenn er mit ihr jetzt diese Wahnsinnsfahrt machte, bekomme er vielleicht ihr heiß ersehntes Jawort.

Willie hatte anfangs Zweifel, ob sie die Fahrt überleben würden, doch sie verkaufte es ihm als Rettungsfahrt für in Nasir festsitzende Kollegen und malte es ihm als klassisches Abenteuer und beste Safari überhaupt aus. Wie hätte er da widerstehen können? Schließlich liebte er sie. Willie belud sein Fahrzeug mit Notvorräten – Treibstoff, Essen und Wasser

– und gab einem Funker Mitfahrgelegenheit, der in diesen Landesteil wollte. Es war Februar und noch Trockenzeit. Sie brachen aus Kapoeta an der kenianischen Grenze in Willies klapprigem Land Rover »Brutus« auf. Die erste Etappe ihrer Fahrt nach Bor ging hauptsächlich auf uralten Viehtrieben quer über grasbewachsene Ebenen. Dann fuhren sie über Kongor ins Land der Nuer und kamen durch Ayod, Waat und Ulang. Unterwegs hatten sie das Glück, mehrere seltene Antilopenarten beobachten zu können. Der Himmel nahm die seltsamsten Töne von Rosa und Rot an und war von den Rauchschwaden erfüllt, die vom traditionellen Abbrennen des Altgrases herrührten.

Des Nachts liebten sie sich in ihren Schlafsäcken unter dem Sternenhimmel, begleitet vom Lachen der Hyänen draußen in der Savanne. In Waat besuchten sie den mit Elefantenstoßzähnen umfriedeten Schrein des Nuer-Propheten Nyndeng und opferten Salzbrocken für eine glückliche Heimkehr.

Nach Waat löste sich die Straße praktisch auf, und sie mussten jahrhundertealten Trampelpfaden von Rindern nordwärts nach Wedenyang am Südufer des Sobat bei Ulang folgen. Die letzte Etappe ging über eine nach acht Jahren Sperrung kürzlich wieder eröffnete Piste. Irgendwann verfuhren sie sich, stritten mit ihrem ortskundigen Führer, verloren das Vertrauen in ihn und mussten sich am Ende durch achtzehn Kilometer Akazienwald hacken, um durchzukommen.

Fast wie im Triumph langten sie schließlich in der kleinen Lehmhüttengarnison in Wedenyang an, als erste Überlandreisende nach fast einem Jahrzehnt. Nach dem Abladen wateten sie durch den Fluss zu Riek, der spreizbeinig mit verschränkten Armen in Kampfanzug und roter Fallschirmjägermütze am anderen Ufer wartete. Der Kriegsherr war mehr als geschmeichelt, dass Emma seinem Ruf gefolgt war und sich von so weit her durchgeschlagen hatte, äußerte allerdings Überraschung beim Anblick von Willie.

»Warum hast du *den* mitgebracht?«, waren seine ersten Worte an Emma.

Sie sahen sich in die Augen, und wieder war es um beide geschehen. Ohne es zu ahnen, hatte meine Tochter eine neue und gefährliche Welt betreten.

Am Morgen danach gab es wenig Gelegenheit für Riek und Emma, allein zu sein. Als sie aufwachte, hielt der Rebellenführer bereits eine Ansprache vor einer Gruppe von Dorfhäuptlingen über anstehende Wahlen und über den Aufbau von Schulen. Als sie sich still neben ihn setzte, wirkte sie nach Willies Worten wie eine Mischung aus einer Memsahib und einer Sultanin der Nuer, indem sie sich am Gespräch beteiligte und Vorschläge machte. Manchmal gab es peinliche Pausen, wenn sich Emmas und Rieks Blicke kreuzten und sie dann rasch wieder wegsahen.

Schließlich erhob sich Riek in einer einzigen fließenden Bewegung und verkündete der Versammlung, er müsse jetzt unter vier Augen mit Emma sprechen. Seine Leibwächter waren sehr misstrauisch und durchaus nicht glücklich dabei, aber er befahl ihnen, draußen zu bleiben, während er allein mit ihr in seine Amtsräume ging. Drinnen redeten sie mit der Erörterung sozialer und schulischer Angelegenheiten eine Weile um den heißen Brei herum, hatten aber ganz andere Dinge im Kopf. Plötzlich ergriff Riek die Initiative:

»Warum kommst du von so weit her und auf einer so gefährlichen Route?«, wollte er wissen.

Emma blitzte ihn an. »Ich wollte zu dir«, antwortete sie. Sie traute sich kaum, ihm zu gestehen, wie viele Nächte in dem langen Jahr er ihr durch den Sinn gegangen war.

Das Eis war gebrochen, und sie hörten auf, so zu tun, als hätten sie Amtliches zu erörtern. Sie setzten sich zueinander an den Tisch zu einem vertrauten Gespräch. Neben ihm sitzend und gelegentlich seinen Arm berührend, konnte Emma seinen Schweiß riechen und seine Körperwärme spüren. Er wiederum sah sie mit neuer Bewunderung an, erinnerte sich an ihre Rückenlinie und an die Art, wie exakt sie Bleistift oder Kamera in ihren langen Fingern führte. Emma nahm Rieks Hand, verschränkte ihre Finger mit seinen und erzählte ihm, wie oft sie versucht hatte, etwas über ihn zu erfahren oder ihn über Äthiopien per Sprechfunk zu erreichen. Sie fragte, warum er auf ihre Anfragen nicht reagiert oder nicht geschrieben habe. Riek wusste nichts von irgendwelchen Mitteilungen und konnte nur vermuten, sie seien abgefangen und vernichtet worden. Ganz wie bei Romeo und Julia, dachte Emma.

Verjährten Haß in stolzgemuten Söhnen,
Die ihre Hand mit Bürgerblut beflecken,
Aus den zwei Feindeshäusern sehn wir sprießen
Ein liebend Paar, das glühend sich erstrebt.

Die nächsten vierundzwanzig Stunden verbrachten Emma und Riek hauptsächlich mit intensiven Erörterungen des Bürgerkriegs, der internationalen Lage und des Kinderhilfswerks sowie der Logistik beim Aufbau von Unterrichtswesen und Lokalwirtschaft aus dem Nichts. Sie stellten eine gegenseitige Nähe fest, die weit über ihre eingestandene körperliche Anziehung hinausging. Ihre Leidenschaft für den Sudan hatten sie miteinander gemein, und Riek meinte, er verstehe Emmas Drängen, den Kindern Bildung zu verschaffen, auch er wolle nichts als Frieden. Inzwischen wunderte sich Willie, wo seine Freundin blieb, während er als leidenschaftlicher Naturforscher Ausflüge in den Busch machte, Vögel beobachtete, ihren Lebensraum untersuchte und im Sobat angelte.

Am Abend, bevor Emma und Willie sich mit drei weiteren Passagieren auf die Rückfahrt machen sollten, hatte Riek eine Reihe endlos langer Diskussionen mit seinen Mitkämpfern gehabt. Die Sonne ging unter, und während Emma dabeisaß und zuhörte, fragte sie sich, ob sie noch Zeit füreinander haben würden. Riek hatte wohl ihre Gedanken gelesen. Abrupt und mit einer fast unmerklichen Handbewegung entließ er seine Helfer und seine Leibwächter, die stumm und rasch die Hütte verließen. In seinen Stuhl zurückgelehnt, die Augen glänzend im hereinflutenden Licht des Sonnenuntergangs, lächelte Riek Emma mit weißen Zähnen an.

»Du weißt allerhand über die politische Lage und diesen Krieg«, stellte er fest, und seine klangvolle Stimme war Musik in ihren Ohren.

»Ich lerne schnell«, antwortete Emma und ermunterte ihn lächelnd zum Weiterreden.

Riek nickte. »Und dabei erfährst du auch allerhand über mein Volk, die Nuer.« Wenn er so redete, konnte Emma fast vergessen, dass er ein Soldat, ein Krieger war, dann sah sie ihn lieber als stolzen Stammeshäuptling.

Sie lächelte wieder und schenkte ihm nun einen vielsagenden Blick aus ihren grünen Augen, die Pupillen geweitet. »Und ich bin gern bereit, noch mehr zu lernen ...«

»Hab' ich mir gedacht«, sagte Riek und stand auf. Der riesige Mann machte ein paar Schritte zu dem Fensterchen der Hütte, blieb mit dem Rücken zu ihr stehen und starrte auf den Sobat hinaus, in dessen Fluten sich die untergehende Sonne spiegelte. Er holte tief Luft. »Was weißt du über die Mythologie der Nuer?«, fragte er mit belegter Stimme.

Emma zuckte die Achseln. »Nur so viel, dass es sich lohnt, mehr zu erfahren.« Sie hatte eindeutig ihre Hausaufgaben gemacht, das Buch gelesen, das er vor einem Jahr empfohlen hatte, aber es gab noch so viel mehr, was sie lernen konnte und wollte.

Riek hielt seine großen Hände hinter dem Rücken verschränkt, das Elfenbeinstöckchen immer noch in der Hand. »Aber weißt du, was dort geschrieben steht?«, fragte er.

Sie wartete.

»Ein linkshändiger Nuerhäuptling ohne Schmucknarben wird eines Tages eine weiße Frau nehmen.«

Die Sonne versank rasch und schickte rosafarbene Lichtfinger in die Hütte. Langsam wandte sich Riek um und sah Emma an. Dann hob er sehr sachte die Linke, die Handfläche ihr zugekehrt, und bog die langen Finger zurück. Das Schweigen schien ewig, während sie einander ansahen. Zuletzt hob Riek die Augenbrauen und lächelte verhalten.

»Und … willst du?«

Emma ließ sich nicht anmerken, was sie fühlte. Sie blieb kurz stehen, ohne sich zu rühren, und hielt den Atem an. Das Herz klopfte ihr zum Zerspringen. Sie griff nach einer Akte, erhob sich rasch, wie es ihre Art war, hielt kurz Rieks Blick und ging dann zur Tür der Hütte. Auf der Schwelle hielt sie inne und sah mit leuchtenden Augen und einem Lächeln zu ihm zurück.

»Ich werd's mir überlegen …«, sagte sie leise und trat in die Abenddämmerung hinaus.

Emma ließ sich auf dem Beifahrersitz nieder und lehnte sich zurück. Willie blickte durch seine Goldrandbrille zu ihr hinüber und sah, sie hatte die Augen geschlossen. Auf ihrem Gesicht lag ein Ausdruck von Verzücktheit. Er lächelte in sich hinein, auch jetzt wie immer im Bann ihrer Schönheit und Gelassenheit. Er wünschte sich von ihr eine Antwort auf seinen Heiratsantrag. Sie hatten so viele Gemeinsamkeiten, und er wusste, mit Emma würde es ein anderes Leben werden – aufregend und gefährlich.

Bis kurz vor Kongor, nach weniger als einem Viertel des Rückwegs von Nasir, hatte sie noch kaum ein Wort gesprochen. Willie meinte, Emma sei vielleicht von der langen Fahrt und den ernsten Gesprächen mit Riek müde und werde vielleicht einschlafen, obwohl der Land Rover über schlechte Straßen schaukelte. Doch er irrte sich. Sie schlief nicht. Sie blieb stumm und unruhig, und er fragte sich, ob etwas nicht stimme. Am Abend, als sie Kongor erreichten und sich in einem kleinen Tukul schlafen legen wollten, brach Emma ihr Schweigen und ließ die Bombe platzen. Er lag auf einem Feldbett neben ihrem und hörte plötzlich, wie sie tief Luft holte und sich aufsetzte. Er blickte hinüber und sah, dass sie ihn mit aufgerissenen Augen anstarrte.

»Willie, ich muss dir was sagen.«

Er musste kurz zwinkern und sah sie dann wieder an. »Was denn?« Er wollte zu gern wissen, was sie so hatte hochfahren lassen. Doch was jetzt kam, konnte er nicht ahnen.

»Ich liebe dich nicht mehr.« Ihre rauchige Stimme wirkte in dem Dämmerlicht noch tiefer und weicher. Sie schien ihn zu streicheln.

Sein Blick ging hin und her zwischen ihrem Gesicht und dem Dach ihrer Hütte, wo Nestlinge afrikanischer Eulen schnarchten und mit den Schnäbeln klapperten. Sicher ein Jux. Einer von Emmas Einfällen. Sie hatte dieses Spiel schon öfter mit ihm getrieben, und er musste lächeln. »So. Und was hab' ich angestellt, dass mir recht geschieht?«

»Nichts«, sagte sie. Ihre Stimme war tonlos.

»Dann bekenne ich mich nicht schuldig und kann nicht verurteilt werden. Es gibt keine Anklage«, lachte Willie, drehte sich weg und wollte einschlafen. Doch hatte er eine ungute Vorahnung. Trotz der räumlichen Nähe hatte sich auf unerklärliche Weise eine riesige Kluft zwischen ihnen aufgetan. Er merkte, dass Emma ihn immer noch ansah.

»Es ist kein Jux«, sagte sie ruhig. »Es ist mir ernst.« In der Ferne glaubte Willie eine Hyäne lachen zu hören.

Nach kurzem Zögern drehte er sich um und sah Emma voll ins Gesicht. »Nun mach mal halblang«, begütigte er. »Wir haben noch einen langen Weg vor uns. Das ist jetzt nicht die rechte Zeit für Witze.«

»Das ist kein Witz«, beharrte sie kühn. »Ich-liebe-dich-nicht-mehr.« Diesmal buchstabierte sie es ihm regelrecht, mit Sprechpausen. Jede davon war eine tiefe Schlucht, in die er gleich hineinstürzen würde. Willie starrte sie an und hielt die Luft an. Irgendetwas war in ihrer Miene, was er noch nie gesehen hatte. Er hatte schon vieles in ihren Augen gelesen – Liebe, Wut, Lust –, aber nicht das, das nicht …

Schweigen. Er starrte ins Leere. Das war er nun, der Augenblick, wo das Schicksal zuschlug und sein Herz so verbrannt und trocken zurückblieb wie das Land, das sie gerade durchfahren hatten. Stirnrunzelnd sah er wieder Emma an, die keine Miene verzog.

»Aber *warum*, Emma?«, bettelte er. »Was um alles in der Welt ist passiert? Ich hab' geglaubt ...«, die Stimme erstarb ihm. Sie blickte ihn unverwandt an, ein rätselhaftes Lächeln um den Mund. Er schlug die Augen nieder, weil er ihren Blick nicht mehr aushielt.

»Weil ich mich in einen anderen verliebt habe.«

Er fuhr herum, blickte sie an und war geschockt von dem, was er sah. Es war die Wahrheit, das wusste er jetzt. Es lag in ihren Augen. Es hatte sie derart erwischt, dass es keinen Aufschub duldete, nicht warten konnte, bis sie heimkamen und Ort und Zeit besser passten. Ihre grünen Augen strahlten wie die eines verliebten Schulmädchens.

Willie hätte seine Reaktion gern hinausgebrüllt, seinen Schmerz durch das Fenster auf die weite Savanne hinausgeheult, konnte aber nur ungläubig flüstern: *»In einen anderen?«*

Lange Pause. »Ich hab' mich in Riek verliebt.«

Willie musste schlucken. »In *Riek*? Aber das kann doch nicht sein ...«

Emma hob die Augenbrauen. »Doch.«

Er wandte sich ab, musste schnaufen, diesen neuen Schlag verkraften. Ein paar Sekunden verstrichen. Er sah sie von der Seite an – die Frau, die er anbetete und von der er glaubte, sie sei sein. Er murmelte verzagt: »Ich kann mir also ... keine Hoffnungen mehr machen?«

»Nein, leider nein. Jetzt nicht mehr.« Das kam frostig und endgültig. Sie legte sich wieder hin und starrte an die Decke. Stumm verstrichen die Sekunden.

Und dann kam die Wut. In regelrechten Wellen. Er war benutzt worden. Kalt und berechnend benutzt, um sie herzufahren in die Arme des Mannes, den sie liebte. Es gab keinerlei bildungspolitischen Grund für den Besuch, sie hatte ihn bloß bezirzt, sie nach Nasir zu begleiten – sein und ihr Leben riskierend –, und dabei nur eines im Sinn gehabt. Willie drehte sich von ihr weg und strafte sie mit Schweigen, während die Wut ihm das Herz gegen sie vergiftete, gegen sie, die er zur Frau hatte haben wollen.

Am nächsten Morgen brachen sie früh auf, Willie fuhr den Land Rover und gab wütend Gas. Wir alle haben irgendwann solche schrecklichen Fahrten mitgemacht – wortlos, die Stimmung zum Zerreißen gespannt – auf engstem Raum mit jemand, gegen den wir nur noch Hass empfanden. Und dort, mitten im afrikanischen Busch, kam ihm die Fahrt durch eine gnadenlose Landschaft, in der sie jeden Moment umkommen konnten, so vor, als sei es eine Reise durchs All. Immer wieder war Willie kurz davor, eine Vollbremsung zu machen und Emma irgendwo an die Luft zu setzen, von wo sie heimfinden konnte oder nicht. Er hatte in der Wüste seine Nemesis gefunden, und Emma verdiente eigentlich dasselbe, ging es ihm durch den Kopf. Grundanständig, wie er nun einmal war, umklammerte er das Lenkrad und fuhr mit zusammengebissenen Zähnen weiter.

Es gab durchaus reale Gefahren auf der kurvenreichen Piste zurück nach Kenia. Die Straße war immer wieder gesäumt von ausgebrannten Lastern der Rebellen oder der Regierung, die aus der Luft zerbombt oder in einen Hinterhalt geraten waren. Als vor ihnen ein verlassenes Fahrzeug auftauchte, fuhren sie langsamer und näherten sich mit großer Vorsicht. Es war ein nagelneuer Land Cruiser der norwegischen Sudanhilfe, ein Wrack. Die Reifen waren zerschossen, die Windschutzscheibe zersplittert und das ganze Auto voller Einschusslöcher.

Die Insassen, die sich in Todesangst im nahem Busch verborgen hatten und schwer verwundet waren – einer hatte einen Fuß verloren, der andere einen Steckschuss in der Hüfte –, hielten Emma und Willie an und berichteten ihnen das Schreckliche.

Am Vortag hatten sie auf dem Weg nach Bor Angehörige der Toposa-Miliz beim Verminen der Straße überrascht. Es folgte ein Feuergefecht, die Toposa zerschossen ihnen das Auto und flüchteten. Hätten sie die Minenleger nicht gestört, wäre die Piste für Willie und Emma mit Minen gespickt gewesen.

Ernüchternd genug, aber Willie konnte keinen Gedanken daran verschwenden, während er die Verwundeten in sein Auto lud und schweigend weiterfuhr, so schnell wie möglich in Richtung Südosten. Jetzt wollte er nur noch so weit wie möglich von Emma weg, der »Lady Cruella de Ville« aus seinen Oxforder Tagen, die sich jetzt als so herzlos erwiesen hatte, dass selbst der Spitzname vom College zu mild schien.

Als sie Torit erreicht hatten, zweihundert Kilometer vor der Grenze zu Kenia, war die Luft zwischen ihnen zum Schneiden. Willie setzte Emma und die Verwundeten ab und sagte ihr, sie solle sich woanders eine Mitfahrgelegenheit suchen. Während er allein weiterfuhr, dachte er verbittert darüber nach, wie seine Hoffnungen durch ein einziges Wort vernichtet worden waren: *Riek*.

10

Im April 1991, zwei Monate nach der endgültigen Trennung von Willie, hatte Emma sich entschieden. Sie wollte nach Nasir zurück und überzeugte die Hilfsorganisation, dass das genau der richtige Ort sei, die Verteilung von Unterrichtsmaterialien weiterzuführen und Lehrerbildungskurse einzurichten. Wo geschehe das besser als unter der Nase des Befehlshabers Machar, drängte sie, wo der Rebellenführer selbst den Wert des Vorhabens erkennen und es auch andernorts fördern könne? Nachdem sie sich durchgesetzt hatte, packte sie trotz der beginnenden Regenzeit ihre Sachen und verschaffte sich einen Flug in einem Transport der UN.

Bei der Ankunft in Rieks Stützpunkt mit wenig mehr als ihrem inzwischen weithin bekannten afrikanischen Flechtkorb *(kikapu)* und ein paar Büchern musste sie zu ihrer größten Enttäuschung feststellen, dass Riek nicht mehr da war. Er befand sich erneut in Äthiopien mit einem neuerlichen Auftrag, die Sache der Rebellen voranzutreiben. Nachdem sie ihn über das mit Sonnenzellen betriebene Funkgerät benachrichtigt hatte, dass sie in Nasir sei, erhielt sie prompt zwei Worte als Antwort:

»Warte bitte.«

Emma harrte sieben Tage lang allein und verwirrt in einem stinkenden und von Ratten wimmelnden Haus aus, das ehemals von durchreisenden Kolonialbriten genutzt worden war. Heftige Gewitter tobten, das Sobat-Becken wurde in der Regenzeit überflutet, und sie verlor allmählich die Hoffnung, die zivilisierte Welt je wieder zu sehen. Während der Himmel seine Schleusen öffnete und den schlammigen Boden, von den Einheimischen »schwarze Watte« genannt, gefährlich glitschig machte, fragte sie sich eben, wie sie hier je wieder herauskommen wollte, als aus dem strömenden Regen ein Land Rover auftauchte, von einem Soldaten gefahren, den sie als einen von Rieks Leibwächtern erkannte.

»Commander Riek bittet Sie, mich zu seinem Hauptquartier in Ketbek zu begleiten«, sprach sie der Fahrer an. »Es liegt fünfzehn Kilometer östlich von hier.«

Das musste man Emma nicht zweimal sagen. Sie griff nach ihrem Kikapu und wickelte sich eine Kanga um die Frisur, in dem müßigen Versuch, sich vor dem Regen zu schützen, patschte durch die Schlammpfützen, sprang in das Auto und lächelte auf der Fahrt aus der Stadt still in sich hinein. Die Straßen waren fast unpassierbar, für einen Weg von einer Viertelstunde in der Trockenzeit brauchten sie jetzt mehr als eine Stunde. Als sie in der regendurchweichten Ansammlung von Lehmhütten mitten in der Garnison anlangten, war Emma durchgefroren, müde und reichlich durchnässt. Zu Rieks Tukul geleitet, die nasse Frisur an den Kopf geklebt, nahm sie die Kanga ab und wrang sie vor dem Eintreten auf der Schwelle aus. Drinnen war es dunkel, aber nachdem sich ihre Augen an die Lichtverhältnisse gewöhnt hatten, konnte sie Riek erkennen.

Er lag auf dem Bett, die Hände hinter dem Kopf gefaltet, die Augen geschlossen. Ein Moskitonetz hing über ihm wie ein Theatervorhang und lud sie ein, näher zu treten. Sie warf einen Blick auf den kleinen schwarzen Sony-Empfänger auf dem Tischchen neben ihm, aus dem mit atmosphärischem Rauschen die Stimme des BBC World Service drang. Als sie neben seinem Bett stand und auf den bewegungslos Daliegenden hinunterblickte, schlug er die Augen auf und grinste sie strahlend an.

Nach einem Monat, im Mai 1991, hatte Emma ihr Lehrerbildungsprojekt in Nasir mit Erfolg koordiniert und fühlte sich in jeder Hinsicht erfüllt und glücklich. Sie wohnte in Rieks Garnisonskampong, umgeben von schwer bewaffneten Soldaten und Leibwächtern, getrennt von den anderen Sudanhelfern zwei Kilometer weiter. Ihre Liaison mit dem Rebellenhäuptling hatte bereits zu Getuschel und zu Spannungen zwischen ihr und den anderen Helfern geführt, ganz zu schweigen von Rieks Männern, die nicht wussten, wie sie mit einer Frau in ihrer Mitte umgehen sollten, schon gar nicht mit einer Weißen.

Emma ließ sich nichts anmerken, wenn sie von den Soldaten angestarrt wurde, und versuchte sie näher kennen zu lernen, besonders die Leibwächter, die ihrem Liebhaber auf Schritt und Tritt folgten. Einer davon, nach seiner russischen RP-46-Maschinenpistole Forty-six genannt, war ein ausgemachter Riese von mehr als zwei Meter zehn, mit den traditionellen Schmucknarben der Nuer auf der Stirn und um Mund und Augen. Unter Fidel Castro ausgebildet, zog er seit einer Schussverletzung als Kind ein Bein nach und war Rieks ergebenster Gefolgsmann.

Nur wenige von Rieks Männern, wenn überhaupt, sprachen Englisch, und sie beherrschte auch ihre Sprache nicht, doch brachte sie einen Namen nach dem anderen in Erfahrung, und binnen kurzem waren sie wie Brüder zu ihr. Sie sahen in stummem Staunen zu, wie sie mit den Händen den Boden um Rieks Tukul grub und sorgsam Gemüse einsäte. Wenn sie sie so mit dem Gießen und Pflegen der winzigen Keime beschäftigt sahen, legten die Leibwächter ihre Kalaschnikows weg, knieten sich neben sie, gruben den hartgebrannten Boden mit ihren Bajonetten oder Jagdmessern auf und schleppten eimerweise Wasser herbei.

Anfangs nur Besucherin, lebte Emma inzwischen gern unter den Dorfbewohnern, dem Anhang der Garnison, gehörte allmählich dazu, aß dasselbe wie sie, versuchte die Sprache zu lernen, bei der Essenszubereitung und beim Brotbacken zu helfen. Sie lebten von gekochtem Nilbarsch und Sorghum, und alle bekamen das Gleiche. Bei ihren Feiern tanzte sie zu ihrem großen Vergnügen afrikanisch, stampfte mit den Füßen und schnitt ihnen Koboldgrimassen, während sie wie ein Derwisch herumwirbelte.

Die meisten anderen Sudanhelfer fuhren in ihren geschlossenen Allradfahrzeugen herum, wohnten in separaten Kampongs und pflogen nur Umgang untereinander. Viele nahmen nach sechs Monaten oder einem Jahr ausgebrannt ihren Abschied, desillusioniert allein von der Größenordnung der Probleme und ihren verschwindend geringen Einflussmöglichkeiten, mit denen sie nur die Oberfläche kratzten. Für Emma war das anders; sie schien bereit, von Gleich zu Gleich mit den Menschen zu leben und sich in jeder Hinsicht auf sie einzulassen. Obwohl sie im Unterrichtswesen schon Zuständigkeiten genug hatte, ermunterte sie die Frauen und Kinder des Lagers, sich mit allen ihren komplizierten Problemen an sie zu wenden – und öffnete so die Schleusen für eine Flut unbeholfener Briefe in Pidgin-Englisch mit Bitten um dringend benötigte Dinge, Geld oder Hilfe bei der Suche nach versprengten Verwandten. In einem Fall fuhr sie selbst eine Mutter fast zweihundert Kilometer weit in ein Flüchtlingslager auf der Suche nach ihrem verlorenen Sohn.

Emma war irgendwie imstande, die kulturelle Kluft zu überwinden und persönliche Beziehungen zu diesen Menschen aufzubauen. So war sie schon als Kleinkind in Assam gewesen. Menschen einer anderen Hautfarbe oder Kultur hatte sie nie als Studienobjekt oder soziales Problem betrachtet. Sie sah sie schlicht als Menschen. Und das spürten sie.

Im Mai 1991 wurde in Äthiopien Präsident Mengistu gestürzt. Das war seit langem die große Angst der Rebellenbewegung und der Menschen im Sudan. Über Rieks Leute und ihre Funkverbindung mit Nairobi erfuhr Emma, dass Hunderttausende sudanesischer Flüchtlinge, die zuvor wegen des

Bürgerkriegs im eigenen Land nach Äthiopien geflohen waren, inzwischen auf dem Rückweg seien. Sie würden schon bald in Nasir als grenznächste Stadt einfallen. Ob der Umsturz in Äthiopien der wahre Grund für den Zustrom an Vertriebenen war oder ob nicht der gesamte Flüchtlingszug von gewissen Fraktionen der Rebellenbewegung ausgelöst worden war, die sich dadurch Nahrungsmittel und Versorgungsgüter verschaffen wollten (ein in Ländern der Dritten Welt häufiger Missbrauch), wird niemand je erfahren. Doch was die Zentralregierung in Khartum davon hielt, wurde alsbald deutlich. Überraschend bombardierte sie Nasir, tötete sechsunddreißig Menschen und verwundete viele mehr, darunter auch Frauen und Kinder. Emma war wieder einmal mittendrin und tat alles in ihren Kräften Stehende, um die Verletzten und Sterbenden zu pflegen. Mit dem solarbetriebenen Gerät der Rebellen funkte sie einen Notruf an die Hilfsorganisation in Nairobi und versetzte damit die Regierung in Khartum in helle Wut.

Emma hatte noch nie Angst vor »denen da oben« gehabt und schon gar nicht vor einer Regierung in Khartum, und inzwischen waren sie ihr noch gleichgültiger. Ihre einzige Sorge galt der Gesundheit und Sicherheit der mehr als 150.000 Flüchtlinge, die auf der Suche nach Nahrung und Wasser jetzt in die Kleinstadt strömten. Nach Emmas Notruf trafen Patta und Alastair Scott-Villiers aus Nairobi ein und richteten innerhalb von Tagen in einer verlassenen Kaserne ein Flüchtlingslager ein. Die Flüchtlinge kamen weiterhin scharenweise, obwohl viele unterwegs den Tod gefunden hatten und die Eintreffenden abgemagert und schwach waren. Die Ereignisse weckten weltweites Interesse. Fernsehteams und Journalisten flogen von überall auf der Welt ein, um das Neueste aus diesem Kriegsgebiet Afrikas zu berichten. Ihre Ankunft mit Kameramännern, Satellitentelefonen und Sofortverbindungen in die Außenwelt beflügelte Emmas Phantasie. Sie waren da, weil sie selbst einen Notruf abgesetzt hatte. Sie merkte, welche

Wirkung sie erzielen konnte und welche Macht über diese Handlanger des Unheils sie hatte.

Wir sind die, denen keiner entrinnt:
Die, die jagen durch Nacht und durch Wind:
Denen Mauern kein Hindernis sind:
Bleiche Fürsten des Abends, habt Acht!

Es wird nie ganz klar sein, ob Emma wusste, dass wie bei allen Abwürfen von Hilfsgütern in solchen Situationen ein Teil der dringend benötigten Nahrungsmittel und Vorräte von Soldaten abgezweigt wurde – in diesem Fall von Rieks Leuten. Berichtet wurde, dass Emma und Riek in einer Auseinandersetzung mit Sudanhelfern der UN hierüber ihren Gästen *mandazis* genannte Bratklopse aus dem für die Kinder abgeworfenen Eiweißkonzentrat auf leuchtend roten Plastiktellern direkt aus einer Hilfslieferung der UNICEF servierten. Für die Lieferanten von Hilfe in die Dritte Welt war es ein ständiges ethisches Dilemma – wenn diejenigen, die sich um die Schwachen und Hungernden kümmerten, nicht auch für sich selber sorgten, wurden die Menschenverluste nur noch größer. Doch an welchem Punkt hatten sie einzuschreiten, wenn Kinder am Verhungern waren und die beschützenden Soldaten ganz offensichtlich nicht?

Patta war zunächst mit der Fürsorge für die Kranken und Hungernden viel zu beschäftigt, um mit Emma über ihre Freundschaft mit Riek reden oder sie ausfragen zu können. Aber nach einer Weile – als das Schlimmste vorüber war und im Flüchtlingslager der Alltag einkehrte – stellte sie das Verhalten ihrer Freundin vor Rätsel. Emma schien einfach nicht verstehen zu können, warum jemand feindselig darauf reagierte, dass sie so viel Zeit auf einen Rebellenführer verwandte, in dessen Händen das Schicksal von Tausenden lag. Obwohl Emma mit ihrer Arbeit glücklich und sehr zufrieden schien, machte sich Patta allmählich Gedanken, wo das alles hinführen sollte. Und dann, am Morgen des 17. Juni 1991, wurde ihr plötzlich klar, dass es dafür zu spät war. Emma erschien im Flüchtlingslager, suchte Patta und tippte ihr auf die Schulter.

»Heute Nachmittag heirate ich«, verkündete sie strahlend. »Kommst du?«

Patta fuhr herum, restlos verblüfft. »Heiraten? Wen denn?«, fragte sie.

Emma grinste. »Riek natürlich«, antwortete sie. In ihren Augen lag ein Ausdruck, der Patta sagte, sie wisse genau, wie gefährlich es war und dass es vielleicht nicht klappen werde, sie aber trotzdem dazu entschlossen war.

Da fiel es Patta wie Schuppen von den Augen. Wie Emma und Riek miteinander umgingen, diese intime Vertrautheit. Sie sah plötzlich, was sie zueinander zog – beide hatten viel Charme, Ausdauer und nahmen Katastrophen gelassen –, aber sie hätte nie geglaubt, dass Emma so weit gehen würde. Angesichts des glücklichen Leuchtens in Emmas Augen verkniff sie sich, was sie hatte sagen wollen.

»Natürlich komm' ich«, bejahte sie. Und dann fiel ihr noch ein: »Herzlichen Glückwunsch auch.«

Um die Mittagszeit waren Riek und Emma nach Ketbek in die kleine Presbyterianerkirche gefahren, die auf schlammigem Boden am Ufer des Sobat stand, begleitet von Patta, einer indischen Ärztin namens Bernadette Kumar und mehreren Leibwächtern. Die Kirche war eine halbrunde Zehntscheuer mit Grasdach auf einer Warft im Sumpf. Rieks Leute wurden nervös, als sie merkten, dass irgendetwas Besonderes bevorstand.

Emmas Hochzeitskleid war eine baumwollene weiße *jabi* nach äthiopischem Schnitt, die eine Stoffbahn als Rock um die Hüfte gewickelt und die andere um die Schultern drapiert. Beide waren an den Säumen mit einer symmetrischen farbigen Stickerei verziert. Riek hatte seinen besten Kampfanzug an, mit vergoldeten Schulterstücken, schwarzen Stiefeln und rotem Fallschirmjägerbarett mit den goldgestickten Insignien der Rebellenbewegung. Er hatte auch sein Stöckchen aus Ebenholz und Elfenbein dabei. Sie waren noch nicht weit gekommen, als die Straße wegen der Überschwemmung unpassierbar wurde und ihr Fahrzeug im Schlamm stecken blieb. Mit allem Schieben und Ziehen war es nicht freizubekommen, und eine Weile glaubten sie, die Hochzeit müsse verschoben werden. Beim Niederschreiben fällt mir unwillkürlich ein, wie sich die Dinge in einem anderen Land vor langer Zeit ebenso gegen mich verschworen hatten und ich selbst zu meiner Hochzeit nicht rechtzeitig gekommen war.

Unbeirrt schlug Emma vor, die Hochzeitsgesellschaft solle das Fahrzeug stehen lassen und zu Fuß weitergehen, fast drei Kilometer weit über den schwarzen Sumpfboden. Sie war fest entschlossen, die Hochzeit durchzuziehen. Riek lächelte, zuckte die Schultern und war einverstanden. Also marschierten sie los, Emma und Riek mit breitem Grinsen Hand in Hand voraus und die anderen anfeuernd. Auf dem Weg zur Kirche blieb der Hochzeitszug zwischendurch stehen, um trockene Gräser für Emmas Brautstrauß zu rupfen, Riek mit der Pistole im Gürtel.

Als sie in der Kirche von Ketbek ankamen, hatte Emma die Schuhe verloren, Schlammspritzer auf dem weißen Hochzeitskleid und Dornen darin, doch sie strahlte immer noch. Die Nachricht war ihnen vorausgeeilt. Tische und Stühle standen auf einer kleinen Lichtung vor der Kirche. Nackte Kinder spielten im Staub, schlugen mit Stöcken Trommeln, und ein Chor von sechs Frauen stand in selbstgenähten weißen Talaren da und sang. Andere Frauen trugen türkisfarbene Umhänge, an den Schultern verknotet.

Der Nachmittag wurde kühler, als die Sonne langsam unterging und den Himmel rosarot färbte. Es war die Stunde des Staubs von den Kühen, in der die Knaben des Stammes ihre Langhornrinder ins Lager treiben und die Staubwolken unter den Hufen sich mit den süßlich riechenden Schwaden Dutzender Herdfeuer im Dorf und von Lagerfeuern aus brennenden Kuhfladen draußen in der Savanne mischten. Voller Vorfreude versammelten sich die Dorfbewohner und andere Eingeborene des Stammes rings um den Kirchenkampong in Erwartung des Geschehens. Der goldene Glanz des Sonnenlichts verwandelte sich in ein weiches und dunstiges Rosa.

Riek und Emma nahmen Seite an Seite ihre Plätze mitten auf der Lichtung ein, flankiert von Leibwächtern mit Kalaschnikows und Rieks Adjutanten, darunter auch der stellvertretende Rebellenkommandeur Dr. Lam Akol, der ohne große Begeisterung als Trauzeuge fungierte. Vor ihnen ein Tischchen, mit rotem Tuch bedeckt. Ein paar Meter entfernt ein improvisierter Altar aus weiß umhülltem Metallrohr. Mit einem Kopfnicken zeigte Riek an, dass die Zeremonie beginnen könne.

Der Zeremonienmeister, Rieks Adjutant, ein hagerer Sudanese mit einem Ziegenbärtchen am Kinn, erschien feierlich in seinem besten Gewand, das ganz offensichtlich mit einer Hilfssendung angelangt war – ein rosaroter, bestickter Morgenmantel im europäischen Stil, bis zum Hals zugeknöpft und mit einem Gürtel um die Hüfte, ähnlich dem, den ich besessen hatte, als die Kinder noch klein waren. Emma musste sich das Lachen verkneifen. Der Adjutant gehörte zu denen, die Emma verbissen ablehnten, die Verbindung zwischen ihr und Riek für grundfalsch hielten und nicht glauben wollten, dass Riek mit der Hochzeit ernst machen würde. Um ihm das beizubringen, hatte ihn Riek zum Standesbeamten gemacht.

Aus der Bibel verlas der Adjutant mehrere lange und düstere Passagen, um Riek die Bedeutung der Ehe klarzumachen. Bemüht, Emma abzuschrecken, sprach er davon, dass die Frau aus der Rippe Adams stamme und dem Mann in der Ehe untertan sei. Patta ging dazwischen und suchte Rieks Zustimmung, etwas Unbeschwerteres zum Thema Liebe einzubringen. Nachdem ihr Riek höchst belustigt zugehört hatte, trug sie einen Text aus den Korintherbriefen vor, den sie sich für die eigene Hochzeit ausgesucht hatte, während der Adjutant ihr über die Schulter linste und misstrauisch jedes einzelne Wort mitlas:

Die Liebe ist langmütig, die Liebe ist gütig. Sie ereifert sich nicht, sie prahlt nicht, sie bläht sich nicht auf. Sie handelt nicht ungehörig, sucht nicht ihren Vorteil, lässt sich nicht zum Zorn reizen, trägt das Böse nicht nach. Sie freut sich nicht über das Unrecht, sondern freut sich an der Wahrheit. Sie erträgt alles, glaubt alles, hofft alles, hält allem stand.
Für jetzt bleiben Glaube, Hoffnung, Liebe, diese drei; doch am größten unter ihnen ist die Liebe.

Der zweite Zeremonienmeister, James Mut Kueth, ein Nuer-Pfarrer im traditionellen schwarzen Talar mit weißem Kragen, forderte Riek und Emma auf, vor den Altar zu treten, fasste sie beide an der Hand und verlas das feierliche und umfangreiche Ehegelübde. Verwundert lauschte Emma den Worten, die sie nicht verstand, und drückte Rieks Hand, was ihn zu einem scheuen Lächeln veranlasste. Patta lieh Emma einen silbernen Schmuckring, den ihr ihr Mann Alastair vor kurzem auf einer Urlaubsreise geschenkt hatte. Rieks Ring kaufte Emma später. Riek schob Pattas Ring über Emmas langen Ringfinger, und die Ehe war geschlossen.

Nach dem Zeremoniell küssten sie sich, das Publikum klatschte, und der Chor trug melodische Stammeslieder vor. Patta machte Aufnahmen, und auf allen strahlt Emma vor Glück und Liebe. Eine weitere Feier gab es nicht. Es wurde keine Kuh geschlachtet, wie es die Sitte der Nuer verlangt – angesichts des Flüchtlingselends wäre das unpassend gewesen. Und Flitterwochen gab es auch keine.

Die Sonne – inzwischen ein riesiger roter Feuerball am weiten afrikanischen Horizont – ging langsam hinter der Kirche unter, und ein Vogelschwarm stieg auf und zeichnete sich klar gegen den Himmel ab. Die Menschen verloren sich allmählich, wie dies im Busch immer so scheint, verschmolzen mit dem Hintergrund, verschwanden so geheimnisvoll, wie sie gekommen waren. Während am Ufer ein Motorboot wartete, das für ihre Rückfahrt nach Nasir entsandt worden war, flanierten die Brautleute Hand in Hand im Licht des Mondes zum Fluss. Patta, die einzige Europäerin bei der Hochzeit, hatte trotz ihrer vielen und unterschiedlichen Vorbehalte bei der Zeremonie Tränen in den Augen und einen Kloß im Hals. Hinterher sagte sie, das alles habe mitten in Krieg und Flüchtlingselend irgendwie schön und richtig auf sie gewirkt.

Und Hand in Hand, auf dem silbernen Sand,
Ging's im Tanz unterm leuchtenden Mond,
Dem Mond,
Dem Mond,
Ging's im Tanz unterm leuchtenden Mond.

Ich spürte nichts, nicht die leiseste Vorahnung, und so traf es mich wie ein Blitz aus heiterem Himmel. Natürlich hätte mein Verdacht dadurch geweckt werden können, dass Emma im Sommer 1991, als wir sie zu ihrem Jahresurlaub in England zurückerwarteten, dreimal Ausflüchte machte, obwohl wir uns alle auf ein Familientreffen zur Feier des einundzwanzigsten Geburtstags meines Sohnes Johnny freuten. Am Ende kam sie dann doch nicht, und wir mussten ohne sie feiern. Wir fanden es schade, dass Emma nicht dabei sein konnte, und waren noch mehr enttäuscht, als auch Jennie vorher wieder ins Ausland verschwand. Ich erinnere mich, wie ich am Rand der Party stand und Johnny und seinen Freunden beim Tanzen zusah, Erica in den Armen ihres neuen Freundes Hugh, und traurig darüber war, dass sich meine anderen beiden Kinder diese schöne Gelegenheit entgehen ließen.

Es ist vielleicht eine meiner Seltsamkeiten, doch komme ich jedes Mal aus dem Konzept, wenn ich bei der Arbeit private Anrufe bekomme. Zum Teil liegt es daran, dass mein Denken in aller Regel mit etwas rein Praktischem und Unpersönlichem befasst ist und ich sozusagen erst meinen anderen Kopf aufsetzen muss, bevor mir überhaupt klar wird, worum es eigentlich geht. Verstärkt wurde dieser Effekt an jenem Juninachmittag auch noch dadurch, dass ich bei Bear Stearns in einem Großraumbüro arbeitete, mit mindestens fünf potenziellen Zuhörern, für die es vermutlich eine Herausforderung war, den gesamten Dialog aus meinem Part am Telefon zu rekonstruieren.

Es war ein Ferngespräch für mich, Emma war dran.

»Mum, ich bin's. Hör zu, ich hab' nicht viel Zeit. Ich muss dir was sagen.« Die Pause in ihrem Satz machte mir plötzlich Herzklopfen.

»Ach … na gut. Sag mir lieber gleich – ist es gut oder schlecht?«, fragte ich, ziemlich durcheinander.

»Für mich ist es jedenfalls gut«, antwortete sie, und ich hörte an ihrer Stimme, sie hatte ihr schelmischstes Lächeln aufgesetzt. »Aber für dich vielleicht nicht.«

Ich schwieg.

»Fakt ist, ich hab' geheiratet.«

Mir fiel ein, was ich mir geschworen hatte, als sich meine Mutter bei meiner Hochzeit so angestellt hatte. Nie im Leben hatte ich mich zu einer Tochter so verhalten wollen wie sie zu mir. Ich hatte gelobt, jede sollte heiraten dürfen, wen sie wollte und wann, wo und wie sie wollte.

Nach ein paar Sekunden Verblüffung brachte ich eine Antwort zuwege.

»Ach, Glückwunsch«, stammelte ich und fragte dann gewollt unbefangen: »Und wer ist der Glückliche?«

»Ein Sudanese.« Im Lichte dessen, was ich später entdecken sollte, erschien ihre Antwort so schlicht, so harmlos. Aber in meinem Schockzustand fielen mir nur einsilbige Fragen ein.

»Wann?«, fragte ich mit belegter Stimme. Alle meine Hoffnungen und Träume, wie ich als stolze Mutter zusehen würde, wie Emma am Arm ihres Bruders, Brautführer an Bunnys Stelle, zum Altar trat, ich den Hochzeitsempfang ausrichtete und ihr hinterherwinkte, wenn sie nach einem Konfettiregen in die Flitterwochen fuhr, während ich ins Spitzentüchlein weinte, hatten sich mit einem Schlag verflüchtigt.

»Ach, vor kurzem.« Sie schien nur zu den einfachsten Angaben bereit.

»Aber *wo?*« Inzwischen dröhnte mir der Puls in den Ohren. Unter den Blicken meiner Kollegen wurde mir unglaublich warm, und ich langte nach einem Glas Wasser.

»Bei einem presbyterianischen Gottesdienst im Sudan«, antwortete Emma schlicht.

Ungläubigkeit verwandelte sich in die betäubende Gewissheit, dass es stimmte, was Emma mir da erzählte. Das stumme Leitungsrauschen zwischen uns war mit Händen zu greifen.

»Dann wünsche ich dir alles Glück auf Erden«, brachte ich heraus, auch wenn es unglaublich förmlich klang. Um Gottes willen, ich höre mich ja genau an wie meine Mutter, tadelte ich mich, konnte aber trotzdem keinen vernünftigen Gedanken fassen. In dem Versuch, meiner Gefühle Herr zu werden, fragte ich noch: »Aber ich meine … kennt einer von deinen Freunden diesen Mann?«

»Aber ja«, sprudelte Emma heraus. »Willie hat ihn kennen gelernt.«

Die Erwähnung Willies erschütterte mich noch mehr. Der arme Willie, ich wusste doch, wie sehr er Emma liebte und hoffte, sie möge eines Tages seine Frau werden. Das letzte Mal, als ich von den beiden gehört hatte, waren sie ein Herz und eine Seele gewesen, und ich hatte mich gefreut. Jetzt hatte Emma abrupt und radikal das Steuer herumgerissen. Willie war Vergangenheit, und statt seiner war ihr jetzt dieser Sudanese angetraut.

»Und wie ist er denn – dein Mann?«, fragte ich, so weich in den Knien, dass ich mich setzen musste.

»Sprich mit Willie«, sagte Emma schroff. »Der kann's dir

erzählen. Pass auf, ich kann jetzt wirklich nicht mehr, Mum. Ich versuch's bald noch mal. Tschühüss.«

Und damit war die Leitung tot, und sie war weg.

Meine Älteste. Das Baby, das ich in der Plantagenklinik in Assam so stolz im Arm gehalten hatte, als ich Bunny erklärte, ich wisse genau, sie werde etwas aus ihrem Leben machen. Sie war jetzt in eine Welt eingetreten, die anders war als alles, was ich kannte. Mir war schon klar, dass sie leidenschaftlich an Afrika hing; ich wusste, sie war in ihrer Arbeit doch sehr engagiert, aber wahrscheinlich hatte ich insgeheim doch immer geglaubt, das werde sich geben: Eines Tages würde sie einfach verkünden, sie habe die Nase voll und komme nach Hause, um Willie oder einen wie ihn zu heiraten; sie wolle eine traditionelle englische Hochzeit und hier in England leben und heimisch werden. Aber stattdessen hatte sie ihre eigene Wahl getroffen. Eine Wahl, die sie mir und ihrer Familie für immer nehmen würde. Ich war am Boden zerstört.

Manche Momente werden durch Schock praktisch ausgelöscht. Wahrscheinlich bin ich so ruhig wie möglich von meinem Platz aufgestanden und habe unter den kritischen Blicken meiner lauschenden Kollegen etwas von einer Tasse Tee gemurmelt. Vermutlich bin ich dann irgendwann an meinen Schreibtisch zurückgetapert und habe verständnislos auf irgendwelche Unterlagen gestarrt, die urplötzlich völlig nebensächlich geworden waren. Selbst nach Feierabend war ich immer noch in einer solchen Trance, dass ich mich an die Rückfahrt nach Surrey überhaupt nicht erinnere. Was mich dann schließlich aus diesem seltsamen Traum wachrüttelte, kurz nachdem ich die Geborgenheit meines Zuhause erreicht hatte, ließ alles noch viel eigenartiger wirken.

Das Telefon klingelte. Als ich dranging, vernahm ich Willies Stimme. Reiner Zufall: Ich hatte nicht die leiseste Ahnung gehabt, dass er kurz in England weilte. Er hatte schon eine ganze Zeit nichts mehr von Emma gehört, hatte also keine

Ahnung, was passiert war, und wollte nur anrufen, um zu erfahren, wie es ihr ging und wo sie war.

»Emma geht's gut, glaube ich«, sagte ich stockend. »Willie, aber irgendwie fehlen mir die Worte.«

Ich konnte die wachsende Angst in seiner Stimme hören. »Aber warum? Wo ist sie denn?«

»Sie ist in Nairobi«, antwortete ich und verfluchte dabei Emma im Stillen, dass sie es mir überlassen hatte, Willie in dieser Form aufzuklären.

»Aber – ist ihr irgendwas passiert?« Der liebe Willie, immer so besorgt.

»Ja«, antwortete ich und holte tief Luft. »Sieh mal, Willie, sie hat mich heute angerufen und mir gesagt, sie hätte geheiratet.«

Es entstand eine quälende Stille. Und dann brach es aus ihm heraus: »Geheiratet! Wen denn?« Ich hörte an seiner Stimme, wie ihn das traf.

»Einen Sudanesen«, antwortete ich. Wieder diese Stille, nur Willies Schnaufen. »Offenbar kennst du ihn …«

Das Schweigen dehnte sich noch mehr. Dann sog er heftig Luft ein und stöhnte. »Aber nein … oh Gott«, setzte er an, und mein Herz fing an zu hämmern. »Sie hat Riek geheiratet.«

»Riek?«, wiederholte ich in wachsender Angst. »Wer ist denn dieser Riek?«

Willies Stimme wurde schwer wie Blei. »Riek ist ein Kommandeur der sudanesischen Volksbefreiungsarmee. Er führt dort draußen einen Guerillakrieg«, antwortete er und fügte tonlos hinzu: »Maggie, er ist ein Kriegsherr.«

Immer noch ganz geschlagen von Emmas Mitteilung, war ich jetzt so fertig, dass mir die Beine völlig versagten und ich rücklings in einen Sessel fiel und kein Wort mehr herausbrachte. Ein Kriegsherr? Mein neuer Schwiegersohn ein Guerillaführer? Wie war das möglich? Wie konnte Emma so dumm sein? Welchen Gefahren setzte sie sich aus? Mir schwirrte der Kopf von den schrecklichen Möglichkeiten, dem Risiko, das sie einging. Plötzlich überwältigt, murmelte ich eine Antwort, legte auf und heulte los. Wie konnte sie mir so etwas antun?

In den darauf folgenden Tagen, Wochen und schließlich Monaten versuchte ich hinter das Rätsel von Emmas Entscheidung zu kommen. Da ich sie nicht erreichen und ihr keinerlei Fragen stellen konnte und mir auch sonst nirgendwoher Aufklärung zuteil wurde, schwankte ich zwischen Angst, Besorgnis und Wut. Ich wusste nicht, wie ich die Mitteilung einschätzen sollte. Ich hatte Leute schon von »Afrikawahn« reden hören – war Emma übergeschnappt? Oder war sie bloß naiv? Oder entwickelte sie politischen Ehrgeiz und hatte sich eine Bühne geschaffen, die ihre Öffentlichkeitswirkung garantierte? Schon als Kind hatte sie immer gerne im Mittelpunkt gestanden. War dies nur eine weitere Ausformung dieses Bedürfnisses, und vielleicht eine tödliche? Oder wollte sie einfach den Verstoß gegen die Konvention auf die Spitze treiben? Mit der Zeit erkannte ich, dass wohl alle diese Elemente eine gewisse Rolle spielten.

Eine schlaflose Nacht um die andere quälte ich mich damit, wie ich es unseren Freunden und Verwandten beibringen sollte – der lieben Tante Margot, meinem Vater und anderen aus einer Generation, denen das sehr fremd sein würde. Aber schließlich fasste ich Mut und sagte es allen, die meisten reagierten großartig, wollten mich aufmuntern und scherzten, damit habe sie mir zumindest die Kosten einer großartigen Hochzeitsfeier in England erspart.

Und bei weiterem Nachdenken wurde mir klar, dass ich Emmas Urteilsvermögen vertraute und ihr alle Liebe und Unterstützung geben wollte. Sie war eine außergewöhnliche junge Frau, war es immer gewesen, und wenn das, was früher liebenswert und abenteuerlustig auf mich gewirkt hatte, mir jetzt leichtsinnig erschien und mich zu Tode erschreckte, musste ich eben damit fertig werden. Es war nicht ihr Problem, sondern meines. Sie hatte sich kein bisschen verändert, sie war ihrer Haltung treu geblieben, einer Haltung, in der ich sie immer bestärkt hatte, und ich konnte mich wohl kaum beschweren, wenn es nicht in meine reichlich konventionellen Absichten mit ihr passte.

Außerdem war Emma leidenschaftlich für die Menschen im Südsudan engagiert, und der lebende Beweis dieser Hingabe bestand darin, dass sie ihnen half und ihr Leben für sie riskierte. Und, wichtiger noch, mir wurde klar, dass sie Riek tief und unerschütterlich liebte.

So erreichte ich im Laufe der Zeit einen Zustand ruhiger Akzeptanz, machte meinen Frieden mit dem Unvermeidlichen und konnte mich sogar an Emmas »Unternehmungsgeist« freuen. Außerdem hatte ich noch ganz andere Probleme zu lösen. Ich fragte mich, was um Himmels willen ich mit den vierunddreißig afrikanischen Kühen anfangen sollte, die mir von Rieks Familie offenbar als Brautpreis geboten waren.

Der Krieg ging weiter und Emmas Arbeit auch. Der Tod und die Angst davor waren immer präsent, aber Emma blieb stoisch an der Seite ihres Gatten. Die Dorfbewohner nahmen sie in ihre Mitte und bauten für sie und Riek in Nasir eine besondere Lehmhütte, deren Wände sie innen und außen mit handgemalten Motiven verzierten. Sie hatte ein neues Heim.

Mittlerweile hatte die Rebellenbewegung den Gipfel ihrer Macht erklommen, fast den gesamten Süden erobert und eine gute Ausgangsposition für einen Vorstoß auf die von der Regierung in Khartum kontrollierten Gebiete gewonnen. Jedem, der sich in der politischen Polarisierung der Region auskannte, war klar, dass Emma beträchtlichen Einfluss auf Riek nahm. Sie hatte bereits versucht, einen Verhaltenskodex für seine Leute aufzustellen und einen Teil der barbarischeren Bräuche wie Vergewaltigung, Plünderung und Rekrutierung von Kindersoldaten abzustellen. Sie führte mit ihm spätnachts viele lange und hitzige Debatten über die Folgen seines Krieges für die einfachen Leute – denen zu helfen sie von so weit her gekommen war.

Sie kämpfte weiter für die Projekte, die ihr am Herzen lagen – Bildungs- und Gesundheitseinrichtungen, Mittel für Kleingewerbe und den Ausbau der Landwirtschaft. Sie machte sich daran, ein Frauenprojekt zu entwickeln, um den sudanesischen Frauen mehr Mitspracherecht in wichtigen Angelegenheiten zu verschaffen. Hieraus entstand der Frauenverband des Südsudan. Es seien die Frauen, argumentierte Emma stets, die allein mit Leben und Tod fertig werden müssten, wenn die Jungs mit den Kalaschnikows weitermarschiert seien. Emma ging davon aus, dass sie ihre Arbeit mit dem Kinderhilfswerk unbeeinflusst von ihrem neuen Familienstand weiterführen könne, und stürzte sich schon am Morgen nach der Hochzeit wieder auf das Unterrichtsprogramm. Ein paar Tage danach verließ sie Riek und flog wieder nach Nairobi, um weitere Materialien zu bestellen. Von dort schickte sie Peter Dalglish, dem Direktor des Kinderhilfswerks, einen kompletten Tätigkeitsbericht und unterrichtete ihn über die neueste Entwicklung. Der maschinengeschriebene Bericht hatte einen kleinen Zusatz: »In einer kurzen Feier in seiner Gemeinde habe ich Riek Machar geheiratet.«

Die Nachricht löste in Toronto helles Entsetzen aus. Niemand wollte glauben, dass jemand mit Emmas Erfahrung als Angestellte einer politisch neutralen Organisation, die mit dem Heranschaffen von Hilfsgütern in ein Kriegsgebiet Probleme genug hatte, so dumm gewesen sein könnte, sich so dauerhaft und unwiderleglich mit einer der kämpfenden Parteien zu liieren. Peter war wie vor den Kopf geschlagen, genauso der ganze Vorstand, der in seiner Missbilligung kein Blatt vor den Mund nahm. Da er nicht übereilt entscheiden wollte und von Emmas bisherigen Leistungen sehr beeindruckt war, riet Peter zur Vorsicht und überzeugte seine Leute abzuwarten, was dabei herauskommen würde.

Den immer noch sehr verliebten frisch Verheirateten gerieten der Krieg und das Innenverhältnis mit den Hilfsorganisationen eine Weile fast aus dem Blick. Riek hatte Sehnsucht nach seiner Frau, weil sie nach Nairobi geflogen war. Er überschüttete sie mit brieflichen und gefunkten Liebesschwüren. In einem der Briefe bedankte er sich zwei Wochen nach der Hochzeit für einen Roman von Tolstoi und einen Liebesbrief von ihr und fügte hinzu:

> Seit ich den ersten Brief von dir erhalten habe, wusste ich nicht, wie antworten. Ich war vor Freude ganz außer mir, doch ich weiß sehr gut, dass ich dich liebe und in dich verliebt bin. Bevor ich deinen Brief erhielt, habe ich voller Vorfreude gewartet. Ich habe deine Zeilen immer wieder gelesen und mit mir herumgetragen, aus Angst, sie zu verlieren, und immer wieder Zeit abgeknapst, um sie wieder und wieder zu lesen, sogar auf dem Flugfeld. In diesen Tagen dreht sich mein Denken und Fühlen nur um dich.
> Tagsüber, im Wachsein, berühre ich immer wieder deinen Ehering, wohl um dich zu spüren und zu küssen, auch wenn du so weit weg bist. Nachts, wenn ich im Bett liege, kommt mir die Erinnerung an unsere Liebe so stark, dass ich auf dem Bett in unserem Liebesnest stundenlang wach liege. Wenn ich nicht schlafe, denke ich an dich und daran, was du vielleicht gerade tust, und oft verbringe ich Stunden damit, auf dem Bett zu liegen und zu versuchen, dich telepathisch zu erreichen.
> Es gibt Augenblicke, wo deine liebe Stimme mich aus tiefem Schlaf weckt … Ich bin so stolz, dass ich mit dir verheiratet bin. Du siehst, wie ich dich vermisse: Du fehlst mir sehr. Keine Siestas mehr, keine intimen Gespräche. Emma, wenn Wünsche Pferde wären, wären Bettler beritten – ein Sprichwort aus deinem Land. Ich wünsche mir, dass du zu mir nach Nasir zurückkommst, bevor du nach England fliegst. Tom Jones' größter Erfolg fällt mir ein: »If loving you is wrong, I don't want to be right. For being right

means being without you.« Ich liebe dich. Komm.
Ich bin in dich verliebt. Ich mag Überraschungen, also sag mir nicht, wann du kommst, nur die Woche.
Bis dann, ich hab' dich sehr lieb. Riek.

Emma, die diesen emotionalen Erguss von einem Mann kaum glauben konnte, der den größten Teil seines Lebens damit verbracht hatte, Bombenangriffe und militärische Vorstöße zu befehlen, fühlte sich geradezu verpflichtet, seinen Wunsch zu erfüllen. Sie kehrte tatsächlich nach Nasir zurück, um ein paar gestohlene Augenblicke mit ihrem Mann zu verbringen, und nahm diesmal Sally mit, die auf den neuesten Coup ihrer besten Freundin ungläubig reagiert hatte und diesen Mann unbedingt selbst kennen lernen wollte. Als sie Arm in Arm mit Emma durch das Dorf und die Garnison schlenderte, mit allen bekannt gemacht wurde und an ihren schlichten Betätigungen teilnahm, konnte sie sich kaum damit abfinden, dass Emma ihr großartiges Leben in Nairobi für die nackte Dürftigkeit bei diesem vergessenen Volk im Südsudan aufgegeben hatte.

Am 17. Juli 1991 kehrte Emma wie geplant nach England zurück, nur diesmal als junge Ehefrau. Ich sollte sie nach sieben Monaten zum ersten Mal wieder sehen und fürchtete mich ein wenig vor dieser Begegnung. Schließlich war es ihr erster Heimatbesuch nach der Heirat. Sie landete mit Sally in Heathrow, genau einen Monat nach der Hochzeit, und ich wusste sofort, sie war restlos glücklich.

Alsbald warf sie sich voll in den englischen Alltag, richtete ein Chaos in meinem Häuschen an und riss alles an sich. Eines Abends kam ich heim und fand mehlige Fußspuren in der Diele, die Treppe hinauf und so gut wie in jedem Raum. Sie hatte gebacken.

»Ach Mum, schimpf mich nicht aus«, bat sie mit Mehl und Teig überall im Gesicht, in den Haaren und auf den Kleidern. »Daheim lassen sie mich so was nicht machen.«

Natürlich war es nicht ihre einzige Beschäftigung, mir die

Küche auf den Kopf zu stellen, sondern sie erweiterte auch ihren Horizont durch den Besuch von Theater, Kino und Kunstausstellungen. Sie ließ sich voll auf das Leben in Europa ein, das so ganz anders war als ihr jetziges in Afrika. In jenem Sommer sagten Freunde von ihr, sie sehe umwerfend aus, schick »im Stil der zwanziger Jahre«, sei lebhaft bis zur Quirligkeit und offensichtlich bis über die Ohren verliebt.

Bei diesem Aufenthalt ließ sie eines Nachmittags in meinem Garten, als sie sich wie üblich auf meiner Bank fläzte und ich von Bienen umsummt die Blumenbeete jätete, im Gespräch beiläufig fallen, sie sei Rieks zweite Frau.

»Oh«, antwortete ich unschuldig und blickte auf, »ich dachte, beim Stamm der Nuer haben sie keine Scheidung.«

Emma grinste mich über ihre Designer-Sonnenbrille koboldhaft an.

»Haben sie auch nicht«, erwiderte sie, während ich in die Hocke ging und mich fragte, was sie wohl meinte.

Meine Tochter hatte nicht nur einen Kriegsherrn geheiratet, sondern auch einen Bigamisten. Sie war die Zweitfrau, aber nichts konnte Riek davon abhalten, drei oder gar vier Frauen zu nehmen – so viele, wie er sich leisten konnte. Obwohl ich um Fassung rang, war ich geschockt. Emma freute sich diebisch.

»Stell dir mal vor, was die Nonnen im Klosterinternat sagen würden, wenn sie wüssten, dass ich polygam verheiratet bin«, kicherte sie. »Aber es heißt ja immer, Klosterschülerinnen seien die Schlimmsten.«

Rieks Erstfrau hieß Angelina und war Tochter eines Nuer-Politikers, der einer von Rieks Lehrern gewesen war. Es war eine Jugendliebe gewesen, und sie hatten 1981 geheiratet, als sie erst achtzehn war. Jetzt lebte sie allein mit ihren drei Kindern in Westlondon von der Sozialhilfe. Ich empfand das als Ironie – seine sudanesische Frau wohnte in England, während seine britische Frau im Sudan in einer Lehmhütte hauste. Obwohl Emma einen Anstandsbesuch bei ihr hatte machen wollen, war Angelina als Erstfrau offenbar wütend, dass Riek nicht ihre Erlaubnis zur Zweitheirat eingeholt hatte, und weigerte sich, ihre Rivalin zu empfangen.

Emma ging fast aufreizend fröhlich mit Rieks Polygamie um. Sie erläuterte, das Ganze habe sich durch den Krieg ergeben – so viele Frauen seien als Witwe oder ohne Vater zurückgeblieben, dass sie hätten verhungern müssen, wären sie nicht von einem anderen Mann gefreit worden. Sie frotzelte, es gäbe bestimmt keine gescheiterten Ehen, würde man diese Regelung auch in Europa einführen.

»Sieh doch bloß, wie viel Scheidungen es in England gibt«, sagte sie dann, »und wie viele Leute sich Seitensprünge leisten. Fast alle. Dank der Polygamie haben wir das im Sudan nicht.«

Insgeheim war ich völlig anderer Meinung. Um keinen Preis hätte ich mit Bunny und seiner Geliebten unter einem Dach leben wollen. Auch wusste ich, dass Emma trotz ihrer Sprüche dazu genauso wenig imstande war, und fragte mich, ob sie sich bei dieser erzwungenen Libertinage wirklich wohl fühlte. Eins allerdings blieb beängstigend real: der Krieg. Trotz des privaten Glücks in Emmas Leben verschärfte sich die politische Lage im Südsudan während ihrer Abwesenheit gefährlich. Wachsende politische und strategische Differenzen zwischen Riek und Garang traten zutage, und neue Gefahren lauerten. Je mehr ich über den Krieg las, desto mehr spürte ich bevorstehendes Unheil. War es ein »gerechter« Krieg? Gab es das überhaupt? Unwillkürlich fragte ich mich, ob Rieks gesamtes Handeln tatsächlich so einwandfrei war, wie Emma immer behauptete.

Emma war für ihn in seinem Kampf, seiner Fraktion Anerkennung zu sichern, ein unschätzbarer Aktivposten; ihr Engagement und ihre Treue ihm gegenüber waren unerschütterlich. Sie war mit Leib und Seele Politikerin, die denkbar beste Partnerin für ihn. Den größten Teil ihres Urlaubs verbrachte sie damit, Verbindungen zu den Sudanesen in London zu knüpfen, sich im afrikanischen Zentrum in Covent Garden mit Leuten zu treffen und Vorträge über ihre Erfahrungen im Südsudan zu halten. Sie wollte unbedingt, dass Riek nach England kam und ihre Familie kennen lernte, sie wollte ihn allen vorführen, aber es sollte nicht sein.

In einem Brief an Emma schrieb Riek Anfang August:

> Ich komme nicht nach England, obwohl ich das so gern tun würde, solange du noch dort bist. Meine Anwesenheit hier ist derzeit entscheidend. Ich scheue noch davor zurück, an deine Mutter zu schreiben. Das mach' ich dann nach deiner Rückkehr, wenn ich von dir weiß, wie sie auf unsere Heirat reagiert hat. Ich möchte keine falschen Töne anschlagen, da ich ihre Ansichten über uns nicht kenne. Ich würde ihr sehr gern schreiben, warte aber doch lieber, bis du zurück bist.
> Du fehlst mir so sehr. Ich träume jede Nacht von dir. Ich wünschte, du kämest früher nach Nasir zurück. Das Leben hier ohne dich ist so leer … Ich brauche dich in Nasir. Hoffentlich genießt du jeden Zeitvertreib und Spaß der modernen Welt. Aber übertreib's nicht. Tausend Küsse, Riek.

Verziert war dieser Brief auf grünem Papier mit handgemalten Herzen.

Emma hielt sich nicht unbedingt an den Rat ihres Gatten und führte weiter ein schwindelerregendes geselliges Leben. Sie fuhr zu Besuch bei Freunden und Bekannten nach Yorkshire, Shropshire und ins West Country. In spontaner Großzügigkeit bezahlte sie Erica einen Flug mit ihr nach Spanien zu einem einwöchigen Aufenthalt bei Freunden, einen Urlaub, den beide genossen und der dazu beitrug, den Riss zwischen ihnen zu kitten, der während der Kindheit entstanden war und sich seit Emmas Heirat vergrößert hatte. Sie flogen am 19. August gebräunt und entspannt wieder zurück, bevor Emma mit dem Zug nach London fuhr, wo sie bei Freunden wohnte und sich ins Partyleben stürzte.

Sie konnte nicht ahnen, welche unerhörten historischen Ereignisse sich im Sudan in ihrer Abwesenheit vollzogen und wie stark sie ihr weiteres Leben beeinflussen würden.

11

Emma war gerade von ihrem Urlaub in Spanien zurückgekommen und hatte keine Ahnung von dem Geschehen im Sudan, als Riek sich entschied, gegen Garangs autokratische Führung vorzugehen. Er beschuldigte ihn, gegen die Menschenrechte zu verstoßen, Kindersoldaten zu rekrutieren, seinen Männern Greueltaten zu gestatten und seine Kritiker einzusperren. Garang drohte, Riek die Befehlsgewalt zu nehmen, eine Situation, die für Emmas Mann, der bereits so lange zur Machtspitze gehörte, völlig undenkbar war.

Wütend zettelten er und sein Stellvertreter Dr. Lam Akol am 28. August 1991 einen Putsch an, um John Garang zu entmachten. Sie behaupteten, eine Kampagne für mehr Demokratie und Menschenrechte zu führen, und proklamierten als Ziel einen unabhängigen Südsudan anstelle der zuvor angestrebten nichtfundamentalistischen Regierung für den Gesamtsudan. Emma hielt sich da gerade in London bei John Ryle auf, dem alten Freund und Boten für Rieks ersten Liebesbrief. Sie war wie vor den Kopf geschlagen, als sie nach der Heimkehr von einem Einkaufsbummel um sechs Uhr abends im britischen Rundfunk Colin Blanes Reportage hörte.

Das Telefon läutete den ganzen Abend und die Nacht hindurch, während sie und John und alle ihre sudanesischen Bekannten sowohl in England als auch in Kenia herauszufinden suchten, was eigentlich los war. Rieks erste Frau Angelina setzte sich unerwartet mit Emma in Verbindung und äußerte ihr Entsetzen und ihre Enttäuschung über die Nachrichten. Emma wurde von Besuchern überrannt und mit Telefonanrufen und Faxen überschwemmt. Sie rief ihre Gewährsleute der Rebellenbewegung in Kenia an, erfuhr aber gar nichts. Sie sagten, es sei ein Gerücht, so dumm sei Riek nicht, und sie solle sich keine Sorgen machen. Und schon im nächsten Anruf bestätigte ein anderer Gewährsmann, es stimme, Riek und Lam hätten Garang zum Rücktritt gezwungen und er sei im Gewahrsam von Rieks Leuten.

Die nächsten paar Tage blieb Emma bei John Ryle und wartete zitternd auf Nachricht. Ich sortierte in Surrey die Anrufe vor und gab Emmas Telefonadresse gegebenenfalls weiter. Sie wollte unbedingt Riek sprechen und herausfinden, was er vorhatte, ob die BBC-Berichte wahr seien, ob er wirklich in ihrer Abwesenheit und ganz ohne ihr Wissen einen größeren und vermutlich gefährlichen politischen Schachzug getan hatte. Vergrößert wurden ihre Probleme noch dadurch, dass Angelina drei Tage später vor der Tür stand und wissen wollte, was Sache war. Es war für die zwei Frauen nicht leicht zusammenzukommen, während beide auf Nachricht von dem Mann warteten, den sie liebten. In noch größere Verwirrung gestürzt wurden sie durch eine Desinformationskampagne von Garangs Anhängern in Nairobi. Im Ergebnis waren alle Mitteilungen danach entweder falsch oder Spekulationen aus zweiter Hand.

Emma wurde zur Kettenraucherin, trank eine Tasse Kaffee nach der anderen und verlor fast den Verstand, besonders als (unbestätigte) Berichte in Umlauf kamen, Riek und Lam seien von Garangs Leuten verhaftet und hingerichtet worden. Jedenfalls gab Garang an jenem Abend gegenüber der BBC eine Erklärung ab, er sei immer noch »an der Macht« und habe die Unterstützung von neun Mitgliedern seines Obersten Kommandos. Emma tat beim Warten auf Nachricht von ihrem geliebten Gatten in dieser Nacht kein Auge zu. Sie waren gerade zehn Wochen verheiratet.

Am nächsten Tag, einem Montag, musste Emma feststellen, dass Garang Gerüchte verbreitete, sie sei eine Spionin des politischen MI5 und habe die Spaltung der Befreiungsbewegung eingefädelt. Er behauptete, sie sei in dieser kritischen Zeit nach Europa geflogen, um ausländische Unterstützung zu organisieren. Wie wenig Ahnung er doch hatte – sie hatte sich in Spanien mit ihrer Schwester gesonnt, war mit Freunden einkaufen und essen gegangen, hatte bei mir zu Hause in Surrey gesessen und bis in die Nacht getratscht. Ausländische Unterstützung, fürwahr. Unter all diesen giftigen Verleumdungen wurde Angelina zur unerwarteten Verbündeten, weil alle automatisch davon ausgingen, sie habe wegen der Heirat mit Emma einen Hass auf Riek, und ihr Dinge anvertrauten, die sie Rieks Zweitfrau nie gesagt hätten. Garangs Frau Rebecca rief Angelina an und sagte ihr: »Mach dir keine Sorgen, da steckt nur die weiße Schlampe dahinter.« Zu ihrer Ehrenrettung muss gesagt werden, dass Angelina das sofort an Emma weitergab, auch wenn die Mitteilung meine Tochter tief bestürzte.

In ihr Tagebuch schrieb Emma an diesem Montag: »Ich bin fix und fertig. Es ist mir nie in den Sinn gekommen, man könnte mir die Schuld geben. Sie glauben, unsere Ehe sei rein politisch.« Ausgelaugt und verstört, nahm Emma später an diesem Abend den Zug nach Surrey und fuhr zu mir zurück. Wir saßen am Küchentisch und redeten über vielen Tassen Kaffee bis spät in die Nacht. Emma zündete eine Zigarette an der anderen an, drehte ständig ihren Ehering am Finger. Sie war höchst aufgeregt. Immer noch kamen Anrufe für sie mit immer neuen Mitteilungen, deren jede sie nur noch mehr verstörte.

Garang nannte die Spaltung jetzt »Emmas Krieg« und verbreitete weiter Gerüchte, sie habe das ganze Komplott eingerührt. Er behauptete, sie wolle »First Lady« eines neuen vereinten Sudan werden und sie sei eine Spionin im Sold der britischen Regierung, ausgesandt, um sich in Rieks Herz zu schleichen. Im paranoiden Klima der kriegsverheerten Region, nur zwei Monate nach ihrer Heirat, fand sich Emma nun plötzlich im Brennpunkt eines erbarmungslosen Stammeskriegs wieder. Irgendwie war sie zur öffentlichen Feindin Nummer eins des Sudan geworden. Als ihr klar wurde, dass sie von Garang als politische Waffe benutzt wurde, war sie außerstande, sich gegen diese Anwürfe zu wehren. Es verstörte sie viel stärker, als ich es je bei ihr erlebt hatte.

Als wir so in der Küche saßen, ließ ich sie einfach reden und reden und mir ihr Herz ausschütten.

»Mami, was ist, wenn Riek umgebracht worden ist?«, fragte sie mich mit angstgeweiteten Augen. »Was soll ich dann machen?« Ein andermal sah sie mich an, wischte die Tränen ab und sagte: »Mami, wir sind einander sehr ähnlich, wir sind beide sehr tapfer, und wir haben beide Courage.« Ich nahm sanft ihre Hand und redete ihr zu, so gut ich konnte. Sie sei da mitten in etwas hineingeraten, das sie nicht beeinflussen könne. Sie habe keine Wahl als abzuwarten, was das Schicksal für sie bereithalte.

Die Nachrichten aus dem Sudan wurden schlimmer. Die Nuer und die Dinka waren in diesem Bruderkampf offenbar gespalten, die Dinka schlugen sich auf die Seite von Garang und die Nuer auf die von Riek. Rieks Soldaten – darunter auch die Weiße Armee, von einem »Propheten« und Provokateur geführt – hatten Garangs Heimatstadt Bor heimgesucht und etwa zweitausend zivile Dinka abgeschlachtet. Es war ein tückischer und brutaler Überfall gewesen. Frauen wurden aufgeschlitzt, Kinder gefesselt und erschossen, alte Männer an Bäumen aufgehängt. Tausende weiterer Männer, Frauen und Kinder flohen in die Sümpfe, wo viele verhungerten oder der Malaria erlagen.

Riek bestritt später stets, etwas mit dem Überfall auf Bor zu tun gehabt zu haben, seine Männer hätten ohne Vollmacht gehandelt und sich von dem Weißen Propheten mit falschen Verheißungen auf Beute bei den Dinka verlocken lassen und sich seinem Kommando widersetzt. Der Vorfall beschädigte jedoch seinen Ruf ernsthaft und auf Dauer. Es kursierten Gerüchte, er habe sich mit dem Feind verbündet, insgeheim Militärausrüstung von der Zentralregierung in Khartum erhalten, damit er den arabischen Moslems bei der Wiedereroberung des Stammlands der Dinka helfe. Was immer die Wahrheit war, die Sache zog immer weitere Kreise und verursachte viele Jahre in Folge weiterhin Tod und Zerstörung. Bittere Stammesfehden verschärften den Konflikt im Süden, und die Regierung in Khartum nutzte die Situation, um zahlreiche Schlüsselgebiete zurückzuerobern. Als Emma Riek einmal mit dem Massaker konfrontierte, gab er zu, den Nationalismus der Dinka unterschätzt zu haben.

Garang war außer sich – abgesehen vom persönlichen Affront von Rieks Meuterei und dem Überfall auf Bor war die Befreiungsbewegung noch nie zuvor so nahe daran gewesen, das Land von der Zentralregierung in Khartum zurückzugewinnen. Jetzt aber hatten sie dem Feind direkt in die Hände gespielt, indem sie sich in zwei verfeindete Fraktionen spalteten. *Einig siegen, gespalten unterliegen* hatte ihr Motto gelautet, und trotzdem hatten sie sich auf die schlimmstmögliche Art gegeneinander gewandt. Garang machte allen in seiner Umgebung klar, dass er Riek Machar und seiner englischen Frau die persönliche Schuld an dieser katastrophalen Wendung in der kriegsverheerten Geschichte des Sudan gab. Diese Erklärung konnte nur eins bedeuten: Emmas Leben war in höchster Gefahr.

Es war mir nie daran gelegen gewesen, meiner Tochter die Rückkehr nach Afrika auszureden. Ich wusste, sie strebte mit dem Herzen zu ihrem Mann zurück, und ich konnte und wollte nichts unternehmen, um sie aufzuhalten. Aber viele andere versuchten es. Sogar Angelina warnte sie vor der Rückkehr, als Emma sich bei ihr und den Kindern verabschieden ging und sie alle für Riek auf Video aufnahm. Aber am 14. September 1991, genau eine Woche, nachdem sie zuerst von der Spaltung gehört hatte, nahm Mrs. Riek Machar einen Flug vom Londoner Flughafen Heathrow nach Nairobi. Ich winkte ihr zum Abschied zu, das Herz wurde mir schwer, und ich fragte mich, ob ich meine Tochter je wieder sehen würde.

Emma wurde auf dem ganzen Weg nach Afrika von einem von Garangs Männern beschattet, den sie schon in Heathrow erkannt hatte. In Nairobi blieb sie eine Weile bei Freunden und versuchte mehr über die politische Lage im Sudan herauszubekommen, nachdem sie sich vergewissert hatte, dass Riek am Leben war. Viele Freunde baten sie, nicht zurückzugehen, doch sie hatte sich entschieden. Am Montag, dem 23. September, flog sie nach Nasir zu Riek. Bei der Zwischenlandung an der kenianischen Grenze zum Sudan wurde sie aus dem Flugzeug geholt und von einem Beamten der UN aggressiv verhört. Von überall schlug ihr Feindseligkeit entgegen. Als sie schließlich in Nasir bei Riek eintraf, suchte sie die Auseinandersetzung. Wutentbrannt marschierte sie fast sofort nach der Landung in seinen Tukul und ging ihn derart an, dass dieser zwei Meter zehn große Mann von ihrer Wut regelrecht verunsichert wurde.

»Was zum Teufel treibst du da?«, schrie sie ihn an, drängte ihn in eine Ecke und warf fast den Tisch um, an dem er geschrieben hatte. »Diese Ehe soll eine Partnerschaft sein, oder nicht?«

Riek nickte belämmert, verblüfft über ihr Eintreffen und noch entgeisterter von ihrer Wut. Er senkte den Kopf wie ein reuiger Sünder. Emma, die erleichtert war, ihn anzutreffen, und sich insgeheim freute, weigerte sich einzulenken.

»Hast du überhaupt eine Vorstellung, was ich in England durchgemacht habe?«, fragte sie mit blitzenden Augen. »Ich wusste nicht mal, ob du noch lebst. Bei meiner armen Mutter am Küchentisch hab' ich beim Warten auf Nachrichten Rotz und Wasser geheult.«

Riek hielt den Kopf gesenkt. Er stützte seine Pranken auf den Tisch vor sich, als müsse er sich gegen den Drang wehren, seine Frau an sich zu drücken und aufs Ehelager zu ziehen.

Emma gab nicht nach. »Mir fehlen die Worte für meine Wut über das, was du da gemacht hast. Riek, was zum Teufel hast du dir dabei gedacht? Bist du durchgeknallt?« Sie ließ ihn unverblümt ihre Stinkwut darüber spüren, dass er ihr nicht vertraut und ihr nichts von seinen Plänen verraten hatte. Es war ihr erster großer Ehestreit, oder er wäre es geworden, hätte er irgendwie darauf reagiert. Als sie sah, dass sie keine Antwort bekommen würde, zog sie beleidigt ab und stapfte mit Wut in den Augen durch die Garnison.

Wirf die Münze, wirf sie hoch, alle fallen runter;
Queen Nefertiti macht die Männer munter.
Ihre Stöckelschuhe klappern auf dem Stein,
Ach, wie lang wohl mögen ihre Beine sein!
Ihre Finger züngeln in der Luft herum,
Und ihr grüner Starrblick wirft den Stärksten um …

Es dauerte lange, bis Emma Riek verzieh, was sie als persönlichen Verrat ansah. Seine Taten bezeichneten eine Wende in ihrer noch jungen Beziehung. Zum ersten Mal war ihr klar geworden, dass er verschlagen sein und ihr Dinge bewusst vorenthalten konnte. Obwohl er sie immer gern um Rat gebeten und bei der Formulierung seiner Berichte ihre Hilfe angenommen hatte, merkte sie jetzt, dass sie schon auf Grund der Natur der afrikanischen Politik und Kultur, in die sie hineingeheiratet hatte, kaum jemals völlig ins Bild gesetzt oder ins Vertrauen gezogen werden würde. Sie musste sich fragen, welche anderen Entscheidungen bereits hinter ihrem Rücken gefallen waren oder in Zukunft fallen würden.

Noch krasser stellte sich diese Frage, als sie entdecken musste, dass die Pläne für die Abspaltung von Garang schon lange gefasst waren, bevor sie und Riek heirateten. Rieks Spießgeselle bei der Abspaltung, Dr. Lam Akol – der die Ehe nie gebilligt und Riek gesagt hatte, er sei ein Narr, die gemeinsame Sache so zu schwächen –, war die treibende Kraft gewesen. Er brauchte Riek neben sich, um sich die Unterstützung Tausender Nuer zu sichern, die treu zur Bewegung standen, doch er war es, der die Spaltung einfädelte und Riek in jenem August hineintrieb. Die beiden Männer hatten sich seit Monaten verschworen und beschlossen, ihr Vorhaben auszuführen, während Emma sicher im Ausland weilte. Riek hatte dummerweise nicht daran gedacht, dass ihr Mitschuld zugeschrieben werden könnte, sondern hatte sie nur aus dem Weg haben wollen, wenn Garangs Truppen anrücken. Er hatte immer die Einstellung gehabt, es gehe niemanden etwas an, wann und wen er heiratete, und Emma habe mit der Spaltung nichts zu schaffen.

Nun, nachdem Emma derart krass mit hineingezogen worden war, merkte er, dass er die Lage völlig falsch eingeschätzt hatte, und es tat ihm aufrichtig Leid. Während er seiner Frau zuhörte, wie sie ihrer Wut Luft machte, wünschte er sich, die Dinge wären anders gelaufen und er könne die Uhr zurückdrehen. Emma nahm Riek das Versprechen ab, sie nie wieder derart zu hintergehen und künftig an allen Entscheidungen zu beteiligen, die sowohl sie beide als auch ihr Volk betrafen. Auch wenn es Riek vorher nicht klar gewesen war, wusste er nun, dass seine Frau eine Kraft war, mit der er rechnen musste. Er staunte, dass sie unter diesen Umständen überhaupt zu ihm zurückgekommen war, und erkannte, dass dazu außergewöhnlicher Mut gehört hatte.

Emma machte sich sofort an die Arbeit und tat alles, um Unterstützung für Riek zu organisieren. Sie half ihm Entschließungen zu formulieren, sich mit Anhängern in Äthiopien und Kenia in Verbindung zu setzen und für Lam Akol einen Flug nach Nairobi zu einer Gesprächsdelegation zu arrangieren, um festzustellen, ob sich innerhalb der Befreiungsbewegung eine Versöhnung bewerkstelligen ließ. Riek suchte ihren Rat und hörte auf sie, ihre Meinung war ihm jetzt äußerst wichtig. Er begriff, dass ihre Sicht der Dinge die Situationswahrnehmung anderer Außenstehender spiegelte. Irgendwann mitten in diesem Durcheinander, vier Monate nach der Hochzeit, fand Riek die Zeit, seiner Schwiegermutter den ersten Brief zu schreiben, worin er sich förmlich vorstellte und mir für meine Unterstützung dankte. Er schrieb:

> Uns beiden geht es gut. Die Luftfeuchtigkeit ist sehr hoch, aber wir klagen nicht … Mir ist klar, dass wir Ihnen mit der Hochzeitsfeier einen Teil Ihrer mütterlichen Rechte weggenommen haben – wir haben einfach darauf gesetzt, Sie würden es gutheißen. Ich war erleichtert, als Emma zurückkam und mir sagte, Sie ständen voll hinter uns.
> Der Hauptgrund für unsere Heirat hier in Afrika war, dass ich nicht sicher sein konnte, wann ich nach England käme, weil ich hier draußen stark in die Arbeit eingebunden bin. Ich liebe Emma sehr, und deshalb habe ich sie geheiratet. Ich sah voraus, dass Probleme auftauchen würden. Zur Zeit sind wir mitten in einer weiteren politischen Krise innerhalb unserer Bewegung. In dieser schwierigen Lage hilft sie mir viel und ist sehr verständnisvoll. Ich versichere Ihnen, dass Emma und ich miteinander glücklich sind und weiterhin sein werden. Sie ist eine mutige Frau. Ich bete sie an.

Auch Emma schrieb mir ihren ersten Brief nach der Rückkunft:

> Liebste Mum, was kann ich dir sagen? Ein riesiges Dankeschön dafür, dass du's im Sommer mit mir ausgehalten, mich gestützt und beraten und mir so viel Freude bereitet hast. Ich hab' meinen Urlaub wirklich genossen – auch wenn er mir am Ende durch die politische Lage hier im Sudan ein bisschen verdorben wurde. Aber jetzt, wo ich wieder in Nasir bei

Riek bin, bin ich glücklich und entspannt. Ich habe mein einfaches Leben wieder.
Riek geht es gut, und wie ich es mir schon dachte, nimmt er's auf die leichte Schulter. Die Reaktion von der Truppe und der Bevölkerung auf ihre Proklamation, John Garang als Führer der Befreiungsbewegung abzusetzen, ist positiv. Sie erwarten einen »schleichenden Umsturz«. Meine Kollegen Sudanhelfer waren sehr hilfsbereit, besonders in meinem Büro. Wir sitzen unter einem zunehmenden afrikanischen Mond, die Moskitos greifen in Massen an. Verschiedene Laute klingen durch die Nacht, die Glühwürmchen leuchten.
Das Hochwasser auf dem Sobat durch Nasir nimmt rasch zu. Neulich ist uns auf der Fahrt ein großer Fisch ins Motorboot gesprungen. Wir haben ihn tags darauf gegessen. Die von einem Priester aus Südamerika eingeführten Wasserhyazinthen verstopfen den Flusslauf. Sie haben sich allzu leicht an das Klima angepasst und sind ein gewaltiges Schifffahrtshindernis. Draußen vor dem Haus trocknet das Fell eines Leoparden. Er hat offenbar acht Menschen zerfleischt, bevor er erlegt werden konnte. In einem Baum in der Nähe flechten die Webervögel ihre Nester und zwitschern überlaut – wahrscheinlich ein Kaffeeklatsch. Bis bald,
Emma XXX.

Emma blieb einen Monat bei Riek und verwandte den größten Teil ihrer Kraft darauf, ihren Gatten bei dem Versuch zu unterstützen, Versöhnungsgespräche mit Garang herbeizuführen, indem sie Flugzeuge charterte und Unterkünfte für internationale Abordnungen beschaffte, damit Riek seine Version von der Spaltung und dem Überfall auf Bor darlegen könne. Leider blieben die Gespräche ergebnislos. Die Spaltung bestand fort und verschärfte die uralte Gegnerschaft zwischen den Nuer und den Dinka. Garang schickte zweimal Truppen in Rieks Heimatstadt Leer, um sich für den Überfall auf Bor zu rächen, doch sie wurden beide Male erfolgreich zurückgeschlagen.

Am 19. Oktober flog Emma nach Nairobi, um ihre Pflichten gegenüber der Kinderhilfsorganisation zu erfüllen und dringend erforderliche Vorräte zu beschaffen. Die hastig hingekritzelte Einkaufsliste in ihrem Tagebuch umfasst eine Einspritzpumpe, fünf Tonkopfreiniger für Kassettenrecorder, Batterien für ihren Sony-Walkman, Fotokopierpapier, Tippex, einen Radiergummi und Heftklammern. Sie hatte auch wichtigere Dinge zu regeln. Zwei Tage zuvor hatte sie zu ihrem großen Schrecken Gerüchte vernommen, dass sie wegen ihrer Parteinahme für Riek und wegen dessen letztem Manöver entlassen werden sollte, und sie wollte persönlich mit Peter Dalglish in Toronto telefonieren, um bestätigt zu bekommen, dass dieses Gerücht haltlos war.

Schon bei der Ankunft bei Sally mit Grippe geschlagen, konnte sie aus Sorge um ihre Arbeit in der ersten Nacht nicht schlafen. Spätabends hinterließ sie mehrere Mitteilungen auf Peters Anrufbeantworter, aber ohne Erfolg. Sie fürchte um die Zukunft des Projekts, sollte sie entlassen werden. Seit der Spaltung der Befreiungsbewegung sei ihre Anwesenheit noch dringender erforderlich – mit den erneuten Kämpfen im Süden und mehreren tausend vertriebenen Familien werde jeder Unterricht, den die Kinder inzwischen erhielten, wiederum unterbrochen. Sie sei entschlossen, das Bildungssystem so lange am Laufen zu halten, wie es irgend ging.

Emma war vom Lernwillen der jungen Sudanesen immer wieder gerührt. Einmal erzählte sie mir, Kinder, die nach der Obdachlosigkeit zu Fuß Hunderte von Meilen durch den Busch gelaufen seien, hätten nach ihrer Ankunft in einem Ort wie Nasir als Erstes nach einem Buch und einem Bleistift gefragt, nicht etwa nach Essen.

»Ohne Bildung keine Zukunft«, wiederholte sie immer wieder ein Mantra. Ihre Leibwächter lernten das als ihren ersten englischen Satz. Ich habe mich oft gefragt, ob Emma noch wusste, wie ich hatte kämpfen müssen, um meine vier Kinder zu erziehen, und wie entschlossen ich dieser Bildung den Vorrang gab, auch wenn alles sonst zusammenbrach. Ich habe den Verdacht, sie erinnerte sich nur zu genau.

Nach ein paar Tagen in Nairobi bekam Emma Peter Dalglish schließlich ans Telefon und führte ein langes Gespräch mit ihm. Richtig, bestätigte er, er habe im Zusammenhang mit der Spaltung der Befreiungsbewegung über ihre Zukunft nachgedacht. Sie drängte ihn, keine übereilten Entscheidungen zu treffen, und behauptete, die Lage könne sich jeden Tag ändern. Mit dem Charme, mit dem sie ihn schon bei der ersten Begegnung bezirzt hatte, konnte sie ihn überreden, nach Afrika zu kommen und die Sache unter vier Augen mit ihr zu erörtern. Sie wusste genau, wenn sie ihn erst einmal vor Ort hatte, würde sie sich fast mit Sicherheit durchsetzen.

So furchtlos wie eh und je der fortwährenden Gefahr für ihr Leben gegenüber, flog sie nach der erschöpfenden Zeit voller Anspannung in der Großstadt nach Nasir zurück und wartete auf Nachricht von Peter. Obwohl sie einräumen musste, dass die Obere Nilregion heiß und unwirtlich ist und zu den ungesundesten Gegenden Afrikas gehört, war sie dennoch dort glücklicher als irgendwo sonst. Sie hatte die Menschen lieb gewonnen und angefangen, ihre Kultur zu verstehen. Afrika war inzwischen ihr Leben, und ihr wurde klar, dass auf diesem Erdteil weniger Landschaften oder die Tierwelt wichtig waren als vielmehr die Politik und der Umgang der Menschen miteinander. Wandel war nur aus eigener Kraft möglich.

So hervorragend ihr Einfühlungsvermögen war, wenn es um Menschen anderer Hautfarbe als der eigenen ging, schien sie im Verhältnis zu ihresgleichen nicht unbedingt dieselbe Verstandesklarheit aufzubringen. Am 1. November 1991 entließ Peter Dalglish Emma offiziell aus dem Kinderhilfswerk, weil er sie nicht mehr für unparteiisch gegenüber beiden Rebellenfraktionen hielt. Im Rückblick hatte er vermutlich keine andere Wahl. Sie habe ihre Stellung kompromittiert, sagte er, und auch die des Hilfswerks. Emma war tief verletzt über die Nachricht und darüber, wie Peter Dalglishs Brief zugestellt wurde – per Fax aus Nairobi. Er schrieb:

> Nach langen Überlegungen sind wir zu dem Entschluss gekommen, dass wir Sie bitten müssen, Ihre Pflichten als Koordinatorin für das internationale Unterrichtsprogramm für obdachlose Kinder im Südsudan niederzulegen. Vom Umfang her ist das Programm sehr anspruchsvoll und erstreckt sich über einen großen Teil des östlichen Äquatoria, der überwiegend von der Befreiungsbewegung kontrolliert wird. Die Koordination muss durch eine Person erfolgen, die freien und ungehinderten Zugang zum größten Teil dieser Region hat. Außerdem, da die zivile Organisation für Hilfe und Wiedereingliederung der Befreiungsbewegung der ausführende Partner der Kampagne bleibt, muss die Koordination durch jemanden erfolgen, mit dem sie im Tagesgeschäft unbefangen umgehen kann.
> Wir führen diese Kampagne nicht abgeschottet vom Rest der Welt … Wir müssen gewährleisten, dass die Kampagne ohne Unterbrechung fortgeführt wird, und hoffen auf Ihre Unterstützung bei der Suche nach einem möglichen Nachfolger für Ihre Stelle und die ordentliche Übergabe Ihrer Geschäfte bis zum 1. Januar 1992 … Wir erkennen an, dass Sie eine außergewöhnliche Leistung für das Leben der Tausende von Kinder erbracht haben, die von der Kampagne geförderte Schulen besuchen. Ich weiß, dass es Ihnen in erster Linie um das Wohlergehen dieser Kinder geht. Ich bewundere Ihre Hingabe und Ihre Energie. Hoffen wir, dass die

> Unterrichtskampagne noch viele Jahre weitergeht, gleichviel, wie schwierig die Umstände sind. Mit freundlichen Grüßen, Peter Dalglish.

In einem gesonderten Brief an Alastair Scott-Villiers bei der UNICEF räumte Dalglish ein, dass »der größte Teil des Erfolgs der Kampagne auf das außergewöhnliche Engagement von Emma McCune zurückgeht, die die Kinder zu ihrem Lebenszweck gemacht hat«. Doch fügte er hinzu, dass Emmas Parteinahme für Riek und die Lam-Akol-Fraktion »die Dinge kompliziere«, und teilte Alastair ihre Entlassung mit. Er schlug vor, Emma möge jetzt bei der UNICEF und beim Internationalen Roten Kreuz mitarbeiten und so die Bildungskampagne unterstützen – die bis dahin etwa 20.000 Kinder erreichte –, da sie »sich in der Region auskennt und über hervorragende Kontakte verfügt«.

Jahre später schrieb er:

> Emmas weithin bekannte Beziehung zu Riek brachte uns in eine Zwangslage. Emma wurde als Yoko Ono des Südsudan bezeichnet ... Fragen über die Rolle des Kinderhilfswerks kamen auf. Am Ende musste ich Emma entlassen. Ich musste sie bitten, ihre Stellung zu räumen und nur als inoffizielle Beraterin der Bildungskampagne weiterzumachen, wusste aber, sie würde meine Bitte ablehnen. Mit Kompromissen hatte sie nie viel im Sinn. Als sie meine Kündigung per Fax erhalten hatte, rief sie mich vom Wilson Airport in Nairobi aus an. Die Unterhaltung war kurz und schmerzlich. »Sie strafen mich, weil ich mich verliebt habe«, beschuldigte sie mich. Ich sagte ihr, ich müsse sie aus Rücksicht auf das Wohl der 20.000 Kinder entlassen, die inzwischen an der Kampagne teilnahmen, dass wir uns nicht in die inneren Streitigkeiten der Befreiungsbewegung verwickeln lassen

dürften. Doch sie wollte nichts davon hören und legte auf. Es war das letzte Mal, dass wir miteinander gesprochen haben.

In einer Sache hatte Peter Recht. Emma hatte tatsächlich eine Wut auf ihn, weil er sie entlassen hatte. Sie verbrachte Tage damit, eine zweiseitige bissige Antwort zu schreiben und umzuschreiben. Darin hieß es:

> Ich verstehe Ihre Bedenken, mich während der gegenwärtigen politischen Krise im Südsudan als Koordinatorin zu halten. Ich hatte Ihnen geraten, nicht vorschnell zu entscheiden, da die Lage derzeit ungewiss ist und eine Entscheidung zu diesem Zeitpunkt politisch interpretiert und von beiden Fraktionen der Befreiungsbewegung zu ihren Gunsten ausgelegt werden kann. Offensichtlich haben Sie diesen Rat nicht annehmen wollen. Wie ich Ihnen schon am Telefon sagte, habe ich den Mann geheiratet, den ich liebe und der nun mal Sudanese und ein hochrangiger Kommandeur der Befreiungsbewegung ist. Ich wusste, dass meine Ehe nicht leicht werden würde, aber was soll ich machen? Man kann doch nicht herumlaufen und nach der idealen Konstellation suchen und dann sagen »Jetzt will ich mich verlieben«. So ist das Leben leider nun mal nicht.

Sie warf ihm unnötige Grobheit im Ton vor und wies darauf hin, dass das Projekt des Kinderhilfswerks ohne ihre Spendenwerbung die letzten sechs Monate überhaupt nicht funktioniert hätte. Aus ihrem Brief und ihrem Anruf geht eindeutig hervor, dass sie sich die Kündigung schwer zu Herzen nahm, doch all ihr Flehen nützte nichts. Peter Dalglish ging ihr Zorn nahe, und er schrieb ihr ein Gedicht über »Den vorrückenden Zeiger der Zeit«. Aber nach Anweisung seines Vorstands hatte er seine Entschlüsse gefasst, und der Nachfolger für Emma wurde rasch ausgewählt.

Emma war wie vernichtet. Ganz abgesehen davon, dass sie an ihrer Arbeit hing und auf das Jahresgehalt von 12.000 Dollar angewiesen war, um zu essen und sich zu kleiden (wenn das Geld rechtzeitig anlangte), war jetzt ihre lebenswichtige Verbindung aus dem Sudan heraus unerwartet durchtrennt. Nach ihrer Kündigung wurde ihr auch von den UN vorgehalten, ihre Überparteilichkeit eingebüßt zu haben, und das Personal angewiesen, sie zu meiden und ihr Beförderung in den Hilfsflugzeugen aus Kenia hinaus und zurück zu verweigern. Sogar den Piloten wurde verboten, Post oder Versorgungsgüter für sie mitzunehmen.

Ohne eigenes Einkommen saß sie im Süden praktisch in der Falle. Ohne Zugang zu Kenia war ihre offizielle Bildungsarbeit zum Erliegen gekommen. Fast genauso erschütternd war, dass sie inzwischen von Menschen boykottiert wurde, die sie zuvor als Freunde betrachtet hatte, nicht mehr mit Piloten mitfliegen durfte, die sie so gut kannten, dass sie ihr Fotos von ihren Kindern gezeigt hatten, und von einigen der Sudanhelfer, mit denen sie so viel Zeit beim Aufbau entscheidender Projekte für die Landgemeinden verbracht hatte, gar verhöhnt wurde. Ein früherer Kollege bemerkte zu ihr:

»Was erwartest du denn, wenn du einen Nigger heiratest?«

Für Emma war das eine äußerst schwere Zeit. Ihr ganzes Leben lang hatte sie im Mittelpunkt gestanden, als bildhübsche Frau, mit der die Leute zusammensein und reden wollten. Sie genoss es, die Männer ihrer Umgebung zu faszinieren, ihre Phantasie zu beflügeln, mit ihnen zu flirten und zu spielen, sie mit ihren Geschichten aus dem Busch zu unterhalten. Ihre Liebe zu dem Rebellenkommandeur, dem beizustehen sie für ihr weiteres Leben gelobt hatte, wurde nie auf eine härtere Probe gestellt als in dieser Zeit, wo sie von vielen ihrer Bekannten geschnitten wurde und ohne Geld, Status oder die

Kameradschaft, die zuvor ihr halbes Leben gewesen war, in die Wildnis verbannt war.

Soweit sie es überblicken konnte, konnte sie nur eines tun. Dafür sorgen, dass Rieks Vorhaben zum Erfolg wurde, ihn dazu befähigen und anspornen. Wenn er den Kampf um die Führung der Befreiungsbewegung gewann, war auch sie wieder Respektperson und würde die Achtung und Bewunderung jener zurückgewinnen, die sie jetzt ablehnten, und ihre wichtige Arbeit mit den Kindern des Südsudan fortführen können. Sie engagierte sich voll für Rieks Sache, unterstützte ihn auf jede nur erdenkliche Weise. Sie beriet ihn, leitete ihn an und entwickelte zusammen mit ihm die Vision eines Landes mit einem pluralistischen politischen System, das eine echte Chance haben würde, wirtschaftlich zu den Nachbarn aufzuholen.

Sie verbrachte viele Stunden mit dem Tippen durchdachter (heute noch benutzter) Richtlinien zur Vorsprache bei Hilfsorganisationen, zur Verbesserung des Austauschs zwischen den Dorfbewohnern und den ausländischen Sudanhelfern und mit der Formulierung von Verfassungsentwürfen und Denkschriften für ihren »geliebten Gatten« auf dem solarbetriebenen Computer. Heftige Kämpfe tobten weiterhin zwischen Rieks und Garangs Leuten; ganze Gemeinwesen wurden ausgerottet, und Verstöße gegen die Menschenrechte häuften sich. Todesdrohungen gingen fast täglich ein, und Emma lebte im ständigen Bewusstsein, dass sie jederzeit aus ihrem Tukul gezerrt und erschossen werden konnte.

Sie erklärte »Ich begreife nichts mehr«, verschloss die Augen gegenüber den Einzelheiten der Vorgänge um sich herum und wollte lieber nichts davon wissen. Sie befand sich mitten in einem Krieg, Menschen, die sie kannte und mochte, wurden in den Dörfern ringsum getötet und verstümmelt. Frauen wurden vergewaltigt, Kinder entführt, Greise ermordet. Sie war mehrere Flugstunden von zivilen Verhältnissen oder europäischen Verbündeten entfernt als einzige Weiße im Umkreis von Hunderten von Kilometern gefangen im Zentrum eines blutigen Konflikts, dessen Ursprünge sie kaum verstand – immer wieder das Geräusch von Schüssen im Hintergrund. Sie beklagte sich kein einziges Mal. In den Briefen, die sie hinausschmuggeln konnte, schrieb sie Freunden von der persönlichen Kräftigung, die sie verspürte, wenn sie nach der Liebe mit Riek aus dem Bett stieg, um ein neues politisches Programm zu konzipieren.

Als waschechte McCune hielt sie sich an die Devise, in Krisenzeiten in der Erde zu wühlen, und grub zum Trost ihr Gemüsegärtchen um. Sie war fest entschlossen, die neue Phalanx schwer bewaffneter Soldaten, die ihren Tukul rund um die Uhr bewachten, dazu zu bringen, dass sie die Waffen ablegten und zu gärtnern anfingen. Emmas Jäger- und Sammlerinstinkt trat zutage, und sie beaufsichtigte das Einsäen gesammelter einheimischer Samen oder von Saatgut aus England. Aus der Befürchtung heraus, ihre sorgsam gehegten Pflanzen könnten aus Mangel an Pflege eingehen, wenn sie anderweitig beschäftigt oder mit Riek draußen in den Sümpfen auf Inspektionsfahrt war, stellte sie für Rieks Mannen einen regelrechten Dienstplan zum Gießen und Jäten auf, und sie hielten sich fast so todernst an diese Pflicht wie an die andere, bei einem Angriff von Garangs Leuten ihr Leben zu schützen.

Wie es der Frau eines Oberkommandierenden zukam, übernahm Emma häufig Pflichten Rieks als Stammeshäuptling, wenn er sich Problemen des Krieges widmen musste. Sie schlichtete Streitigkeiten, nahm an traditionellen Gerichtssitzungen teil, steuerte Hilfsaktivitäten und beteiligte sich an jeder Art Aufbauarbeit. Sie beschwatzte die Leute, zeitweilig den um sie herum tobenden Kampf zu vergessen, überredete arbeitslose Tischler, aus alten Munitionskisten Möbel zu fertigen, teilte selbst eingeschmuggelte Angelhaken und Werkzeuge aus und drang ständig in die Dorfbewohner, autonom zu werden, sich in den kleinsten Dingen selbst zu helfen.

Durch den Frauenverband des Südsudan hatte sie sehr viel

über die Gesellschaft erfahren, der sie jetzt angehörte, und ermunterte Frauen, sich in Selbsthilfegruppen zu organisieren und alle möglichen Gegenstände für den Verkauf an Touristen in Kenia herzustellen, um größere Selbstständigkeit zu erlangen. Sie wollte ihnen eine eigene Stimme verschaffen. Auf ihre romantische Art war sie überzeugt, die Geschicke des Sudan würden eines Tages von Frauen gelenkt. Die Nuer-Frauen liebten und verehrten sie dafür. Stundenlang legte sie sich vor ihre Hütte und ließ sich von ihnen mit einer karamellisierten Mischung aus Zitronensaft und Zucker einbalsamieren, die dann vorsichtig abgezogen wurde. Körperbehaarung wird im Sudan als Missbildung betrachtet, und da es ihr selbst völlig gleichgültig war, ob ihre Beine oder Achselhöhlen immer sauber ausrasiert waren, wurde sie von ihren neuen sudanesischen Schwestern belagert, sich enthaaren zu lassen.

Obwohl sie bei den abendländischen Kollegen in Ungnade gefallen war, genoss sie immer noch den Respekt vieler Hilfsorganisationen; sie wusste gründlicher als jeder andere Ausländer über die Verhältnisse am Oberen Nil Bescheid, und manche der Organisationen nutzten dieses Fachwissen insgeheim und baten sie, für ihre Berichte und Erfolgsmeldungen ein Pseudonym zu verwenden. Fortan unterschrieb sie mit Alison Lewis, den zwei mittleren Vornamen, auf die Bunny und ich sie in Assam hatten taufen lassen.

Wenn sie unbedingt nach Kenia musste, brachte sie die UN-Piloten dazu, sie als »Reservemotor« oder »Traktorteil« hinauszuschmuggeln. Wenn sie dann staubig und schmutzig in Nairobi anlangte, bat sie um ein Bad und ein Bett für die Nacht, lieh sich eins von Sallys Designerkleidern aus und erschien im Glamourlook uneingeladen auf der nächsten Cocktailparty und schockierte die bessere Gesellschaft der Auslandsbriten, von der sie so grausam geschnitten wurde. Sie bezeichnete sich witzelnd als »First Lady im Wartestand« und tat Befürchtungen über ihr Wohl und ihre politische Zukunft schulterzuckend ab.

Sie wusste, dass sie viele Kritiker und zahllose Feinde hatte. Viele hielten sie für naiv, für eine idealistische Romantikerin, die vermutlich mehr Schaden als Nutzen gestiftet hatte. Selbst ihre engsten Freunde und Verwandten fanden es häufig schwierig, ihre Liebe zum Volk des Südsudan mit den unabweislichen Folgen der Handlungen ihres Gatten unter einen Hut zu bringen. Wie konnte sie zu einem Mann halten, dessen Spaltungsversuch mehr Tod und Zerstörung in der Region bewirkt hatte als selbst die schlimmsten Hungersnöte? Erica war von Anfang an gegen die Heirat gewesen, jetzt war sie im Familienkreis ihre schärfste Kritikerin und bezichtigte sie der Dummheit und Selbstsucht.

Ich war immer noch innerlich sehr zerrissen. Ich war Riek nie begegnet und hatte auch nie gesehen, was meine Tochter ihr Zuhause nannte. Ich spürte, könnte ich ihn nur treffen, ihm in die Augen sehen oder ihm sozusagen ins Herz blicken, würde ich womöglich Ruhe finden. Ich wusste nur zu gut, wie Emma unter der jüngsten Erfahrung litt. Ich brauchte nur zwischen den Zeilen ihrer allzu fröhlichen Briefe über Gärtnern und Wetter zu lesen und wusste, dass nichts mehr stimmte. Ich dachte mir, sie könne Aufmunterung brauchen.

Ich schob alles andere beiseite und beschloss, über Weihnachten nach Kenia zu fliegen, mich Emma zu widmen und mit eigenen Augen zu sehen, wie es ihr ging. Ich landete am Morgen des 16. Dezember 1991 derart erschöpft, dass ich mich mit einer kolossalen Migräne sofort hinlegen musste. Zunächst bekam ich meine umherschweifende Tochter kaum zu Gesicht. Sie war vor kurzem vom Sudan eingeflogen und genoss die Betriebsamkeit und die relative Sicherheit Nairobis beim Herumrennen und Einkaufen von Weihnachtsgeschenken für Riek, die sie liebevoll verpackte und per Kurier nach Nasir schickte. Mit Freude legte sie ein paar Tafeln englischer Schokolade dazu, die ich mitgebracht hatte. Da sie meinen Besuch für ihre eigene Stippvisite in eine zivilisierte Gegend voll auskosten wollte, hatte Emma für meinen Urlaub bereits alles geregelt. An meinem ersten Abend veranstaltete Sally eine Dinnerparty, auf der Emma blendend in Form war. Schon um sechs Uhr am Morgen darauf fuhren wir mit hoher Geschwindigkeit in Roos und Simons Land Cruiser die Straße nach Mombasa auf dem Wege nach Watamu an der Küste des Indischen Ozeans, das wir noch vor Einbruch der Dunkelheit erreichen wollten.

Dann folgten die zauberhaftesten paar Wochen mit Emma und etwa sechs Freunden in Kilifi. Ins neue Jahr feierten wir mit Willie und seinen Verwandten und Freunden – darunter auch Annabel Ledgard, die dafür extra von London hergeflogen war – auf einer kleinen, abgelegenen und kaum bewohnten Inselgruppe namens Kiwaijyu. Wir setzten mitten in der Nacht in einer Dhau dorthin über, mit einer einzigen Acetylenlampe als Lichtquelle unter den Sternen. Als wir so über den Indischen Ozean schaukelten, mit Meeresleuchten und Lichtblitzen auf jedem Wellenkamm, fand sich eine Herde Delphine zu unserer Begleitung ein. Vom warmen Nachtwind umfächelt, zelteten wir in den Dünen unter einem Tamarindenbaum, mit Ausblick auf einen weiten Mangrovendschungel. Diese völlig entrückte Zeit mit meiner Tochter hinterließ einen tiefen Eindruck bei mir.

Das war wohl auch die Zeit, wo ich mich in das verliebte, was Emma »Zauber Afrikas« nannte, und zu begreifen anfing, warum ihr Herz derart an diesem Erdteil hing. Beim Sonnenbaden nebeneinander am Strand redeten und redeten wir, lernten einander wieder kennen und knüpften da an, wo wir aufgehört hatten. Nachdem sie in Urlaubsstimmung gekommen war, schüttete sie mir schließlich ihr Herz aus und vertraute mir ihre tiefe Zukunftsangst an. Alles in allem jedoch fasste ich Mut. Sie war eindeutig immer noch sehr in Riek verliebt und sprach nie über eine Zukunft, in der er nicht vorkam. Ich riet ihr, so gut ich konnte, ermunterte sie zum Durchhalten und wünschte ihr alles Glück dieser Erde. Tief im Gespräch unterm Sternenhimmel wurden wir wieder die besten

Freundinnen und ebenso wieder Mutter und Tochter. Ich bin dankbar für diese gemeinsame Zeit.

Willie fand diesen Urlaub verständlicherweise nicht ganz so zauberhaft. Er hatte Emma ihr schnödes Verhalten immer noch nicht verziehen und ärgerte sich, wie unverfroren sie in die Silvesterfeier seiner Familie geplatzt war. Ich selbst hielt es für mehr als ungezogen, sich ihm so aufzudrängen, wo er doch immer noch litt, aber ich glaube ehrlich gesagt nicht, dass sie seine Verfassung überhaupt bemerkte. Willie allerdings ließ es nicht zu, dass seine Ressentiments uns den Urlaub verdarben. Es war in jeder Hinsicht ein großartiges Treffen der Familie Knocker mit ihren Freunden; ein Urlaub, der jedem von uns als frohe Erinnerung im Gedächtnis bleiben sollte.

Nach Nairobi zurückgekehrt, setzte Emma Himmel und Hölle in Bewegung, um mich zu meinem Schwiegersohn in den Sudan zu befördern, aber es ging nicht. Ich wünschte mir eine Begegnung mit Riek, erst recht nach allem, was sie mir erzählt hatte, doch die Hilfsorganisationen zeigten Emma die kalte Schulter und verweigerten schlankweg die Beförderung jeder Verwandtschaft Rieks mit der Behauptung, das sei ein Flugsicherheitsrisiko. Wir probierten jeden nur möglichen Kniff, ich nahm zum Schein meinen Mädchennamen wieder an, und wir wollten sogar die Piloten schmieren, aber es hatte alles keinen Zweck. Also flog ich Anfang 1992 sehr traurig heim, ohne ihn gesprochen oder das Zuhause meiner Tochter kennen gelernt zu haben. Für Emma war es ein neuer Stich.

Kurz nach meiner Rückkehr nach Surrey kam ein Brief von ihr an, der meine Gefühle spiegelte. Sie schrieb:

> Weihnachten und Neujahr waren ein großer Genuss für mich. Es hat mich ein wenig heruntergezogen, als ich am Flughafen allen zum Abschied zuwinken musste … Es ist jammerschade, dass du nicht in den Sudan fliegen durftest. Riek war sehr enttäuscht. Er hatte dir im Kampong eine eigene Hütte bauen las-

> sen. Jedenfalls kannst du es dir nächstes Mal darin wohl sein lassen.
> Unser Kampong entwickelt sich langsam. Meine Bananenstauden gedeihen hervorragend, alle von mir gepflanzten Baumsamen haben gekeimt, obwohl die Rosenpfropfreiser und der Jasmin den Flug mit dem Roten Kreuz von Nairobi nach Lodwar nicht überstanden haben. Den Dill haben leider die Ameisen gefressen. Mein Gemüsegarten wächst und gedeiht, hauptsächlich weil die Soldaten jeden Tag daran arbeiten. Das Wetter ist derzeit recht angenehm, am Abend kühl und ohne Moskitos, obwohl die Kriebelmücken die Ablösung übernommen haben. Es ist Vollmond, und wir haben gestern Abend sogar im Mondschein Schach gespielt. Rieks Funker hat mich dreimal schachmatt gesetzt.

Ein paar Wochen nach meiner Abreise gelang Annabel ein Besuch in Nasir unter dem Vorwand, sie sei Journalistin und wolle einen Artikel über das Bildungswesen in einem Kriegsgebiet schreiben. Ich war verletzt und neidisch, dass sie einen Besuch hatte machen dürfen und ich nicht. Freundlicherweise machte sie ein paar Aufnahmen von Emmas Umgebung, die mir ein großer Trost waren, da ich sie mir nun in ihrem Haus und ihrem Garten vorstellen konnte, wenn ich in meinem eigenen herumkramte.

Den Fotos konnte ich entnehmen, dass meine Tochter unter sehr primitiven Verhältnissen lebte. Der Garnisonskampong war nicht sehr groß, und ihr war es als einziger Frau gestattet, sich in diesem von lauter Riesen nicht unter zwei Metern bevölkerten Bereich aufzuhalten. Sie hatten ihren eigenen Hund »Come On« – der diesen Namen daher hatte, dass sie ihn immer so rief und die Soldaten meinten, er heiße so – und etliche Katzen, für die sie jedoch die Befürchtung hegte, sie würden entweder von dem örtlichen Medizinmann wegen ihres Fells oder von den Soldaten abgemurkst, weil sie ihnen dauernd die Hühnerküken fraßen. In ihrem Tukul war die Möblierung sehr schlicht. Der Tisch war ein langes Brett auf ein paar Backsteinen, die Stühle waren aus alten Munitionskisten, ein paar Regale desgleichen, und es gab ein Bett mit einem Moskitonetz. Die Frauen des Orts hatten die Lehmwände drinnen und draußen mit Wandbildern und Nuer-Symbolen verziert, und es gab ein kleines Plumpsklo in der Ecke, aber kein fließend Wasser und keinen Herd. Sie lebte ständig in Staub und Schmutz, Schweiß und Hitze und konnte sich selten richtig waschen, die Zähne putzen oder ihre Kleidung reinigen. Sie hatte so gut wie keine Privatsphäre – ihr verborgener Vorrat von Tampons wurde zum Beispiel nach der allfälligen Entdeckung zum Brennpunkt des allgemeinen Interesses. Ihr »Kleiderschrank« bestand aus einer kleinen Tragetasche unter ihrem Bett, wo sie ihre extravaganteren Sachen aufbewahrte, deren Muster und Farbtöne sie mit dem Geschick einer echten Bohemienne kombinierte.

Gekocht werden musste alles über offenem Holzfeuer, und Emma in ihrer Stellung als Frau des Befehlshabers durfte selten eine Mahlzeit zubereiten. Die Frauen der Garnison brachten viel Zeit damit zu, das Sorghum, die Mohrenhirse, zu einer zähen braunen Masse zu stampfen und dann dünn auf ein Blech über dem offenen Feuer zu streichen. Dann wurde es in *kisra* genannte trockene Fladen geformt und in Ziegengulasch oder mit Ziegenfett gekochtem Reis eingetunkt oder zum Löffeln von Brocken des grätenreichen Nilbarschs benutzt. Manchmal, sofern Emmas Gemüsegarten in ihrer Abwesenheit von den Soldaten vorschriftsmäßig betreut worden war, vervollständigte sie die Mahlzeit mit einer Tomate oder Okraschote, um sie ein bisschen europäischer wirken zu lassen.

Sie verzehrte sich nach Kräutern und klassischen englischen Gartenrosen – und war ganz hingerissen von meinem kleinen Bauerngarten in Little Farthings gewesen, den ich aus der Erinnerung an den Ziergarten meiner Großmutter in

Schottland gestaltet hatte, und sie flanierte häufig in ihrem eigenen Gärtchen in einer Art viktorianischer Kostümierung herum, die aus einem großen Schlapphut, blauen Wildlederschuhen und grellrosa Socken, einem großgeblümten Rock und Bluse und einem Sonnenschirm bestand. Wo sie sich wirklich befand, verrieten nur eine Halskette aus einheimischen Samenkapseln und ihre geliebten farbigen Broschen und die Armreifen aus Straußeneierschalen.

All ihre Gartenpflanzen wuchsen säuberlich in kleinen Beeten mit einer Umrandung aus Lehmsteinen und einer fächerförmigen Gesamtanlage, wie man sie häufiger mitten in England als im Staub des Sudan antrifft. In Kenia hatten wir zusammen Samen für Nasir gesammelt, denn sie hatte den Ehrgeiz, alle möglichen vielfältigen und ungewöhnlichen Sorten zu ziehen, auch wenn Rieks Leibwächter sehr vor Sträuchern dicht an der Wand des Tukul warnten, weil sich darin Schlangen verkriechen könnten.

Ich war froh, dass sie sich in Nasir häuslich eingerichtet hatte, und aufgemuntert von meinem Besuch bei ihr in Kenia. Gemeinsam hatten wir beschlossen, dass ich von diesem Jahr an jeden Winter zu ihr und sie jeden Sommer zu mir fliegen würde. Auf diese Weise würden wir einander mindestens zweimal jährlich treffen – selbst wenn wir Anlässe zum Feiern dazwischen auslassen mussten. Der erste für mich war im März 1992, als ich das reife Alter von fünfzig Jahren erreichte. Ich war stolz, das halbe Jahrhundert hinter mir zu haben. Wir veranstalteten für die Familie und ein paar Freunde in Springwood einen Nachmittagstee. Ein Freund, Guy Davenport, hatte mir einen Schokoladenkuchen in Gestalt eines Tukuls gebacken, mit einer winzigen englischen Fahne aus Reispapier obendrauf. Seit er entdeckt hatte, dass Emma nach seinen Worten mit dem inoffiziellen »König« des Südsudan verheiratet war, sprach er mich scherzhaft mit »Königinmutter« an, und ich musste manchen Spaß über mich ergehen lassen, darunter auch eine amtlich gestaltete Einladung zu einem Galaabend zu meinen Ehren, bei dem die Speisefolge aus Lehmsuppe, Rippenspeer, Sandkuchen, Überraschungsbombe und Kalaschnikaffee bestehen sollte.

Später im März hatte mein Vater achtzigsten Geburtstag. Inzwischen nach einer kurzen glücklichen Ehe mit einer lieben Dame namens Polly zum zweiten Mal verwitwet, wohnte Daddy jetzt in Shropshire und war bei guter Gesundheit und bester Laune. Zu unserer Lunchparty für Verwandte und Freunde erschien er in seinem roten Schottenkilt. In diesem Monat wünschte ich mir, Emma wäre daheim und könnte dabei sein, doch ich verstand und akzeptierte, warum das nicht ging. Im April schrieb sie an uns alle aus Nasir:

> Die Regenzeit hat eingesetzt, ein Ereignis, auf das sich alle freuen. Damit ist Pflanzzeit. Die Menschen hacken geschäftig den harten, aber fruchtbaren Boden auf. Vor einem drohenden Gewitter steht die Luft still und steigt die Luftfeuchtigkeit – man wartet schwitzend auf den erfrischenden Regen. Ich war die letzten zwei Monate ein bisschen von der Außenwelt abgeschnitten, da es keine UN-Flüge nach Nasir gegeben hat – daher auch keine Briefe.
>
> Mums Brief vom Februar habe ich erst vor zwei Wochen bekommen, dazu alle die Wochenbeilagen vom *Guardian*. Allerdings verfolgen wir die britischen Wahlen, die Skandale der Windsors, die Sensationen der Boulevardpresse und die Weltnachrichten übers Rundfunkgerät. Heute habe ich gehört, dass der britische Maler Francis Bacon gestorben ist. Der Sudanhilfezirkus, wie ich ihn nenne, gastiert in der Stadt, bricht seine Zelte ab, gastiert wieder. Heute Abend kommen alle Ausländer in Nasir zu uns zum Abendessen. Sie dürfen ein paar gelungene Produkte aus meinem Gemüsegarten probieren. Neulich habe ich mich am Umgraben versucht und habe jetzt zahllose

Blasen – an den Händen, ein sicheres Zeichen für zu wenig körperliche Arbeit. Jetzt habe ich das Jäten übernommen, das nicht ganz so mühsam ist wie das Umgraben. Wir haben Tomaten, Salat, Zucchini, Papayas, Mangos, Wassermelonen gezogen – auf diesem Boden wächst praktisch alles.

Vier Monate später, im Juli, kam sie zu ihrem Jahresbesuch nach England zurück. Ich freute mich sehr auf sie, denn die Zeit mit ihr war mir stets kostbar. Ich arbeitete immer noch bei Bear Stearns, nahm mir Urlaub für sie und bereitete mich aufgeregt auf ihren Besuch vor. Sie würde von meinem Haus aus nach London zu Freunden fahren, um sich die neuesten Ausstellungen in der Tate oder National Gallery anzusehen, und dann würden wir durchs Land reisen und Leute besuchen. Ich genoss es, obwohl es ein bisschen so war, als breche ein Wirbelwind über die geordnete Ruhe meines Heims herein.

Beim Abholen in Heathrow war ich erschrocken, wie zerbrechlich und schmal sie wirkte, und sie erzählte mir, sie habe eine schwere Malaria mit Durchfall hinter sich. Sally hatte sie in Nairobi aufgepäppelt, bis sie zu mir fliegen konnte, damit ich dann weitermachte. Sie war furchtbar abgemagert, und ich machte mir Sorgen. Fast eine Woche lang blieb sie im Bett liegen, schlief die meiste Zeit und sammelte allmählich wieder Kraft. Nach viel Ruhe, Entspannung und gutem Essen war Emma so weit, ihren Besuch zu Hause zu genießen, und absolvierte auf ihre übliche Art gleich drei Hochzeiten an einem Wochenende, die von Annabel Ledgard am Freitagnachmittag in London, dann die der alten Schulfreundin und Journalistin Madeleine Bunting am Samstagmorgen in Wiltshire und schließlich die Hochzeit von Jo Mostyn, einer Freundin aus der Kindheit, am selben Abend in Oxford.

Zum großen Auftritt entschlossen, leistete sich Emma ein herrliches mintgrünes Designerkostüm, von dem sie wusste, dass sie umwerfend darin aussah. Sie ging auf alle drei Hochzeiten hintereinander, wobei sie jeweils zu spät eintraf und alle sich nach ihr umdrehten. Bei diesem Aufenthalt in England, der ihr letzter werden sollte, wurde sie auf allen drei Hochzeiten zum Mittelpunkt. Ich begleitete sie zu den ersten beiden, um mit ihr zusammen verlorene Zeit aufzuholen und viele alte Freunde zu besuchen. Emma genoss das Aufsehen, das sie erregte, und sonnte sich in der Aufmerksamkeit. Nur zu gern teilte sie Leuten mit, wo sie lebte und mit wem sie verheiratet war. Mit einem insgeheim aufgenommenen Video über die diversen Reaktionen der Leute darauf, prahlte sie, könne sie ein Vermögen machen.

»Ich hause im Südsudan und bin mit einem Guerillahäuptling verheiratet, der eine Armee in Jesuslatschen kommandiert«, erzählte sie der Gattin eines britischen Heeresoffiziers, die Augen in Vorfreude auf die Reaktion geweitet. Die Dame nickte höflich lächelnd, nippte an ihrer Champagnerflöte und nestelte an der Perlenkette.

»Wie interessant«, murmelte sie geistesabwesend. »Welches Regiment?«

Emma war immer liebend gern auf Partys gegangen, schon seit unserer großspurigen Zeit in Cowling Hall, und dieser letzte Sommer in England war keine Ausnahme. Sie tanzte und trank, flirtete und flatterte, zeigte allen ehemaligen Liebhabern, was ihnen entgangen war, schwor allen ihren Freundinnen, sie sei restlos glücklich, und erschreckte sie dann mit Geschichten von Kriebelmücken, die ihr im Schlaf die Stirn anknabberten, Puffottern unterm Bett und Taranteln so groß wie Suppenteller.

»Die Leute fragen mich, wie man sich fühlt, wenn man mit einem Guerillaführer verheiratet ist«, war ihr liebster Kurzkommentar, »aber ich hab' nie was anderes kennen gelernt. Ich hab' keine Ahnung, wie es sich mit einem Börsenmakler lebt, und daher keine Vergleichsmaßstäbe.« Mit spielerischem Achselzucken und harmlosem Lächeln wandte sie sich dann ab und riskierte ein weiteres Tänzchen, ein Glas

Champagner oder zog die kichernde Braut für ein Schwätzchen beiseite.

Wenn das Konfetti dann geworfen war, feierte sie auf die eine oder andere Weise weiter. Einmal zum Beispiel ging sie mit mir, Sally und der Familie zu einem Konzert der Popgruppe *Genesis* in Knebworth. In den Pausen dieses rauschenden Gesellschaftslebens kam sie dann nach Little Farthings, sah mir von ihrem Stammplatz auf der Gartenbank beim Jäten zu und ließ mich vor Lachen über ihre Späßchen und Reminiszenzen so manches Mal fast hintenüberkippen.

Wenige Tage, bevor sie nach Afrika zurückfliegen sollte, vertraute sie mir an, dass sie sich von Riek verzweifelt ein Kind wünsche, es mit dem Schwangerwerden aber nicht so recht geklappt habe. Ich war mehr als konsterniert; eben fünfzig geworden, war ich durchaus nicht auf eine Rolle als Großmutter gefasst. Es gelang mir trotzdem, das Richtige zu sagen, und ich beriet sie so gut wie möglich. Ich sagte ihr, ihre Erkrankung habe sich sicher nicht günstig ausgewirkt, ganz zu schweigen von ihrer Magerkeit, und riet ihr, einen Arzt aufzusuchen. Das war der Anfang einer ganzen Testbatterie, bei der dann ein leichter Hormonmangel festgestellt wurde. Mit den Fruchtbarkeitspräparaten ausgestattet, die ihr die Ärzte verschrieben, konnte sie es kaum noch erwarten, zu Riek zurückzufliegen und ein Kind zu machen.

Zwischen ihren Ausflügen zum Einkauf von Kleidern und anderen Kleinigkeiten für den Rückflug verriet mir Emma, sie führe Tagebuch und habe vor, über ihre Erlebnisse eines Tages ein Buch zu schreiben. Ich weiß noch, wie es mir entfuhr:

»Um Gottes willen, Emma, schreib bloß nichts über mich.«

Ihre Antwort darauf: »Natürlich nicht, Mum ... Deine Lebensgeschichte hebe ich mir für die Fortsetzung auf.«

Am 12. September 1992, eine Woche vor ihrer Abreise, veranstalteten wir noch mal ein sehr schönes Fest für sie im Haus meiner Schwester Sue in Springwood. Es war ein herzerwärmendes Treffen von Emmas englischen Freundinnen, ihrer Familie und ein paar meiner engsten Freunde in Surrey. In ihrer gedehnten, lässigen Art brachte sie mit ihren Geschichten aus Afrika alle zum Lachen. Es sollte für die meisten das letzte Mal werden, dass sie sie lebend sahen. Sie flog am Sonntag, dem 20. September, nach Nairobi zurück. Unser Abschied war ungewöhnlich tränenreich. Als ich ihre nassen Wangen sah, wurde mir klar, wie hin- und hergerissen sie jetzt zwischen ihren beiden Lebenssphären war und wie schwierig es für sie langsam wurde, die Barriere zwischen beiden zu überwinden. Aus Kenia flog sie in den Sudan, mit Hochzeitsgeschenken für Riek von der Familie, darunter ein Gästebuch und ein getüpfeltes Halstuch, und mit einem Computer für beide. Während Riek über Handbüchern und Bedienungsanleitungen brütete, um die Computer-Programme zu lernen, stürzte sich Emma wieder in die Arbeit und begann konzentriert und entschlossen, ihr Buch zu schreiben. Es nahm sie voll in Anspruch und verdrängte die Ängste, die sie inzwischen verfolgten.

Schon Tage nach ihrer Rückkehr allerdings wurde sie daran erinnert, wie gefährdet sie war, und zwar durch die erschütternde Nachricht, dass der Landesbeauftragte der UN, der Burmese Maung, der sie auf ihrer ersten Fahrt in den Südsudan mit einem Autounfall um ein Haar umgebracht hatte, zusammen mit einem norwegischen Journalisten erschossen worden sei. Sie schrieb in ihr Tagebuch: »Maung, der liebe Mynt Maung – er war der Letzte, der eine Kugel der Südsudanesen verdiente, er hatte ihnen die letzten drei Jahre so treu gedient.« Zwei andere ausländische Mitarbeiter einer Hilfsorganisation, Wilmer Gomez und Francis Ngure, ebenfalls Freunde, waren von Garangs Truppen aus ihrem Auto gezerrt, nackt ausgezogen und erschossen worden. Zwei weitere hatten sie verwundet. Emma war tief betroffen von dem Vorfall, von dem sie erstmals durch die BBC hörte, aus dem neuen Radio, einem Hochzeitsgeschenk für sie und Riek. Sehr verstört war sie auch, als sie vom Tod James Chany Reers erfuhr, des sudanesischen

Bildungskoordinators, der ihr nach dem für sie ersten Luftangriff auf Leer mit den Fingern die Tränen abgewischt hatte. Auf der Flucht vor Garangs Männern durch die Sümpfe hatte er *kala azar* bekommen, eine durch den Biss einer Sandfliege übertragbare Parasitenerkrankung, die in diesem Jahr im Südsudan Tausende dahingerafft hatte, und war daran gestorben. In ihrem ersten Brief nach Hause schrieb sie: »Mum, vielen Dank dafür, dass du meine Englandreise so schön gestaltet hast. Ich habe so viele glückliche Erinnerungen und fühle mich dadurch sehr gekräftigt für die Dinge hier im Sudan.« Die Todesfälle aber beschrieb sie als »schreckliche Tragödie«.

Nach der Ermordung der Sudanhelfer wusste Emma, dass ihr eigenes Leben mehr denn je in ständiger Gefahr war. Sie hatte jederzeit eine Entführung oder ein Attentat zu gewärtigen, so groß war der Hass von Garangs Männern auf sie. Und die Gefahr musste nicht unbedingt von außen kommen. Soweit sie wusste, konnte sich auch jemand in Rieks Truppe einschleichen und abdrücken. Auch gab es die ständige Gefahr von Luftangriffen der Regierung auf zivile Ziele, über die die Regierung in Khartum die Herrschaft zurückgewinnen wollte.

Riek machte sich dieselben Sorgen wie sie, verdoppelte die Leibwache und sagte ihr, sie würde eine Weile nach Waat ziehen müssen, etwa 300 Kilometer westlich von Nasir. Abgesehen von der größeren Sicherheit durch ständige Bewegung wollte Riek einen Teil seiner Zeit den Menschen einer anderen Region widmen, dem Stamm der Lou, einem alten Brudervolk der Nuer. Wenige Tage nach ihrer Ankunft in Waat wurden sie hundert Kilometer weiter nach Westen in die entlegene Stadt Ayod eingeladen, wo ihre Ankunft mit der heiligen Leopardenfellzeremonie gefeiert werden sollte, um so den Führer und seine junge Frau zu begrüßen. Der Weg nach Ayod war weit und umständlich und konnte nur zu Fuß zurückgelegt werden. Sie hatten jetzt Oktober, den Höhepunkt der Regenzeit. Überall stand das Wasser, und die Sumpfgebiete waren von schlammigen Fluten überschwemmt.

Riek schrieb später, Emma sei unglaublich gewesen. Krankheit und Mangelernährung, ja sogar Hunger hätten ihr nichts ausgemacht.

> In der Regenzeit ist sie zusammen mit mir bis zu den Knien im Schlamm marschiert, durch mit Bilharzia-Schnecken verseuchte Sümpfe (Überträgern der Bilharziose, einer lebensgefährlichen Wurmkrankheit). Für jede Strecke brauchten wir fünf Tage. Sie witzelte, ihre Muskeln habe sie früher nie so recht benutzt, sie täten so weh … Ich war noch nie vorher eine so weite Strecke gelaufen und musste selber kämpfen. Durch knietiefes Wasser zu gehen ist verteufelt schwer, weil man bei jedem Schritt vorwärts zusätzlichen Widerstand überwinden muss.

Auf halber Strecke in Pathai war Emma so schwach und krank, dass nicht einmal ein Hirsebrei mit Milch sie wieder auf die Beine brachte. Riek forderte per Funk in Waat ein Flugzeug an, das Emma aufnehmen und nach Ayod fliegen sollte. Mit seinen Männern bereitete er eine behelfsmäßige Landebahn zwischen den Mangroven vor, und als der verängstigte Pilot nicht landen wollte, weil es zu gefährlich sei, übernahm ein flugbegeisterter Passagier das Steuer. Sie trugen Emma ins Flugzeug und starteten, kamen aber noch in derselben Stunde zurückgeflogen, weil jetzt keiner der beiden Piloten die Nerven hatte, auf der kurzen und durch Luftangriffe der Regierung zerbombten Landepiste in Ayod niederzugehen. Emma hatte keine andere Wahl, als ihren Fußmarsch durch den von Riek so bezeichneten »Höllensumpf« fortzusetzen.

Die Moskitos waren unerträglich, die giftigen Dornbäume sehr gefährlich, der unmarkierte Pfad stand unter Wasser, und es bestand die sehr reale Chance, unversehens auf eine Giftschlange zu treten. Beim Angriff eines Bienenschwarms gerieten die Soldaten alle in Panik und liefen davon. Riek erzählte: »Ich hielt Emmas Hand und sagte: ›Bleib stehen, oder du wirst gestochen.‹ Sie blieb ruhig, und wir waren die Einzigen, die nichts abbekamen.« Kurz vor Ayod war Emma nahe am Kollaps, hing schwer an Rieks Arm, und Tränen der Erschöpfung liefen ihr übers Gesicht.

> Ich flüsterte ihr zu: »Mach jetzt nicht schlapp, bitte mach nicht schlapp. Halt dich unbedingt aufrecht, es muss sein.«
> Die Soldaten erboten sich, Emma zu tragen, doch sie weigerte sich, sie sei eine starke Frau. Indem sie alle Kraft und allen Mut aufbot, schaffte sie es, den Marsch auf eigenen Füßen zu beenden, und rang sich angesichts der tumultartigen Begrüßungsszene sogar ein Lächeln ab – Abertausende von Menschen waren tageweit hergekommen, um uns zu begrüßen, und alle waren sie sehr beeindruckt von ihrer Ausdauer.

Emma schrieb:

> Die Frauen sangen und tanzten, die Kirchengemeinden schwenkten ihre Fahnen. Die ganze Stadt hallte vor frohem Jubel wider. Wir waren durchnässt bis zur Hüfte, voller Schlamm und todmüde. Die Begrüßung rührte mich fast zu Tränen. Die Häuptlinge sangen ihr tiefes, kehliges Begrüßungslied. Ich fiel ins Bett und schlief nur noch.

Riek und Emma weilten vier Tage in Ayod, wurden überaus herzlich aufgenommen. Die Ortsverwaltung der Nuer hatte zur Begrüßung alle zusammengetrommelt. Am zweiten Tag war die Menschenmenge sogar noch größer, weil immer mehr Leute aus dem Busch hinzustießen. Riek beriet sich mit den Männern, während Emma ihre Zeit mit den Frauen verbrachte, die ihr eine Kuh zum Geschenk machten, ein herrliches Tier mit hellbraunen und weißen Flecken, und sie riefen Emma »Yan«, die Farbbezeichnung für die hellsten, milchfarbenen Kühe. Fortan war Emma in Ayod unter diesem Namen bekannt.

Zwei Tage später versammelten sich die Häuptlinge im Leopardenfell (heilige Männer ohne politische Autorität, ähnlich den Clanoberhäuptern in Schottland), um Riek die Würde des Häuptlings im Leopardenfell oder des »Erdhäuptlings« zu verleihen. Eine Delegation aus Ayod beschenkte ihn mit dem Fell eines Leoparden. Diese Zeremonie sollte Riek nach alter Nuer-Tradition die Kraft des Leoparden übertragen, der damit die Vollmacht erhielt, innerhalb der Nuer-Gesellschaft besondere Riten zu vollziehen, wie etwa Männern die Strafe für Mord zu erlassen oder durch Machtworte Blutfehden zu beenden. Es war eine große Ehre, erwählt zu werden – der Umhang wurde normalerweise über Generationen in der Familie weitergegeben –, und Riek erhielt dadurch einen besonderen Status und besondere Zuständigkeiten. Emma schrieb mir an diesem Morgen, dem 13. Oktober 1992:

> Ayod ist ein recht schöner Ort. Riesige uralte Feigenbäume spenden kräftigen Schatten, und Vögel zwitschern und gurren darin. Der Boden ist sandig, Ayod ist von Sümpfen umgeben ... Ich wollte einfach nicht durch sie zurück. Ich war so steif, dass ich mich wie ein Krüppel fühlte, der sich weder aufrichten noch bücken kann. Stundenlang knietief durch Wasser zu waten beansprucht die Oberschenkelmuskeln sehr. Von den Menschen von Ayod wurden wir so herzlich begrüßt, dass es die Schmerzen des Fußmarschs wert zu sein schien. Heute wird Riek geehrt. Die Häuptlinge im Leopardenfell salben ihn. Es ist eine sehr seltene Zeremonie, und ich freue mich darauf.

Riek, der während der ganzen Zeremonie sein Leopardenfell über den Schultern trug, wurde die größte Ehre überhaupt erwiesen, indem ihm gestattet wurde, Emma an seiner Seite zu haben – normalerweise war es ein Ritual nur für die Männer des Stammes, keine Europäerin hatte je daran teilgenommen. Einer von Rieks Adjutanten machte Fotos, die mir Emma später übersandte. Mit dem braunen Schlapphut, der RayBan-Sonnenbrille und ihrem schönsten geblümten Baumwollkleid hätte sie in Wimbledon oder Ascot auftreten können, anstatt im Südsudan ein Tabu zu brechen, doch sie wusste gut damit umzugehen. Riek hatte ihr erklärt, wenn sie jetzt einen Sohn von ihm bekomme, werde dieser automatisch Häuptling im Leopardenfell.

Emma schrieb über die Zeremonie:

> Riek und ich wurden gebeten, uns auf ein Leopardenfell zu stellen, Riek wurde dann ein Leopardenfell umgelegt, dann wurde das Fell unter unseren Füßen aufgenommen und Riek übergeben. Dann spuckten alle Kuaar Muon, die Erdzauberer der Nuer, uns in die Hände; einer führte den Schwanz seines Leopardenfells (das Wahrzeichen seines Amtes) an meinen Mund. Junge Stiere wurden herbeigebracht, insgesamt vier, um mit einem Speerstoß durchs Herz geschlachtet zu werden. Die Art, wie sie niederfielen, wurde als eine Zukunft in Frieden gedeutet, da die Stiere ruhig starben.

Den ganzen Tag über wurden weitere Rinder geschlachtet, wobei jeder Häuptling seinen besten Stier zum Opfer brachte. Das Feiern ging bis in den Abend und weit in die Nacht hinein. Riesen von mehr als zwei Metern Körpergröße tanzten fast nackt bis zum Morgengrauen zum Klang von Trommeln. Die Menge labte sich an dem geopferten Vieh.

Nach einem letzten Erholungstag und der Erörterung möglicher Hilfslieferungen begann der lange Heimweg. Diesmal war es nicht ganz so mühsam, da sie der Spur nachgehen, Merkzeichen lesen konnten und sich nicht neu durch die Sumpflandschaft hacken mussten. Über die Leibwächter schrieb sie:

> Peter intonierte: »Guten Morgen, Wasser!« Chol antwortete: »Sei gegrüßt, Schlamm.« Hosenbeine wurden aufgekrempelt, Stöcke ausgeteilt, und wir wateten zweieinhalb Stunden lang durch Schlamm und Wasser, bisweilen hüfttief. Meine Lendenmuskeln begannen zu ziehen, und der Gedanke an Ausruhen wurde allzu verlockend. In jede Fußspur im Schlamm war jeder Soldat vor uns hineingetreten. Forty-Six pflückte eine weiße Lilie und schenkte sie mir zur Anerkennung. Völlig beschämt wurde ich von einem kleinen Nuer-Mädchen, etwa neun Jahre alt, das nach Waat unterwegs war, um Milch zu verkaufen.

Sie rasteten in Pathai und blieben dort ein paar Tage lang, weil sie in der Ferne Kampfeslärm hörten. Auf dem Weitermarsch wurde Emma krank und fand, das Gehen lauge sie aus.

> Alle Energie wird dir allein schon dadurch weggesaugt, dich selbst aus dem Schlamm ziehen zu müssen. Kuac Kang erbot sich freundlicherweise, mich Huckepack zu nehmen, doch der Verlust an Würde durch das Getragenwerden zwang mich, dieses gut gemeinte und verführerische Angebot abzulehnen. Die Sonne brannte erbarmungslos, der Schlaf- und Essenmangel und die Austrocknung ließen mich fast zusammenbrechen und losheulen. Es war ein sehr harter Tag.

Nach der Rückkunft in Rieks militärischem Hauptquartier in Waat, das Gepäck auf auf- und niederhüpfenden Kinderköpfen vorausgetragen, rührten sie sich drei Tage und Nächte nicht mehr aus ihrem wunderschönen neuen Tukul, der von den Frauen am Ort mit viel Liebe für sie errichtet worden war. Emma schrieb:

> Unser neues Haus – liebevoll mit Flusspferden, Löwen, Krokodilen, Leoparden, einem hinter einem Mann herjagenden Nashorn bemalt, rings um den Tukul. Zwei Tukuls durch eine Veranda verbunden. Am Eingang salutiert ein gemalter Soldat der Befreiungsarmee neben dem Gruß: »Wil Kommen in Lou Nuer.« Blaue Moskitonetze bringen Farbe hinein, Blumen sind in den Kalkputz eingedrückt, und die Wände sind mit Handabdrücken verziert.

Nicht lange nach ihrer Ankunft in Waat kamen jedoch immer mehr stark unterernährte Frauen und Kinder aus den Dinka- und Nuer-Gebieten um Ayod in die Stadt. Es hatte eine Missernte gegeben, und Kämpfe zwischen den Stämmen hatten die Lage noch verschärft. Emma schrieb:

> Es ist jetzt die Zeit der Ernte, wo die Menschen im Überfluss leben müssten. Eine Frau streckte mir ihr Kleinkind aus Haut und Knochen entgegen, aber was konnte ich machen? Ich wusste genau, was sie von mir wollte.

Sie tat, was sie konnte, und half Riek einige der Probleme lösen, die hinter der verschärften Hungersnot standen – Übergriffe bei der Verproviantierung der Truppe, unnötige Beschlagnahme von Kühen, Entführung und Vergewaltigung von Frauen und Mädchen.

Wenige Wochen später brauchte Emma selbst Hilfe. Eine

Hepatitis hatte sie niedergeworfen. Riek sorgte dafür, dass sie zur Behandlung nach Nairobi geflogen wurde. Bei ihrem Eintreffen in der dortigen Abteilung für Tropenkrankheiten war sie sterbenskrank. Die Ärzte sagten, sie habe eine neue und noch unbekannte Abart der Hepatitis, und setzten eine Behandlung an, die Monate dauern sollte. Sie erholte sich bei Sally und dann bei Willies Mutter Jeannie, indem sie sich ausruhte und versuchte, vom Gelb wieder zur normalen Hautfarbe zurückzugelangen. Weihnachten 1992 flog sie zu Riek nach Waat zurück, zu ihrem einzigen gemeinsamen Weihnachten und zu ihrem letzten.

Auf einer Weihnachtskarte schrieb mir mein Schwiegersohn Riek, den ich noch immer nicht kannte:

> Maggie, frohe Weihnachten und ein glückliches neues Jahr. Ich hatte gehofft, wir kämen diese Weihnachten zusammen, aber es hat nicht sollen sein … Ich werde auf Fußmärschen im Busch des Südsudan meine Muskeln stählen. Das ist die übliche Art, in dem kriegsverheerten Südsudan Weihnachten zu begehen. Ich freue mich darauf, dich nächstes Jahr zu treffen. Frohe Weihnachten. Riek.

Und Emma schrieb mir in ihrem Weihnachtsbrief:

> Ich sehne mich nach dir, Mum. Viel Glück für deine Vorhaben für 1993. Ich hoffe sehr, es wird für dich ein gutes Jahr.

12

Weihnachten 1992 und Neujahr verbrachte ich zu Hause in Surrey mit meinem Vater, meinen verbliebenen Kindern und engen Freunden, während Sue und Martin Urlaub in Fernost machten. Mein Flug nach Nairobi wurde bis Februar 1993 verschoben, und selbst noch nach meinem Ticketkauf wusste ich nicht, ob Emma bei meiner Ankunft da sein würde. Sie hatte sich auf meinen Besuch im Winter gefreut, aber mich mit typischer Sprunghaftigkeit gleich darauf vorbereitet, sie werde womöglich gar nicht in Kenia sein können. Daher fragte ich mich bei der Landung auf dem Kenyatta Airport an diesem frühen Februarmorgen – wieder von einer riesigen afrikanischen Sonne am Horizont begrüßt – ob ich es überhaupt schaffen würde, sie zu treffen.

Daher war ich beglückt, sie am Ausgang vorzufinden, mit David Marrian, einem Künstler und Freund, neben sich. David ist ein weißer Kenianer, blond, hoch gewachsen, gut aussehend, humorvoll und sehr charmant. Ich hatte ihn schon früher kennen gelernt und freute mich, ihn wieder zu sehen. Zu meiner Überraschung und Freude berichtete Emma, sie habe es geregelt, dass ich bei David in seinem schönen Haus mitten im Wildpark von Nairobi an einem Ort namens Kitingella wohnen könne. Davids Frau Emma war im Ausland, und er hatte nun für ihre drei jungen Söhne zu sorgen. Doch meine Tochter hatte noch etwas in petto. Sie wusste, wie gerne ich David mochte, und schob ihn ohne Zweifel vor, um die Granate abzuschwächen, die sie für mich bereithielt – Emmanuel.

Emmanuel war ein Knabe aus dem Sudan, ein Flüchtlingskind, das sie ein paar Tage zuvor irgendwie nach Kenia hatte schmuggeln können. Ich merkte schnell, dass dieser Elfjährige überhaupt nicht zu bändigen war. Wir fingen schon auf dem falschen Fuß an. Vom ersten Augenblick an nannte er mich Oma, was mich maßlos aufbrachte, weil ich genau wusste, dass er von Emma dazu angestiftet worden war. Wir hatten bereits darüber gesprochen, wie ungern ich Großmutter sein wollte, und sie mokierte sich damit über meine Eitelkeit.

Obwohl Emmanuel noch sehr jung war, glaubte er steif und fest, er sei achtzehn. Er war intelligent, aber unglaublich eigensinnig. Er hatte noch nie auf einem Stuhl gesessen oder mit Messer und Gabel von einem Teller gegessen. Als er auf Davids Veranda zum ersten Mal ein Rohr auf einem Stativ sah, behauptete er sofort, zu wissen, was es sei. Dann spielte er es uns ausführlich vor, indem er imaginäre Gegenstände aufhob, mit ihnen auf eine bestimmte Art hantierte und sich dann mit einem lauten »Bumm!« die Ohren zuhielt. Er hatte das Fernrohr für einen Granatwerfer gehalten.

Er hing sehr an Emma, schlief in einem Bett mit ihr und fing gern ein wildes Gezeter mit ihr an. Mitten im Streit hatte er dann die grausige Angewohnheit, die Augen in verschiedene Richtungen zu rollen. Sie behandelte ihn sehr gut, von Gleich zu Gleich, wie einen jüngeren Bruder, und nahm ihn überallhin mit – zum Wildauftrieb im Park, in den vornehmen Hurlingham Club in Nairobi und zum Mittag- und Abendessen bei Freunden. Sie verwöhnte ihn unglaublich, und er verlangte alles von ihr, was ihm unter die Augen kam, indem er mit einer imaginären Waffe auf sie und alles Bewegliche zielte und schoss.

Einmal musste Emma zu einer Hochzeit und ließ ihn über Nacht bei mir. Ich war durchaus auf vierundzwanzig Stunden Dauerchaos gefasst, doch er wusste seine Wildheit zu bezähmen, vielleicht weil mein Alter ihn einschüchterte. Bisweilen musste Emma ihn bei Freunden lassen. Dann entwich er augenblicklich und lief unter der vollen Mittagssonne die paar Kilometer bis nach Hause zurück. Wurde er dann wieder hingebracht, büxte er erneut aus und verkündete stolz: »Ich bin mit Füßen.«

Bei einem Abendessen Sallys mit Gästen warf er ein Hühnerbein hinter sich auf den Teppich. Sally und Emma beschlossen stante pede, ihm Tischmanieren beizubringen, bevor sie ihn zu Willies Mutter an die Küste mitnahmen. Zu zweit übten sie mit ihm, wie man Messer und Gabel gebraucht, mit geschlossenem Mund kaut, auf dem Stuhl sitzen bleibt und sich auch sonst in Gesellschaft benimmt. Obendrein hatte Emmanuel noch nie das Meer gesehen. Als wir die Küste erreichten, starrte er vom Strand hinaus und wollte wissen, wo denn das andere Ufer sei, da er einen sehr breiten Strom vor sich zu haben glaubte. Mir fiel plötzlich ein, wie Emma am Ufer des Brahmaputra gefragt hatte, ob dies das Meer sei.

Vieles von Emmanuels Verhalten wirkte komisch, obwohl eine Tragödie dahintersteckte. Emmanuel war als Kindersoldat ausgebildet, von Garangs Organisation mit dem schönen Namen *Ausbildungsstiftung für die Kinder Afrikas*. Wie die übrigen rekrutierten Kinder bekam er so gut wie nie ein Buch zu sehen, lernte aber mit Maschinenpistolen schießen und Granatwerfer abfeuern. Man brachte ihm das Töten bei. Nach ein paar Monaten voller Schießereien und Misshandlungen beschlossen er und ein paar Dutzend andere Kinder, zu Rieks Konkurrenzarmee überzulaufen. Dort seien die Verhältnisse besser, hatten sie gehört. Riek Machar, hieß es, sei netter zu Kindern. Zudem war er ein entfernter Verwandter. Tagelang liefen sie durch eine der menschenfeindlichsten Landschaften, die unwirtlichste Einöde Afrikas, wehrten Raubtiere ab, gruben nach Wurzeln und hielten sich in Deckung, um nicht von den Soldaten ausgemacht zu werden. Viele der Kleinsten und Schwächsten starben an Hunger und Krankheit, nachdem sie ohne Hoffnung zusammengebrochen waren, trotz allen Flehens ihrer Brüder und Freunde nicht reagierten und nicht mehr aufstehen wollten. Nur zwölf aus der Gruppe erreichten schließlich Rieks Quartier. Einer davon war Emmanuel, mit einer Waffe auf dem Rücken, die größer war als er selbst.

Auf ihre unwiderstehliche Art hatte Emma ihn als »Ersatzteil für einen Flugzeugmotor« aus dem Sudan hinausgeschmuggelt und für seine Ausbildungskosten einen Spender gefunden. Hartnäckig bedrängte sie die Leute, Spender zu werden, indem sie sie an ihren Schuldgefühlen packte. Und wenn das nicht funktionierte, wandte sie sich um Geld an alle wohltätigen Stiftungen, die ihr einfielen – indem sie Emmanuels Lebensdaten verschickte und endlose Formulare ausfüllte. Wieder fühlte ich mich daran erinnert, wie ich darum gekämpft hatte, Emmas Ausbildung und die der anderen drei Kinder zu finanzieren. Bis die nötigen Gelder eintrafen, war sie für Emmanuel zuständig, und nach meiner Ankunft ich. Am Ende zahlte sie selbst sein Schulgeld, seine Bekleidung und Unterbringung und erntete wenig Dank dafür. Emmanuel war ein verwildertes Kind und ist es noch, er hat seine eigenen Gesetze. Als geborener Nomade und als ein solcher vom Charakter her versteht er sich darauf, Gefühle bei Menschen hervorzulocken und eine Situation zu seinem eigenen Vorteil zu manipulieren. Er ist ein echter Überlebenskünstler.

Mir war seine Anwesenheit derart zuwider, dass mir die Worte fehlten. Ich hatte mir so sehr gewünscht, Zeit für meine Tochter zu haben, und ich wollte nicht irgendeinen frühreifen »Enkel« hüten, den ich weder gewollt noch erwartet hatte. Es wurde nicht gerade der schönste Urlaub, und Emma und ich gerieten mehrfach aneinander. Selbst Sally meinte, Emma springe wohl ein wenig grob mit mir um. Als ich spürte, wie die Spannungen wuchsen, verschwand ich auf eine dreitägige Kamelsafari nach Laikipia, bloß um zu flüchten. Bis zu meiner Rückkehr hatte Emma begriffen und Emmanuel in eine Schule gesteckt.

An meinem letzten Urlaubstag, dem 2. März, meinem Geburtstag – der Emma völlig entfallen war –, hatten wir einen heftigen Streit über etwas völlig Nebensächliches, der die Stimmung noch mehr verdarb. Emmas Vetter Peter, der Sohn meiner Schwester Sue, hatte einen Marathonlauf organisiert, um Geld für den Südsudan zusammenzubringen. Emma hatte vorgeschlagen, mit den gesammelten Spenden Fußbälle für die Kinder in einigen der ärmsten Dörfer zu kaufen, um etwas Freude in ihren ansonsten tristen und gefährlichen Alltag zu bringen.

Einer von Peters Sponsoren hatte zu ihm gesagt: »Ich gebe gern eine Spende, solange das Geld nicht für Waffen verwendet wird.« Wenn man überlegt, mit wem Emma verheiratet war, war das nicht unbedingt eine Beleidigung, aber ich gab die Bemerkung dummerweise weiter. Am Tag meiner bevorstehenden Abreise waren wir aus Langata unterwegs in die Stadt, um uns in einem Sportgeschäft nach den Fußballpreisen zu erkundigen, Emma am Steuer, und da plapperte ich es heraus. Sie brachte das Auto zum Stehen und starrte mich entgeistert an. Sie war tief verletzt und bekam eine Stinkwut, erst auf den Spender, dann auf Peter und zum Schluss auf mich. In das Sportgeschäft kamen wir gar nicht erst. Auf der Weiterfahrt schwiegen wir einander an. Als sie mich dann am Flughafen zu meinem Heimflug spät am Abend absetzte, war zwischen uns immer noch dicke Luft. Es war nicht gerade der harmonischste Abschied, schon gar nicht, wenn man bedenkt, dass ja mein Geburtstag war, auch wenn Emma ganz am Schluss einlenkte und wahrscheinlich merkte, dass das, was ich weitererzählt hatte, nicht meine eigene Ansicht war.

»Tschüss, Mum«, sagte sie und umarmte mich am Abflug-Gate. »Bis bald.« Diesmal gab es keine Tränen, ich war spät dran, und wir waren beide leicht genervt. Als ich mich zum Gehen wandte, rief sie mir hinterher, offenbar war es ihr gerade noch eingefallen: »Ach, Mum, ich hab' deinen Geburtstag vergessen!« An ihrem Gesicht war abzulesen, wie arg es ihr war. Ich lächelte und winkte ab, so wichtig sei das nicht.

Da stand sie, im grauen Seidenrock, schwarzem T-Shirt,

blauweißer Baumwolljacke und Wüstenstiefeln, mit einem Gürtel aus Kaurimuscheln, und lächelte mich über ihre Sonnenbrille hinweg an. Endlich waren wir wieder gut miteinander. »Hab' dich lieb«, rief sie hinter mir her. Ich wandte mich zu ihr und lächelte, froh, dass wir die Sache geklärt hatten. Da wussten wir beide noch nicht, dass ich sie zum letzten Mal lebend gesehen hatte.

Später in diesem Monat kehrte Emma nach Waat in ihr neues Haus zurück. Sie musste feststellen, dass die Spannungen zwischen den Dinka und Nuer einen neuen Höhepunkt erreicht hatten. Überall herrschte Verwirrung und Misstrauen, und es gab etliche hässliche Zwischenfälle, wo Männer von Riek – manche davon treue Dinka – einander nach heftigem Streit erschossen. Riek machte sich immer noch Hoffnung, zwischen den beiden Stämmen so etwas wie eine Versöhnung herbeizuführen, aber in den entlegeneren Gebieten waren seine Leute nicht mehr zu bremsen, und das Morden ging weiter.

Berichte über Greueltaten und Morde machten Emma das Leben in ihren letzten Monaten schwer. Sie hielt standfest zu Riek mit der Behauptung, er sei an keiner der Mordtaten schuld, aber bald nach ihrer Rückkehr bettelte sie selbst ohne Erfolg um das Leben eines Offiziers, als Rieks Männer ihn in ihrer Gegenwart zur Erschießung schleppten. Er hieß Hakim Gabriel Aluong und wurde offenbar beschuldigt, gegen Riek zu konspirieren und die Autorität seiner Offizierskameraden zu untergraben. Er wurde hingerichtet, und Emma konnte nicht mehr so tun, als seien die Leute um sie herum daran nicht beteiligt – auch wenn sie die Schuld Rieks Männern gab, nicht ihm selbst.

Sie trieb ihre Arbeit für seine Sache weiter und ließ beim Werben um die Presse jede Zurückhaltung fallen, indem sie so viele Journalisten wie möglich anfaxte und anrief, um irgendwie in die Nachrichten zu kommen. Sie war ein verlockender Köder, oberflächliches Sensationsfutter für die Medien zur Auflockerung der niederdrückenden Meldungen über Massaker und Hungersnöte, und sie wusste die Presse zu handhaben. Die Medien bissen an.

Anfang 1993 flog ein britisches Fernsehteam hin und filmte sie mit Riek zu Hause für eine Dokumentation mit dem Titel *The Warlord's Wife*, die im selben Frühjahr ausgestrahlt wurde und in der sie lächelnd und händchenhaltend mit Riek in der Garnison herumflanierte, ganz wie ein Model für *Vogue*. Im Hintergrund die Leibwache aus waffenstarrenden Riesen, komplett im Kampfanzug, die Kalaschnikows schussbereit. In kurzer Zeit hatte sie Titelgeschichten in der *Sunday Times*, der *Mail on Sunday*, in Frauenzeitschriften und sogar in *Hello!* Emma wurde immer mehr zum Medienstar, nutzte die Welt als Bühne und übertraf sich selbst im Manipulieren der Presse – eine Masche, die sie sich schon anlässlich ihres Australienflugs mit Bill Hall angeeignet hatte. Damals war das freilich rein selbstbezogen gewesen, zum eigenen Vergnügen und Gewinn. Nun schien es mir, als entwickelte sie sich unbewusst zu einem Werkzeug für Rieks Privatinteressen, und ich ängstigte mich wegen möglicher Auswüchse.

Tatsächlich war meine Angst nicht ganz unbegründet, als Reporter von CNN bis nach Waat flogen, um eine »Hungerrevolte« zu drehen. Dort angekommen, stellten sie allerdings fest, dass es letztendlich gar nicht so viele hungrige und verzweifelte Menschen zu filmen gab. Da sie unter Termindruck standen und unbedingt Filmmaterial brauchten, baten sie Emma um Unterstützung, die ihnen offenbar gern zu Diensten war. Sie ließen in den umliegenden Dörfern verbreiten, es würden an einer bestimmten Stelle Notrationen abgeworfen. Hunderte von Hungrigen strebten daraufhin aus dem Busch erwartungsvoll dorthin. Als sie an der angekündigten Abwurfstelle im Bereich der Garnison eintrafen, fanden sie nur eine Kameramannschaft vor und mussten mit leeren Händen wieder gehen. Später von einem anderen Sudanhelfer darauf angesprochen, zuckte Emma lächelnd die Schulter.

»Eine getürkte Meldung ist besser als überhaupt keine«, bemerkte sie schlicht. »Zumindest hat die Welt von Waat Notiz nehmen müssen.« Ihre Beweggründe hatten immer eine gewisse Logik, aber manchmal fragte ich mich, wie weit sie für ihre Ideale gehen würde.

Während dieser Zeit war ihr Leben ständig in Gefahr. Es gebe allerhand Gerüchte, dass Garang eine Kopfprämie auf sie ausgesetzt habe, notierte sie am Rande einer Tagebuchseite, und Freunden erzählte sie:

»Es gibt da draußen ein paar Leute, die mir zu gern einen Genickschuss verpassen würden.« Doch sie harrte an Rieks Seite aus, obwohl sie wusste, dass ihr ständig der Tod auflauerte. Im April 1993 veranstaltete Riek ein hochrangiges Treffen in der Stadt Kongor, die seine Männer Garang abgenommen hatten. Emma fuhr mit ihm hin, und sie übernachteten in einem Tukul, wo sie die Konferenz für den nächsten Tag vorbereiteten. Im Morgengrauen jedoch wurde ihr Garnisonskampong von Garangs Leuten angegriffen. Ihre Verteidigungsstellung war binnen Minuten überrannt. Sie und Riek mussten bei diesem schrecklichen Gefecht um ihr Leben laufen. Im folgenden Tagebucheintrag beschrieb Emma, was geschehen war:

> Der Morgen begann mit einer Schießerei. Über den Tisch mit unseren dampfenden Tassen stark gesüßten Tees hinweg sah ich erschreckt zu Riek. Wir starrten einander schweigend an, hörten nicht mehr auf das Radio auf dem Tisch und lauschten auf die Geräusche von draußen: Knattern von Maschinenpistolen, Gerenne, Rufe, eine Trillerpfeife und geschriene Befehle. Ich blickte durch die Türöffnung hinaus – eine Tür gab es nicht –, man sah unsere Soldaten zu ihren Waffen rennen und in Abwehrstellung gehen. »Es gibt ein Gefecht«, sagte Riek, stand auf und ging zu dem unverglasten Fenster des Rohbaus, in dem wir seit zwei Tagen hausten. Der Fußboden bestand

aus gestampfter Erde, die Fugen aus Lehmmörtel zwischen den luftgetrockneten Ziegeln standen vor, und unter den Dachsparren hausten Fledermäuse.
Riek trug bereits seinen Kampfanzug. Er spähte hinaus und sah die Angreifer aus der Deckung des Akazienwalds im Süden hervorbrechen und im Laufschritt die Landebahn nehmen. Er fuhr herum und zog mich an der Hand in die sichere Deckung des Schlafzimmers. Zorn flammte in seinen Augen. Wir sagten kein Wort. Er bückte sich nach seiner Maschinenpistole, die an der Wand hinter unserem Bett lehnte, und hielt dabei immer noch meine Hand fest. Ich spürte, wie sich ein Schutzmantel um mich breitete. Angst hatte ich keine. Ich tat einfach wie geheißen. Dann hallten die Abschüsse von schwerer Artillerie und Granatwerfern. Die Schießerei rückte näher. Wir hörten Kugeln in das Wellblechdach über uns einschlagen. Gatnoor, einer unserer Leibwächter, kam hereingerannt, das Sturmgewehr über der Schulter.
»Runter!« Er musste laut schreien, sonst hätten wir ihn nicht gehört. Er machte sich an Rieks roten Schulterstücken zu schaffen, knöpfte sie ab und stopfte sich die Rangabzeichen in die Tasche. Dann erschien Forty-Six, ein anderer Leibwächter.
»Sie kommen, Commander. Wir müssen weg.«
Als wir von unseren Beschützern aus dem Schlafzimmer gezerrt wurden, wandte ich mich um und schrie: »Meine Stiefel, meine Stiefel!« Doch es war keine Zeit, und meine Bitte wurde vom anschwellenden Gefechtslärm übertönt. Ich hatte offene Sandalen an. Draußen vor dem Haus war der Schlachtenlärm betäubend. Tausende von Geschossen jaulten durch die Luft. Unsere Angreifer sah ich gar nicht, weil ich mich nicht umdrehte.

Ruhig befahl mir Riek, mich zu ducken, während er mich an anderen Häuschen und Hütten vorbeiführte, die von der Jonglei-Kanalbaugesellschaft 1982 begonnen, aber wegen des Kriegs nie fertig gestellt wurden. Hinter uns strömten Leute aus den Gebäuden, alles Mögliche mit sich schleppend – Kinder, Munition, Moskitonetze, Töpfe und Wolldecken. Sie rannten damit auf den schützenden Wald zu, um ihr Leben laufend. Wir kamen an eine Straße. Ich sah auf. Ich hatte keine Ahnung, in welche Richtung wir rannten. Ich hatte mich nur mitzerren lassen. Wir liefen auf den schützenden Akazienwald in etwa einem halben Kilometer Entfernung zu. Zuerst aber mussten wir über offenes Gelände, einen Bereich, der in der Regenzeit Sumpf ist, aber jetzt trocken lag, von Rissen durchzogen und voller Stolperfallen – eine schlechte Bahn für einen Dauerlauf. Ich schleuderte die Sandalen von den Füßen. Barfuß rannte es sich besser. Noch immer kamen von überall her Schüsse.

Forty-Six nahm mich an der Hand. Ich wurde von Riek weggerissen, und wir rannten voraus und ließen ihn hinter uns. Selbstverständlich musste ich von meinem Mann getrennt werden. Als Paar waren wir viel zu auffällig.

»Lauf, Emma, lauf!«, drängte Forty-Six und riss mich im Griff seiner Pranke weiter.

Forty-Six ist größer als zwei Meter zehn. Im Gesicht trägt er die traditionellen Schmucknarben der Nuer, punktförmige um Augen und Mund, und sechs lang gestreckte quer über die Stirn. Er wurde in Kuba ausgebildet und war früher Leibwächter von John Garang – genau dem, der uns jetzt umzubringen versuchte. Immer noch knatterten Schüsse hinter uns.

»Schneller, Emma, du musst schneller!«, brüllte Forty-Six und riss mich mit sich, während ich keuchte und nach Atem rang. Wir folgten einem Pfad in ein Dickicht dorniger, rotrindiger Akazienbäume, mit aus Wassermangel verdorrtem Laub. Der Pfad schlängelte sich wie ein Bächlein aus mehligem Staub zwischen den Bäumen hindurch. Vor mir sah ich Fliehende im Zickzack durch den Wald hetzen. Ich nahm nur die sich auf- und abbewegenden Köpfe wahr. Wir rannten hinterher. Der Hals war mir trocken, ich konnte meinen Atem rasseln hören. Die Ohren wurden mir taub, und meine Beine weigerten sich verbissen, schneller zu werden. Dornen verfingen sich in unserer Kleidung und rissen Löcher, wenn wir uns unter Ästen hindurchduckten, die uns den Weg versperrten. Gelegentlich schnellte ein Dornenzweig zurück, wenn sich jemand vor mir durch das Dickicht zwängte, und peitschte mir durchs Gesicht.

Auf einer Lichtung kam ein *luak* in Sicht, eine große Schilfhütte auf einer kleinen Erhebung. Drei alte Frauen und ein paar Kinder saßen spreizbeinig davor und sahen nur auf die Füße, die auf der Flucht an ihnen vorbeirannten. Ich fragte mich, was sie sich wohl dachten, warum sie sich nicht in Sicherheit brachten, warum sie bloß dasaßen und glotzten. Vielleicht waren die alten Frauen schlicht daran verzweifelt, dass ihre Söhne nicht friedlich zusammenleben konnten.

Zum ersten Mal an diesem Morgen fürchtete ich mich. Ich spürte meinen rasenden Puls und den Knoten von Angst tief im Bauch. Ich wusste, dass ich von fern leicht zu erkennen war – ich trug einen orangefarbenen Rock und eine blaue Bluse. Außerdem war ich weiß. Ich war die Frau Riek Machars,

des Erzfeinds von John Garang. Ich wusste, sie würden mich nicht verschonen. Wenn sie mich fingen, war ich tot.
»Lauf, Emma, lauf!«, schrie Forty-Six wütend, als ich stehen blieb, um Luft zu holen. Mein Mund war voller Speichel. Ich spuckte aus, um leichter atmen zu können. Die Bluse klebte mir schweißnass am Rücken. Meine Wangen brannten. Ich war völlig ausgepumpt. Dabei hatte ich gerade erst eine Hepatitis überstanden. Ich rannte weiter, aber es kam mir vor wie in Zeitlupe.
Eine weitere Schilfhütte tauchte vor uns auf. Wir spähten hinein, aber da war niemand. Eine Kalebasse Wasser stand am Eingang ins dunkle Innere. Forty-Six ergriff sie und hielt sie mir an den Mund, sodass ich ein paar Mund voll schlucken konnte. Das Wasser lief mir über das Kinn und auf die Bluse. Doch bevor ich meinen Durst löschen konnte, zog er mir die Kalebasse wieder weg.
»Genug!«, schnaufte Forty-Six, packte mich wieder an der Hand und riss mich weiter.
Sie waren hinter uns her. Wir überholten Marco, einen anderen unserer Leibwächter. Die Hose seines Tarnanzugs war blutgetränkt. Er lief weiter, obwohl er eine Kugel im Rücken hatte. Forty-Six zischte ihm etwas Ermutigendes zu, aber wir blieben nicht bei ihm stehen. Wir mussten den verwundeten Helden zurücklassen.
Die Bäume wurden spärlicher, und bald kamen wir auf eine offene Fläche hinaus. Das Elefantengras war abgebrannt worden, um das Nachwachsen in der Regenzeit zu fördern. Jetzt gab es nur noch geschwärzte Erde und verbrannte Stoppeln. Mir war, als liefe ich über ein Nagelbrett. Schon wieder war mir der Mund trocken, aber Forty-Six feuerte mich an,

schneller zu rennen. Wir waren jetzt in noch viel größerer Gefahr. Auf dieser offenen Fläche ohne jede Deckung konnten sie uns abknallen wie die Hasen. Die Zickzacklinie hüpfender Köpfe verschwand in stehen gebliebenem Elefantengras. Bis hierhin war das Feuer nicht gekommen, und so stürzten auch wir uns in das hohe schilfähnliche Gras. Plötzlich war unser Koch Omai an meiner Seite. Auch er drängte mich weiterzurennen.

»Weiter! Nicht mehr weit zu den Lastern!«

Typischer Nilotentrick, dachte ich – sich die Nähe des Ziels herbeizulügen, um wieder Kraft und Mut zu fassen. Denn als ich aufsah, konnte ich keine Spur davon entdecken. Und jetzt war auch noch Forty-Six verschwunden: Er war zurückgelaufen, um nach Riek zu sehen. Ich betete, Riek möge in Sicherheit sein, die Angreifer sollten sich von der Aussicht auf Beute ablenken lassen. Dass das Schießen aufgehört hatte, machte mir Mut. Doch immer noch wurde ich von allen Seiten zum Weiterrennen gedrängt.

»Bitte, ich kann nicht, ich kann nicht mehr!«, jammerte ich. »Meine Füße«, stöhnte ich. Sie waren geschwollen und blutüberströmt. Ein Soldat nahebei bot seine Fußbekleidung an, Sandalen aus alten Autoreifen.

»Sieh doch, direkt vor uns, die Laster!«, rief Omai triumphierend. Es stimmte, es war kein Trick. Durch das Elefantengras erkannte ich ihre getarnten Umrisse. Ich nahm meine letzte Kraft zusammen, um in den Schutz der Lastwagen zu stolpern. Dann hörte ich einen Motor anspringen und sah die blaue Wolke aus dem Auspuff kommen. Erschöpft hievten sich die Leute auf die Ladefläche und brachen überanstrengt und ausgelaugt zusammen. Omai schob mich in Richtung Beifahrertür, stieß mich hinein, knallte

die Tür zu und sprang dann auf das Trittbrett.
Auf dem Fahrersitz erkannte ich den Offizier des Truppenteils, der als Erster geflohen war. Er hatte doch tatsächlich den Lastwagen gekapert, ohne sich um seine zurückbleibenden Kameraden zu scheren. Doch ich war zu erschöpft, um ihm seine Feigheit vorzuwerfen. Jetzt bekam ich Angst um Riek. Als könne er meine Gedanken lesen, deutete Omai auf den zweiten Laster und schrie:
»Sieh doch, dort ist der Commander! Er ist in Sicherheit!«
Schweißgeruch erfüllte das Führerhaus. Ich ließ mich kurz von den Fliegen ablenken, die gegen die Windschutzscheibe prallten. Dann sah ich zu meinen verschrammten und blutenden Füßen hinunter. In der Bodenwanne unter meinem Beifahrersitz war eine Lache geronnenes Blut – nicht von mir. Vermutlich hatte da ein Verwundeter gesessen, ich fragte mich, was aus ihm geworden war.
Der Fahrer, eine Kippe im Mund, kurbelte am Lenkrad. Wir holperten über die unebene trockene Landschaft davon und rauschten durch Gras und niederes Buschwerk. Von überall her rannten Gestalten auf uns zu. Als wir dem zweiten Laster näher kamen, erkannte ich Riek im Fahrerhaus, das rote Barett schräg auf dem Kopf, den ich so liebte. Ich wusste, er war unverletzt, konnte aber an seiner Haltung ablesen, wie wütend er war, dass seine Männer den Angreifern keinen stärkeren Widerstand geleistet hatten. Ich machte meine Tür auf. Riek sprintete von seinem Laster herüber, um neben mir einzusteigen. Mit ihm an meiner Seite war mir unendlich leichter. Seine eleganten schmalen Finger – die sich an den Fingerspitzen hochbiegen lassen – fädelten sich durch meine. Seine Hand war warm und schweiß-

> nass. Wir sahen uns an und sprachen kein Wort. Worte waren nicht nötig.

Emma beschrieb die folgenden Ereignisse mit ähnlich plastischen Einzelheiten. Die kleine Gruppe von Überlebenden fuhr zu einem schlammigen Wasserloch, um den Durst zu stillen und die Verwundeten zu versorgen:

> Dr. Ochan, unser Arzt, untersuchte die Verwundeten und tröstete sie mit ermunternden Worten. Mir fiel auf, dass seine Füße genau wie meine böse zerkratzt und zerstochen waren, auch wenn er nicht darauf achtete. Es war grotesk, die Gier der Fliegen zu beobachten, die über die offenen Wunden herfielen, das Fleisch aufgerissen von den Kugeln unserer Feinde. Es gab nicht viel, was unser Arzt tun konnte, hier draußen im Busch, ohne sauberes Wasser und Verbandsmaterial.
> Wir gaben einen Becher grauen Schlamm herum, und jeder bekam nur einen Schluck. Wir tranken durch ein Stück Stoff. Dass das Wasser lebensgefährliche Parasiten enthalten mochte, schien jetzt nicht mehr wichtig. Einer unserer Soldaten kam zu mir herüber. Ich war ziemlich verblüfft, als er mir die Schlappen brachte, die ich auf der Flucht aus unserem Lager von den Füßen geschleudert hatte. Im Hinterherrennen hatte er sie aufgehoben und in seinem Gürtel verwahrt.
> Es sind diese kleinen Dinge, die sich einprägen: dass ein Mann anderer Hautfarbe mitten im Kugelhagel, anstatt nur an sein eigenes Leben zu denken, die Fürsorge und den Mut aufbringt, sich zu bücken und ein paar wertlose Gegenstände aufzuheben, die mir gehören. Das ist es, was uns zu Menschen macht; weshalb das Leben lebenswert ist. Ich wollte losheulen. Aber

ich verbiss mir die Tränen. Stattdessen lächelte ich. Weil Lächeln Anerkennung bedeutet.
Riek hatte inzwischen seinen Kriegsrat zusammengerufen, um die Strategie für einen Gegenangriff zu erörtern. Ich sah zufällig auf die Uhr. Es war fast Mittag. Das überraschte mich: Demnach waren wir zwei Stunden lang vor unseren Angreifern davongerannt. Die Mittagssonne flammte von einem wolkenlosen kobaltblauen Himmel. Doch eine kühle Brise bewegte die Blätter der Niembäume, fuhr wie eine streichelnde Hand über das Grasland. Die Gegend, in der wir uns wiederfanden, ist berühmt für ihre Gleichförmigkeit. Beim Gehen hat man ein Ziel zwei Stunden vor Augen, bevor man es erreicht. Die Dinka, die Eingeborenen dieser Gegend, ziehen mit ihren Rindern zum *toich*, den Sumpfwiesen am Nil. Sie lassen ihr Vieh weiden, nutzen den Überfluss des großen Stroms, bis die Regenzeit kommt, und kehren dann wieder an ihren Ausgangspunkt zurück, zu ihrem Ackerland. In dem warmen, wie gemalten Panorama vor mir gab es die feinsten Abstufungen von Kupferrot, Braun und Ocker. Bald jedoch sollte die bevorstehende Regenzeit kommen und sich diese Welt unter einem gewitterschwarzen Himmel in üppiges Grün verwandeln. Aus der Dürre würde Überfluss werden. Ich sah auf die vielen verirrten Menschen um mich herum: Frauen, die ihre Kinder im Arm wiegen; Soldaten, die die Köpfe zusammenstecken, um das brutale Geschehen des heutigen Tages zu erörtern. Aber auch Gestalten, die auf dem Boden hingestreckt schlafen, die unwirtliche Wirklichkeit in ihren Träumen aufgehoben. Ich beobachtete sie. Und ich beneidete sie.
Zwei Geckos wuselten einen Baumstamm hinauf, der eine war hinter dem anderen her. Morgen ist es viel-

leicht umgekehrt: Der Verfolgte wird zum Verfolger. Ich fragte mich, was aus den vielen Menschen in der Stadt geworden ist – den unterernährten Kindern in der Pflegestation, den ausgemergelten alten Männern und Frauen. Leben, kurz vor dem Erlöschen. Wohin waren sie gelaufen? Dieses erneute Gefecht in Panyagor hatte die Hilfslieferungen für die ortsansässige Bevölkerung abrupt unterbrochen. Ich dachte bei mir:

»Ist es denn nicht genug nach zwei Jahren? Muss es noch mehr Leiden geben? Werden wir den Krieg zwischen den Kräften John Garangs und denen von Riek nie beenden können?«

Riek war vor einem Monat mit der Absicht nach Panyagor gekommen, Schutz und Sicherheit für die Hilfsflugzeuge der UN zu schaffen. Davor hatten zwei Jahre lang keinerlei Hilfslieferungen dieses Gebiet erreicht. Erste Bemühungen, Frieden zwischen den Nuer und Dinka zu stiften, hatten eingesetzt. Ein Schein von Normalität war in das zerstörte Gemeinwesen zurückgekehrt: Eine Krankenstation war errichtet, eine Schule sollte eröffnet werden, eine Suppenküche funktionierte bereits. Das alles stand jetzt auf der Kippe. Garang wollte keinen Frieden. Erst vor zwei Tagen hatten Riek und seine Mitkämpfer – Kerubino Kuanyin Bol, Arok Thon Arok, Lam Akol, Onkel Joseph Oduho und William Nyon – eine Versammlung für die Zivilbevölkerung abgehalten. Die Leute hatten getanzt und ihre traditionellen Lieder gesungen. In den letzten zwei Jahren hatten sie nicht viele Gelegenheiten zum Feiern gehabt. Arok Thon Arok war gerade nach fünf Jahren Haft wegen Kritik an John Garangs Führungsstil zurückgekehrt. Kerubino, der 1983 den ersten Schuss in diesem Bürgerkrieg abgefeuert hatte, war verhaftet und sechs

Jahre lang eingesperrt worden, Onkel Oduho sieben.
»Hoffentlich hat sich Onkel Oduho im Wald verstecken können«, sagte ich. Er war ein kranker Mann von fünfundsechzig Jahren, der bestimmt nicht die Kraft hatte zu fliehen. Dann sah ich seinen Verwandten Ben ein paar Meter weiter sitzen.
»Weißt du, was mit Onkel ist?«, fragte ich ihn.
»Nein, ich war, als der Angriff kam, nicht bei ihm«, antwortete Ben niedergeschlagen. Ich wusste, dass alle das Schlimmste befürchteten und sich selbst die Schuld an dem chaotischen Rückzug gaben.
»SPLA Oyea. SPLA Oyea. Wa, wa, wa, wa …«, sangen die Soldaten, um sich in Kampfstimmung zu bringen, stießen die Maschinenpistolen in die Luft und rannten im Kreis um uns herum. Die Motoren heulten auf, und die Soldaten kletterten auf die Ladeflächen der Laster. Wir sahen zu, wie sie anfuhren und in einer Staubwolke davondonnerten. Wir mussten im Schatten sitzen und warten, bis unsere Krieger zurückkehrten, hoffentlich siegreich.
Ein paar Decken wurden zusammengetragen und auf den Boden ausgebreitet, damit wir uns hinlegen und ausruhen konnten. Jetzt konnte ich Inventur machen, was wir eingebüßt hatten, die Sachen, die in unserem Haus zurückgeblieben waren – Privatbriefe, die Garang mit Sicherheit veröffentlichen würde, Rieks Aktenkoffer, mit wertvollen Unterlagen, mein Radio und mein Feldstecher, von meiner Mutter geschenkt, mein Geld, die Liste hörte nicht auf.
»Geht es dir gut? Deine Füße sind wohl sehr wund?«, erkundigte sich Riek.
»Keine Angst, mir geht's gut. Ich hab' nur ein bisschen Muskelkater.« Ich spürte, wie Riek sich selbst geißelte, mich in eine so schwierige Lage gebracht zu haben. Hätte er sich nicht in solcher Weise verant-

wortlich gefühlt, für meine Sicherheit zu sorgen, wäre er bestimmt dort geblieben, hätte gekämpft und wäre vermutlich umgekommen. Ich wusste, wie eigensinnig er sein konnte, wie sinnlos tapfer.

»Meinst du, Come On und der Welpe haben überlebt?«, fragte ich. Come On war Rieks Hündin. Sie war an das Leben an der Front gewöhnt und hatte vor kurzem einen Welpen geworfen. Deshalb war sie wahrscheinlich zurückgeblieben.

»Wahrscheinlich erschossen«, antwortete Riek ziemlich geistesabwesend.

Emma und ihr Mann warteten auf Nachricht von der Garnison und vom Schauplatz des Überfalls. Einige der dorthin entsandten Soldaten hatten aus dem Schlafzimmer einen Rucksack und zwei Paar Stiefel geborgen. Wenigstens der Rucksack voller Kleider, sogar das rotweiß getüpfelte Halstuch war darin, das ich Riek aus England geschickt hatte. Emma berichtete mir später, Riek habe seine Männer beschimpft, weil sie seine Kleidung für wichtiger erachtet hätten als seinen Aktenkoffer voller wichtiger militärischer Unterlagen.

Emma betete, dass Notrationen und eine Erste-Hilfe-Ausrüstung in dem Rucksack seien, die sie kurz vor ihrem Abflug aus England am Bahnhof gekauft hatte, doch sie waren verschwunden. Stattdessen fand sie nur noch ein Päckchen Zitronengrogbeutel gegen Halsweh. Unbeirrt wurde Wasser in einem Topf zum Kochen gebracht, und bald tranken sie statt Tee heißen Zitronengrog.

Die Sonne ging langsam unter, die Schatten der Niembäume wurden länger, und der Abendfriede sank herab. Als der Laster mit den Soldaten zurückkam, konnten sie sie singen hören, ein gutes Omen. Sie stiegen auf, Emma mit einem Vierjährigen im Arm, der völlig verspannt war und dem der Schrecken seines ersten Kriegserlebnisses noch im Gesicht stand. Soldaten saßen oben auf dem Führerhaus und ließen die Beine in die Windschutzscheibe baumeln. Sie schrieb:

> Als wir uns Pangayor näherten, sahen wir die Geier. Vor dem Lastwagen wichen sie zurück, belauerten uns, warteten, bis wir vorbei waren, damit sie ihr Festmahl fortsetzen konnten. Die erste Leiche war völlig entkleidet und bereits schwer verstümmelt. Die Augenhöhlen waren leer. Ein Krückstock lag daneben. Ein Greis aus dem Volk der Dinka, niedergemäht, als er vor dem Kampf zu fliehen suchte. Wir stiegen ab, um die anderen Leichen auf unserem Weg zu besehen, doch keine hatte Ähnlichkeit mit Onkel. Es war schwer zu begreifen, dass diese Leichen vor ein paar Stunden noch quicklebendig waren. Ihre Würde war ihnen genommen, sie waren entkleidet und angefressen.
>
> Wir sahen uns alles sehr genau an, doch niemand zeigte seine Gefühle. Wir kamen an einer einsamen Frau vorbei, die vor ihrem *luak* hockte und in die Ferne starrte. Ben ging hin und fragte, ob sie Onkel gesehen hätte. Wie von weit weg verneinte sie. Plötzlich knallte ein einzelner Schuss und zerriss die Grabesstille des Abends. Die Leibwächter sprangen vom Laster, warfen sich hin, legten an und spähten zum Waldrand. Mein Puls begann zu rasen. Bestimmt wieder ein Überfall. Dann Wutgebrüll von der Ladefläche. Fehlalarm: Ein Soldat hatte aus Versehen abgedrückt. Erleichtert, den Schreck in den Gliedern, kletterten wir wieder hinauf, das Adrenalin kreiste uns noch im Blut.
>
> Bald kamen die wenigen Gebäude Pangayors in Sicht. Wir hielten vor dem Kampong der UN. Der Ort war unheimlich still, keine Seele zu sehen außer den Soldaten, die in der Stadt patrouillierten. Die ge-

samte Zivilbevölkerung war geflohen. Unter den Bäumen lagen hastig weggeworfene Kanister, Töpfe, Feuerholz. Das Lager der UN war restlos zerstört, die Planen waren heruntergerissen und gaben die Zeltstangen wie Skelette frei. Auf dem Boden lagen überall Müsliriegel, Papier und Akten wurden von der Abendbrise verweht. Die ausgebleichte UN-Fahne flatterte nicht mehr, sie war abgerissen, die leere Fahnenstange ragte schräg in den Himmel. Als ich mich abwandte, um zu unserem eigenen Kampong zu gehen, kam ich an zwei unterernährten Kleinkindern vorbei, die sich unter einem Dornbusch verkrochen hatten. Sie waren wohl am Morgen hergekommen, um sich füttern zu lassen. Stattdessen hatten sie ein Gemetzel miterlebt.

Ich schlug den Weg zu unserem Haus ein. Plötzlich lief uns Rieks Hündin Come On schwanzwedelnd zur Begrüßung entgegen, als sei überhaupt nichts passiert. Ihr Welpe kam hinterhergewackelt, genauso unberührt von den Ereignissen. Vermutlich hatten sie sich unter unserem Bett verkrochen gehabt, einem umgekippten Schrank mit einer Öffnung in der Seite. Vor unserer Eingangstür lag eine Leiche auf dem Bauch, nackt bis auf die Unterhosen. Geier hatten sich nicht darüber hergemacht, wohl aber Fliegen. Ich kannte den Mann nicht.

Männer brachten uns Stühle, damit wir uns hinsetzen und ausruhen konnten. Ich ließ mich erschöpft fallen und nickte ein paar Sekunden ein. Als ich die Augen wieder aufschlug, war die Leiche verschwunden. Die Soldaten berichteten mir, sie hätten in unserem Schlafzimmer vier Tote entdeckt. Zwei waren Verwandte von Arok Thon; die anderen hatten einander offenbar beim Plündern gegenseitig erschossen. Überall waren Papiere verstreut. Wir lasen die

Briefe und wichtigen Dokumente auf. Unsere Sammlung von Wochenendbeilagen des *Guardian* mussten wir praktisch Seite um Seite zusammensuchen.

Ich hob eines unserer Bücher auf, *The Arctic Desert*. Eine Kugel hatte es durchlöchert. Ein zerfetzter Aktenkoffer lag auf dem Boden. Er war aufgebrochen und weggeworfen worden. Dann erschien Forty-Six mit triumphierender Miene und gab mir meinen schwarzen Handkoffer zurück, der nahe der Landepiste gefunden worden war. Ich glaubte ihn leer, entdeckte aber zu meiner Verblüffung mein Radio und meinen Feldstecher darin, eine Mütze, einen Brief an mich von Riek, eine Nagelschere von ihm, Scheckbuch und Scheckkarte, Münzen in einem Plastikbeutel und diversen anderen Kleinkram. Doch das Gästebuch, das Hochzeitsgeschenk, war verschwunden. Lauter Namen von Leuten standen darin, die uns besucht hatten, und mir wurde plötzlich klar, wie gut man so etwas politisch ausschlachten konnte. Mir war zuvor nie in den Sinn gekommen, ein einfaches Gästebuch könne zur politischen Waffe werden.

Ich stand von meinem Stuhl auf, überall Muskelkater, und bemühte mich zum Plumpsklo. Als einziger Bereich war es völlig unbeschädigt. Durchs Fenster spähte ich in unser Schlafzimmer. Die Leichen waren entfernt worden, doch auf dem Boden lagen meine Slipeinlagen und Tampons verstreut, viele auf der Suche, was das wohl sein könnte, bis in den Wattekern aufgeschlitzt.

Omai brachte mir eine Tasse heißen Tee und eine Schachtel Zigaretten, die sich im Durcheinander gefunden hatte. Zur Beruhigung steckte ich mir eine zwischen die Lippen. Riek starrte mich an.

»Warum hörst du nicht einfach auf damit?«

»Ganz bestimmt nicht gerade jetzt, Riek.«

Hinter dem Haus kam eine biblisch anmutende Gestalt hervor in zerrissenem rotem Hemd und weißen Unterhosen, über einen Stock gebeugt. Die langen spindeldürren Beine waren rot vom Sonnenbrand, das ungekämmte Blondhaar stand ihm vom Schädel ab wie einer Vogelscheuche. Auch seine Füße waren vom afrikanischen Busch zerschunden. Er hieß Jean François und war der Vertreter der UN für Panyagor.
»Jean François!«, rief ich. »Komm und setz dich. Was war los? Wir haben uns solche Sorgen um dich gemacht.« Forty-Six half ihm vorsichtig auf einen Stuhl.
»Sie wollten mich umbringen. Sie haben achtmal auf mich geschossen, kaum zu glauben, achtmal und jedes Mal daneben. Was beweist, was für lausige Schützen sie sind!«, stieß er mit sattem französischem Akzent hervor. »Ein Soldat stand vor mir, schrie mich an und verhörte mich. Ich bin zurückgewichen und habe gesagt, ich weiß nichts. Dann hat er die Waffe gehoben. Ich stand so nahe, dass ich das Mündungsfeuer sehen konnte, wie in einem schlechten Film. Da bin ich weggerannt und dabei im Zickzack gehopst und gesprungen wie – ich weiß nicht – wie ein Karnickel und hab' dabei immer ›Non, non, non!‹ geschrien«, berichtete er, lebhaft gestikulierend. Atemlos vor Aufregung, erzählte er uns dann, wie er überlebt hatte. Er war in den Wald geflohen und hatte sich in einem Dornbusch versteckt. Ein paar von Garangs Soldaten liefen ganz nahe vorbei, der letzte in nur einem Meter Entfernung. Ihre Blicke seien sich kurz begegnet, aber der Soldat sei weitergelaufen. Dann waren plötzlich immer mehr Soldaten aufgetaucht, aber Jean François hatte gemerkt, das waren Rieks Truppen, und er war gerettet.
»Aber was wollte der Soldat denn wissen, vor dem du weggerannt bist?«

Jean François sah mich ernst an. »Er hat nach dir gefragt, Emma. Er hat dauernd gefragt: ›Wo ist Emma?‹ Ich hab' gesagt, ich weiß es nicht, und es stimmte. Ich hab's wirklich nicht gewusst. Er hat gesagt, du arbeitest für die CIA. Er hat gesagt, die UN liefern Riek Munition.«

Wir redeten stundenlang. Es war sehr dunkel und ruhig, die Mondsichel hing über den Bäumen. Wir tranken gezuckerten Tee und aßen Kekse. Irgendwie waren Zucker und Kekse bei der Plünderung übersehen worden. Aus dem Dunkel erschien Arok Thon. Arok setzte sich zu uns. Er war bei Verwandten gewesen und hatte sie ausgefragt.

»Hör zu«, flüsterte er. »Es hat den Anschein, dass sie schon gestern Abend angreifen sollten, aber sie haben sich verlaufen. Doch es gibt viele schlechte Neuigkeiten, sehr schlechte. Sie kommen wieder, mit noch mehr Leuten, heute Nacht oder morgen früh. Sie wollen uns alle fertig machen.«

Bei dieser Mitteilung begann ich am ganzen Körper zu zittern. Die Aussicht, das Ganze noch mal durchmachen zu müssen, entsetzte mich. Diesmal würde ich nicht weglaufen können. Bis zu diesem Zeitpunkt war es mir gelungen, alle Gefühle abzuschalten, aber nun wusste ich, dass Onkel tot war.

Seine Leiche war gefunden. Ich wollte nicht, dass jemand das Entsetzen in meinen Augen sah. Furcht ist ansteckend. Diesmal würde ich nicht weglaufen …

In dieser Nacht behielt ich im Bett die Schuhe an, für alle Fälle.

Auf Rieks Betreiben sollten Emma, Jean François und die Verwundeten zum UN-Stützpunkt Lokichoggio ausgeflogen werden, doch die Luftbrücke musste dreimal verschoben werden, weil die Kämpfe in der unmittelbaren Umgebung weitergingen. Endlich konnte das Flugzeug ungefährdet landen, Emma küsste ihren Gatten zum Abschied und fragte sich, ob sie ihn je wieder sehen würde.

> Ich blickte nach unten und sah, wie Riek und seine Männer uns nachwinkten, bis sie nur noch kleine Punkte waren. Ein Teil meines Herzens blieb bei Riek zurück. Während wir in den Himmel stiegen, wie durch Zauber der Hölle entronnen, überwältigte mich die Weite dieser riesigen Ebenen … Erst die Landebahn von Lokichoggio vor uns zerriss, was mich die letzten Tage zusammengehalten hatte. Tränen rollten mir über die Wangen, wollten gar nicht mehr aufhören und wuschen Schreck, Angst und Trauer aus. Ich trauerte um die, die gestorben waren und in diesem endlosen Kampf noch sterben würden. Onkel – ich konnte nicht glauben, dass dieser alte Mann, den ich so lieb gewonnen hatte, jetzt nicht mehr bei uns war. Einen solchen Tod hatte er nicht verdient. Sein ganzes Leben hatte er dem Südsudan geopfert, um am Ende von den eigenen Leuten umgebracht zu werden.

Emma verbrachte den größten Teil des Sommers 1993 damit, zwischen Kenia und dem Sudan zu pendeln, je nachdem, wie sich die Lage besserte oder verschlechterte. Die Morddrohung und die Gerüchte über Rieks Kontakte zu Khartum hielten sich weiter, und sie mussten oft große Angst umeinander haben.

Wenn sie bei ihm war, versuchte Emma stets ein paar gemeinsame Tage zu zweit herauszuschlagen – wobei zu zweit hieß, dass ständig die Leibwächter, eine komplette Armee und deren umfangreicher Tross dabei waren. Sie fanden dennoch Zeit füreinander. Mit Come On und dem Welpen Freedom Fighter machten sie lange Spaziergänge im Busch oder am

Flussufer und freuten sich ihrer Nächte zusammen in ihrem Tukul, obwohl sie auch da nicht immer allein waren – eines Nachts hörten sie ein seltsames Geräusch und fanden eine lebensgefährliche rote Kobra unter ihrem Bett, und allnächtlich warteten im Gegenlicht des Mondes auf ihrem Moskitonetz Geckos auf ihr Nachtessen – die einzigen Wesen im Südsudan mit regelmäßigen Mahlzeiten.

Im Juni und Anfang Juli verbrachte Emma, anstatt zu uns nach England zu kommen, sechs volle Wochen mit Riek. Sie fuhr zu ihrem ersten Besuch nach einem Jahr mit ihm nach Nasir in ihr erstes Heim. Nach ihrer Rückkehr schrieb sie mir:

> Ich genoss die Fahrt trotz der Belastung durch den Krieg. Wir fuhren mit dem Boot auf dem Sobat nach Ulang, einer winzigen Siedlung zwischen Nasir und Malakal. Die Leute dort hatten vor kurzem einen Streit über Fischrechte gehabt und sich gegenseitig die Kühe geraubt. Riek musste den Streit schlichten, indem er die Rückgabe der Kühe veranlasste. Die Regenzeit hat noch nicht richtig eingesetzt, doch die Landschaft ist bereits grün, eine Veränderung gegenüber den Herbstfarben der Trockenheit. Nach Ulang kreuzten wir den Fluss und fuhren über Land bis Waat, bis wir drei Stunden vor unserem Ziel im Schlamm stecken blieben. Wir ließen unsere Fahrzeuge stehen, schlugen uns zu Fuß durch den Morast und kamen mit dem aufgehenden Mond in Waat an. Jetzt habe ich angefangen, die Sprache der Nuer zu lernen, mit einigem Erfolg. Jetzt kann ich mit den Damen plaudern und sogar für die Sudanhelfer dolmetschen … Mum, nach England will ich im September, wenn die Flüge etwas billiger sind. Während wir die Höhepunkte von Wimbledon im Südsudan über BBC verfolgten, haben wir oft an dich gedacht. Sie sagten, das Wetter sei gut, zwei Wochen ohne

> Regen. Bitte grüße alle von mir. In Liebe wie immer, Emma XXX.

Wenn sie in Nairobi war, kommunizierten sie und Riek brieflich oder per Funk. In ihren Mitteilungen zeigten sie häufig offen ihre Zuneigung, benutzten aber immer Codenamen – sie war Nefertiti, die schöne ägyptische Königin aus dem vierzehnten Jahrhundert v. Chr., er war Sennar, benannt nach einer alten Provinz im Südsudan. In einem Brief an Emma schrieb Riek in diesem Sommer:

> Manchmal fühle ich mich einsam. Dann kreist mein Denken alsbald um dich, und vieles geht mir wieder durch den Kopf. Irgendwo einen Bauernhof mit Viehzucht zu haben und mit dir Kinder zu bekommen sind Tag und Nacht meine häufigsten Träume. Liebste, warum machen wir nicht nächstes Mal ein Kind?

Emma ärgerte sich noch immer über die Reaktion mancher Leute aus dem Südsudan und aus der Befreiungsbewegung auf Rieks Gattenwahl. In einem Funkspruch an Riek sagte sie:

> Es regt mich ziemlich auf, wie sich Lam Akol, John Luke und Taban verhalten. Als ich sie fragte, ob ich in einem Flugzeug mit Journalisten für eine Nacht zu dir nach Kongor fliegen könne, verweigerten sie mir das mit der Bemerkung, ich störe dich nur bei der Arbeit. Dann sagten sie noch, ich sei eine politische Belastung für dich und solle mich daran gewöhnen, mich nicht mehr mit dir zu treffen, vielleicht jahrelang; dass es gefährlich sei, wenn Journalisten mich bei dir sähen, und dass ich mir endlich eine Arbeit suchen solle, statt müßig in Nairobi herumzusitzen. Faktisch meinen sie, ich solle dich in Ruhe lassen und meiner Wege gehen.

Riek reagierte brieflich, äußerte seinen Zorn über die Haltung seiner alten Kampfgenossen und redete ihr gut zu. Er schrieb:

> Sie haben kein Recht, so mit dir zu reden. Ich will, dass du dich wehrst. Sie wollen dich triezen, und mich wollen sie ducken. Bestimmt überlegen sie sich, wie sie dich ärgern können, damit du aufgibst. Das darf nie geschehen. Wegen solcher politischer Erpressung wird meine Liebe zu dir nie schwach werden. Ich liebe dich und werde dich immer lieben. Hör nicht auf diesen Unsinn. Wenn du zu mir kommen willst, wird niemand dich hindern.

Am 23. Juli beschloss Emma, die Beliebtheitsfrage zu klären, indem sie mit dem Dinka-Kollegen ihres Gatten Kerubino nach Rieks Heimatstadt Leer flog, um ihre neue fernere Verwandtschaft und die Dorfbewohner kennen zu lernen und sie für sich einzunehmen. Sie hätte sich keine Gedanken zu machen brauchen. In ihrem Tagebuch hielt sie die überschwängliche Begrüßung fest, die ihr nach Verlassen des Flugzeugs zuteil wurde:

> Begrüßt wurde ich von viel entgegengestreckten Händen und einem Meer unbekannter Gesichter. Ich hörte in der Entfernung, dass die Frauen kamen. Ohne Riek fühlte ich mich unter den Soldaten fehl am Platz. Die Frauen brachten Trost, und ich wollte bei ihnen sein. Ich stand auf und stieg zu ihrer Begrüßung aus. Sie hoben mich hoch und trugen mich über die *durrah*-Felder und an *luaks* vorbei irgendwohin. Eine Frau stolperte und fiel, andere drängten an ihre Stelle. Sie sangen und trillerten, schwatzten miteinander, riefen Anweisungen. Sie stritten sich darum, mich tragen zu dürfen, und Schweiß lief ihnen über die Gesichter. Ich wollte mich wehren, tragen

sei nicht nötig, aber sie meinten, ich dürfe nicht nach Leer gehen, bevor ich nicht einen Fuß in meinen *luak* gesetzt hätte.
Ich wurde sacht vor einem großen *luak* abgesetzt, mitten in einem kleinen Kampong neben zwei kleinen Kornspeichern aus Lehm. Die Frauen umdrängten mich, um mich kennen zu lernen, und aus allen Richtungen streckten sich mir Hände entgegen. Eine Gruppe sang und tanzte, mit Niemzweigen wedelnd und mit rhythmischen Schrittfolgen. Ein Stuhl aus Zweigen und Lederhäuten, mit groben Stichen zusammengehalten, wurde mir als Sitzgelegenheit aufgestellt. Was dann vorging, konnte ich nicht sehen. Sie sagten, ich solle abwarten. Plötzlich teilte sich die Menge, und vor mir lag eine schwarzweiße Kuh, bereits gefällt, an Kopf und Armen von Männern niedergehalten, die das Tier nur mit Mühe am Hochkommen hindern konnten. Sie rissen den Kopf zurück, und ein Speer fuhr in den Hals. Das Blut schäumte hervor und versickerte im Staub. Nachdem es für tot erklärt worden war, wurde ich von der Menge nach vorn geschoben. Ich wusste, was ich zu tun hatte, nämlich über das geschlachtete Tier hinwegzuschreiten, um gesegnet zu werden. Als ich über den Bauch hinweg auf den blutdurchtränkten Boden trat, schrien und trillerten die Frauen. An der Hand wurde ich zum dunklen Eingang des *luak* geführt. Als wir uns zum Eintreten bückten, gab es einen schroffen Wechsel von der Helle draußen zum dunklen Inneren. Ein paar Sekunden sah ich nichts. In die Mitte geführt, erblickte ich einen Haufen Asche und die rote Glut – das Herdfeuer der Familie. Nachdem sich meine Augen an die Dunkelheit gewöhnt hatten, besah ich mir die knorrigen Äste, die Stützen der Hütte bis zum Dach. Ich konnte dunkle Gesichter in

> meiner Nähe erkennen und die Gegenwart vieler schweigender Menschen spüren. Das also war meine neue Verwandtschaft.

Als sie Rieks Verwandten vorgestellt wurde – von denen viele genau wie er aussahen, schlank mit hohen Wangenknochen und tief liegenden Augen, war Emma überrascht, dass so viele in der brütenden Hitze wollene Bommelmützen trugen – Geschenke einer Kirche im Ausland, erfuhr sie, und nur die Stammesältesten durften sie tragen. Ein zahnlückiger Alter hatte eine erbeutete arabische Generalsmütze auf, einen weißen Rollkragenpullover und einen blauen Blazer an. Sie meinte, er habe wie ein Mitglied des Royal Yacht Club gewirkt.

Über einen Dolmetscher erzählte sie ihnen ein wenig von sich und ihrer Familie. Sie erwähnte Yorkshire, ihre Kindheit in Cowling, mich und Bunny und ihren Bruder und ihre Schwestern. Sie war sehr gerührt von der herzlichen Begrüßung und der vorbehaltlosen Aufnahme in die Familie. Sie fragte sich, wie wir uns im umgekehrten Fall verhalten würden. Sie fütterten sie mit Ziegenragout, Erdnussbutter, einem spinatähnlichen Gemüse und einem weiteren Eintopf aus Zieheninnereien. Sie wollten, dass sie sich zu ihnen setzte, mit ihnen aß, bei ihnen blieb. Und lächelten die ganze Zeit, genau wie sie.

Zu ihrer großen Überraschung erschien Riek unangekündigt, und die ganzen Festlichkeiten begannen von vorn. Es war nach vier Jahren seine erste Heimkunft nach Leer, und die Menge geriet außer sich und erdrückte ihn fast. Noch mehr Kühe wurden geschlachtet, und vier junge Stiere hintereinander aufgestellt, wobei jeder seinen Vorgängern beim Sterben zusehen musste. Emma musste sich abwenden, um die Todeszuckungen nicht mit anzusehen.

Riek führte sie nach Kuduk, einem Dorf zehn Kilometer östlich von Leer. Nachdem sie die ganze Strecke in der unglaublichen Hitze ohne Essen zu Fuß zurückgelegt hatte, wurde

Emma schließlich ihren Schwiegereltern vorgestellt, auch Rieks Vater, der fünf Frauen hatte, und seiner leiblichen Mutter, der dritten Frau. Sie schrieb:

> Riek war ganz überwältigt davon, wieder zu Hause zu sein. Er steht seiner Mutter sehr nahe. Sie ist eine starke Frau, die sich gegen die Tradition aufgelehnt und ihren beiden jüngsten Söhnen Bildung verschafft hat. »Mutter, das ist meine Frau«, sagte Riek ins Dunkle, »ich liebe sie und habe sie zu dir gebracht.«

Riek hatte Emma bereits erzählt, wie entschlossen seine Mutter gewesen sei, ihre beiden Söhne zur Schule zu schicken, nachdem einer ihrer Vettern als einer der ersten Nuer eine Universität besucht hatte. Sie hatte sie presbyterianisch taufen lassen, damit sie auf die Missionsschule gehen durften, und war dann nach Khartum gezogen und hatte auf der Straße Bier gebraut, um das Schulgeld zu verdienen. Riek habilitierte sich am Ende in Ingenieurwesen, und sein Bruder wurde Professor für Veterinärmedizin. Sie waren die beiden einzigen von einunddreißig von Rieks Vater gezeugten Kindern, die eine Schule besucht hatten. Wegen ihrer schulischen Leistungen und ihrer Abwesenheit aus Leer in Jugendjahren wurden keinem von beiden die traditionellen Schmucknarben in die Stirn geschnitten. Wie in der Nuer-Prophezeiung vorhergesagt: *»Ein linkshändiger Nuer-Häuptling ohne Schmucknarben wird eines Tages eine Weiße zur Frau nehmen.«*

Am nächsten Tag konnte sich Emma im Dorf umsehen, bevor die nächste Feier stattfand und wiederum Rinder geschlachtet wurden. Sie schrieb:

> Da war ein Maisfeld, umzäunt mit zusammengebundenen Palmzweigen. Kong, einer der Brüder Rieks, tätschelte seine Kühe, während sie neben dem *luak*

> gemolken und gestriegelt wurden. Kinder sammelten die Kuhfladen zum Trocknen, und ihr Geruch erfüllte die Luft. Waldkäuze riefen. Majestätisch erhob sich eine Dattelpalme mit vielen Fruchtständen. Die Leute falteten ihre Schlafdecken zusammen und schwatzten mit Freunden und Verwandten, die sie eine Weile nicht gesehen hatten. Zum Frühstück gab es *kobenup* (eine Getreideart). Es würde ein weiterer heißer und feuchter Tag werden.

Auf der folgenden Zeremonie in der drückenden Hitze riefen die Dorfältesten den Propheten Teny, Rieks Vorfahren, um Frieden und Einheit an. Emma schrieb:

> Sie rieben uns die Füße mit Asche ein und streuten Tabak, spuckten uns auf Kopf und Brust. Dann flehten sie Teny an, Riek einen Sohn von mir zu geben, und intonierten: »Tut, Tut, einen Sohn, einen Sohn, wir wollen einen Sohn aus deiner Ehe, der uns künftig hilft.«

Sie hatten keine Ahnung, und auch Emma nicht, dass sie da schon seit vier Wochen mit Rieks Kind schwanger ging.

13

Emma hatte sich schon lange verzweifelt ein Kind von Riek gewünscht, war aber nach mehreren erfolglosen Versuchen deprimiert. Ich war immer so mühelos schwanger geworden, und wahrscheinlich war sie davon ausgegangen, das gelte auch für sie. Bei der Beratung durch ihren Arzt bei einem ihrer Aufenthalte in Nairobi hatte dieser gemeint, sie solle wenigstens zeitweise in einer weniger spannungsgeladenen Umgebung leben.

Ein Kriegsgebiet ist einer Schwangerschaft nicht gerade förderlich«, riet er.

Emma tat das lachend ab: Sie habe Hunderte Nuer-Frauen im Kampfgebiet und unter Bombenangriffen Kinder gebären sehen, und fügte hinzu, sie müsse ihre Arbeit leisten.

Trotz ihrer positiven Grundeinstellung spielte ihr Körper nicht mit. Sie meinte, empfängnisbereit sei sie deswegen nicht, weil sie sich von ihren Krankheiten noch nicht erholt habe: von der Hepatitis und den Malariaschüben. Nach der Rückkehr nach Leer von der letzten Reise war sie erneut krank geworden. Es war die Nacht der Zeremonie mit dem Gebet um ein Kind. Sie schrieb:

> Ich hatte grausames Kopfweh. Kalte Schauer liefen mir über den Rücken, und ich wusste, es war Malaria. Malaria gilt in diesem Teil der Welt ungefähr wie Schnupfen. Ich kam heim, und Riek sagte mir, ich solle duschen, um das Fieber zu senken.

»Aber es ist so kalt«, wehrte ich ab. »Ich will nicht.« Doch er bestand darauf. Er sagte, danach werde es mir besser gehen.
Ich lief gerade zur Dusche, als das Gewitter losbrach. Gegen den Wind bekam ich die Tür nicht zu. In eine *kanga* gewickelt, rannte ich. Es war sinnlos, etwas anzuziehen; bevor ich das Haus erreichte, war ich wieder durchnässt. Ich zitterte, klapperte mit den Zähnen und hatte Gelenkschmerzen. Ich wärmte mich an Riek, das Zittern legte sich, und ich entspannte mich und blieb, in einen äthiopischen Baumwolljabi gewickelt, auf unserem Bett liegen.
In dieser Nacht kam und ging das Fieber. Die Kniegelenke taten weh. Mal lag ich, mal saß ich neben Riek, der entspannt schlief. Ich hatte Gänsehaut, es war eine unruhige Nacht.
»Du bist schwanger«, stellte Riek fest. »Deine Brüste werden größer, ich spüre es genau.«

Emma nahm drei Tage lang das neue Wundermedikament Halfan ein, aber die Malaria kam zurück. Jetzt war sie ernsthaft beunruhigt und bat Riek, ihr einen Flug nach Nairobi zur ärztlichen Behandlung zu besorgen. Er wollte sie dabehalten mit der Versicherung, es werde schon wieder, aber Emma setzte sich durch – wie immer. Da es ihr auf dem Flug sehr schlecht ging, kam sie in die Notaufnahme des Nairobi Hospital und wurde positiv auf Malaria getestet. Sie schrieb:

Der charmante grauhaarige Dr. Saio erschien und wollte wissen, wo ich gewesen sei. Von Geburt Italiener und anerkannter Malariaexperte, widmet er sich dir nur, wenn du krank bist. Als ich ihm mitteilte, ich sei vermutlich schwanger, schlug er einen Schwangerschaftstest vor. Wenn er positiv ausfiel, würde er mir bestimmte Medikamente nicht verabreichen können.

»Sogar Halfan ist gefährlich«, fügte er hinzu. »Nach meiner Erfahrung tötet es die Leibesfrucht entweder ab, oder es schadet nicht.« Auf meinen entsetzten Blick hin wollte er mich beruhigen. »Natürlich machen wir einen Ultraschall, um sicher zu sein, dass es kein Ungeheuer wird.«

Auf Grund der bestätigten Schwangerschaft und voller Angst, was sie vielleicht angerichtet hatte, beherzigte Emma schließlich den Rat der Ärzte, sich besser zu pflegen und in Nairobi niederzulassen. Sie gab das Rauchen auf und begann Pläne zu schmieden, zu Weihnachten 1993 nach England zu fliegen. Sie wollte ihr Kind in Surrey bekommen und im Frühjahr darauf mit ihm nach Afrika zurück. Ihr war klar, dass ihr Kind nur bei richtiger Planung Anspruch auf einen britischen Pass hatte. Sonst aber wäre das nicht so selbstverständlich für ein Mischlingskind einer Frau, die in Indien geboren, mit einem Sudanesen verheiratet und in Kenia ansässig war. Doch zuerst musste sie mich ins Bild setzen.

In einem gefaxten Brief vom 18. August schrieb sie aufgeregt:

Liebe Mum, letzten Montag wurde ich Hals über Kopf aus dem Südsudan zurückverfrachtet und sofort mit Malaria ins Nairobi Hospital eingewiesen. Jetzt bin ich wieder auf dem Damm und völlig genesen. Die gute Nachricht ist, dass ich schwanger bin, im dritten Monat. Riek ist ganz aus dem Häuschen. Ich habe beschlossen, meine Pläne zu ändern, über Weihnachten nach England zurückzukommen und dann bei dir zu bleiben, bis das Kind auf der Welt ist. Ich möchte unbedingt bei dir sein, wenn ich das Kind bekomme, weil ich weiß, du hast viele gute Tipps und

Ratschläge. Was hältst du davon? … Mum, es wäre toll, wenn du mich heute Nachmittag noch anrufen könntest. Mit ganz viel Liebe, Emma XXX.

In einem Brief an ihre Tante Sue legte sie ihr Vorhaben dar und fügte hinzu: »Es wird bei Mum bestimmt sehr schön. Sie ist immer so eine große Hilfe.«

Ich werde es ewig bedauern, dass ich auf Emmas Mitteilung leicht abweisend reagierte. In ihrer üblichen direkten Art hatte sie mich ehrlich überrumpelt, indem sie mir ein Fax ins Büro schickte. Ehrlich gesagt und obwohl ich wusste, dass sie schon seit einer ganzen Weile schwanger werden wollte, war mir der Gedanke an ein Großmutterdasein so unsympathisch, dass ich vielleicht nicht so überschwänglich reagierte, wie es meine Pflicht als Mutter gewesen wäre. Noch am selben Nachmittag rief ich wie gewünscht an. Auf die Frage, was ich davon hielte, ließ ich mich von meiner Eitelkeit übermannen, und das werde ich mir bis an mein Lebensende nicht verzeihen.

»Was ist, Mum? Was hältst du davon, diesmal eine echte Oma zu werden?«, fragte sie mich erwartungsfroh. Bei der Erinnerung an Emmanuels Spitzname für mich wurde ich etwas grantig.

»Na, öh, äh«, stammelte ich, »äh, ehrlich gesagt, äh, ich weiß nicht so recht, ob ich so froh darüber bin«, zierte ich mich. »Ich meine, Emma, meinst du nicht, ich bin für eine Großmutter noch ein bisschen jung?« In der Annahme, sie habe die verschriebenen Hormontabletten genommen, hatte ich schon den ganzen Morgen ein wenig Bammel gehabt, wie viele kleine Negerlein aus dem Sudan wohl in meinen Garten hereinspaziert kämen und was die Nachbarn wohl dazu sagen würden. Ich merkte gleich, ich hatte genau das Falsche gesagt. Unter einem Vorwand brach Emma das Gespräch ab, und schon war mein Omawerden nicht mehr das Hauptproblem – jetzt fühlte ich mich als Rabenmutter.

Jedenfalls weiß ich inzwischen, dass meine Tochter von

meiner Reaktion schwer enttäuscht war. In einem langen Brief an Riek kurz danach schrieb sie: »Ich hab' Mum von der Schwangerschaft erzählt, aber sie hat sich nicht besonders gefreut, auch wenn sie so getan hat. Also fühle ich mich ziemlich allein gelassen. Steh doch wenigstens du mir bitte bei.«

Zum Glück wurde ich zugänglicher, nachdem ich mich an den Gedanken gewöhnt hatte, und nahm mir vor, es an Emma wieder gutzumachen, wenn sie Weihnachten heimkam. In Erwartung des Babys ließ ich Johnnys ehemaliges Zimmer für ein Kleinkind herrichten. Ich hatte bereits ein paar Möbel umgestellt und einige alte Bilder aus dem Kinderzimmer in Cowling ausgegraben – kleine Handzeichnungen der vier Jahreszeiten, die ich jedem meiner Kinder geschenkt hatte, weil Emma im Winter, Erica im Sommer, Jennie im Herbst und Johnny im Frühling geboren waren. Ich wollte sie noch vor Emmas Rückkehr aufhängen und freute mich auf den Einkaufsbummel, um Kinderbettchen, Wickelkommode und Kinderkleidung mit ihr auszusuchen.

Emma hörte über Johnny davon und freute sich riesig. Danach konnte sie es kaum mehr erwarten, nach England zu kommen. Stolz erzählte sie ihren Freundinnen, ich richte bereits das Kinderzimmer ein. Mittlerweile war sie bereits ganz und gar »werdende Mutter«, gab das Rauchen auf, verbot es anderen in ihrer Gegenwart und genoß die ersten Monate der Schwangerschaft in vollen Zügen. Fürs Erste war ihr dringendstes Problem jedoch, wo sie in Nairobi wohnen sollte. Sie übernachtete ungern im Hotel und wollte sich Freunden nicht auf unbestimmte Zeit aufdrängen wegen der Schwierigkeiten um ihre persönliche Sicherheit. Also bat sie Riek, ihr eine Zuflucht einrichten zu helfen, ein Heim, ein eigenes sicheres Haus, das zugleich auch als Niederlassung der Befreiungsbewegung dienen konnte.

In einem langen Brief an Riek über ihre Hoffnungen und Zukunftsträume schrieb Emma am 5. September 1993:

Ich liege nachts öfter wach und mache mir Sorgen über die Zukunft unseres Kindes und ob du dann für mich da bist. Ob ich wohl je ein Heim haben werde, um meine Kinder großzuziehen, oder ob es völlig unverantwortlich von mir ist, ein Kind in eine so unsichere Welt zu setzen ... Ich weiß, es ist nicht leicht für dich, aber du musst in der Zukunft deines Kindes eine aktivere Rolle spielen. Von keiner der Frauen deiner leitenden Mitkämpfer wird erwartet, dass sie mit 10.000 kenianischen Shilling monatlich [etwa 300 DM] auskommt. Du musst mir hier in Nairobi in dieser Sache beistehen. Deine Familie ist genauso wichtig wie die Befreiungsbewegung ... Als ich dich geheiratet habe, hatte ich Ersparnisse aus meiner Arbeit, ich habe dich zwei Jahre lang um nichts gebeten und alles, was ich hatte, mit dir geteilt. Dieses Geld ist jetzt weg, und ich brauche deine Hilfe. Du weißt, dass ich dich sehr liebe, und wir haben viel Schweres miteinander durchgemacht. Doch du kannst nicht deine ganze Zeit darauf verwenden, anderer Leute Probleme zu lösen und dabei deine eigenen ignorieren. Dein Kind braucht die Berührung und das Streicheln deiner Hand – ich glaube, es wird ein Mädchen. Vor vierzehn Tagen, als der Embryo erst acht Wochen alt war, habe ich eine Ultraschalluntersuchung machen lassen und konnte das kleine Herz klopfen sehen.

Riek versprach getreulich, noch im selben Monat nach Nairobi zu kommen, nach vier Jahren seine erste Reise aus dem Sudan hinaus, wenn Emma ihm bis Mankien entgegenfliege, um ihn zu begleiten. Er sorgte auch für die nötigen Beschlüsse und Finanzen, um ein sicheres Haus für sie einzurichten. Auf den seltsamen und geheimnisvollen Wegen der Geldbeschaffung für die Dritte Welt wurden das Haus, seine Einrichtung und andere Kleinigkeiten bereitwillig vom Lutherischen Weltbund, von der Hilfsorganisation der skandinavischen und der deutschen Lutheraner und von dem Lonhro-Konzern des umstrittenen Geschäftsmanns Tiny Rowland beglichen, der langfristig in den Sudan investiert hat und sich in die afrikanische Politik einmischt.

Emma begab sich auf Haussuche und fand alsbald eine wunderschöne Immobilie namens Ngong Dairy in Karen, einem Vorort von Nairobi. Es war einer der Drehorte von *Jenseits von Afrika* gewesen, des Films über das Leben der dänischen Romanschriftstellerin Karen Blixen. Emma war hingerissen von dem Haus und wollte unbedingt dort wohnen, doch Rieks Sicherheitsberater, die es mit ihr besichtigten, lehnten kategorisch ab.

»Sicherheitstechnisch ist das ein Alptraum«, sagte ihr einer. »Da draußen inmitten von Feldern findet ein Attentäter Hunderte von Verstecken.« Nach ihrem schrecklichen Erlebnis in Kongor – von dem sie immer noch Alpträume hatte – war klar, dass sie gefährdet war und den Rat beherzigen musste. Sie war schrecklich enttäuscht, aber zugleich entschlossen, eine solche Chance nicht ganz sausen zu lassen. Also begab sie sich Hals über Kopf zu Sally in deren winziges Häuschen in Langata und nahm sie mit zu dem Anwesen.

»Du musst es unbedingt nehmen«, drängte Emma. »Ein Zimmer übernehme ich wegen der Kosten, und du kannst dir einen Untermieter suchen.« Sally ließ sich lachend breitschlagen.

Emma fand bald ein Anwesen, das für sie und Riek und das Baby passte und das auch der Sicherheitsdienst für geeignet befand. Es war ein weißes Steinhaus innerhalb einer hohen Einfriedung in Nairobis Stadtteil Riverside, dem Botschafter- und Diplomatenviertel. Nach Unterzeichnung des Mietvertrags holte sie sich die Schlüssel und begann, ihr erstes eigenes Heim auszustatten und einzurichten. Auf der Besichtigungstour mit Sally erklärte sie stolz:

»Es soll ein glückliches Heim werden. Ich nenne es Peace House.«

Eine Zeit lang war alles nur Häuslichkeit und Glück, weit entfernt von den bunt bemalten Lehmhütten, in denen sie die letzten paar Jahre gehaust hatte. Riek kam aus dem Sudan, und sie konnte ihn ihren vielen Freunden in Nairobi vorstellen. »Er ist eben doch kein Geistergatte«, erklärte sie voller Genugtuung und hielt sich an ihm fest.

Riek beteiligte sich an Friedensgesprächen auf höchster Ebene in Nairobi, bevor er auf Betreiben des früheren amerikanischen Präsidenten Jimmy Carter zu einer Begegnung mit den Präsidenten von Kenia, Uganda, Äthiopien und Eritrea und zur Teilnahme an UN-vermittelten Gesprächen nach Washington und Atlanta flog. Emma spannte rund um die Welt ihre Freunde ein, um sicherzustellen, dass er wie ein Diplomat gekleidet und nicht im Kampfanzug auftrat. Im Oktober, nachdem sich die Friedensgespräche zerschlagen hatten, flog er zu weiteren Treffen nach London, für ihn sein erster Besuch dort nach vielen Jahren und die Chance, Angelina und seine drei Kinder zu besuchen. Für mich und ihn war es die erste Gelegenheit zum Kennenlernen.

Emma teilte Johnny aus Nairobi telefonisch Rieks Ankunft mit und bat ihn, ein Abendessen mit größtmöglicher Verwandtschaftsbeteiligung auszurichten. Mein lieber, etwas schusseliger Sohn tat wie gebeten, richtete das Essen in dem Haus aus, in dem er zusammen mit einer Freundin wohnte, und lud dazu so viele von uns wie möglich ein. Meine Schwester Sue und ihr Sohn Peter fuhren mit mir aus Surrey hoch, Johnnys Freundin Claire war da, ebenso zwei vierschrötige Leibwächter von Riek und ein sudanesischer Kampfgenosse namens Majok. Jennie war damals in Ägypten und konnte nicht kommen. Es war mitten in der Woche, und Erica sah sich außerstande, aus Bristol nach London zu fahren, um ihren neuen Schwager kennen zu lernen. Johnny glaubte, Riek könnte sich ein wenig unbehaglich fühlen, weil er sich nicht strikt an die englische Sitte gehalten habe, bei der Familie um die Hand der Tochter anzuhalten. Er wollte Riek von vornherein beruhigen, dass wir darauf keinen allzu großen Wert legten. »Wir sind als Familie ziemlich offen«, sagte er, kaum war sein Schwager eingetreten. »Wenn Emma glücklich ist, sind wir es auch.« Riek lächelte und klopfte Johnny anerkennend auf die Schulter.

Als Erstes fiel mir beim Anblick meines damals einundvierzigjährigen Schwiegersohns auf, wie groß und schwarz er doch war. Mehr als zwei Meter zehn – fast zwei Köpfe größer als ich – und elegant gekleidet. Beim Lächeln ließ er schneeweiße Zähne sehen. Er war sehr charismatisch und selbstbewusst, mit warmen dunkelbraunen Augen und langen Wimpern, mit denen er beim Sprechen häufig blinzelte. Kopf und Nacken waren massig, und er hatte eine breite Nase und ein rundes Gesicht. Und dann war da noch diese samtige Stimme mit ihrem einschmeichelnden melodischen Ton.

»Maggie, wie schön, dir endlich persönlich zu begegnen«, sagte er höflich, nahm meine Hand und drückte sie. »Ich habe das Gefühl, dich aus deinen Briefen bereits zu kennen.« Sein zahnlückiges Grinsen überwältigte mich. Ich konnte sehen, was Emma so anziehend fand. Wenn ich mich nicht irrte, flirtete er fast mit mir, und ich merkte sogar, wie ich rot wurde. Der Mann weiß, wie man mit Frauen umgeht, dachte ich. Sogar mit meiner Tochter.

In seinen Augen lag keine Spur Nervosität, kein Hinweis darauf, dass dieses erste Zusammentreffen mit der Verwandtschaft seiner Frau ihn irgendwie belastete. Bloß die kühle, ruhige Präsenz eines Befehlshabers, der uns Europäern gegenüber völlig unbefangen auftrat und alle unsere Fragen zu beantworten bereit war. Als ich ihm dann wirklich ein paar bohrende Fragen zur derzeitigen politischen Lage im Sudan stellte, blieb er charmant und höflich, gab aber nur so viel preis, wie er selber wollte. Ein Kriegsherr von Natur aus und ein Vollblutpolitiker, wie seine Frau inzwischen auch.

Johnny hatte ein köstliches Hühnerfrikassee gekocht und Sue einen Pflaumenkuchen mit Mandeln mitgebracht. Wir saßen in einer zwanglosen und gastfreundlichen Atmosphäre im Kerzenlicht rund um den Tisch, fast wie bei einem normalen Familienessen mit Gästen. Im Unterschied dazu hatten wir allerdings diesmal einen Rebellenhäuptling bei uns, auf den ein Kopfgeld ausgesetzt war, mit ehrfurchtgebietender Leibwache rechts und links von unserer Tür. Trotz alledem wurde der Abend ein großer Erfolg. Riek erzählte uns ein wenig aus seiner Familiengeschichte – wir vernahmen mit Verblüffung, dass er das sechsundzwanzigste Kind seines Vaters war – und versicherte uns, er liebe Emma und wolle sie vor Schaden bewahren. Kurz nach dem Essen, in einer Gesprächspause, stand er plötzlich auf, setzte damit die Leibwächter in Bewegung und verkündete höflich, aber bestimmt, er müsse jetzt leider gehen. Wir schüttelten ihm reichlich steif die Hand und sagten auf Wiedersehen.

»Ihr seid natürlich alle in meine Heimat eingeladen, wenn es dort nicht mehr ganz so … heiß ist«, grinste er, belustigt über den Doppelsinn. Die Leibwächter hielten die Tür auf und eskortierten ihn zackig hinaus. Fort war er.

Emma war beglückt, als sie hörte, wie der Abend verlaufen war, wenn auch ein wenig enttäuscht, dass Erica und Jennie nicht hatten dabei sein können. Sie war ganz aus dem Häuschen bei dem Gedanken, uns alle in London in einem Raum zusammengebracht zu haben, begeistert, dass ich ihn endlich kennen gelernt hatte, und erleichtert, dass es ohne Zwischenfälle abgegangen war. Riek fuhr von London aus nach Frankreich, Deutschland und Norwegen, um die Friedensgespräche voranzutreiben, während Emma in Nairobi seine Reisepläne abstimmte, vorausteleforierte, Hotelzimmer buchte und ihm und seinen Mitdelegierten die neuesten Nachrichten aus dem Sudan zufaxte. Er sollte kurz nach Kenia zurückkommen, bevor er zu weiteren Gesprächen nach Uganda flog. Dann hoffte sie, ihn eine Weile für sich zu haben.

Außerdem beschäftigte sie sich intensiv mit den Projekten, die ihr am Herzen lagen. Von ihrem Hotelzimmer in Nairobi aus, während sie auf die Fertigstellung des Peace House wartete, gründete sie eine neue nichtamtliche Organisation, die *Woman Aid* heißen und ihren Sitz in Nairobi haben sollte, eine Weiterentwicklung des südsudanesischen Frauenverbands. Sie formulierte den Registereintrag und den Vereinszweck mit der Begründung, nur wenige internationale Organisationen leisteten direkte Unterstützung für die Frauen des Südsudan. Sie schrieb:

> In diesem Krieg sind Frauen von ihren kämpfenden Männern, Kinder von ihren Vätern und Brüdern verlassen worden. Frauen müssen die Verantwortung für Unterhalt, Hausbau, Ernährung und Viehhaltung übernehmen. Tausende sind unter Zwang in Flüchtlingslager geflohen. *Woman Aid* will den von Krieg und Hungersnot vertriebenen Frauen und ihren Familien Hilfe zur Selbsthilfe leisten. *Woman Aid* wird sich auf kleine Projekte zur Einkommenserzielung spezialisieren, mit denen Frauen im Sudan und anderswo ihre Lebensverhältnisse verbessern können.

Es war Pionierarbeit, und Emma hoffte auf internationale Finanzierung, besonders von den UN. Außerdem engagierte sie sich für Projekte der Lehrplanentwicklung für ein Bildungswesen auf Spendenbasis, eine erweiterte Impfkampagne über UNICEF, Selbstversorgungsprojekte für den südsudanesischen Frauenverband und für Hilfsprogramme für Kriegsversehrte.

In wenigen Wochen möblierte Emma Peace House, indem sie günstig Möbel ersteigerte und bunt gemusterte Sofas, Polster und Vorhänge verteilte, um die großzügigen Räume ihres neuen Heims zu füllen. Bei dem Künstler David Marrian hatte sie ein riesiges Metallgitterbett für sich selbst und Riek bestellt. Kurzum, sie war mit Nestbau beschäftigt. Schließlich hatte sie großartige Pläne für Grundstück und Garten, wo sie ihr geliebtes Gemüse und Beerenobst zwischen ausgedehnten Bougainvilleen und üppigen Zierpflanzenbeeten voll blauem Agapanthus anpflanzen wollte. Ihr Garten würde englisch anmuten, freute sie sich, mit Rosen und einem Kräuterbeet. Für sie und ihr Kind sollte es ein Ort des Friedens und der Ruhe werden.

Emma war glücklich, denn anders als im Sudan hatte sie liebe Freunde um sich und befand sich an einem sicheren Ort. Oft fehlte ihr Riek. Sie meinte, gut und gern ohne den Personenschutzzirkus um sie herum auskommen zu können, und hätte mich gern bei sich gehabt, aber sonst war sie zufrieden. Auftrieb gab ihr auch die Mitteilung, dass ihr Bruder Johnny beschlossen hatte, sie zusammen mit einem guten Freund in Kenia zu besuchen. Ihre jüngste Schwester Jennie hatte sich entschieden, zu diesem Anlass aus Ägypten einzufliegen, wo sie Köchin auf dem Schiff einer Tauchschule war. Und Johnny wollte die Fußbälle aus den Spenden vom Marathonlauf von Emmas Vetter Peter mitbringen. Sie wurden sofort in den Südsudan weitergesandt und an die Kinder verteilt. Mit Jennies und Johnnys Hilfe konnte Emma schließlich am 1. November 1993 einziehen. In diesen letzten drei Wochen ihres Lebens war Peace House der Ort, wo sie wirklich Ruhe fand. Mit dem Kind unterm Herzen, nach dem sie sich gesehnt hatte und für das sie sich sehr verantwortlich fühlte, wusste sie, dass sie ihr umherschweifendes und spontanes Dasein würde aufgeben müssen. Jetzt brauchte sie ein Leben mit Sicherheiten, einen Ort mit Ärzten und all den anderen Dingen, die für Kinder wichtig sind. Obwohl sie davon geträumt hatte, ihr Kind glücklich in Leer aufwachsen zu sehen, beim Spiel im Sand mit den anderen Kindern, wollte sie wenigstens für die ersten Lebensjahre die geborgenere Alternative. Sie war sich nach ihren Jahren im Südsudan schmerzlich darüber klar, wie viel Glück sie gehabt hatte, überhaupt noch darüber entscheiden zu können.

Wenn ich so ihre Briefe las und ihr am Telefon zuhörte, was sie mir alles über ihr neues Heim erzählte, spürte ich große Erleichterung, dass sie der unmittelbaren Lebensgefahr im Südsudan entronnen war. Emotional war sie noch sehr angeschlagen, das merkte ich deutlich. Auch wenn sie mir manchmal wie eine Katze vorkam, die neun Leben hat, war sie in der Vergangenheit so salopp damit umgegangen, dass in mir die Sorge wuchs, ob sie nicht abstumpfe dabei, das Sterben ständig so gegenwärtig zu haben. In Nairobi, meinte ich, war sie immerhin sicher.

Bleib bei mir, Gott: Die Nacht ist dunkel,
Die Nacht ist kalt: Mein kleiner Funke
Von Mut verlischt. Die Nacht ist lang;
Sei bei mir, Gott, denn mir ist bang.

Ich war in meinem Haus in Surrey allein. Es war noch früh, 5.27 Uhr am Donnerstag, dem 25. November 1993. Das Telefon auf meinem Nachttisch klingelte und riss mich aus tiefem Schlaf. Ich griff nach dem Hörer, war aber noch nicht so richtig wach und hatte keinerlei Vorahnung einer schlechten Nachricht. Es war ein Anruf aus Kenia. Johnny war dran.

»Wo bist du denn?«, fragte ich verwirrt, überrascht, seine Stimme zu hören, aber dennoch froh. Johnny, der Schussel, dachte ich, kommt wieder mal mit den Zeitzonen nicht klar.

»Am Meer«, antwortete er. Mir fiel ein, er hielt sich ein paar Tage bei Willie Knockers Familie in Watamu auf, während Emma in Nairobi geblieben war. Noch halb im Schlaf, stiegen angenehme Erinnerungen an meinen diesjährigen Urlaub dort auf. Johnny sprach ruhig und deutlich:

»Mum, es hat einen Unfall gegeben, einen tödlichen.«

Ich hörte ihn die Worte sagen, aber es blieb alles so unwirklich. Auf einmal schaltete mein Verstand auf Alarm, und mir schoss durch den Kopf, Jennie sei etwas zugestoßen. Ich fuhr im Bett in die Höhe, mein Herz hämmerte wild, ich dachte, sie sei ertrunken, denn ich kannte sie als begeisterte Taucherin.

»Jennie«, keuchte ich, und der Hals schnürte sich mir zu.

»Nein«, sagte Johnny und gab sich einen Ruck. »Es ist nicht Jennie.« Meine Gedanken überschlugen sich. Wer denn dann? Nicht, nicht … Bevor ich die schreckliche Auslese fortsetzen konnte, beendete er meine Qual.

»Emma … Es ist Emma«, entfuhr es ihm. »Sie ist getötet worden.«

Die Last, mir diese furchtbare Nachricht bringen zu müssen, wurde plötzlich zu viel für ihn, und ich hörte, wie er um Atem rang.

Emma. Emma. Er sagt, dass meine älteste Tochter, meine Erstgeborene, mein verrücktes, überspanntes Mädchen, meine engste Freundin nach Bunnys Tod, für immer von uns gegangen ist.

Seit ihrer allerersten Liebelei mit Afrika und ihrem Interesse für afrikanische Politik hatte ich immer befürchtet, Emma bringe sich in Gefahr. In den letzten Monaten, bevor sie nach Nairobi gezogen war, hatte ich ständig Angst, sie könnte einer Tropenkrankheit erliegen oder von einem Attentäter erschossen werden. Doch jetzt schwieg ich wie betäubt, weil sie doch in Sicherheit war – jedenfalls war ich in dem Glauben gewesen –, weit entfernt von der Malaria und den Kugeln des Kriegsgebiets im Südsudan.

»Wie ist sie gestorben?«, flüsterte ich, der Mund war mir plötzlich trocken. Bilder von einem blutigen Attentat überfluteten mich.

»Durch einen Autounfall.«

Beinahe hätte ich aufgelacht. Grausame Ironie des Schicksals, nach all den Bomben, Kugeln und Seuchen. Ich musste mich zwingen zu glauben, dass es stimmte.

Der arme Johnny konnte nur abgehackt sprechen, weil ihn Schmerz und Trauer immer wieder übermannten. Das letzte Mal, als mir eine solche Todesnachricht mitgeteilt wurde, war ich wie ein waidwundes Tier geflohen und hatte meinen Schmerz hinausgeheult. Jetzt tat ich dasselbe. Ich ließ den Hörer fallen, um wegzulaufen und meine Trauer hinauszuschreien.

Weinen konnte ich anfangs nicht, jedenfalls keine Tränen. Es war kein Aufschluchzen. Nur der Schrei eines Tieres in entsetzlicher Not – der Qual höchsten Verlustes. Ich weiß nicht mehr, was ich als nächstes tat, nur dass ich die Treppe hinuntertappte und dabei dieses seltsame Heulen aus mir drang. Mein Sohn, erst dreiundzwanzig, hing immer noch am Telefon und schrie über mehr als sechstausend Kilometer nach seiner Mutter.

Ich tappte wieder hinauf, griff nach dem baumelnden Hörer und hörte ihn angstvoll rufen. Stockend versuchte ich, unser Gespräch zu beenden. Er drang in mich, meine Schwester Sue anzurufen, die in der Nähe wohnte, damit ich nicht allein blieb. Ruhiger jetzt, weil die Betäubtheit einsetzte, sträubte ich mich, dafür sei es noch zu früh am Morgen.

»Ich bin schon in Ordnung«, log ich. »Ich warte noch eine Stunde oder so, bis jemand auf ist.« Schweigen war zwischen uns, leeres, hallendes Schweigen. »Wo ist es passiert?«, fragte ich zittrig.

»In Nairobi ... gestern Abend«, antwortete Johnny mit tränenerstickter Stimme. »Mum, es tut mir so Leid.«

Noch mehr Schweigen, ein Abgrund zwischen uns – unmöglich auszufüllen. Schließlich stotterte ich: »Ich – ich nehm' nachher ein Flugzeug nach Nairobi. Ich – ich sag' dir noch wann.« Keine Antwort, nur gedämpftes Schluchzen. »Bis dann«, sagte ich noch und legte den Hörer sachte, sehr sachte auf.

Langsam wurde meine Ungläubigkeit zur Gewissheit. Es ist wahr. Emma ist tot.

Ich begann hemmungslos zu weinen. Die Trauer überwältigte und verschlang mich. Vor Tränen blind und vor Schluchzen sprachlos, lag ich auf dem Bett und weinte mich aus.

Dann – fast so plötzlich wie es begonnen hatte – hörte es auf. Irgendwie zog ich mich automatisch an und machte mir einen Becher Tee – den ersten von vielen an diesem Vormittag. Ich merkte, wie sich vor mir ein Berg erhob, und ich hatte keine andere Wahl, als ihn zu ersteigen. Und obwohl ich mich wie gelähmt fühlte, trieb mich bereits etwas an, irgendein Urbedürfnis.

Die Türklingel ging und riss mich aus meinen Gedanken. Es war Sue; Jennie hatte unmittelbar nach dem Anruf ihres Bruders bei mir mit ihr telefoniert. Es gab nicht viel zu sagen, mir drehte sich noch der Kopf von der Mitteilung, die wie ein Hammerschlag auf mich gewirkt hatte. Mit einem Blick auf Sues nasse Wangen überwältigten mich wieder die Gefühle, und wir klammerten uns aneinander, stützten uns gegenseitig in unserer Trauer. Als wir dann um sechs Uhr morgens an meinem Esszimmertisch saßen, Sue mit ihrem Kaffee, ich mit meinem Tee, fassten wir uns langsam wieder und besprachen das Nötige. Es gab so viel zu tun.

Obwohl seit der Mitteilung erst kurze Zeit vergangen war, fühlte ich mich allmählich verblüffend klar bei Verstand, ganz darauf konzentriert, was am dringendsten war: so schnell wie möglich nach Nairobi zu gelangen. Sue machte eine Liste aller Leute, die wir anrufen mussten, der Angelegenheiten, die zu regeln waren, und des Allernotwendigsten für die Reise. Um sieben war ich bereits so weit, den Plan umzusetzen. Zuallererst musste ich Erica in Bristol anrufen. Johnny und Jennie wussten Bescheid, auch ich und Sue, aber die arme Erica hatte noch keine Ahnung. Sie lag vermutlich noch in tiefem Schlaf und war auf nichts gefasst als auf einen normalen Arbeitstag. Mit Blick auf die Uhr sah ich, es war noch nicht mal halb acht.

»Warten wir noch ein bisschen, damit wir sie nicht damit wecken«, bat ich Sue, und sie nickte zustimmend.

Stattdessen beschlossen wir, uns auf meinen Flug nach Nairobi zu konzentrieren. Ich rief James Basnett an, einen Piloten und Freund Johnnys. Ich dachte, er könne mir vielleicht noch am selben Tag einen Flug nach Nairobi verschaffen. Ich bettelte ihn förmlich an, eine Buchung für mich zu arrangieren.

Die ganze Zeit hatte ich mich vor dem Anruf bei Erica gedrückt, weil ich wusste, welche Welle von Schmerz auf sie zukam – und auf mich. Ich hatte geradezu Angst davor. Aber auf Sues sanftes Drängen hin wurde die Nummer gewählt. Zum Glück nahm ihr lieber Freund Hugh ab, und ich konnte ihn darauf vorbereiten. Erica kam ans Telefon, ein Zittern in der Stimme, geängstigt von Hughs Augen. Ich sagte es ihr, und dann herrschte langes Schweigen. Sie schien es zunächst gefasst aufzunehmen, auch wenn sie offenbar Schwierigkeiten hatte, so früh am Morgen klar zu denken.

»Ich fliege nach Nairobi«, sagte ich tonlos. »Möchtest du mitkommen?«

Weiter Schweigen. »Ich komm' nach Surrey und entscheide dann, wenn dir das recht ist, Mum«, sagte sie leise.

Die Zeit schritt voran, und es wurde allmählich hell. Sue hastete nach Hause, um die Kinder schulfertig zu machen, und ließ mich wieder allein. Ich saß mehr als eine Stunde lang stumm im Wohnzimmer, und mein Verstand tickte synchron mit dem großen Uhrzeiger weiter.

Die Uhren angehalten! Das Telefon abgestellt!
Einen leckren Knochen her, damit der Hund nicht bellt!
Stumm die Klaviere – und mit Trommelschlag
Tragt den Sarg heraus, denn heut ist Trauertag.

Als Sue zurückkam und ich einen frischen Becher Tee in Händen hatte, gingen wir daran, nahe Verwandte, Freunde und Paten anzurufen, um ihnen Bescheid zu sagen. Manche konnten kaum begreifen, was ich ihnen berichtete. Dann beendeten wir das Gespräch, und sie riefen kurz darauf zurück, weil sie es einfach nicht glauben wollten. Bei Emmas engsten

Freundinnen bat ich die Eltern, es ihnen zu sagen. Kaum hatte ich aufgelegt, kamen immer neue Anrufe herein. Es sprach sich herum. Mein Vater, damals einundachtzig, war fassungslos. Er hörte zu und schien es gefasst aufzunehmen, aber als ich ihm sagte, ich werde am selben Abend noch das Flugzeug nach Afrika besteigen, war er entsetzt.

»Es tut mir so Leid, Häschen«, sagte er und legte auf.

Wendy Burton, Emmas Patin, war über meinen plötzlichen Aufbruch genauso erstaunt und fragte: »Und was willst du machen, wenn du dort bist?«

»Weiß nicht«, antwortete ich.

Ich hatte tatsächlich keine klare Vorstellung, was geschehen sollte oder was ich damit erreichen wollte. Ich wusste nur, ich musste nach Afrika. Es war wie ein Instinkt. Dann überschlugen sich die Ereignisse. Immer mehr Anrufe kamen. Sue nahm sie entgegen, während ich packte und Reisevorbereitungen traf. Ich versuchte, mich auf die dringendsten Dinge zu konzentrieren. Mein Arbeitgeber musste benachrichtigt, Geld abgehoben, beim Arzt ein Termin für Schutzimpfungen und Malariatabletten ausgemacht werden, und dann waren noch die Sachen zu packen. Ich weiß noch, wie ich beim Arzt im Wartezimmer saß und den einzigen anderen Patienten anstarrte, einen etwa fünfzigjährigen Mann. Ich weinte nicht, ich saß nur sehr still da. Als ich aufgerufen wurde, sprach er mich an, während ich an ihm vorbeiging.

»Das Herz spricht«, sagte er leise. Er wusste Bescheid.

Zunächst meinte ich, ich hätte alles im Griff, aber bald danach kam ich mir vor wie auf einem Transportband, in einem Prozess des Abarbeitens, während sich das Geschehen immer mehr beschleunigte. Ich merkte, ich musste mich den körperlichen und praktischen Anforderungen stellen, sonst lief ich Gefahr, vom Transportband abzustürzen.

Beim Nachhausekommen fand ich Erica und Hugh bereits vor, mit rotgeränderten Augen und Schniefnasen, aber es war wenig Zeit für gemeinsame Heulerei. Mittlerweile wurden wir mit Anrufen eingedeckt – Zeitungsreporter aus aller Welt hatten durch eine Sondermeldung des BBC World Service von Emmas Tod erfahren und wollten Einzelheiten aus ihrem Leben von mir wissen. Die Polizei rief an und dann das Auswärtige Amt. Alles war sehr konfus, da wir noch keine klaren Auskünfte darüber hatten, was geschehen war oder wie. Doch die Anrufe gingen weiter.

Ein Reporter einer Boulevardzeitung hämmerte an die Haustür. Erica machte auf und hörte ihn sagen, er interessiere sich für den »privaten Aspekt« der Sensation. Voller Empörung stellte sie sich ihm in den Weg und ließ ihn abblitzen:

»Ich denke nicht, dass wir so was im *Express* lesen wollen.«

Um ähnlichen Überfällen vorzubeugen, setzten wir uns mit Madeleine Bunting in Verbindung, einer Journalistin und alten Schulfreundin Emmas, damit sie der Presse Fragen beantworte – auch dem Kerl vor der Haustür.

Endlich kam auch der Anruf, auf den ich gewartet hatte. James Basnett. Nun war ich auf einen Flug der Kenyan Airways am selben Abend ab Heathrow gebucht, ohne jede Vorstellung, was mich nach der Ankunft erwartete. Ich flog allein, wie bei so vielen Reisen in meinem Leben.

Erica war noch zu erschüttert und würde noch Zeit brauchen, sich zu fassen. Heute Morgen war sie nur mit den Kleidern am Leib und mit ihrem Pass in Bristol losgefahren. Irgendwie war ihr gar nicht aufgegangen, dass sie tags darauf vielleicht gar nicht zur Arbeit käme. Doch selbst in so tragischen Zeiten geht der Alltag weiter. Sue mit ihren drei kleinen Kindern und dem Haushalt konnte auch nicht gleich alles fallen lassen. Erica versprach, später in Afrika zu mir zu stoßen, und als Sue mich zum Abschied küsste, drückte sie mir zwei Gedichtbände für die Reise in die Hand.

Ruft sie einmal – einmal noch!
Eh' ihr geht
(Kennt sie eure Stimmen doch!):

»Margaret! Margaret!«
Lieblich müssten Kinderstimmen
(Ruft!) für Mutterohren klingen ...

Nach dem Einchecken in Heathrow setzten sich Erica und Hugh noch kurz mit mir an einen Tresen. Für mich wurde es jetzt Zeit, vom Tee zu Whiskey pur überzugehen, und es tat mir gut. Erica ging zum Buchladen, um mir einen Krimi für die Reise zu kaufen – *Die Firma* –, vermutlich mit dem Gedanken, ich sollte Ablenkung haben, doch schlug ich das Buch nie auf. Ich kramte in meinem Handgepäck nach den Gedichtbänden, die mir Sue mitgegeben hatte, suchte einen aus und reichte den anderen Hugh, damit er ihn Sue zurückbrachte. Wir ließen die leeren Gläser auf dem Tresen stehen, als mein Flug aufgerufen wurde, und gingen zum Gate. Als sie mich zum Abschied küssten, spürte ich die Tränen auf ihren Wangen. Dann war ich weg.

An Bord bekam ich das seltsame Gefühl, ich sei irgendwie im Besitz eines wohlgehüteten Geheimnisses. Obwohl viele Menschen inzwischen von Emmas Tod gehört hatten, wusste niemand, wer ich war oder warum ich mich auf diesem Flug nach Kenia befand. Die nächsten acht Stunden war ich allein mit meinen Gedanken. Allerdings dachte ich mehr an die Vergangenheit als an die Zukunft – Zukunft gab es für mich keine, nicht in jenen Stunden. Durch den leichten Unterdruck im Flugzeug geriet mein Bewusstsein ins Schweben; ich sann über das Leben nach, über meines und das von Emma. Jetzt hatte der Tod sie mir weggenommen, mich frühmorgens aus dem Schlaf gerissen und mir den schlimmsten aller Alpträume beschert, im Wachzustand – ich hatte mein Kind verloren.

Ich ließ mich treiben, ließ die Zeit rückwärts laufen. In meinen Gedanken konnte ich mich nur auf Emma konzentrieren, auf ihr Leben. Ich sah sie vor mir, wie sie als Kleinkind splitternackt auf dem Rasen in Assam herumtanzte und kicherte. Ich sah das Chaos in ihrem Zimmer in Cowling, mit den Urkunden vom Sportfest und dem ganzen Krimskrams der Kindheit. Ich sah sie auf die Fuchsjagd reiten, die Haare wehend im Wind, die Augen geweitet beim Schmettern des Jagdhorns, und ich sah sie, wie sie aus Australien zurückkam, braun gebrannt, lachend den Kopf zurückwarf und mich mit der Bahn blauer Seide aus fernem Land beschenkte.

Ich dachte an unser letztes kurzes Telefongespräch vor zehn Tagen. Sie hatte sich darauf gefreut, wie lustig es für sie mit Johnny und Jennie bei deren Urlaub in Kenia werden würde. Die hingekritzelten Stichworte aus diesem Gespräch hingen immer noch am Notizbrett in meiner Küche. Irgendwas in ihrer Stimme hatte mich beunruhigt. Sie war noch nicht ins Peace House umgezogen und rief vom Hotelzimmer aus an. Sie hörte sich an wie ein Tier im Käfig, ohne Privatsphäre, ständig waren Sudanesen um sie herum, dazu ihre Leibwächter, und sie harrte mit Ungeduld darauf, die eigenen vier Wände beziehen zu können.

»Ich fühle mich gut, bloß ein bisschen müde«, hatte sie wehmütig gesagt. Ich merkte, da war noch was, sie war vielleicht ein bisschen weinerlich, ein wenig von den Hormonen gebeutelt und fühlte sich wohl leicht deprimiert. Verständlich, sie war neunundzwanzig, im fünften Monat schwanger mit dem ersten Kind, ohne Mann oder Mutter in einem Hotelzimmer gefangen und durfte aus Sicherheitsgründen nicht einmal raus zum Spazierengehen.

»Willst du, dass ich zu dir hinunterfliege und eine Weile bleibe?«, hatte ich gefragt.

Es entstand eine Pause. Ich merkte, sie dachte ernsthaft darüber nach, und es gab ihr ein wenig Auftrieb. Aber dann seufzte sie; sie wusste genau, es war weder für sie noch für mich die günstigste Zeit. Ich hatte soeben die neue Stelle als Sekretärin der St. Paul's Cathedral angetreten und konnte nicht einfach alles hinwerfen. Und sie sollte ohnehin in wenigen Wochen nach England kommen – den letztmöglichen Flugtermin vor der Geburt hatte sie bereits ermittelt –, und Johnny und Jennie waren auf dem Sprung, zu ihr zu fliegen.

»Nein … ist schon in Ordnung, Mum«, hatte sie zögernd geantwortet. »Vielen Dank für dein Angebot, ich weiß es zu schätzen, aber … mir geht's gut.« Schon wieder dieser Tonfall. Langsam machte ich mir Sorgen. Sie musste es gemerkt haben, weil sie plötzlich fröhlicher wurde, stets darauf aus, ihre tieferen Gefühle zu verbergen.

»Mach dir keine Sorgen«, fügte sie hinzu. »Mir geht's blendend, wenn ich erst mal in dem neuen Haus bin und etwas zu tun habe … wirklich.«

Ich sagte ihr noch, sie solle auf sich aufpassen und dass ich sie lieb hätte. Beim Auflegen schaltete ich im Geist auf Alarmstufe Rot. Ich spürte instinktiv, dass mir womöglich eine plötzliche Reise bevorstand.

Ich erinnere mich, im Flugzeug geweint zu haben, viele stumme Tränen. Aber im gedämpften Licht der Kabine konnte niemand sehen, wie ich sie mir abwischte. Ich war ganz für mich in meiner Trauer und bekam meine Gedanken nicht mehr richtig zusammen. Ich las ein paar Gedichte und kurze Prosastücke – Zeilen, die keine allzu große Konzentration erforderten, deren Worte aber plötzlich neue Bedeutung bekamen. Sie bezogen sich auf mich, auf meine Lage. Und ließen mich nur noch heftiger weinen.

Wenn ich tot bin, weint um mich, aber nicht zu sehr.
Denkt ab und zu an mich, wie ich im Leben war.
Zuzeiten ist es schön, sich zu erinnern, aber nicht zu lange.
Lasst mich in Frieden, und ich werde auch euch
in Frieden lassen. Und solange ihr am Leben seid,
mögen eure Gedanken bei den Lebenden weilen.

In mancherlei Hinsicht war es ein Flug ohne Ende, in anderer aber auch nicht. Eingelullt vom Dröhnen der Triebwerke unterwegs zum Schwarzen Kontinent, gestärkt durch ein paar Drinks unterwegs, konnte ich diese acht Stunden zeitlos machen, die Zeit anhalten und wieder in Gang setzen und dorthin spulen, wo ich sie haben wollte. Es stärkte mir das Herz für den Umgang mit der trauernden Seele. Die Zeit war mein, als ich so allein mit meinen Gedanken im Dunkeln saß, unaufhaltsam dem Ziel entgegenrasend, wo still und friedlich meine Tochter lag.

Der Morgen brach an, als das Flugzeug am Kenyatta Airport aufsetzte und von der Landebahn rollte. Es war kein besonders sonniger Morgen, doch warm und feucht. Ich stellte mich erschöpft mit anderen Passagieren in die Schlange vor den verschiedenen Abfertigungen, um meine Dokumente stempeln und beglaubigen zu lassen. Noch immer hatte ich mit niemandem geredet, wusste niemand, warum ich gekommen war.

»Was ist der Zweck Ihres Besuches? Geschäftlich oder privat?«, fragten die Beamten müde und sahen dabei kaum auf, während die Schlange hinter mir wartete.

Tonlos antwortete ich: »Ich bin zur Beerdigung meiner Tochter hier.« Ich beobachtete die Reaktion. Als ihnen mein Anliegen klar war, sahen sie mich mitfühlend an und winkten mich durch. Nachdem ich mich roboterhaft zur Gepäckausgabe bewegt hatte, musste ich eine kleine Ewigkeit auf meinen Koffer warten. Schließlich kam er durch die Luke in der Wand gepoltert, ich griff ihn mir und schritt zum Ausgang, wo Emma mich früher so oft erwartet hatte.

Ich ging durch den Zoll, ohne etwas zu verzollen zu haben, und wanderte durch einen Irrgarten, ein Menschengewimmel, ohne zu wissen, wohin ich eigentlich wollte. Zum Glück schälten sich dann zwei bekannte Gesichter aus der Menge – Johnny und Jennie, die blass auf mich zukamen. Wir umarmten einander schweigend, unfähig zu Worten. Wir suchten uns eine Sitzgelegenheit in dem Chaos, Jennie legte den rechten Arm um mich und fasste mit der Linken nach meiner Hand, Johnny legte seinen Kopf auf meine Schulter, und ein paar stille Minuten blieben wir so mit gesenkten Köpfen sitzen und gaben uns unserer Trauer hin. Mit dabei war Emmas beste Freundin Sally. Für mich waren die beiden immer wie Schwestern gewesen. Sie hielt sich im Hintergrund. Als ich den Kummer auf ihrem Gesicht sah, wusste ich, es war tatsächlich eine Seelenverwandtschaft gewesen. Wir bemühten uns, aber unser Gespräch blieb hölzern. Niemand konnte die rechten Worte finden, weil es sie nicht gab.

Es wurde eine stille Fahrt in die Stadt auf dem Weg nach Riverside. Die Außenwelt bestand nur aus Lärm und Durcheinander, Staub und morgendlichem Berufsverkehr: Hupen dröhnten ungeduldig, *matatus* – überfüllte Kleinbusse, schlecht gefahren und ohne Blinker – schnitten uns plötzlich oder machten ohne Vorwarnung eine Vollbremsung, um Passagiere auf- und abspringen zu lassen, direkt vor unserer Stoßstange. Nicht gerade Balsam für unsere strapazierten Nerven.

Ich wurde mit Übernachtungsangeboten überschüttet, wusste aber genau, zu wem ich wollte. Zu Roo und Simon, den Menschen, mit denen meine Tochter vor ihrem Tod zuletzt zusammen gewesen war. Dort angekommen, wurde ich herzlich begrüßt. Jede Begegnung war eine Wiederholung der vorigen, die Menschen fanden keine Worte, waren geschockt und unbeholfen und konnten nicht glauben, was geschehen war. Nach ein paar Tränen frühstückten wir und versuchten wieder einmal unsere Gefühle zu bändigen. Noch mehr Freunde kamen und wurden zu mir ins Gästezimmer gebeten, wo ich erschöpft auf einem Sofa saß.

Ihr möchtet das Geheimnis des Todes kennen lernen.
Aber wie werdet ihr es finden, wenn ihr es nicht im
Herzen des Lebens sucht? …
Wenn ihr wirklich den Geist des Todes schauen
wollt, öffnet eure Herzen weit dem Körper des Lebens.
Denn Leben und Tod sind eins, so wie der Fluss und
das Meer eins sind.

In diesen ersten paar Stunden erfuhr ich die Einzelheiten über die letzten Tage meiner Tochter. Johnny und Jennie waren bereits eine Woche da und sagten, sie sei sehr glücklich gewesen. Johnny hatte ihr das Gewünschte aus England mitgebracht – eine Salz- und eine Pfeffermühle, ein neues Kochbuch und einen Anrufbeantworter. Damit sie die Geschenke auspacken, Kissen aufschütteln und ein paar Tage allein mit dem gerade von seinen Weltreisen zurückgekehrten Riek genießen konnte, waren Johnny und Jennie dann zu ihrem Urlaub am Meer bei Familie Knocker weitergefahren. Als sie Emma das letzte Mal gesehen hatten, war sie lachend im Haus herumgewirbelt, hatte den Hausboys Anweisungen erteilt und versucht, ihr erstes großes Abendessen mit Gästen zu organisieren – immerhin für das Regierungskabinett Kenias –, einschließlich einer lebenden Ziege, die geschlachtet und zubereitet werden musste. Der Abend wurde offenbar ein großer Erfolg, und Emma glänzte in ihrer neuen Rolle als Diplomatengattin.

An dem Tag, als sie starb, hatte Riek eine Konferenz, und so arbeitete sie den ganzen Vormittag an ihren Entwürfen für den südsudanesischen Frauenverband und machte am Nachmittag Schluss, um Roo zu besuchen, einen Katzensprung vom Peace House entfernt. Emma kam auf eine Tasse Tee und ein Schwätzchen vorbei, und Roo war so begeistert davon, wie Emma durch die Schwangerschaft aufgeblüht war, dass sie unbedingt ein Foto von ihr machen wollte. Roo sagte später:

»Es war diese wunderbare Abgeklärtheit an ihr, ein Einklang mit sich selbst. Sie war glücklich, wirklich glücklich, sie war verliebt und freute sich auf ihr Baby und ihre Zukunft.«

Die beiden Freundinnen hatten sich unterhalten, und Roo hatte nicht mehr an das Foto gedacht. Es sollte ihr ewig Leid tun.

Dann klingelte das Telefon, es war Willie Knocker, der gerade in Nairobi angelangt und auf dem Weg zum Meer war.

»Rat mal, wer da ist?«, neckte ihn seine Schwester Roo.

»Emma.« Emma griff nach dem Hörer und unterhielt sich kurz mit Willie. Sie verabredeten sich für später auf einen Drink bei Sally. Obwohl Emma Willie so schnöde behandelt hatte, gab es noch immer ein Band zwischen ihnen, das bei ihr stets ein Bedürfnis gestillt hatte. Vom Beginn ihrer Beziehung an hatte sie ihn immer zurückgestoßen, wieder angelockt und dann wieder zurückgestoßen. Sie brauchte ihn als Anker im Hintergrund. Auf ihre Art, glaube ich, liebte sie ihn sogar; bloß seine Frau wollte sie nicht sein. Emma legte auf, voller Freude, dass sie ihn gleich treffen würde, und ohnehin immer zu einem Besuch bei ihrer besten Freundin Sally aufgelegt. Es sollte das letzte Mal gewesen sein, dass sie und Willie miteinander sprachen.

Es war später Nachmittag, als sich Emma zum Gehen anschickte, und Roo bot ihr Simons Land Cruiser an, wie üblich, wenn sie kein eigenes Fahrzeug hatte. Anders als gewöhnlich wurde Emma nicht von Forty-Six begleitet, ihrem treuen Leibwächter, der sie sonst gefahren hätte. Emma hatte ihm frei gegeben, damit er seine Familie in Waat besuchen konnte, und hatte – der Fesseln des Personenschutzes endlich einmal ledig – das Angebot eines Ersatzmannes abgelehnt. Roo gab ihr die Autoschlüssel mit den Worten: »Bis später.« Emma versprach, mit dem Auto bis etwa acht Uhr abends zurück zu sein.

Als sie um neun noch nicht aufgetaucht war, begann sich Roo seltsamerweise und zum ersten Mal überhaupt Sorgen um Emma zu machen. Sie rief bei Sally an, doch Emma war dort nicht erschienen. Simon verzog sich ins Bett, tat dabei die Besorgnis seiner Frau ab und erinnerte sie, wie spontan Emma sei.

»Sie hat sich's wahrscheinlich anders überlegt«, sagte er. »Mach dir keine Sorgen, sie bringt das Auto morgen zurück.« Doch Roo hatte ein ungutes Gefühl und fuhr im eigenen Auto die Straßen ab, um Emma zu suchen, aber ohne Erfolg. »Ich hatte so eine Ahnung, ich war felsenfest davon überzeugt, dass ich raus musste und nach ihr suchen«, sagte sie später. »Ich konnte nicht einfach zu Hause rumsitzen oder gar ins Bett gehen. Ich weiß noch, dass ich mich in der Nacht da draußen ziemlich allein fühlte, weil niemand so recht wusste oder verstand, was in mir vorging.«

Nachdem sie wieder zu Hause war und schließlich zu Bett ging, aber immer noch nicht schlafen konnte und stattdessen las, wurde sie von einem Klopfen am Fenster aufgeschreckt. Es war ihr *askari* (oder Nachtwächter) mit der Meldung, Riek sei am Tor. Sie ging zu ihm hinaus und sah mit einem Blick, dass etwas Grauenvolles passiert war.

»Ich weiß es noch genau, da stand er, groß und schwarz und das Weiße seiner aufgerissenen Augen leuchtete in der Nacht.« Sie bat ihn herein, und er berichtete, was passiert war, nachdem sie sich hingesetzt und beide sich einen großen Whiskey eingeschenkt hatten.

Kurz nachdem Emma von Roo weggefahren war und sich der berüchtigten Kreuzung der Gitanga Road und der James Gichuru Road näherte, hatte Emma, von der Abendsonne geblendet, zunächst abgebremst und dann Gas gegeben. Eine Ampel gibt es dort keine, und Vorfahrt hatte sie nicht. Offenbar hatte sie den *matatu*-Bus übersehen, der von rechts auf sie zu raste, und direkt in den Zusammenstoß hinein beschleunigt. Ohne Sicherheitsgurt, den sie selten umlegte – in Kenia ist das nicht Vorschrift –, wurde sie aus dem Fahrzeug auf einen Rasenstreifen geschleudert, in den Vorgarten eines Hauses. Dann kippte das schwere Auto auf sie drauf.

Sie hatte die volle Wucht mit dem Brustkorb aufgefangen und schwere innere Verletzungen erlitten. Sie war unglücklich aufgeschlagen und anfangs noch unter dem Auto eingeklemmt. Außer einer Wunde am Bein wirkte sie äußerlich unversehrt, und es kam auch kein Blut. Emma war noch bei Bewusstsein und rief mit schwacher Stimme: »Mein Baby, mein Baby.«

Dann rief sie »SPLA, SPLA« in dem Bemühen, sich zu

erkennen zu geben und den Leuten mitzuteilen, wen sie anrufen sollten.

Die Inderin, in deren Vorgarten sie gelandet war, tat für Emma, was sie konnte, und wickelte sie in eine Decke, doch sie war offensichtlich schwer verletzt und rief immer noch nach ihrem Baby. Weil sie so groß und schlank war und nach außen nichts von der Schwangerschaft im fünften Monat zu erkennen war, wurden von den Ersthelfern wertvolle Minuten mit der Suche nach dem »Baby« vertan, weil sie glaubten, es sei aus dem Auto geschleudert worden. Während sich immer mehr Leute anschlossen, um den Unfallort abzusuchen und im Gebüsch nach einem Kleinkind zu fahnden, verblutete Emma innerlich.

Erst ein vorbeikommender kenianischer Politiker kümmerte sich um das Wichtigste: dass Emma ins Krankenhaus gebracht wurde. Eingewickelt in die Decke, hob er sie hoch und legte sie auf den Rücksitz seines Wagens. Dann raste er zum Nairobi Hospital. Doch sie starb noch vor der Einlieferung. Es war zu spät. Die Ärzte konnten nichts mehr tun, um sie zu retten; sie war umfangreichen stumpfen Brust- und Bauchverletzungen erlegen, die auch das Ungeborene getötet hatten. Es wäre ein kleiner Junge geworden.

Unmittelbar nach Emmas Tod und in den Jahren seither gingen in Nairobi und im Sudan immer wieder wilde Gerüchte um, Emma sei ermordet worden, ihr gewaltsamer Tod sei kein Unfall gewesen. Es schien so passend, dass sie ausgerechnet an dem einzigen Abend umgekommen war, wo sie ihren Leibwächter nicht dabeihatte, und in derselben Woche, wo es wieder Todesdrohungen gegeben hatte. Die Theorien reichten von einem bezahlten Attentäter am Steuer des *matatu* bis zu der Vermutung, ein anderes Auto könnte sie beschattet und auf der Kreuzung von hinten gerammt und dem Bus in den Weg geschoben haben. Meine anderen Kinder glauben das auch, doch diese Version wird von den kenianischen Behörden nicht geteilt. Sie haben auf Unfalltod erkannt. Meine eigene Ansicht war und ist, dass Mutmaßungen darüber, wie der Unfall geschehen ist, sie auch nicht ins Leben zurückbringen. Sie ist tot, und es ist niemandem geholfen, wenn man an etwas anderes als einen tragischen Unfall glaubt. Nachdem Emma für tot erklärt worden war, musste das Krankenhaus erst einmal ihre Identität feststellen. Beim Durchsehen ihrer verschmutzten Habseligkeiten fanden sie ihr Tagebuch und die Visitenkarte eines Freundes. Erst viel später und nach einer ganzen Reihe von Telefonaten wurde Verbindung zu Riek hergestellt, und er eilte mit seinen Leuten zum Krankenhaus.

»Ich bin wegen meiner Frau hier«, sagte er den Schwestern auf der Unfallstation mit fast brechender Stimme. »Sie hat einen Unfall gehabt.«

Die Schwestern sahen den großen schwarzen Mann verständnislos an und sagten ihm, er müsse sich irren, seine Frau sei nicht hier. Den ganzen Abend sei keine unfallverletzte Schwarze in die Notaufnahme gebracht worden, sagten sie. Riek seufzte, verzweifelt um Aufklärung bemüht.

»Aber nein, meine Frau ist Weiße«, erklärte er, so ruhig er konnte. Endlich fiel der Groschen, und sie führten ihn rücksichtsvoll in ein Nebenzimmer, damit er dort auf den Arzt warten konnte, der Emmas Totenschein ausgestellt hatte. Riek hockte da, die Ellenbogen auf die Knie gestützt, den Kopf in den Händen, und schluchzte still. Seine riesige Gestalt bebte, und als er aufsah und Emmas Sonnenbrille erblickte, ordentlich eingeklappt neben einem kleinen Bündel ihrer Habseligkeiten, die Gläser mit Schlamm bespritzt, wusste er, dass sie tot war.

In meiner Stunde hilf mir, Gott,
Dass ich der Furcht vorm Sterben spott',
Dass meine Seele, wenn ich falle,
Siegreich von dieser Erde walle.

Ich wollte unbedingt schlafen, in diesen beruhigten, emotionsfreien Zustand versinken, wo mir der Schmerz in meinem Inneren nichts mehr anhaben konnte. Aber vorher musste ich zu Riek, meinem Schwiegersohn. Ich musste seine Hand halten und sehen, wie er es trug, seine Frau und Kampfgenossin verloren zu haben. Sally bot an, mich zum Peace House zu fahren, wo Emma sich eingerichtet hatte, doch ich schlug es ihr ab und sagte, ich wolle lieber zu Fuß gehen. Es war nicht weit, der Tag war warm, und die Bewegung würde mir gut tun. Jennie, Johnny und Sally kamen mit, und ich sammelte meine ganze innere Kraft, als wir das Grundstück erreichten und auf die Haustür zugingen.

Als ich mich umwandte, um die Schönheit des weißen Baus in seinem üppigen tropischen Garten zu bewundern, den sie so geliebt und von dem sie mir schon berichtet hatte, verschlug es mir den Atem. Am Ast eines hohen Baumes in einer schattigen Ecke hing eine große Schaukel, ganz genau wie die, an der Emma als Kind in Assam und in Cowling Hall ihre Freude gehabt hatte. Mir fiel sofort ein, wie gern Emma geschaukelt hatte und wie sie sich immer höher und höher schwang, wobei sie ansteckend kicherte und immer noch ein bisschen ärger angeschubst werden wollte.

Drinnen im kühlen Haus konnte ich mich wieder fassen. Riek trat mir entgegen, stark und ruhig. Wir umarmten einander kurz, aber ich merkte, er beherrschte sich. Er hielt an sich und übernahm in Gegenwart so vieler Gefolgsleute die Rolle eines Führers. Als ich in einen großen und luftigen Raum geführt wurde, unterbrach ich mich in der liebevollen Betrachtung des Hauses meiner Tochter und konzentrierte mich stattdessen auf meinen Schwiegersohn. Dutzende von Leuten standen und saßen herum, wie es in Afrika bei einem Todesfall Sitte ist. Die schiere Anzahl überwältigte mich. Einer nach dem anderen traten sie zu mir und zu Riek, um ihr Beileid zu bekunden. Sie ergriffen unsere Hand, murmelten »Paale, Paale« und blieben dann etwa zwanzig Minuten schweigend bei uns sitzen.

Nachdem sie uns und Emma die Ehre erwiesen hatten, wurden sie in den Garten unter ein hastig gerichtetes Zeltdach geleitet, wo Hausboys Tee und andere Erfrischungen servierten. Sally sagte mir, es sei Sitte, gemeinsam vier Tage lang zu trauern. Plötzlich todmüde, verabschiedete ich mich von Riek und seinen Leuten und wollte nur noch zurück zu Roo und Simon, um ein Bad zu nehmen und zu schlafen.

Es standen natürlich zahlreiche Entscheidungen an, aber niemand wollte mich antreiben, alle waren rücksichtsvoll. Es war irgendwie rührend, wie sie abwarteten, bis ich mich entschieden hätte, obwohl sie selbst am besten wussten, wie die Dinge hier im Land zu regeln waren. Auf dem Heimweg versuchten Sally und meine beiden Jüngsten behutsam, mich zu einem Entschluss darüber zu bewegen, wo die Trauerfeier abgehalten und wo Emma begraben werden sollte – Fragen, die ich nicht auf der Stelle beantworten konnte.

Während ich nach einem Bad zwischen die Laken meines Bettes kroch, konnte ich immer noch Leute hören, die miteinander sprachen, hinzukamen, telefonierten, mich kennen lernen, mehr erfahren, ihr Beileid bekunden wollten. Außerstande, auch nur noch einer Menschenseele zu begegnen, machte ich die Tür hinter mir zu, erleichtert, erst mal Vergessen zu finden – wenn auch nur für die nächsten paar Stunden.

Es muss später Nachmittag gewesen sein, als jemand mich weckte. Wahrscheinlich tranken wir Tee, und Sally versuchte mich erneut dazu zu bringen, mir mögliche Orte für den Gottesdienst anzusehen. Pfarrer Matthews, selbst ein Nuer, wollte ihn in der presbyterianischen Kirche von Nairobi abhalten, einer Bastion der Sudanesen. Reverend Matthews hatte Emma gekannt und im Südsudan viel Zeit mit ihr und Riek verbracht; sie hatte ihre Pläne für die Frauen und Kinder des Dorfs mit ihm erörtert und auf seinen Rat gehört. Ich mochte ihn, auch wenn er etwas massig auf mich wirkte. Seine Kirche war zwar gewiss groß genug, doch ich hatte Vorbehalte – weder Emma noch ich waren Presbyterianer, und ich fürchtete, ein Gottesdienst dort wäre vielleicht völlig unserem Einfluss entzogen.

Mit Sally am Steuer ihres Suzuki fuhren wir uns die Allerheiligenkirche von Nairobi ansehen. Kaum war ich durch das hohe Portal ins Kirchenschiff getreten, wusste ich, hier waren wir richtig. Die Kirche bestand aus dem graurosa Stein, den ich von Yorkshire so gut kannte. Rechts und links neben dem Mittelgang standen geschnitzte Kirchenbänke, und darüber wölbten sich gotische Bögen. Am anderen Ende warf ein einziges Rosettenfenster bläuliches Licht auf das goldene Kreuz am Hochaltar. Das blaue Fensterglas hatte denselben satten Farbton wie der Seidenstoff, den mir Emma von ihrem Australienflug mitgebracht hatte.

Eine Chorprobe war gerade im Gang, und wir blieben stehen, hörten zu und warteten darauf, mit jemandem sprechen zu können. Schließlich kam der weiße Missionspfarrer Andrew Gandon aus der Sakristei und sprach uns an. Er erklärte sich freundlicherweise bereit, uns am Abend in Riverside besuchen zu kommen, um den Gottesdienst mit uns zu besprechen.

Ich war sehr erleichtert, dass endlich eine Entscheidung gefallen war. Der Gottesdienst wurde auf drei Tage später festgelegt, Montag, den 29. November, um zwei Uhr. Andrew Gandon geleitete uns durch einen Dschungel von Gedanken und Plänen. Mit ihm zusammen wählten wir Lieder und Verse aus, mit Hilfe einer von der Köchin geliehenen Bibel mit Eselsohren. Am nächsten Tag ließ mich Roo an ihren Computer, damit ich den Ablauf des Gottesdienstes tippen konnte. Ich hatte mir nie träumen lassen, meine Fähigkeiten als Sekretärin eines Tages dafür verwenden zu müssen, die Beerdigung meiner eigenen Tochter zu arrangieren. Es fiel mir sehr schwer, mich dabei zu konzentrieren.

Auch wenn Riek bereitstand und gern gefragt wurde, hielt er sich doch im Hintergrund. Rückblickend meine ich, er war genauso betäubt wie ich und erleichtert, dass jemand gekommen war, die kulturelle Wasserscheide zu überwinden und ihm mitzuteilen, was sich Emma gewünscht hätte.

Entschlüsse zu fassen war schon schwer genug, doch wir waren obendrein in Afrika, wo auf nichts Verlass ist. Catherine Bond – die Journalistin und Freundin Emmas aus Nairobi – erwies sich mit ihren Lokalkenntnissen als unersetzlich. Doch zunächst musste ich entscheiden, wo Emma begraben werden sollte – in England? Und wenn ja, wo? In Surrey oder in Yorkshire? Oder in Kenia, wo sie sich am wohlsten gefühlt und so viele Freunde hatte? Oder im Südsudan, wo sie verheiratet gewesen war und gelebt und gearbeitet hatte? Alle schienen auf meine Antwort zu warten. Schließlich traf ich meine Entscheidung.

»Im Süden des Sudan«, verkündete ich, und kaum hatte ich es laut ausgesprochen, waren alle Zweifel wie weggeblasen.

Diese Entscheidung zog einen ganzen Rattenschwanz von Problemen nach sich. Sie im Südsudan zu bestatten hieß, dass wir fünf Stunden durch gefährlichen Luftraum fliegen mussten, was uns erlaubt werden konnte oder auch nicht. Wie viele Leute teilnehmen konnten, würde sich völlig danach richten müssen, wie viele Kleinflugzeuge wir chartern konnten – alles Ausgaben, die ich mir allein gar nicht leisten konnte. Und sollten wir zuerst die Bestattung im Sudan vornehmen, gefolgt von einem Gedenkgottesdienst in Nairobi, oder umgekehrt? Mit solchen Unwägbarkeiten konfrontiert, legten sich alle plötzlich ins Zeug. Der Gemeinschaftsgeist war unglaublich.

Am Samstag hatte ich das Programm für den Gottesdienst getippt und fuhr ins Norfolk Hotel zu einer Gesichtskosmetik – eine seltsame Übersprunghandlung, doch sie wirkte sehr beruhigend. Johnny hatte sich mit Verwandten und Freunden in England in Verbindung gesetzt, und Erica hatte für Sonntag einen Flug gebucht. Johnny hatte seiner Tante Sue folgendes Fax geschickt:

»Ich glaube, du solltest herkommen, du warst für Emma

immer sehr wichtig. Komm doch bitte zum Trauergottesdienst.«

Gleich darauf läutete bei Roo und Simon das Telefon. Es war Sue. Es war ihr schlicht nicht in den Sinn gekommen, nach Afrika zu fliegen, doch Johnny beharrte darauf, es sei gut, sowohl für sie selbst als auch für mich. Eine Stunde später war ihr Flug gebucht.

Am folgenden Tag beschloss Willie, mich zu einer Safari mitzunehmen, damit ich an die Luft kam und meine Gedanken klären konnte. Ich sagte sofort zu. Wir machten ein Picknick in einem trockenen Flussbett und sprachen uns aus, ehrlich und offen, über Emma und ihre Beziehung. Willie war traurig, nachtragend, aber dennoch so voller Bedauern über das, was hätte sein können. Wir entkorkten eine Flasche, aber, als sollte es ein Symbol sein, der Wein war schlecht geworden. Dann gingen wir im Wald spazieren und fuhren in der Abenddämmerung durch den Wildpark von Nairobi nach Hause, um die Tiere im Abendfrieden grasen zu sehen.

Inzwischen waren Erica, Sue und Annabel Ledgard aus England eingetroffen und hatten geeignetere Sachen für mich und eine Kassette mit Faures *Requiem* mitgebracht. Ich hatte diese Musik bei einem anderen Trauergottesdienst gehört, sehr bewegend gefunden und per Fax darum gebeten, sie zu besorgen. Annabel brachte ein Gebet für den Trauergottesdienst mit, von ihrem Vater Frank geschrieben, dem Freund der Familie und Vikar in Yorkshire, der vor vielen Jahren auch die Trauerfeier für Bunny ausgerichtet hatte. Plötzlich musste ich an die Narzissen denken, an denen ich mich an jenem regnerischen und düsteren Tag krampfhaft festgehalten hatte.

14

So kam der Tag schließlich heran, und ich machte mich auf alles gefasst, was kommen sollte – den Gedenkgottesdienst für Emma und dann die Beerdigung. Ich ging schon früher in die Kirche, um für die Musik zu Beginn und am Ende des Gottesdienstes zu sorgen. Ich hoffte darauf, etwas Zeit für mich, für meine eigenen Gedanken zu haben, mich sammeln zu können. Doch Dutzende von Menschen waren bereits dort – die mich nicht kannten, aber Emma gekannt und geliebt hatten – und schmückten die Kirche mit Blumen, mit riesigen Sträußen bunter und duftender Lilien, Rosen, Nelken und riesigem blauem Agapanthus. Sue kam mit Blumensträußen, die sie auf dem lokalen Markt gekauft und mit kangas *gebunden hatte, den bunt bedruckten Stoffbahnen, die afrikanische Frauen als Röcke oder Kopfbedeckung tragen. Wir platzierten sie um den schlichten hölzernen Sockel, auf dem Emmas Sarg bald aufgebahrt werden sollte.*

Da ich das mit der Musik nicht in Gang bekam, schnappte ich mir einen jungen Afrikaner, der zu helfen versprach.

»Moment«, sagte er und rannte hinaus. Zwanzig Minuten später kam er mit einem riesigen Ghetto Blaster aus Chrom und schwarzem Plastik zurück, der äußerlich unpassend wirkte, doch die Aufgabe hervorragend bewältigte. Irgendwie schaffte es der Afrikaner, ihn an die Lautsprecheranlage der Kirche anzuschließen, und wie durch ein Wunder hallte Faures *Requiem* durch das Kirchenschiff.

Danach kehrte ich ins Haus zurück, um etwas zu essen und

mich umzuziehen. Ich entschied mich für einen einfachen grünen Leinenrock mit einer weißen Bluse. Diese Kombination hatte Emma am liebsten an mir gesehen. Als ich in meinem Zimmer vor dem Spiegel stand und die Falten des Rocks glattstrich, sah ich mich plötzlich wie eine Fremde. Ich fragte mich, wer diese blasse, verhärmte grauhaarige Frau mit den dunklen Ringen unter den Augen wohl sei. Niemand, den ich kannte. Ich war wie in einer Zeitkapsel. Was sein musste, würde sein. Ich hatte es nicht mehr im Griff.

Ich traf zu früh vor der Kirche ein. Weil ich mich verloren und unsicher fühlte, wartete ich draußen, bis David Marrian, der eines der Gebete lesen sollte, mich am Arm fasste und durch den langen Mittelgang mit nach vorn nahm. Da saß ich dann, starrte auf das Rosettenfenster und hörte das Flüstern hinter mir, als sich die Kirche allmählich mit Trauergästen füllte. Außerstande, mich umzuwenden, lauschte ich den gedämpften Begrüßungen und leisen Trostworten, die die Orgelmusik als Hintergrundgemurmel begleiteten, und wartete auf Emma.

Sie wurde von Jennie, Johnny, Sally und Rieks Adjutanten Kwong hereingetragen. Ihr Sarg hatte eine ganz andere Form als in England, rechteckig und länglich, schmal und sehr flach, mit drei verzierten Metallgriffen an jeder Seite. Einige ihrer Freunde, darunter auch David Marrian, waren am Abend zuvor im Beerdigungsinstitut gewesen. Da sie den Sarg für Emma viel zu nüchtern fanden, hatten sie ihn außen in verschiedenen Grüntönen bemalt, um einen verwaschenen Farbeffekt zu erzielen. Er sah exotisch aus. Unter Tränen erzählten sie mir später, sie habe einbalsamiert sehr friedlich ausgesehen, in ihrem weißen äthiopischen Gewand, ganz ähnlich ihrem Hochzeitskleid. Ihre Freunde hatten ihr auch besondere Gräser in den Sarg gelegt, zusammen mit abgeschnittenen Haarsträhnen. Ich hatte es nicht über mich gebracht, hinzugehen und sie mir anzusehen.

Mit ineinander gekrallten Händen, um das Zittern abzustellen, stand ich auf, als der Sarg auf das Holzpodest gestellt und die Blumen ringsum platziert wurden. Ich konnte nur noch vor mich hin starren. Dann trat ein Sudanese vor mit einer riesigen gerahmten Fotografie Emmas, wie sie unter ihrem braunen Lieblingsschlapphut in die Sonne lachte. Er stellte die Fotografie zwischen die Blumen vor den Sarg. Auf diese krasse Konfrontation mit der Erinnerung an meine Tochter war ich gar nicht gefasst. Die nächsten paar Minuten stand ich zitternd mit gesenktem Blick. Schließlich holte ich tief Luft, fasste Mut und sah das Foto an. Sie sah sehr schön aus, sehr lebendig und offenbar unglaublich glücklich. Das Bild war bei der Leopardenfellzeremonie in Ayod aufgenommen, wie ich mich erinnerte, weil sie mir Abzüge davon gezeigt hatte. Der Gottesdienst ging weiter, und es fiel mir zunehmend leichter, das Bild anzusehen, jedes Mal ein bisschen länger, bis ich einfach den Blick nicht mehr abwenden konnte.

Die Kirche war von Musik und vom Duft Hunderter von Blüten erfüllt. Weiße und Schwarze drängten sich hinter mir in den Kirchenbänken, in Trauer vereint in einer Atmosphäre überwältigender Liebe und Verehrung. Emma hatte ein unsichtbares Band um uns alle geknüpft und hielt uns zusammen. Zu Pfarrer Gandon, der in seinem Priestergewand am Altar stand, traten sechs Bischöfe, die Oberhäupter der anglikanischen, katholischen und presbyterianischen Kirchen des Sudan. Sie alle hielten eine Predigt und würdigten Emmas Leben und Werk.

Willie hielt eine kurze Ansprache, Annabel verlas das Gebet ihres Vaters und brach dabei völlig zusammen. Das gab auch anderen die Möglichkeit, ihren Gefühlen freien Lauf zu lassen. Andrew Gandon trat vor und fasste Annabel am Arm, und gemeinsam lasen sie zu Ende. Mitleid erfasste mich, wie sie sich so hindurchkämpfte, die Wangen tränennass. Ich dachte an den armen Johnny, der als Nächstes vortreten sollte. Er war von Anfang an entschlossen gewesen, für Emma *Dona nobis pacem* zu singen, einen Kanon aus seiner Internatszeit. Ich stieß ihn an und flüsterte:

»Alles klar? Schaffst du es?«

Johnny hob den Kopf und fixierte Emmas Fotografie.

»Ja, Mum«, sagte er mit fester Stimme und erhob sich. Von Bunnys Todestag an hatte er die Funktion des Familienoberhaupts übernommen, und er wollte sich auch jetzt nichts anmerken lassen. Mit zwei Chorsängern stand er am Betpult und sang wunderschön. Seine klangvolle Stimme erfüllte das hohe Kirchenschiff.

David Marrian, der Künstler und Freund Emmas, der den Sarg bemalt hatte, las ein sehr schönes Gebet, das er irgendwo aufgetrieben hatte:

Was heißt Sterben?

Ich stehe an einem Ufer.
Eine Brigg segelt in der Morgenbrise und steuert aufs offene Meer. Sie ist ein herrlicher Anblick, und ich stehe da und sehe ihr nach, bis sie zuletzt am Horizont verschwindet und jemand neben mir sagt:
»Jetzt ist sie nicht mehr da.«
Nicht da! Wo dann? Nicht »da« für meine Augen, das ist alles …
Die Ferne und das Nicht-da-Sein sind auf meiner, nicht auf ihrer Seite; und gerade in dem Moment, da hier, neben mir, einer sagt: »Jetzt ist sie nicht mehr da«, gibt's andere, die sie kommen sehen, und andere Stimmen rufen freudig aus:
»Da, da ist sie.«
Und das heißt Sterben.

Der Gottesdienst ging dem Ende zu, und der sudanesische Chor erhob sich zum Singen. Der reiche Klang der Stimmen, der in einem harmonischen Crescendo emporstieg, ließ mir

Schauer über den Rücken rieseln. Genau in diesem Moment fiel durch das blaue Rosettenfenster ein Sonnenstrahl auf den Chor, wie durch göttliche Fügung.

Als die Formalitäten vorbei waren, wurde Emma erneut hochgehoben und aus der Kirche nach draußen in den Park getragen, wo sie auf einem anderen Podest aufgebahrt wurde. Ich ging an Rieks Arm hinterher, die Augen trocken, den Puls so laut in den Ohren, dass ich fast die Musik nicht mehr hörte, die ich selbst ausgewählt hatte. Man hatte mich vorbereitet, was jetzt geschehen würde – im Einklang mit der afrikanischen Tradition. Der Deckel von Emmas Sarg wurde abgehoben, und es fiel mir zu – zusammen mit Riek –, die langsame Prozession der Trauernden daran vorbeizugeleiten, damit jeder sie noch ein letztes Mal sehen könne. Wie Emma einst in ihrem Tagebuch über eine junge Frau geschrieben hatte, die sie tot in Bor hatte daliegen sehen: »Ihr Gesicht war völlig unversehrt und ihre Miene seltsam friedlich. Fast wollte ich sie sacht an der Schulter rütteln, um sie zu wecken.«

Ich wollte sie so in Erinnerung behalten, wie ich sie immer gekannt hatte, also sah ich nicht hin. Ich konnte nicht. Ich blieb nur ein paar Sekunden an Rieks Seite und stolperte dann in ein Gebüsch in der Nähe und sackte schluchzend zusammen. Die Klänge von Faures *Requiem* drangen von fern aus der Kirche, aber ich konnte nicht mehr. Meine Fassade für die Öffentlichkeit fiel zusammen. Jetzt war ich Maggie McCune, und der Tod meines geliebten Kindes brach mir das Herz.

Danach weiß ich nicht mehr viel. Leute kamen, nahmen mich in den Arm, halfen mir auf. Ich wurde in die Kirche zurückgeführt und setzte mich auf eine Bank. Jemand wollte mich sprechen, wurde mir gesagt, die Inderin, die Emma in ihrem Vorgarten gefunden hatte; jemand sammelte die Blumensträuße ein, die wir mit in den Südsudan nehmen wollten.

Wie ich hingekommen bin, weiß ich nicht mehr, aber als Nächstes war ich auf dem Trauerempfang in der Ngong Dairy in Karen, dreißig Kilometer außerhalb Nairobis. Das Haus war wunderschön anzusehen, mit einer traumhaften Atmosphäre wie im Film. Alles war organisiert worden; Emmas Freunde hatten das Haus mit Papyrus, Palmwedeln, Blumen und Kerzen dekoriert. Tee und Kuchen wurden dieser riesigen Versammlung von Europäern und Afrikanern unter einem Dach im Garten serviert. Arme und Reiche waren da, einfache Menschen und Persönlichkeiten des öffentlichen Lebens, Menschen aus beiden politischen Lagern und von mehrerlei Hautfarbe. Viele Menschen von Rieks Befreiungsbewegung waren da, jemand von der sudanesischen Regierung, Emmas Arzt Dr. Saio und die Frau, die sie in ihrer letzten Stunde gestreichelt hatte. Einer ihrer Freunde wollte kommen und war verhindert, also entsandte er seinen Fahrer. Alle diese Menschen und alle ihre Gesten erwiesen zahllose Bekundungen der Menschlichkeit und Liebe.

Als ich mich unter sie mischte und ihre Trostworte vernahm, wurde mir allmählich klar, Emma hatte ihr Schicksal so gestaltet, dass ihr Geist diese vielen Menschen erreicht hatte. Sie war mitten in einem Bürgerkrieg zum Symbol der Fürsorge und Menschlichkeit geworden, sie hatte ihre Stellung als Rieks Frau genutzt, einen Wandel im Leben von Hunderttausenden einfacher Leute zu bewirken. Und jetzt waren sie gekommen und ehrten sie. Wieder erinnerte ich mich an meine Worte zu Bunny nach Emmas Geburt: »Ich spüre es ganz deutlich, die macht eines Tages was aus sich.«

Als der Abend sank und das Licht langsam schwand und den Garten in violette Töne tauchte, gingen wir zurück ins Haus und versammelten uns in der Empfangsdiele. Emmas Freunde und nächste Verwandte traten nacheinander auf die Stufen der hölzernen Treppe und trugen Passagen aus Emmas Schriften vor. Ihre lebhaften Beschreibungen der Rinderhirten, Vögel und Wildtiere am Sobat und ihres geliebten Gemüsegartens ließen das Leben im Südsudan in uns lebendig werden und halfen die Leere in unseren Herzen ausfüllen.

Jennie, Annabel und Sally sprachen von ihren Erinnerungen, und der sudanesische Chor streute rhythmische Lieder dazwischen. Wir klammerten uns aneinander wie Schiffbrüchige beim Warten auf Rettung. Ich wusste, ich musste etwas sagen, ich wollte es auch, und ich schlich mich hinaus, um etwas Ruhe zu haben und meine Gedanken zu sammeln, bevor ich das Wort ergriff. Dann stand ich am Fuß der breiten Holztreppe und dankte Emmas Verwandten und Freunden für alles und für die besondere Gestaltung des Gottesdienstes. Ich hätte nie geahnt, sagte ich, dass sie in ihren fünf Jahren in Afrika so viele Menschen erreicht habe.

»Als kleines Mädchen ließ Emma zum Zeitvertreib Drachen steigen«, sprach ich in das Schweigen hinein. Und vor meinem geistigen Auge sah ich sie genauso wie damals, das Gesicht mit einem Ausdruck reiner Verzückung zum Himmel gewandt, während ein roter Drachen am anderen Ende ihrer Schnur tanzte und immer höher stieg. »Emma hat so viele Freunde«, sagte ich, »die sie wahrlich lieben. Und wir alle müssen zu ihrem Gedenken weiter ihre Drachen steigen lassen, himmelhoch. So hätte sie es sich gewünscht.«

Nachdem alle Worte gesprochen waren, wurde uns ein köstliches Abendessen serviert, ein hervorragend gewürztes Suaheli-Gericht, von Freunden zubereitet. Es war genau, was wir brauchten. Gestärkt mit ein paar Gläsern Wein oder Whiskey und erleichtert, dass die Trauerfeier vorüber war, entspannten wir uns – so weit, dass wir (zum Entsetzen von Rieks Leibwächtern) spontan einen schottischen Rundtanz veranstalteten und zum seltsamen Klang von Dudelsackmusik im Raum herumschwenkten. Als ich Rieks Hand nahm und ihn auf die Tanzfläche zog, dachte ich bei mir, wie außergewöhnlich es doch sei, dass unser beider Kulturen auf diese Weise zueinander gefunden hatten und wir zum Klang von Dudelsäcken und Trommeln die Rituale einer afrikanischen Totenwache nachvollzogen. Emma wäre stolz auf uns gewesen. Mir war, als hörte ich sie lachen.

Als der Tanz vorbei war und die Musik verstummte, fühlten

wir uns irgendwie geläutert und waren dankbar. Wir mussten sehr früh am nächsten Morgen vom Wilson Airport nach Leer fliegen zu Emmas Begräbnis, also gingen wir nach Hause ins Bett, um noch ein wenig schlafen zu können. Sue und ich schliefen im selben Zimmer. Ich glaube, ich fand in dieser Nacht nur eine Stunde Schlaf und lag den Rest der Zeit wach neben meiner Schwester und weinte im Dunkeln stumme Tränen.

Und so flogen wir nach Leer, um meine Tochter zu begraben.

Nachdem ich Emma in Leer mein letztes, privates Lebewohl gesagt hatte und zum Rückflug nach Nairobi in Heather Stewarts kleines Flugzeug geklettert war, gab es außer dem Rückflug nach England nur noch wenig zu tun. Am Vorabend meines Abflugs bot Riek an, mich zum Kenyatta Airport zu bringen. Ich flog wieder allein – die anderen Familienmitglieder waren entweder schon abgeflogen oder kamen hinterher. Riek holte mich bei Roo und Simon ab, mit einer Kolonne von drei Wagen, just als ein Wolkenbruch vom Himmel niederstürzte, von der Art, wie man sie nur in diesem Erdteil erleben kann. Die Scheibenwischer wurden damit überhaupt nicht fertig. Ich war nass bis auf die Haut, von den paar Sekunden im Regen.

Auf der Rückbank seiner Limousine auf dem Weg zum Flughafen konnte ich mich beim Anblick des Wassers, das über die Scheiben lief, nicht länger beherrschen. Schluchzen schüttelte mich. Mein Kopf lag im Schoß meines Schwiegersohns, und ich weinte ungehemmt, während er mich zu trösten versuchte und mir zärtlich über den Kopf strich. Es sollte mein letzter Berührungspunkt mit Emma sein. Mir ging durch den Kopf, dass ich vielleicht nie mehr nach Afrika zurückkommen und Riek vielleicht nie wieder sehen würde. In diesem Moment, im Auto dahinrasend, während der Regen aufs Dach donnerte, konnte ich den Schmerz der Trauer kaum ertragen.

Riek war wunderbar. Er wurde bewundernswert mit seiner weinenden Schwiegermutter fertig, die er kaum kannte, und geleitete mich sicher bis ins Flugzeug. Wir verabschiedeten uns, ich verschwand aus seinem Blick und ließ mich schließlich in meinen Fenstersitz fallen, ein Häufchen Elend, während das Flugzeug abhob. Wieder eine einsame Reise, meine letzte in Verbindung mit Emma. Als ich hinten im Flugzeug saß und sah, wie die Lichter Nairobis tief unter mir funkelten und sich in der Ferne verloren, fühlte ich mich seltsam ruhig und hatte keine Angst mehr vor der Reise allein.

Nachdem ich in Surrey in ein leeres Haus heimgekommen war, die Tür hinter mir zugemacht hatte, meine Koffer hatte fallen lassen und durch das Haus strich, fand ich es mit Blumen von Freunden geschmückt, die das Gefühl der Einsamkeit und einer Zukunft ohne Emma vertreiben halfen. Auf dem Tisch lag ein Stapel Briefe mit Beileidsbekundungen aus aller Welt. Ich konnte mich nicht damit befassen und schob sie zur Seite.

In der Zeit nach ihrem Tod hatte ich nicht die Stärke, meine Trauer richtig zu bewältigen. Ich hatte vollauf damit zu tun, mich zusammenzureißen, etwas Ordnung in mein Denken und meine Zukunft zu bringen. Jeden Tag und jede Stunde durchlebte ich im ständigen Rückblick und dachte immer nur »Gestern um diese Zeit, vorige Woche um diese Zeit, vorigen Monat um diese Zeit«, und jedes Datum wurde mir so zum Gedenken. Ich war außerstande, eine Zeit davor oder eine Zeit danach zu denken, in der mein Leben sich nicht mehr am Abstand zu Emmas Todestag maß. Das erste Jahr nach dem Verlust eines geliebten Menschen ist entschieden das schlimmste, weil jede Geste den Schmerz wieder wachruft. Ich hing unentwegt an jedem einzelnen Fädchen meiner Erinnerung an Emma.

Auch das Geschehen um mich herum gewährte mir nicht viel Abstand. Nachdem die Nachricht von ihrem Tod aus Afrika durchgesickert war, füllten die Nachrufe viele Zeitungsspalten, manche kritisch, die meisten aber voller Lob für meine Tochter und dafür, was sie für den Sudan geleistet hatte. Peter Dalglish, ihr früherer Chef im Kinderhilfswerk, sagte über sie:

> Kein Ausländer ist in der heutigen Zeit so in die Welt der Südsudanesen aufgenommen worden … Als sie sich am Ende entschied, Riek zu heiraten und unter ihnen statt in England zu leben, verstanden das die Menschen im Süden und stellten kaum Fragen. Sie hatte ihre Kinder beschützt, ihnen Schulen bauen lassen und Lesebücher für sie aufgetrieben. Sie hatte sich ihr Vertrauen und ihre Achtung erworben. Die Kinder des Südsudan werden sich an Emma McCune als eine der mutigsten Freundinnen erinnern, die sie je hatten.

Die Lawine von Kondolenzbriefen ergoss sich weiterhin durch den Briefschlitz, buchstäblich Hunderte. Jeden beantwortete ich selbst, eine Erfahrung, die mich emotional auslaugte, die aber auch in vielerlei Hinsicht erhebend und kathartisch war. Die Adjektive zur Beschreibung meiner Tochter sagten viel aus; am stärksten im Gedächtnis geblieben sind mir: mitfühlend, eigensinnig, ruhig, hartnäckig, großzügig, tapfer, energiegeladen, vorurteilslos, anmutig und leicht, schön und heiter. In fast allen Briefen war die Rede von ihrem Lächeln und ihrem Lachen.

Der nächste Schritt war, eine Gedenkfeier in London zu organisieren. Das Thema war »Ein unvollendetes Leben«, und wir richteten sie selbst aus. Riek flog dazu aus Afrika herbei, ein Beweis dafür, welche Bedeutung sie für diesen Mann hatte, der sonst sein Land kaum verließ. Ich freute mich, ihn wieder zu sehen. Auch Rieks erste Frau Angelina nahm teil, schwanger von ihm, für uns alle am Tage der Trauer um Emma und ihr Ungeborenes eine seltsame Überraschung.

Der Gedenkgottesdienst, in der Presse als eine der größten

englisch-sudanesischen Versammlungen bezeichnet, fand am 29. Januar 1994 in der von Christopher Wren erbauten Kirche St. Martin's-Within-Ludgate in der Londoner Innenstadt nahe der St. Paul's Cathedral statt. Verziert war das Gottesdienstprogramm mit einer von Emmas eigenen Zeichnungen aus ihrer Zeit als Kunststudentin in Oxford, dem Bild einer Frau, die ihren Kopf vor den Strahlen einer offenbar afrikanischen Sonne schützte. Zur Eröffnung sang ein sudanesischer Chor. Frank Ledgard und Madeleine Bunting sprachen, und Annabel las aus Emmas Tagebuch. Franks Gebet wurde von meiner Schwester Sue verlesen. Es lautete schlicht:

> *Wir überantworten Deiner Gnade Emma samt ihrer Liebe und Hingabe an die Menschen Afrikas und die Kinder des Sudan. Wir danken Dir, Gott, für ihre vielen Begabungen, für Tapferkeit, für Freundlichkeit, für Großzügigkeit und die Fürsorglichkeit gegenüber allen Bedürftigen. Wir danken Dir, Gott, für alles, was von ihr heute weiterlebt, und dafür, dass Frohsinn und Freude uns auf dem Weg leuchte, den wir zu gehen haben.*

Der Gottesdienst endete mit längeren Grabreden von Sudanesen. Die Musik reichte von Hymnen und Psalmen bis zu dem Song *Whenever God Shines His Light* von Van Morrison, der seit Emmas Tod irgendwie zu ihrem Lied geworden war.

Es war aus vielerlei Gründen ein anstrengender Tag, nicht zuletzt deswegen, weil die Menschenmenge, die sich in der kleinen Barockkirche und danach im Kapitelsaal der St. Paul's Cathedral drängte, mein eigenes Leben und das meiner Tochter repräsentierte, inzwischen untrennbar verknüpft. Fünfzig Jahre meines Lebens zogen innerhalb dieser wenigen Stunden an meinem inneren Auge vorüber – Gesichter aus Assam, Yorkshire, London, Surrey, Afrika. Die Gesichter von Emmas Freunden aus denselben Epochen und aus ihrer Zeit in Oxford, London und im Sudan. Jeder hatte eine Geschichte zu erzählen, eine Erinnerung zu wecken, die eigene private Trauer mitzuteilen. Es war eine besondere Versammlung besonderer Menschen, alle vereint in ihrer Liebe zu einer besonderen jungen Frau. Emma wäre bestimmt gern dabei gewesen.

Doch aus der Finsternis wurde Licht. Emmas Freunde beschlossen, die Trauer in nützliche Bahnen zu leiten. Sie errichteten den »Emma-Fonds«, unter Leitung der christlichen Hilfe zur Unterstützung von Frauen und Kindern in allen Teilen des Sudan. Die Menschen schickten Spenden und brachten Geld durch Wohltätigkeitsveranstaltungen für verschiedene Projekte auf darunter auch den Versand von Nähmaschinen und 15.000 Metern Gardinenstoff zur Herstellung von Moskitonetzen. Es gab auch Pläne zum Kauf von Gießkannen, Fahrrädern für Lehrer und Sorghum-Mühlen und besonders für Materialien für Schule und Unterricht. Heute unterstützt der Fonds die Projekte, die Emma mit solcher Hartnäckigkeit verfolgte.

Doch trotz alles Positiven, alles Guten, was aus dem Tod meiner Tochter erwachsen ist, spürte ich, dass für mich noch mehr zu tun war. Beim Durchblättern von Emmas Tagebüchern und Notizen, der Selbstdarstellung von Emmas Leben in Afrika, spürte ich den Drang weiterzuschreiben, wo sie aufgehört hatte. Besonders stark empfand ich dies, nachdem Emmas Freundin Madeleine Bunting, die Journalistin, Leer besucht hatte. Die Menschen dort dachten, Emmas Familie habe sie als neue Frau für Riek geschickt. Enttäuscht baten sie sie, für Commander Riek eine Verwandte Emmas zu suchen, eine jüngere Schwester oder Kusine. Alles sei schlimmer geworden, seit Emma nicht mehr da war, sagten sie. Eine alte Frau stimmte spontan ein Lied an und dankte Gott für Emmas Leben. In der Kleinstadt gab es überall Menschen, die immer noch kleine Geschenke von ihr hüteten – Schuhe, ein Buch, ein Stück Stoff. Als ich das hörte, schien es mir so ungerecht, dass ein so junger und entschlossener Mensch wie meine Tochter dahingerafft worden war.

Im Jahr darauf ging ich auf meinem Weg zur Arbeit und nach Hause – Waterloo Station zur St. Paul's Cathedral und zurück – immer am Südufer der Themse entlang, tief in Gedanken und im Inneren in endlose Gespräche versunken … meist mit Emma. Ich ertappte mich dabei, wie ich die Vergangenheit mit ihr erörterte und ihr mitteilte, was ich vorhatte, und sie im stillen Gebet um Rat fragte. Dann blieb ich kurz stehen und horchte auf ihre Antwort. Manchmal hörte ich sie dann – ihre herrlich rauchige Stimme, immer mit dieser Spur eines Lächelns darin: »Ja, Mum«, sagte sie dann. »Das ist gut. Mach weiter so.«

Je mehr ich mit Emma sprach und über ihr Leben nachdachte, um so mehr wollte ich etwas über die Bereiche ihres Lebens herausfinden, von denen ich nichts wusste. Im Juli 1998 machte ich mich zu einer Reise auf, zu einem Flug zurück nach Afrika, um Emma wieder zu entdecken.

Als ich an diesem Sommermorgen auf dem Kenyatta Airport landete und meine alte Freundin wieder sah – die riesige rote Sonne am Horizont –, konnte ich mich kaum noch beherrschen. Diese Sonne war für mich schon immer ein Symbol des Glücks, der Hoffnung und der Erneuerung gewesen. Ich hatte immer gewusst, ihr Anblick bei der Landung aus dem Flugzeugfenster bedeutete, es würde nur noch Minuten dauern, bis ich meine Tochter in den Armen hielt. Diesmal war niemand zum Umarmen da. Emma war nicht mehr – schon seit fast fünf Jahren – und dieses frohe, tränenreiche Wiedersehen nur noch eine ferne Erinnerung.

Stattdessen wurde ich von Kwong Denhier abgeholt, Rieks früherem Adjutanten. Emmas Freundin Catherine Bond war so freundlich, mich während meines Aufenthalts in der Stadtmitte Nairobis bei sich aufzunehmen. Sie war damals in meiner Stunde der Bedrängnis so überlebenswichtig für mich gewesen – indem sie den Trauergottesdienst, die Beerdigung, die Flüge organisiert hatte –, dass es gut tat, die Bekanntschaft mit ihr zu erneuern. Zum Lunch gingen wir in den leicht heruntergekommenen Hurlingham Club, wir plauderten endlos über Emma, den Sudan und Emmas Leben, und Catherine war wiederum unersetzlich, mir mein Vorhaben planen zu helfen.

Am dringendsten wollte ich Riek sprechen und hoffte, er werde in Khartum Zeit für mich haben – einem Ort, der für ihn in den Jahren seither weitaus ungefährlicher geworden war. Doch ich wollte noch mit vielen anderen reden – mit Menschen, deren Leben Emma irgendwie berührt hatte, denen sie so viel bedeutet hatte und die mir die Lücken füllen konnten. Kwong war jetzt einer von Rieks Generalen, der Mann, der uns bei Emmas Beerdigung aus dem Flugzeug eskortiert hatte. Jennie und Johnny hatten ihm nach Emmas Trauergottesdienst den Spitznamen »Magic Kwong« gegeben, weil er wie durch Hexerei immer dann erschien, wenn wir etwas brauchten. Jetzt war er wieder für mich da und stellte sich als mein Dolmetscher und Führer für die kenianische Etappe meiner Reise zur Verfügung. Ich hatte beschlossen, mein erster Besuch solle der indischen Dame gelten, in deren Vorgarten Emma bei dem Unfall geschleudert worden war. Ich wusste, dass sie zum Trauergottesdienst in der Kirche von Nairobi gekommen war und mich dort hatte sprechen wollen, doch war ich da noch zu erschüttert gewesen, und als ich mich endlich nach ihr umgeblickt hatte, war sie verschwunden gewesen.

Wir fuhren zur Unfallstelle am Rand des Villenviertels Riverside und stellten das Auto ab. Das Herz klopfte mir bis zum Hals, als wir in der Spätnachmittagssonne über den Gartenweg zum Haus gingen. Leider war sie nicht daheim. Als ihr Gärtner Kwong, seine Frau Margaret und mich durch die Büsche an die Stelle führte, wo Emma verblutet war, konnte ich kaum die Tränen zurückhalten. Vor fünf Jahren und fast unmittelbar nach dem Unfall hatten Johnny und Jennie zu Emmas Gedenken einen weißen Mondblumenbaum in den Garten gepflanzt, doch der Gärtner berichtete uns jetzt, er sei leider eingegangen. Als wir aber an die genaue Stelle geführt wurden, wo Emma gelegen hatte, entdeckten wir einen Feigenbaum, den Willie und Sally ein Jahr später gepflanzt hatten und der überlebt hatte. Bis heute ist eine Lücke, ein verdorrtes Loch in der Hecke an der Stelle, wo Emma hineingeschleudert wurde und wo nach Angaben des Gärtners seither nichts mehr wächst.

Still, still! Was sollen ihr
Leier und Lieder;
All meine Welt liegt hier –
Wirf Erde nieder!

Nach der Enttäuschung, die Inderin nicht sprechen zu können, stieß ich auf ein Hindernis nach dem anderen bei meinem Versuch, rings in Nairobi diejenigen zu befragen, die in Emmas Leben eine Rolle gespielt hatten. Ihr früheres Büro des Kinderhilfswerks war verzogen, und das Telefon frustrierte mich noch mehr – die Verbindungen brachen nicht nur ständig ab, sondern viele von Emmas alten Kontaktnummern bestanden nicht mehr.

Ich rief in Rieks neuem Haus an – Peace House war schon lange aufgegeben –, wo ich herausfand, dass Angelina jetzt wieder »Erstfrau« war. Ich erkundigte mich nach dem großen schmiedeeisernen Bett, das Emma speziell für sich und Riek hatte anfertigen lassen, und musste über die Antwort lachen. Es stehe jetzt im Dienstbotenflügel, wurde mir gesagt, und sechs Hausboys schliefen darin. Emma hätte das drollig gefunden.

Da ich mit meinen Anrufen die Leute, die ich sprechen wollte, nicht erreichte, buchte ich stattdessen das Ticket für meinen Besuch bei Riek in Khartum. Unser Flug verzögerte sich um drei Stunden. Ich saß neben einem fröhlichen Sudanesen namens Abdullah, der mir berichtete, er sei einer von neununddreißig Überlebenden eines Absturzes auf ähnlicher

Strecke in diesem Jahr. Als unser Flugzeug schließlich am frühen Sonntagmorgen im Sudan aufsetzte, war ich sehr erleichtert. Ich sammelte meine Gedanken und meine Habseligkeiten ein, verließ das Flugzeug als eine der Letzten und hielt den Kopf auf der steilen Fahrtreppe hinunter zum Flugfeld gesenkt. Ein Schwall warmer Nachtluft umfing mich und vermittelte mir das Gefühl, irgendwo an einem wirklich sehr fremden Ort zu sein. Palmwedel raschelten unter dem Sternenhimmel.

Ich hob den Kopf und sah zu meiner Verblüffung Riek im Kreis seiner Leibwächter wie zu einem Staatsempfang auf dem Flugfeld aufgestellt. Er wirkte erheblich schwerer als bei unserer letzten Begegnung und, soweit ich das beurteilen kann, auch älter. Er begrüßte mich herzlich mit seiner sonoren, samtigen Stimme, die mich in meinen Träumen so oft in den Schlaf gelullt hatte. In den fünf Jahren seit Emmas Tod war allerhand geschehen; komplexe politische Vorgänge, die sie für undenkbar gehalten und mit Sicherheit zu verhindern gesucht hätte, wäre sie noch am Leben. Zutiefst enttäuscht von den ständigen Querelen zwischen den Stammesfraktionen im Süden, hatte Riek seine Organisation in Südsudanesische Unabhängigkeitsbewegung umbenannt und den ungewöhnlichen und überraschenden Schritt getan, in Verhandlungen mit der Regierung einzutreten.

Unter »Verratsgeschrei« von vielen früheren Anhängern im Süden und in Kenia hatte Riek im April 1997 einen Friedensvertrag mit der islamischen Regierung in Khartum geschlossen und sich damit mit dem Erzfeind verbündet. Seine Rede war wie immer, er habe keine andere Wahl gehabt. Er hatte fast seine gesamte Macht im Süden eingebüßt, John Garang hätte ihn umgebracht, und die Regierung in Khartum wäre auf seine Forderung, den Süden als unabhängigen Staat anzuerkennen, nie eingegangen, solange er den Kampf gegen ihre Streitkräfte nicht einstellte.

Ich glaube, ich möchte ihn Emma zuliebe reichlich verklärt als eine Art Gerry Adams oder Yassir Arafat sehen, der sich zum höheren Wohle mit dem »Feind« versöhnt. Was immer seine Absicht gewesen sein mag, jedenfalls standen die Menschen vom Stamme der Nuer, die weiter zu ihm hielten, plötzlich an der Seite ihrer alten Feinde, der arabischen Moslems, im Kampf gegen einen Zusammenschluss der christlichen Nuer und Dinka unter dem immer mächtigeren Garang, dem sich ursprünglich Riek selbst 1984 angeschlossen hatte.

Nachdem er mitgeholfen hatte, eine Verfassung für den Süden zu entwerfen – ein von Garang und seinen Verbündeten nicht anerkanntes Stück Papier –, wurde Riek in den hohen Rang eines Stellvertretenden Präsidenten der Republik Sudan und eines Vorsitzenden für den Koordinationsrat des Südsudan erhoben. Als Schwiegermutter eines solchen Würdenträgers wurde mir jeder Luxus zuteil, unter anderem ein offizieller Empfang in der prächtigen und klimatisierten VIP-Lounge des Flughafens und eine eigene Suite im obersten Stockwerk des Hilton. Als sich Riek von mir bis zum nächsten Morgen verabschiedete, teilte er mir mit, ein Wagen komme mich um elf abholen. Damit begann die Suche nach meiner Emma. Ich war wieder im Sudan und fühlte mich merkwürdig zu Hause. Die Neigung meiner Tochter zu diesem Land, das sie vor zwölf Jahren zum ersten Mal betreten hatte, hatte auch mich erfasst.

Ich wachte früh auf, zog die Rollos hoch, bestellte Frühstück und bestaunte die Aussicht über den Nil. Der Zusammenfluss des Weißen und des Blauen Nil liegt ein paar Kilometer flussabwärts unter einer Bogenbrücke, die im poetischen Arabisch als »längster Kuss der Geschichte« bezeichnet wird. Ich beobachtete fasziniert das Treiben weit unter mir – Schäfer mit ihren Herden, ruhende Menschen im Schatten der Bäume oder in kleinen Hütten, Badende in dem breiten Strom, ein paar Gärtner beim Jäten im Hotelpark. Zwei davon hockten auf der harten Kruste des sonnenverbrannten Bodens und rissen ein paar alte und welke Rosenbüsche aus.

Abrupt wurde ich aus meinem Sinnieren gerissen. Das Telefon klingelte. Es war sieben Uhr morgens Ortszeit. Ich fragte mich, wer das wohl sein mochte. Ich erkannte die Stimme sofort und sank aufs Bett. Es war Emmanuel, der jetzt in Khartum lebte und sagte, er wolle mich auf der Stelle besuchen. Er war so aufgeregt und überrascht von meiner Anwesenheit in der Stadt, dass er es nach seinen eigenen Worten nicht mehr erwarten konnte. Ich musste seinen Besuch mit aller Entschiedenheit auf später verschieben. Riek erwartete mich.

Ich frühstückte, trank süß duftenden Kardamomkaffee und bereitete mich auf den Tag vor. Sorgsam legte ich mir auf dem Bett alles zurecht, was ich mitnehmen wollte – Kamera, Kassettenrecorder, Fragezettel, Notizbücher und Stifte. Ich hatte aus England ein paar kleine Geschenke für Riek mitgebracht – Schokolade, ein paar Zeitschriften und ein paar bunt gemusterte Baumwolltücher, wie er sie so mochte. Genau um elf rief jemand vom Empfang an, der Wagen warte.

Rasch wurde ich in Rieks Büro im Präsidentenpalast gebracht, ein großartiges schneeweißes dreistöckiges Gebäude im kolonialen Stil am Nilufer. Bogenförmig und eindrucksvoll, war es einst der Sitz von General Charles Gordon gewesen, dem einstigen britischen Gouverneur des Sudan, der 1885 auf den Stufen des Palasts ermordet worden war. Jetzt ist es der Sitz der Regierung von Khartum. Rieks klimatisiertes Büro befand sich in einem separaten Gebäude innerhalb des gepflegten Grundstücks mit Wandelgängen und hohen Palmen. Es war weit entfernt von den engen kleinen Garnisonen von Lehmhütten in den Sümpfen von Nasir. Ich fragte mich, welchen Preis er wohl dafür bezahlt hatte, so hoch hinauf zu gelangen.

In sein riesiges Büro gebeten, stellte ich fest, dass er sich in einer Besprechung mit ein paar Beamten befand, aber er stand sofort auf, um mich zu begrüßen und stolz seinem Stab vorzustellen. Er vertraute mich Helen Ashiro an, der Frau, die er ernannt hatte, Emmas Aufgabe zu übernehmen, den südsudanesischen Frauenverband und das Unterrichts- und Sozialwesen für die Kinder zu koordinieren. Helen zeigte mir Fotos von Kindern beim Lernen und Spielen in der Emma-Oberschule in Leer. Fünf Rundbauten aus Lehm, finanziert von einem Wohlfahrtsverband in Nairobi und mit eigenen Händen von Menschen gebaut, die meine Tochter gekannt und geliebt hatten. Niemand in diesem Kreis ging darauf ein, dass die Schule just ein paar Tage zuvor bei zwei Überfällen von Riek feindlich gesonnenen Milizen angegriffen worden war. Es hatte zahlreiche Tote gegeben, und die Schulgebäude waren zusammen mit anderen Häusern der Kleinstadt niedergebrannt worden. Die Gegend war jetzt so unsicher, dass sich meine ursprüngliche Hoffnung, Emmas Grab in Leer besuchen zu können, grausam zerschlug.

Catherine Bond hatte mir bereits Videos der BBC vom brennenden Leer gezeigt. Auch aus dem Militärkampong, wo Emma begraben lag, stieg Rauch auf. Ich fürchtete mich, die Frage zu stellen, ob ihr Grab geschändet worden sei. Ich hatte den Verdacht, man würde es mir ohnehin nicht sagen, wenn es so war. Der Gedanke war unangenehm, brachte mich jedoch nicht aus der Fassung, weil ich wusste, dass Emmas Geist frei durch Afrika schwebt. Das hatten wir bereits in einem Gedicht formuliert, das zu ihrem Gedenkgottesdienst in London verlesen worden war:

Weint nicht an meinem Grab um mich;
Ich bin nicht dort. Ich schlafe nicht.
Ich bin die Winde, die da wehn,
Kristallgeglitzer auf dem Schnee.
Ich bin die Sonne auf Ährengold.
Ich bin der Regen, herbstlich hold …
Steht nicht am Grab, die Augen rot;
Ich bin nicht dort. Ich bin nicht tot.

Und zudem wusste ich, dass die Leute von Leer sehr widerstandsfähig waren. Sie würden ihre Häuser und die Schule bald wieder aufbauen. Sie hatten keine Alternative.

Riek stellte mich auch einer netten Dame namens Allokiir vor, die groß und füllig und in die herrlichsten traditionellen Gewänder Afrikas gekleidet war. Allokiir war in Emmas Frauenverband in Nasir ihre Gefährtin und Mitkämpferin gewesen – ihre sudanesische Seelenfreundin. Jetzt war sie Ministerin in Rieks Regierung. Sie setzte sich, plauderte, lachte, und mit Tränen in den Augen gestand sie mir, wie sehr sie ihr immer noch fehle. Sie hielt Emma für großartig und liebte ihr sonniges Gemüt. Sie versprach mir beim Abschied in die Hand:

»Ich gelobe, eine Stellung zu halten, wo ich für die Frauen und Kinder alles tun kann«, versprach sie feierlich. »Das schulde ich Emma und allem, wofür sie gestanden hat.« Jetzt war es an mir, die Tränen zurückzuhalten.

Riek war offensichtlich sehr beschäftigt und bereits in einer weiteren Besprechung, als ich mich von Allokiir verabschiedete. Er stellte mich noch weiteren Amtsträgern vor, bevor er mich zum Lunch mit Helen in mein Hotel zurückfahren ließ. Später am Nachmittag brachte mich sein Fahrer ins Nationalmuseum in Khartum, wo ich die nächsten paar Stunden jenseits von Raum und Zeit mit einem Führer allein durch staubige und schwach beleuchtete Flure streifte und die Ausstellungsstücke bestaunte – archäologische Fundstücke, Keramik und Armbänder, Stammesschmuck, der Emma sehr gefallen hätte. Am stärksten beeindruckten mich jedoch die ausgebleichten, verwaschenen Mauerfresken, die vor dem Bau des Assuandamms aus der Gegend von Faras geborgen worden waren. Die Darstellungen ähnelten einander sehr: Gestalten aus der koptischen Zeit mit reich bestickten Kleidern und dunklen Lidschatten. Diese Gesichter und die großen braunen Augen erinnerten mich irgendwie an die ungewöhnlichen Bilder, die mir in Leer begegnet waren – die vorwärts drängende Menschenmenge, die flatternden Fahnen mit den Georgskreuzen, die ausgestreckten Arme und Hände, die mit langen, knochigen Fingern den Sarg meiner Tochter berührten.

Als es dunkel war, wurde ich, durch die lastende Abendhitze körperlich und emotional ausgepumpt, in mein Hotel zurückgefahren. Ich warf mich aufs Bett, um die Kühle des klimatisierten Zimmers zu genießen, starrte an die Decke und merkte plötzlich, wie mir der Blick in Tränen verschwamm. Hier war ich wieder im Sudan, erneut im Epizentrum des kurzen Lebens meiner Tochter und all dessen, wofür sie gestanden hatte, und musste feststellen, auch ich war im Epizentrum meiner eigenen Gefühle angelangt. Die letzten fünf Jahre waren eine lange Reise voller Entdeckungen gewesen, eine Erforschung von Emmas Leben und meines eigenen.

Ich hatte nie erwartet, bis hierhin zu gelangen, ans entgegengesetzte Ende, wo ich es hinnahm, dass ich sie überlebte. Keine Mutter denkt daran, die eigenen Kinder zu überleben, sie zu begraben und weiterzugehen. Es kam mir so vor, dass sowohl Emma als auch ich für unser Streben nach Glück einen grausam hohen Preis bezahlt hatten. Beide konnten wir unserer Vergangenheit nicht entrinnen. Tragödien vor langer Zeit hatten uns zu dem gemacht, was wir waren, und uns vorangetrieben. Nun, fast am Ende meiner Reise und voller Angst, schließlich dort anzulangen, wo ich loslassen musste, fragte ich mich, ob ich es überhaupt konnte.

Das Telefon klingelte. Ich sprang auf. Es war Emmanuel, der mir vorwarf, er sei um fünf wie verabredet da gewesen, habe mich aber nicht angetroffen. Es war mir peinlich, ich hatte seinen Besuch vollkommen vergessen. Aufgeregt fragte er, ob er am nächsten Tag kommen könne. Ja, sagte ich, um halb acht, und er legte auf. Völlig erschöpft, nahm ich eine ausgiebige Dusche, aß etwas zu Abend und legte mich schlafen.

Am nächsten Morgen spürte ich unerwartete Vorfreude darauf, Emmanuel wieder zu sehen. Er war jemand, der Emma sehr am Herzen gelegen hatte, der sich völlig auf sie verlassen hatte, und ich brauchte diesen Berührungspunkt. Kurz nach sieben stellte ich mit Erstaunen fest, dass ich ständig zur Tür meines Hotelzimmers lief, um nachzusehen, ob er den Flur entlangkäme. Als er kam, rannte er zu mir und umarmte mich mit den Worten: »Hallo, Oma.« Inzwischen sechzehn Jahre alt, hatte er sich gut herausgemacht. Er war nicht nur in die Höhe geschossen und überragte mich weit, sondern war auch viel reifer geworden. Ich war ungeheuer beeindruckt.

Wir frühstückten zusammen, angeregt plaudernd, und verbrachten dann den Tag mit meinem Fahrer Hassa auf Besichtigungstour in Khartum und mit dem Besuch der wunderbar bunten Stadt und der *Suks* oder Märkte von Omdurman, wo ich ein paar exotische Glasperlen kaufte, weil ich mich erinnerte, wie sehr Emma immer ihre Glasperlenketten und Armreifen geliebt hatte.

Emmanuel berichtete mir aus seinem Leben. Als Emma gestorben war, war Emmanuel untröstlich gewesen; sie war der erste Mensch in seinem jungen Leben gewesen, der ihn beschützt hatte. Am Tag ihrer Trauerfeier hing er im Peace House herum und fragte sich: »Wer kümmert sich jetzt um mich?« Als Riek nach Khartum übersiedelte, nahm er Emmanuel mit sich, zusammen mit neun anderen Jungs, und sorgte dafür, dass sie in Khartum erzogen wurden und Arabisch lernten. Die Kinder lebten alle bei Riek in seiner Regierungsvilla und standen unter seinem Schutz. Emmanuel sagte mir, er hoffe Betriebswirtschaft und Datenverarbeitung studieren und eines Tages nach England oder Amerika reisen zu können.

»Dann komm ich zu dir und wohne bei dir, Oma«, sagte er fröhlich, und ich musste lachen.

Riek erschien plötzlich um sechs Uhr abends und suchte mich im Hotel. Ich saß noch immer plaudernd mit dem Jungen zusammen. Emmanuel verschwand wie ein geölter Blitz. Es war offensichtlich, dass er eine Heidenangst vor Riek und seiner Autorität hatte. Es tat mir Leid, ihn so verschwinden zu sehen und mich nicht richtig von ihm verabschieden zu können, doch ich freute mich, meinen Schwiegersohn zu sehen. Ich hoffte so verzweifelt, mit ihm über sein Leben mit meiner Tochter sprechen zu können. Wir setzten uns und redeten bis spät in die Nacht, seine sanfte Stimme auf meinem Kassettenrecorder. Er wirkte unendlich traurig, als er von seiner jungen Frau und von ihrer ersten Begegnung sprach und mit mir die Stadien ihrer kurzen, aber bemerkenswerten Partnerschaft durchging. Ich saß wie gebannt da, fasziniert von allem, was er mir erzählte, als er für mich die Lücken schloss, die ich selbst nicht hatte füllen können, und die Teile des Puzzles zusammensetzte, bis endlich das ganze Bild vor mir entstand. Es war ein so klares, ein so wahres Bild. Das Bild eines jungen Paares in inniger Liebe, unter den sonderbarsten Umständen gefangen, jeder vom eigenen Ehrgeiz und Glauben getrieben, jeder zugleich bemüht, sein Ziel zu erreichen und die Liebe dabei nicht loszulassen.

Freunde in Afrika hatten mich in den Jahren nach Emmas Tod über Riek Machar auf dem Laufenden gehalten. Einer schrieb mir, er habe

> ohne sie seinen Anker verloren und lässt sich geistig und körperlich hoffnungslos treiben … Sein Ton gegenüber seiner Umgebung hat sich drastisch verändert, er bellt, statt zu bitten; auch sein Fahrplan hat sich geändert, genau wie seine Fähigkeit zur Wahrheit. Plötzlich lässt sich alles mauscheln. Emma war das Gewissen der Bewegung.

Emma hatte enge Freunde kurz vor ihrem Tod offenbar gemahnt:

> Wenn mir was zustößt, müsst ihr aufpassen, was im Südsudan vorgeht, und Riek Bescheid stoßen, wenn er Mist baut.

Doch der Rebellenkommandeur, sagten sie, habe ihren Rat in den Wind geschlagen und gehe jetzt seinen eigenen, vielleicht selbstmörderischen Weg.

Während er jetzt mit mir über glücklichere Zeiten, sein Leben mit Emma, sprach, weinte Riek nicht. Für ihn gehörte sich das nicht. Seine großen braunen Augen verschleierten sich häufig, und den ganzen Abend, während er sich zu erinnern suchte, rang er mit seinen riesigen Händen und verschränkte die langen geschmeidigen Finger. Als er geendet hatte und wir beide emotional erschöpft waren, nahm er meine Hand und dankte mir.

»Es wäre zu schmerzhaft gewesen, zu einem früheren Zeitpunkt so miteinander zu reden, Maggie«, stellte er fest. Ich nickte, kaum imstande, mich zu beherrschen. »Aber ich bin froh, dass wir's getan haben.«

Ich hatte noch einen letzten Tag in Khartum, den ich in Rieks Büro und in meinem Hotel verbrachte. Ich ging ein paar letzte Punkte durch und wurde noch weiteren seiner Minister vorgestellt, die samt und sonders mit allen Kräften eine friedliche Regelung für den Südsudan anstreben. Ich traf Emmas Leibwächter Forty-Six, den über zwei Meter großen Riesen, der sie bei dem Überfall aus Kongor allein mit seiner Körperkraft gerettet hatte; ich lernte Rieks Onkel kennen, einen freundlichen alten Mann, der in diesem weltläufigen Rahmen reichlich deplatziert schien, und einen von Rieks Ministern, einen früheren Häuptling im Leopardenfell, der jetzt neunzig Prozent seiner Zeit beim lebhaften Telefonieren mit seinem Handy verbringt.

An meinem letzten Abend genoss ich ein ruhiges Dinner mit Riek, und wir redeten wieder bis Mitternacht. Beide wollten wir das Gespräch nicht recht abbrechen.

»Es ist gut, dass du gekommen bist«, sagte er. »Gut für mich und gut für mein Volk. Ich bin froh, dass du gesehen hast, dass Emmas Arbeit weitergeht, stets weitergehen wird.«

Er verließ meine Suite lange nach Mitternacht und sagte mir, ich solle mir etwas Schlaf gönnen – die Abfahrt zum Flughafen und zu meinem Rückflug nach Kenia sollte in aller Frühe erfolgen.

Unnötig zu sagen, dass ich keinen Schlaf fand. Es ging nicht. Ich war viel zu aufgewühlt. Gedanken und Erinnerungen überfluteten mich, und Emmas Gesicht erschien und verschwand. Ich packte und machte mich bereit, den Sudan zu verlassen. Bei der Verabschiedung von Riek saßen wir nebeneinander in der VIP-Lounge und sprachen kaum ein Wort. Zwischen uns herrschte eine stumme Gemeinsamkeit, zwischen zwei sehr verschiedenen Menschen aus völlig verschiedenen Kulturen, die sich vielleicht nie kennen gelernt hätten, wäre da nicht jemand gewesen, den wir beide liebten. Ich hakte ihn unter, als wir aus dem klimatisierten Raum in die warme Nacht hinaustraten und zur Treppe hinauf zum Flugzeug schlenderten, und ich dankte ihm dafür, dass er mir Zeit und meiner Tochter Glück geschenkt hatte.

»Auf Wiedersehen, Riek, ich bin so froh, dass ich da war«, sagte ich und küsste ihn auf die Wange. Als er sich herunterbeugte, um mich zu umarmen und kaum mehr loslassen wollte, spürte ich seinen Schmerz; sein Kummer war fühlbar, ich merkte, er hatte noch einen weiten Weg vor sich. Da ich nicht wollte, dass er mich weinen sah, wandte ich mich ab und hastete die Treppe hinauf ins Flugzeug.

Wieder auf einer Reise allein, im Dämmerlicht der Kabine vor neugierigen Augen sicher, ließ ich meinen letzten Tränen freien Lauf. Ich dachte an das, was Riek mir erzählt hatte, wie sein Gesicht sich aufhellte, wenn er von Emma sprach. Wie sie immer in seinem Herzen weiterleben würde. Nicht nur ich hatte etwas verloren – es war ein Verlust für meine ganze Familie, für Riek und für das Volk im Südsudan.

Ich wundere mich jetzt über Emma, was sie wohl bewogen hat, der Sache des Südsudan und seiner Menschen so viel Leidenschaft und Hingabe zu widmen – besonders den Frauen und Kindern. Gewiss wurde sie von ihrer Jugend und Naivität getrieben, wohl auch von ihrer Wärme und Spontaneität, doch sie war, so scheint mir jetzt, seit ihrer Kindheit entschlossen, sich voll auszuleben. War da etwas tief ihn ihr, was ihr sagte, ihr Leben könne früh beendet sein, sie müsse es mit Erfahrungen so voll wie möglich packen? Ist es möglich, dass ein Gespür für Gefahr und Abenteuer, der Drang nach neuen Horizonten, sich in meinem Schoß auf sie übertragen hatte, in jenem Moment, da wir beinahe ertrunken wären?

Es fällt schwer, sich vorzustellen, dass Emmas Schicksal nicht vorgezeichnet gewesen sein soll und alles, was sie tat, nicht Teil eines größeren Planes. Alles, was sie erkannte und leistete, litt und ertrug, liebte und vergötterte, ist außergewöhnlich. In ihrem kurzen Leben hinterließ sie einen unauslöschlichen Eindruck und prägte die Geschichte des Sudan, wo die Menschen ihr vorbehaltlose Liebe entgegenbrachten. Sie hatte vorgehabt, ihr Leben in Afrika zu verbringen, eine kleine Farm irgendwo in der Nähe von Rieks Heimatstadt Leer zu bewirtschaften und ein sehr ruhiges und einfaches Leben zu führen, die gemeinsamen Kinder und Enkel großzuziehen und eine neue Generation von McCune-Machars in jener fernen Ecke eines fremden Landes heimisch zu machen. Doch vorher hat sich ihr Schicksal erfüllt, und damit endete ihr Leben. Sie wurde zur Legende, und ich glaube, im Tode hat sie die größere Wirkung.

Als ich in Leer 1993 an ihrem Grab stand, gelobte ich, die Erinnerung an sie wach zu halten. In den Jahren dazwischen habe ich gelernt, dass die Erinnerung an Emma nie sterben wird, nicht in meinem Herzen und ganz besonders nicht an dem Ort, den sie zu ihrem Zuhause gemacht hat. Sie hat immer noch so viel Einfluss auf so viele Menschen – unter anderem auch auf mich, ihre eigene Mutter, die erst im Tode entdeckt hat, wie groß sie im Leben war.

Vier Monate nach ihrem Tod erwachte ich mitten in der Nacht aus tiefem Schlaf und sprach laut in einen leeren Raum.

»Emmas Kind wird heute Nacht geboren«, sagte ich vor mich hin und war mir ganz sicher, dass dem so war. Der Traum war genau und deutlich. Es war der 28. März 1994. Emmas

Kind wurde zum 1. April erwartet, fast eine Woche später. Manchmal habe ich an meinen kleinen Enkel gedacht und die Jahre abgezählt: »Heute wäre er vier geworden«, oder mir vorgestellt, wie ich mit ihm an der Hand spazieren ging. Ich fragte mich, wem er mehr ähneln würde – Emma oder Riek? Würde er etwas von ihrer Anmut haben oder von Bunnys Lächeln, oder hätte er die Nuer-Merkmale von Sanftmut und Stärke geerbt?

Am 4. Januar 1998 brachte meine Tochter Erica ihr erstes Kind zur Welt. Es war ein Sonntag, und ein Sturm hatte die Nacht zuvor gewütet, den Strom unterbrochen und mir Kerzenlicht beschert. Hugh, den Erica zwei Jahre zuvor geheiratet hatte, rief mich aus dem Krankenhaus mit der frohen Kunde an und lud mich ein, mir meine Enkelin anzusehen. Mit gemischten Gefühlen fuhr ich ins Royal Surrey Hospital im benachbarten Guildford und hoffte, ich würde richtig reagieren und meine unvermeidliche Rückbesinnung auf Emma und ihr Ungeborenes würden Erica den Glückstag nicht verderben.

Als ich in das Bettchen griff und den Winzling zum ersten Mal in den Armen hielt, wusste ich, ich hätte mich nicht zu sorgen brauchen. Sie war ein winziges Bündel Leben mit einem interessanten Gesichtchen. Unwillkürlich suchte ich nach Ähnlichkeiten zwischen ihr und Erica, Emma und den anderen Kindern, aber da war sie selber, dieses neue Leben, ein Wesen auf dem Weg in sein eigenes Lebensabenteuer. Ich war ungeheuer stolz.

»Wie wollt ihr sie nennen?«, fragte ich Erica, die glücklich im Bett saß und aufpasste, dass ich ihren Säugling richtig hielt.

»Alexandra Margot«, antwortete sie. »Alexandra nach Opa und Margot nach Tante Margot.« Ich nickte Zustimmung, die Tränen wegzwinkernd, und sagte mir, wie gut sie doch entschieden hatten. Mein Vater war vor drei Jahren mit fünfundachtzig gestorben. Er fehlte mir immer noch. Niemand würde mich je wieder Häschen nennen.

Als ich in einem Buch über Namensgebung ein paar Wochen nach der Geburt die Bedeutung des Namens Alexandra nachschlug, blätterte ich geistesabwesend auch auf die Seite, in der die Namen mit »E« aufgeführt sind. Ich stieß auf Emmas Namen, den ich vor all diesen Jahren gewählt hatte, und entdeckte mit verhaltenem Lächeln, was er bedeutet: »Heilerin der Welt. Herrscherin.« Zum Buchstaben »A«, zu Alexandra zurückblätternd, entdeckte ich auch dort die Bedeutung: »Helferin der Menschheit.« Was das Leben wohl für sie bereithält?

Mit der sich unaufhörlich abwickelnden Kette der Stunden, Tage, Monate und Jahre verlieren wir uns selbst und andere leicht im Nebel der Zeit. Deswegen hatte ich zurückgehen müssen. Auf der Suche nach Emma habe ich mich auch selbst gefunden und ein wenig davon begriffen, wie wir dorthin gelangt sind, wo wir heute sind. Am Ende dieser Erzählung steht jemand neben mir, beobachtet mich, hilft mir und drängt mich voran. Ich spüre einen unsichtbaren Arm um meine Schultern. Es heißt, Geister sind immer im Finstern, doch heute weiß ich, sie können auch im Lichte leben.

»Ich will immer bei dir sein«, flüstert sie, »aber jetzt muss ich zurück, zurück zur Sonne.«

Emma McCune, 1981 in Paris
(© Chris Booth)

Maggie McCunes Eltern: Patricia und Alexander George Bruce in Assam, Indien

Maggie mit ihrer jüngeren Schwester Sue in Worthing, 1951

Maggie und ihr Mann Bunny mit den Hunden Spark und Kim bei einem Angelausflug

Emma schmückte sich gern mit Perlen … später in England entdeckte sie ihre Leidenschaft für Pferde

Die Familie McCune vor ihrem Haus Cowling Hall: Jennie, Bunny, Johnny, Emma, Maggie, Erica (v.l.n.r.)

Emmas und Rieks Hochzeit am 17. Juni 1991
in Ketbek, Südsudan

Riek und Emma während einer Fernseh-
dokumentation über ihr gemeinsames Leben im Sudan
(© Wildcat Films)

Emmas und Rieks Zuhause, ein Tukul in Nasir – wunderschön bemalt und dekoriert
(© Peter Moszynski)

unten:
Ein Nuer-Gehöft in Leer, Südsudan
(© Peter Moszynski)

oben:
Auf dem Sobat River
(© R. Ellis/The Sunday Times)

links:
Emma mit ihrer besten Freundin Sally Dudmesh während ihres gemeinsamen Sommerurlaubs in England, 1992

links:
Erica, Johnny und Jennie mit Riek

Emmas Vermächtnis: Der Flüchtlingsjunge Emmanuel, den sie unterrichtete und dem sie beibrachte, einen Computer zu benutzen

Mit ihren Schulprogrammen half Emma Kindern, die durch den Bürgerkrieg aus ihren Heimatdörfern vertrieben wurden. (© Peter Moszynski)

Das Flugzeug, das Maggie und Riek zusammen mit Emmas Sarg von Nairobi in den Sudan brachte, wurde umringt von Tausenden, die stundenlang in der brütenden Sonne gewartet hatten.
(© Peter Moszynski)

Emmas Sarg in der All Saints' Cathedral in Nairobi, Kenia
(© Peter Moszynski)

Trauernde an Emmas Grab in Leer:
Maggie, Annabel Ledgard und Johnny (oben) und Einheimische
(© Peter Moszynski)

Dank

Mein besonderer Dank gilt Wendy Holden, die so großzügig ihre Zeit und Energie geopfert hat und ohne deren Hilfe dieses Buch vielleicht nie entstanden wäre. Ebenso Ben Woolfenden, der den Prozess des Schreibens begleitet hat, und allen anderen, die mich immer wieder bestätigt haben, meine Geschichte zu erzählen.

Auch meinen Kindern Erica, Jennie und Johnny danke ich. Und natürlich meiner Schwester Sue für ihr geduldiges Zuhören und für manchen Hinweis auf Dinge aus meiner Lebensgeschichte, die mir selbst entfallen waren.

Ich danke auch vielen Freundinnen und Freunden Emmas, die inzwischen die meinen geworden sind: Sally Dudmesh, Bill Hall, Jo Mostyn, Willie Knocker, Liz Hodgkin, Roo Woods, Catherine Bond, Heather Stewart, Bob Koepp, Patta Scott-Villiers, Peter Moszynski und Rory Nugent. Sie alle haben mir geholfen, das Puzzle von Emmas Leben zusammenzusetzen. Und ich danke meiner Freundin Catherine Greig.

Dank auch an die vielen Sudanesen, die Emma gekannt und um ihrer selbst willen geliebt haben, und vor allem an ihren Gatten Riek.

Am Tage, als sie starb, arbeitete Emma an einem Projekt, das sie selbst gegründet hatte, um das Leiden der Flüchtlingsfrauen und Flüchtlingskinder im Südsudan zu lindern. Wer spenden möchte, möge einen Scheck auf »Christian Aid« ausstellen und ihn an folgende Adresse senden:

Emma Fund Horn of Africa Team
Christian Aid
PO Box 100 London SE 1 7RT

Quellennachweis der Gedichte

Aus: Bayard Taylor, *Beduinenlied*
Originaltitel: *Bedouin Song*
Übersetzt von Giovanni und Ditte Bandini
Seite 7

Aus: John Keats, *Ode an eine Nachtigall*
In: John Keats, Werke und Briefe
Übersetzt von Mirko Bonné
© Philipp Reclam jun. GmbH & Co., Stuttgart 1995
Seite 14

Aus: John Greenleaf Whittier, *Maud Muller*
Originaltitel: *Maud Muller*
Übersetzt von Giovanni und Ditte Bandini
Seite 28

Von: Leo Marks, *ohne Titel*
Übersetzt von Giovanni und Ditte Bandini
Big Men Music Ltd
Seite 29

Aus: Siegfried Sassoon, *Geheime Musik*
Originaltitel: *Secret Music*
Übersetzt von Giovanni und Ditte Bandini
Seite 34

Aus: Christina Georgina Rossetti, *Oh, denk an mich*
Originaltitel: *Remember*
Übersetzt von Giovanni und Ditte Bandini
Seite 46

Aus: Irina Ratushinskaya, *Ich werd's überleben*
Übersetzt von Giovanni und Ditte Bandini
Titel der englischen Übersetzung: *No, I'm Not Afraid*
Aus dem Russischen übertragen von David McDuff
© Bloodaxe Books, 1986
Seite 51

Aus: William Shakespeare, *Sonett CXVI*
In: William Shakespeare: The Sonnets – Die Sonette
Übersetzung und Nachwort von Christa Schuenke
© Straelener Manuskripte Verlag, Straelen 1994
Seite 73

Aus: William Butler Yeats, *Ein Gebet für meine Tochter*
In: W. B. Yeats, Werke I, Ausgewählte Gedichte
Deutsch von Richard Exner
© Luchterhand Verlag GmbH München, 1970
Seite 85

Aus: W. H. Auden, *Begräbnisblues*
Originaltitel: *Funeral Blues*
In: W. H. Auden, Twelve Songs, aus: *Collected Poems*
Übersetzt von Giovanni und Ditte Bandini
© 1976, 1991 by The Estate of W. H. Auden
Seite 116

Aus: Oscar Wilde, *Die Ballade vom Zuchthaus zu Reading*
Oscar Wilde, Werke in zwei Bänden
Hrsg. von Rainer Gruenter
© Carl Hanser Verlag, München – Wien 1977
Seite 131

Aus: Charles Causley, *Ich bin die Sonne*
Originaltitel: *I am the Great Sun*
In: Charles Causley, Collected Poems
Übersetzt von Giovanni und Ditte Bandini
© Macmillan und David Higham Associates
Seite 132

Aus: W. H. Auden, *Begräbnisblues*
Ebenda
Seite 137

Alice Duer Miller, *Die weißen Klippen*
Originaltitel: *The White Cliffs*
Übersetzt von Giovanni und Ditte Bandini
Aus dem Nachlaß von Alice Duer Miller
Seite 175

Aus: William Shakespeare, *Romeo und Julia*
In: Shakespeare, Sämtliche Dramen
Bd. III: Tragödien
Übersetzt von A. W. von Schlegel
Winkler Verlag, München 1988
© Artemis & Winkler Verlag, Düsseldorf/ Zürich
Seite 234

James Elroy Flecker, *Kriegslied der Sarazenen*
Originaltitel: *War Song of the Saracens*
Übersetzt von Giovanni und Ditte Bandini
Seite 246

Aus: 1. Korinther 13: 4–7; 13
Seite 250

Aus: Edward Lear, *Der Kauz und die Muschikatze*
Originaltitel: *The Owl and the Pussy-Cat*
Übersetzt von Giovanni und Ditte Bandini
Seite 251

Aus: Anonym, *Königin Nefertiti*
Originaltitel: *Queen Nefertiti*
Übersetzt von Giovanni und Ditte Bandini
Seite 271

Aus: Anonym, *Gebet des Soldaten*
Originaltitel: *A Soldier – His Prayer*
Übersetzt von Giovanni und Ditte Bandini
Seite 347

Aus: W. H. Auden, *Begräbnisblues*
Ebenda
Seite 351

Aus: Matthew Arnold, *Der verlassene Meermann*
Originaltitel: *The Forsaken Merman*
Übersetzt von Giovanni und Ditte Bandini
Seite 353/354

Aus: Anonym *Indianisches Gebet*
Originaltitel: *Indian Prayer*
Übersetzt von Giovanni und Ditte Bandini
Seite 356

Aus: Khalil Gibran, *Der Prophet*
Aus dem Englischen von Karin Graf

Seite 358

Aus: Anonym, *Gebet des Soldaten*
Ebenda
Seite 363

Aus: Bischof Brent, *Was heißt sterben?*
Originaltitel: *What is Dying?*
Übersetzt von Giovanni und Ditte Bandini
Seite 372

Aus: Oscar Wilde, *Requiescat*
In: Lyrik der Welt – Ausland
Übersetzt von Gisela Etzel

Seite 383

Aus: Anonym, *Weint nicht an meinem Grab um mich*
Originaltitel: *Do not stand at my grave and weep*
Übersetzt von Giovanni und Ditte Bandini
Seite 387

Libysche Wüste
Faya-Largeau
SUDAN
TSCHAD
JABAL MARRAH
Abéché
al-Fashir
Nyala
Schari
Bahr al
ZENTRALAFRIKANISCHE
REPUBLIK
Bangassou
Bangui
Uele
Ubangi
DEMOKRATISCHE REPUBLIK KONGO
Lisala

SAUDI-ARABIEN
Dschidda
Mekka
Wadi Halfa
Nubische Wüste
Port Sudan
Merowe
Nil
Atbara
Atbara
ERITREA
Kassala
Omdurman
Asmera
Khartum
beid
Blauer Nil
Kosti
Debre Markos
sal
Addis Abeba
weißer Nil
ÄTHOPIEN
unter
kenianischer
Verwaltung
Juba
UGANDA
KENIA